Utilize este código QR para se cadastrar de forma mais rápida:

Ou, se preferir, entre em:
www.moderna.com.br/ac/livroportal
e siga as instruções para ter acesso aos conteúdos exclusivos do
Portal e Livro Digital

CÓDIGO DE ACESSO:

A 00184 ARPPORT5E 8 63403

Faça apenas um cadastro. Ele será válido para:

SANTILLANA ESPAÑOL

12111748 ARARIBA PLUS POR 6 ED5

Da semente ao livro,
sustentabilidade por todo o caminho

Plantar florestas
A madeira que serve de matéria-prima para nosso papel vem de plantio renovável, ou seja, não é fruto de desmatamento. Essa prática gera milhares de empregos para agricultores e ajuda a recuperar áreas ambientais degradadas.

Fabricar papel e imprimir livros
Toda a cadeia produtiva do papel, desde a produção de celulose até a encadernação do livro, é certificada, cumprindo padrões internacionais de processamento sustentável e boas práticas ambientais.

Criar conteúdos
Os profissionais envolvidos na elaboração de nossas soluções educacionais buscam uma educação para a vida pautada por curadoria editorial, diversidade de olhares e responsabilidade socioambiental.

Taciro Comunicação, Alexandre Santana e Estúdio Pingado

Construir projetos de vida
Oferecer uma solução educacional Moderna é um ato de comprometimento com o futuro das novas gerações, possibilitando uma relação de parceria entre escolas e famílias na missão de educar!

ARARIBÁ PLUS
Português
6

Organizadora: Editora Moderna
Obra coletiva concebida, desenvolvida
e produzida pela Editora Moderna.

Editora Executiva:
Mônica Franco Jacintho

5ª edição

Elaboração de originais

Mônica Franco Jacintho
Bacharel em Comunicação Social pela Escola de Comunicações e Artes da Universidade de São Paulo. Especialização em Língua Portuguesa pela Pontifícia Universidade Católica de São Paulo. Editora.

Debora Silvestre Missias Alves
Bacharel e licenciada em Letras pela Universidade de São Paulo. Editora.

Pedro Paulo da Silva
Bacharel e licenciado em Letras pela Universidade de São Paulo. Mestre em Filosofia (Estudos Culturais) pela Universidade de São Paulo. Editor.

Thelma de Carvalho Guimarães
Bacharel em Letras pela Universidade de São Paulo. Mestre em Linguística Aplicada pela Universidade Federal do Rio de Janeiro. Editora.

Jordana Lima de Moura Thadei
Mestre em Linguística Aplicada e Estudos da Linguagem pela Pontifícia Universidade Católica de São Paulo. Professora.

Glaucia Amaral de Lana
Bacharel em Letras pela Universidade Estadual Paulista Júlio de Mesquita Filho. Editora.

Ariete Alves de Andrade
Licenciada em Letras pela Pontifícia Universidade Católica de Campinas. Professora.

Alexandre Marques Silva
Bacharel e licenciado em Letras pela Universidade de São Paulo. Mestre em Letras pela Universidade de São Paulo. Professor.

Edsel Rodrigues Teles
Licenciado em Letras pela Universidade Estadual de Campinas. Revisor técnico.

Daniela Cristina Calviño Pinheiro
Bacharel em Letras pela Universidade de São Paulo. Editora.

José Gabriel Arroio
Bacharel e licenciado em Letras pela Faculdade de Filosofia, Ciências e Letras Nossa Senhora Medianeira. Editor.

Átila Augusto Morand
Bacharel e licenciado em Letras pela Pontifícia Universidade Católica de São Paulo. Editor.

Luiz Carlos Gonçalves de Oliveira
Bacharel e licenciado em Letras e Pedagogia pela Universidade de São Paulo. Mestre em Educação pela Universidade de São Paulo. Professor e editor.

Yuri Bileski
Bacharel em Letras pela Universidade de São Paulo. Editor.

Adriana Saporito
Licenciada em Letras pela Faculdade Ibero-Americana de Letras e Ciências Humanas. Professora e editora.

Maria Helena Ramos Lopes
Bacharel e licenciada em Letras pela Universidade de São Paulo. Editora.

Andréia Tenorio dos Santos
Bacharel e licenciada em Letras pela Universidade de São Paulo. Mestre em Educação pela Universidade de São Paulo. Editora.

Imagem de capa

As imagens da capa formam uma composição que ressalta o papel do livro e da leitura na educação dos jovens, destacando o livro impresso, o digital e a importância dos livros e das bibliotecas.

Coordenação editorial: Debora Silvestre Missias Alves
Edição de texto: Debora Silvestre Missias Alves, Maria Cecília Kinker Caliendo, Ademir Garcia Telles, Pedro Paulo da Silva, Solange Scattolini, Nanci Ricci, Luiz Oliveira, José Gabriel Arroio
Leitura técnica: Jordana Lima de Moura Thadei, Luiz Carlos Gonçalves de Oliveira
Assistência editorial: Áurea Faria, Camila Scattolini
Preparação de texto: Anabel Ly Maduar
Gerência de *design* e produção gráfica: Sandra Botelho de Carvalho Homma
Coordenação de produção: Everson de Paula, Patrícia Costa
Suporte administrativo editorial: Maria de Lourdes Rodrigues
Coordenação de *design* e projetos visuais: Marta Cerqueira Leite
Projeto gráfico e capa: Daniel Messias, Otávio dos Santos
Pesquisa iconográfica para capa: Daniel Messias, Otávio dos Santos, Bruno Tonel
Fotos: Helena Schaeder Söderberg/Getty Images, Alexandre Beck, Goir/Shutterstock
Coordenação de arte: Carolina de Oliveira
Edição de arte: Rodolpho de Souza
Editoração eletrônica: Teclas Editorial
Edição de infografia: Luiz Iria, Priscilla Boffo, Giselle Hirata
Coordenação de revisão: Maristela S. Carrasco
Revisão: Ana Maria C. Tavares, Beatriz Rocha, Cárita Negromonte, Leandra Trindade, Márcia Leme, Rita de Cássia Sam, Simone Garcia, Thiago Dias, Vânia Bruno, Willians Calazans
Coordenação de pesquisa iconográfica: Luciano Baneza Gabarron
Pesquisa iconográfica: Cristina Mota, Márcia Sato, Maria Marques
Coordenação de *bureau*: Rubens M. Rodrigues
Tratamento de imagens: Fernando Bertolo, Joel Aparecido, Luiz Carlos Costa, Marina M. Buzzinaro
Pré-impressão: Alexandre Petreca, Everton L. de Oliveira, Marcio H. Kamoto, Vitória Souza
Coordenação de produção industrial: Wendell Monteiro
Impressão e acabamento: HRosa Gráfica e Editora
Lote: 290163 / 290164

Dados Internacionais de Catalogação na Publicação (CIP)
(Câmara Brasileira do Livro, SP, Brasil)

Araribá plus : português / organizadora Editora Moderna ; obra coletiva concebida, desenvolvida e produzida pela Editora Moderna ; editora executiva Mônica Franco Jacintho — 5. ed. — São Paulo : Editora Moderna, 2018. — (Araribá Plus)

Obra em 4 v. para alunos do 6º ao 9º ano.
Bibliografia.

1. Português (Ensino fundamental) I. Jacintho, Mônica Franco. II. Série.

18-13915 CDD-372.6

Índices para catálogo sistemático:
1. Português : Ensino fundamental 372.6

ISBN 978-85-16-11174-8 (LA)
ISBN 978-85-16-11175-5 (LP)

EDITORA MODERNA LTDA.
Rua Padre Adelino, 758 – Belenzinho
São Paulo – SP – Brasil – CEP 03303-904
Vendas e Atendimento: Tel. (0_ _11) 2602-5510
Fax (0_ _11) 2790-1501
www.moderna.com.br
2020
Impresso no Brasil

1 3 5 7 9 10 8 6 4 2

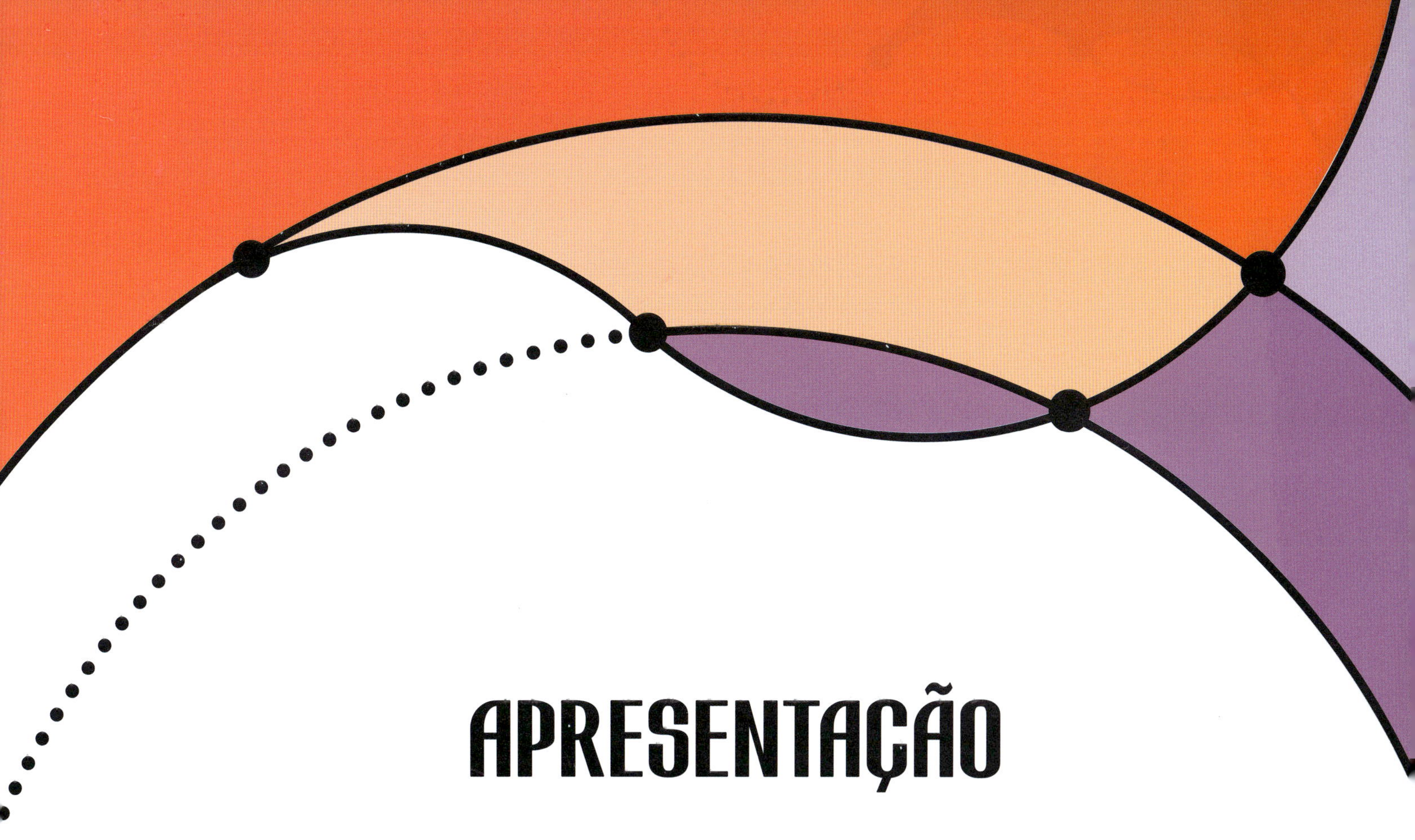

APRESENTAÇÃO

Muitos alunos questionam: "Por que preciso frequentar as aulas de Língua Portuguesa se já sei falar português?".

Esta quinta edição foi elaborada para ajudá-lo a compreender em quais situações o português que você já sabe e usa é adequado e em que contextos precisa utilizar outros recursos da língua para que o seu texto, falado ou escrito, seja compreendido e respeitado. A coleção apresenta esses recursos para que as aulas de Língua Portuguesa sejam significativas para você.

Antes de mais nada, porém, desejamos que você, assim como todos os que participaram da elaboração desta edição, goste de ler este livro. Esperamos que encontre, nos textos que selecionamos, aventuras e reflexões que o levem a sonhar e a transformar o mundo.

ATITUDES PARA A VIDA

11 ATITUDES MUITO ÚTEIS PARA O SEU DIA A DIA!

As Atitudes para a vida *trabalham competências socioemocionais e nos ajudam a resolver situações e desafios em todas as áreas, inclusive no estudo de Português.*

1. Persistir

Se a primeira tentativa para encontrar a resposta não der certo, **não desista**, busque outra estratégia para resolver a questão.

2. Controlar a impulsividade

Pense antes de agir. **Reflita** antes de falar, escrever ou fazer algo que pode prejudicar você ou outra pessoa.

3. Escutar os outros com atenção e empatia

Dar atenção e escutar os outros é importante para se relacionar bem com as pessoas e aprender com elas, procurando soluções para os problemas de ambos.

4. Pensar com flexibilidade

Considere diferentes possibilidades para chegar à solução. Use os recursos disponíveis e dê asas à imaginação!

5. Esforçar-se por exatidão e precisão

Confira os dados do seu trabalho. Informação incorreta ou apresentação desleixada pode prejudicar a sua credibilidade e comprometer todo o seu esforço.

6. Questionar e levantar problemas

Fazer as perguntas certas pode ser determinante para esclarecer suas dúvidas. Esteja alerta: indague, questione e levante problemas que possam ajudá-lo a compreender melhor o que está ao seu redor.

7. Aplicar conhecimentos prévios a novas situações

Use o que você já sabe! O que você já aprendeu pode ajudá-lo a entender o novo e a resolver até os maiores desafios.

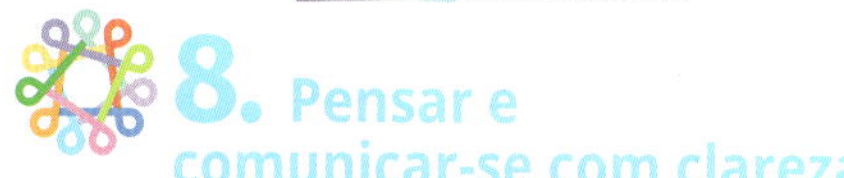

8. Pensar e comunicar-se com clareza

Organize suas ideias e comunique-se com clareza. Quanto mais claro você for, mais fácil será estruturar um plano de ação para realizar seus trabalhos.

ILUSTRAÇÕES: MILTON TRAJANO

9. Imaginar, criar e inovar

Desenvolva a criatividade conhecendo outros pontos de vista, imaginando-se em outros papéis, melhorando continuamente suas criações.

10. Assumir riscos com responsabilidade

Explore suas capacidades! Estudar é uma aventura, não tenha medo de ousar. Busque informações sobre os resultados possíveis e você se sentirá mais seguro para arriscar um palpite.

11. Pensar de maneira interdependente

Trabalhe em grupo, colabore! Somando ideias e habilidades, você e seus colegas podem criar e executar projetos que ninguém conseguiria fazer sozinho.

No Portal *Araribá Plus* e ao final do seu livro, você poderá saber mais sobre as *Atitudes para a vida*. Veja <www.moderna.com.br/araribaplus> em **Competências socioemocionais**.

CONHEÇA O SEU LIVRO

ABERTURA DA UNIDADE
No início de cada unidade, você vai conversar com seus colegas a respeito de imagens que apresentam o tema explorado nos textos que vai ler.

LEITURA
Você vai ler textos de diversos gêneros e, ao analisá-los por meio de questões, vai compreender a importância dos elementos que contribuem para a construção dos sentidos do texto. Uma breve exposição teórica e esquemas-resumo vão ajudá-lo na hora de estudar e de se preparar para as provas.

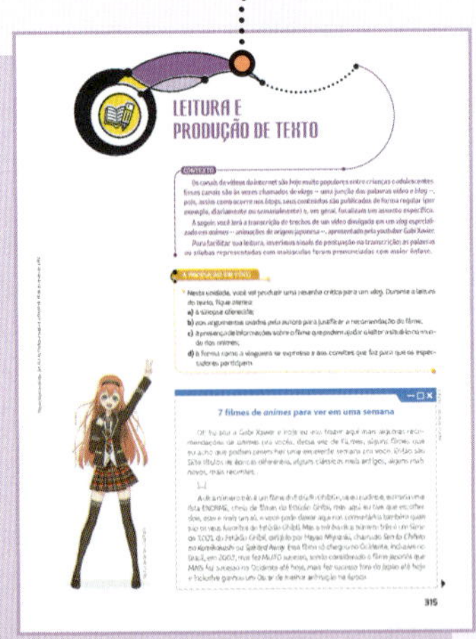

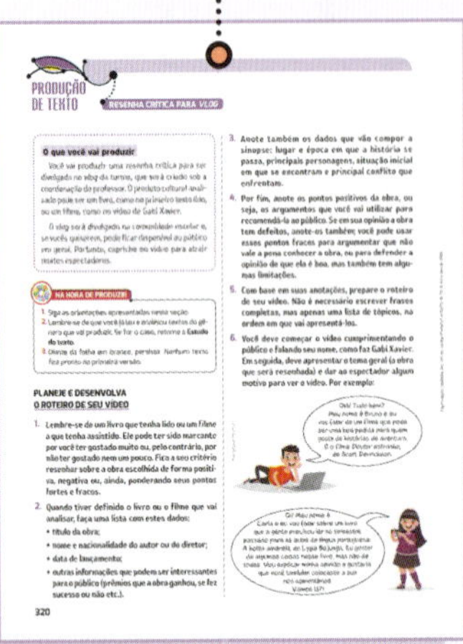

LEITURA E PRODUÇÃO DE TEXTO
As propostas de produção são precedidas por análise de textos e acompanhadas por orientações passo a passo, para que você tenha os recursos necessários na hora de produzir.

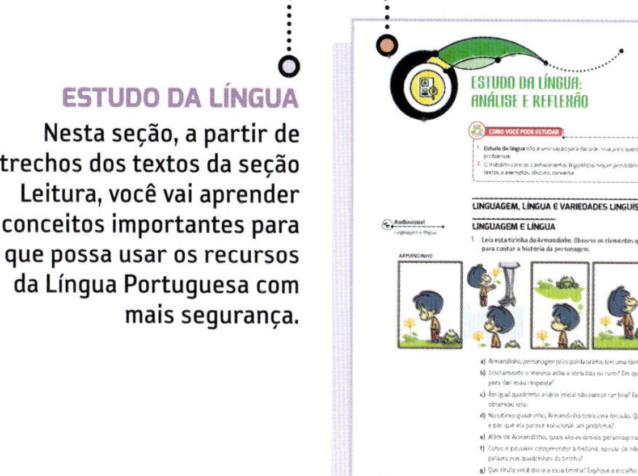

ESTUDO DA LÍNGUA

Nesta seção, a partir de trechos dos textos da seção Leitura, você vai aprender conceitos importantes para que possa usar os recursos da Língua Portuguesa com mais segurança.

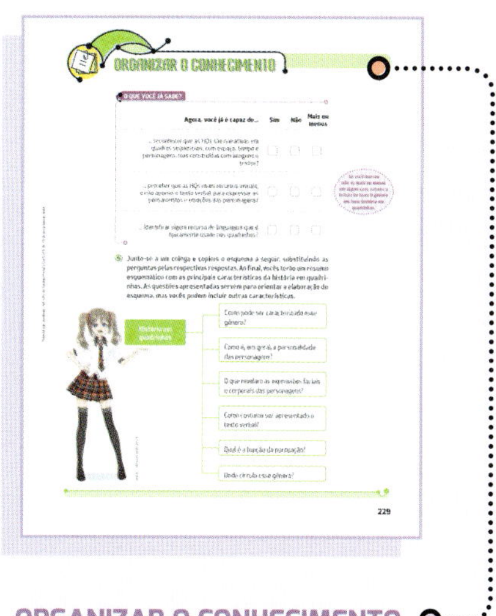

E POR FALAR NISSO...

Ao conversar com seus colegas a respeito das imagens e questões propostas nesta seção, as discussões feitas na seção Leitura serão ampliadas e você conquistará mais recursos para a hora de produzir.

ORGANIZAR O CONHECIMENTO

Os esquemas e tabelas apresentados serão um material útil para estudo.

PROJETO EM EQUIPE

Nesta seção, você vai encontrar propostas de produção de exposições orais, seminários, programas de rádio e vídeos, além de exercitar a apresentação dessas produções.

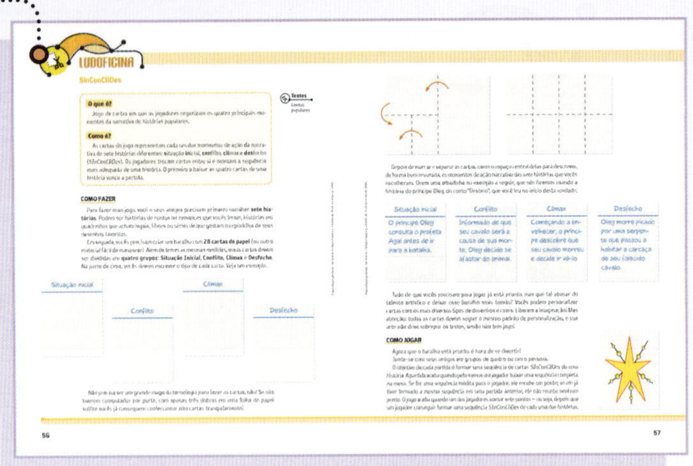

LUDOFICINA

Esse é o momento de utilizar todo seu conhecimento e sua criatividade para confeccionar um jogo e se divertir com seus amigos!

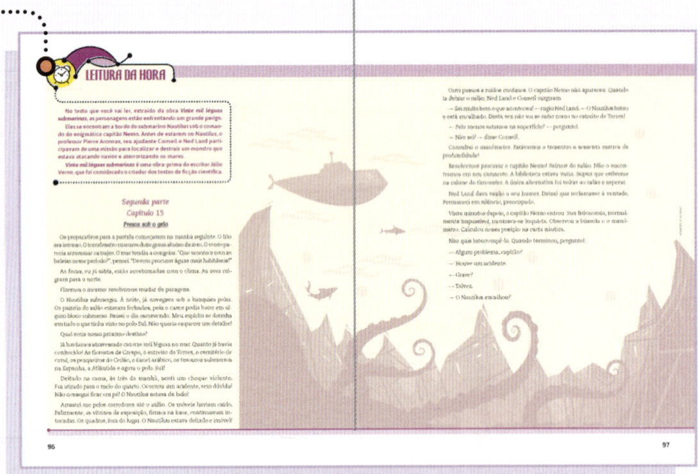

LEITURA DA HORA

Esta seção é para você curtir! Conheça personagens incríveis e descubra quantas aventuras e histórias maravilhosas acontecem no mundo da literatura!

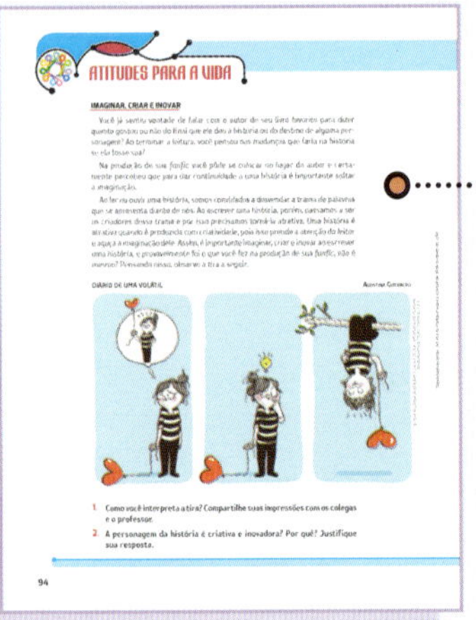

ATITUDES PARA A VIDA

Nesta seção, você terá a oportunidade de conversar mais sobre atitudes importantes que podem ajudá-lo a enfrentar situações desafiadoras no dia a dia.

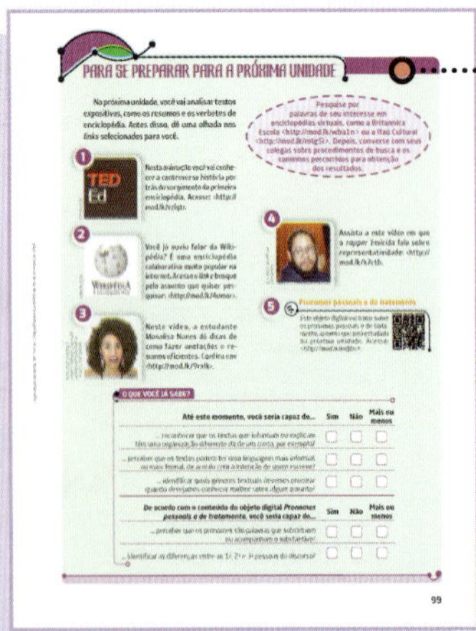

PARA SE PREPARAR PARA A PRÓXIMA UNIDADE

Aqui você encontrará *links* selecionados especialmente para você! Navegue pela internet, acesse o objeto digital e prepare-se para o estudo da próxima unidade.

ÍCONES DA COLEÇÃO

Glossário

Atitudes para a vida

Indica conteúdos que podem ser trabalhados de forma interdisciplinar

Indica que existem jogos, vídeos, atividades ou outros recursos no **livro digital** ou no **portal** da coleção.

CONTEÚDO DOS MATERIAIS DIGITAIS

O ***Projeto Araribá Plus*** apresenta um Portal exclusivo, com ferramentas diferenciadas e motivadoras para o seu estudo. Tudo integrado com o livro para tornar a experiência de aprendizagem mais intensa e significativa.

Portal Araribá Plus – Português

- Conteúdos
  - OEDs
- Competências socioemocionais - **11 Atitudes para a vida**
  - Atividades
    - Caderno **11 Atitudes para a vida**
- **Guia virtual de estudos**
- Livro digital
- Obras complementares
- Programas de leitura

DENYS PRYKHODOV/ SHUTTERSTOCK

Livro digital com tecnologia *HTML5* para garantir melhor usabilidade e ferramentas que possibilitam buscar termos, destacar trechos e fazer anotações para posterior consulta.

O livro digital é enriquecido com objetos educacionais digitais (OEDs) integrados aos conteúdos.

Você pode acessá-lo de diversas maneiras: no *smartphone*, no *tablet* (Android e iOS), no *desktop* e *on-line* no *site*:

http://mod.lk/livdig

ARARIBÁ PLUS APP

Aplicativo exclusivo para você com recursos educacionais na palma da mão!

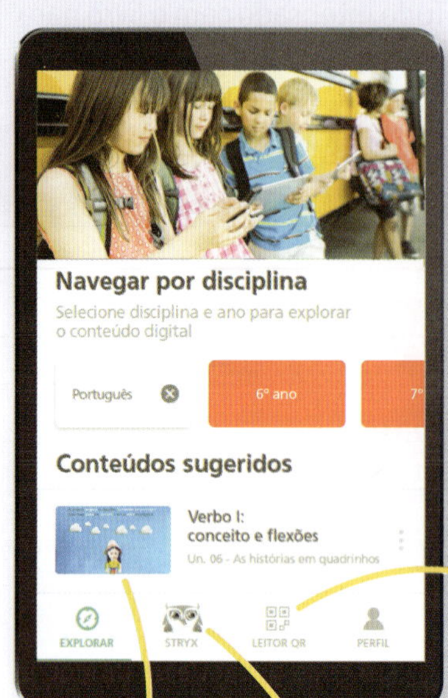

Acesso rápido por meio do leitor de código *QR*. http://mod.lk/app

Objetos educacionais digitais diretamente no seu *smartphone* para uso *on-line* e *off-line*.

Stryx, um guia virtual criado especialmente para você! Ele ajudará a entender temas importantes e achar videoaulas e outros conteúdos confiáveis e alinhados com o seu livro.

Eu sou o **Stryx** e serei seu guia virtual por trilhas de conhecimento de um jeito muito legal de estudar!

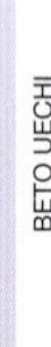

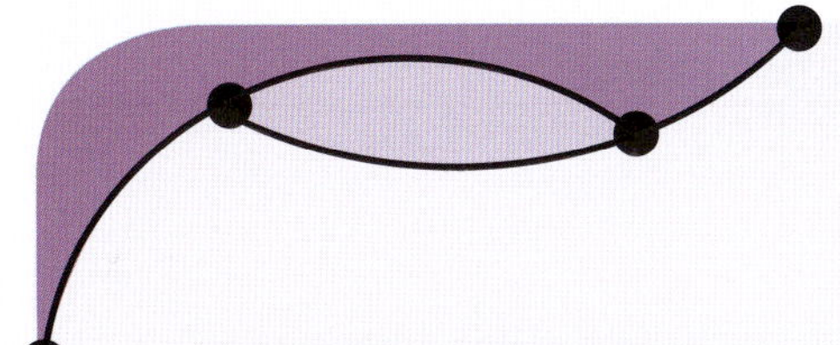

LISTA DOS OEDS DO 6º ANO

http://mod.lk/app

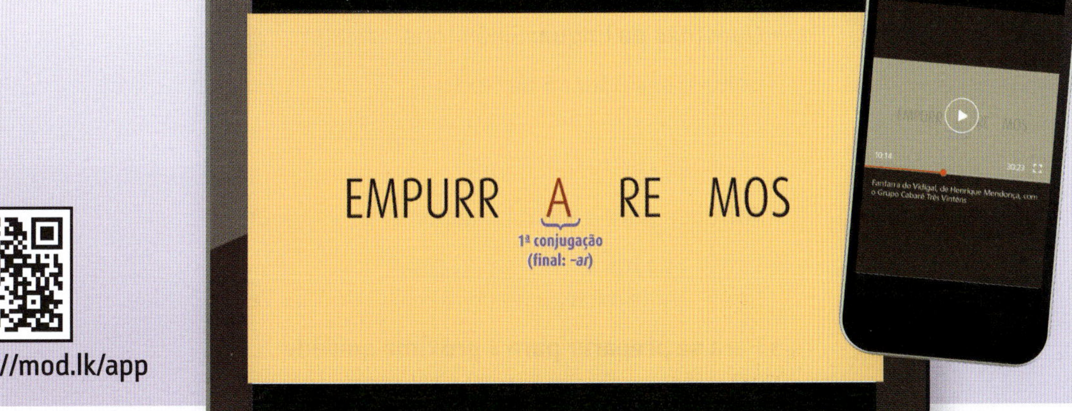

SUMÁRIO

SUMÁRIO

UNIDADE 1

HISTÓRIAS DE HOJE E DE SEMPRE

EM FOCO NESTA UNIDADE

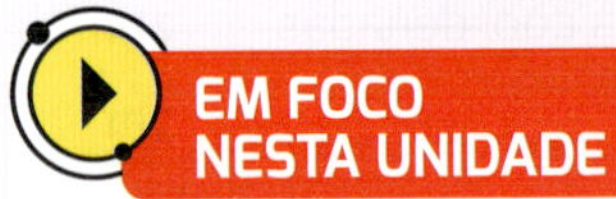

- **O conto popular**
- **Linguagem, língua e variedades linguísticas**
- **Sinais de pontuação**
- **Produção: reconto de conto popular**

ESTUDO DA IMAGEM

- **Observe a obra de arte, leia o boxe "Saiba mais" e responda às questões.**

a) Descreva a pintura. Que elementos dessa obra revelam nossa cultura?

b) Histórias e canções transmitidas oralmente de geração a geração são importantes na construção da identidade de diferentes povos. Você saberia explicar por quê? Troque ideias com os colegas.

SAIBA +

José Ferraz de **Almeida Júnior** (1850--1899), um dos mais marcantes pintores brasileiros, retratou o estilo de vida das pessoas do campo e a cultura popular brasileira. Além de *O violeiro*, entre suas obras destacam-se: *As lavadeiras* (1875), *A leitura* (1892), *Caipira picando fumo* (1893) e *Saudade* (1899).

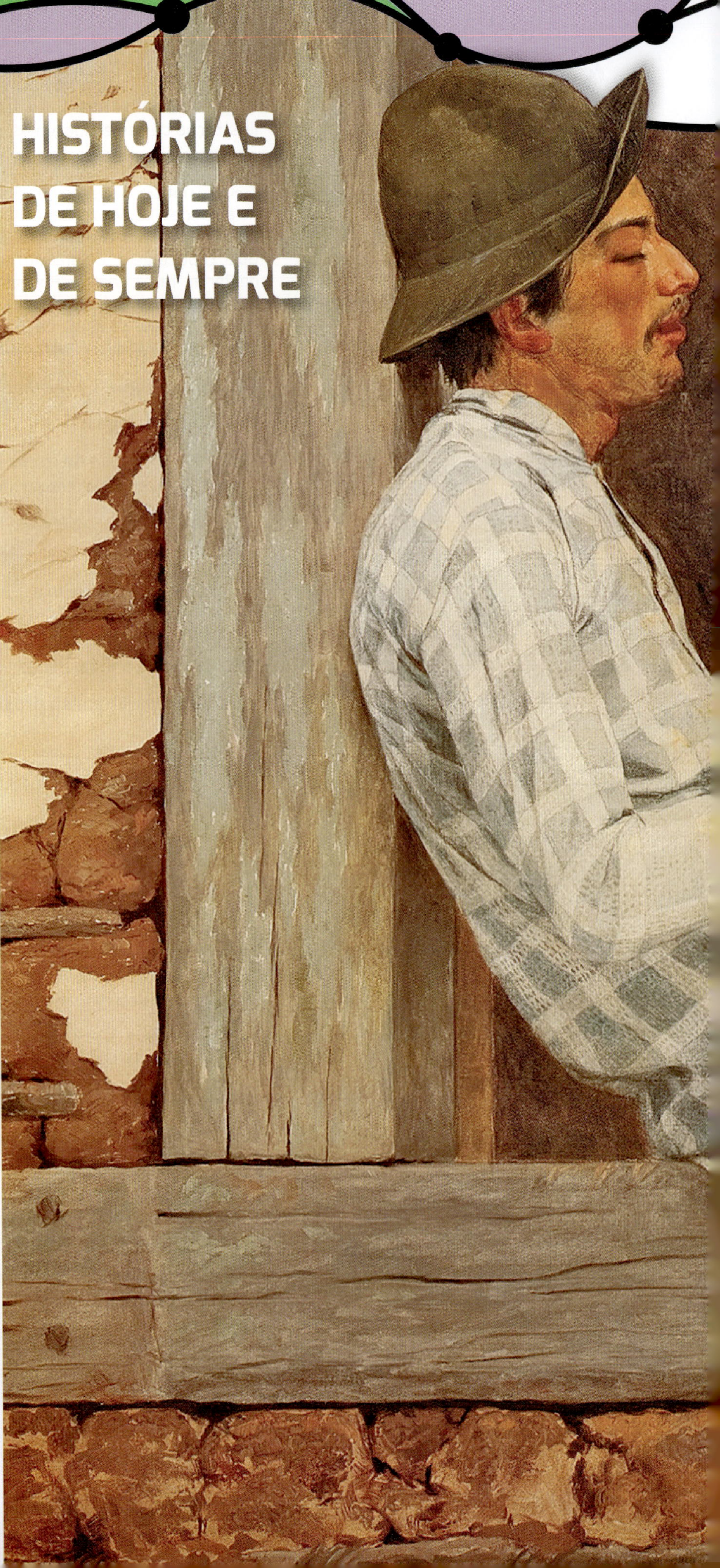

ALMEIDA JÚNIOR, José Ferraz de. *O violeiro*. 1899. Óleo sobre tela, 141 cm × 172 cm.

JOSÉ FERRAZ DE ALMEIDA JÚNIOR - PINACOTECA DO ESTADO DE SÃO PAULO, SÃO PAULO

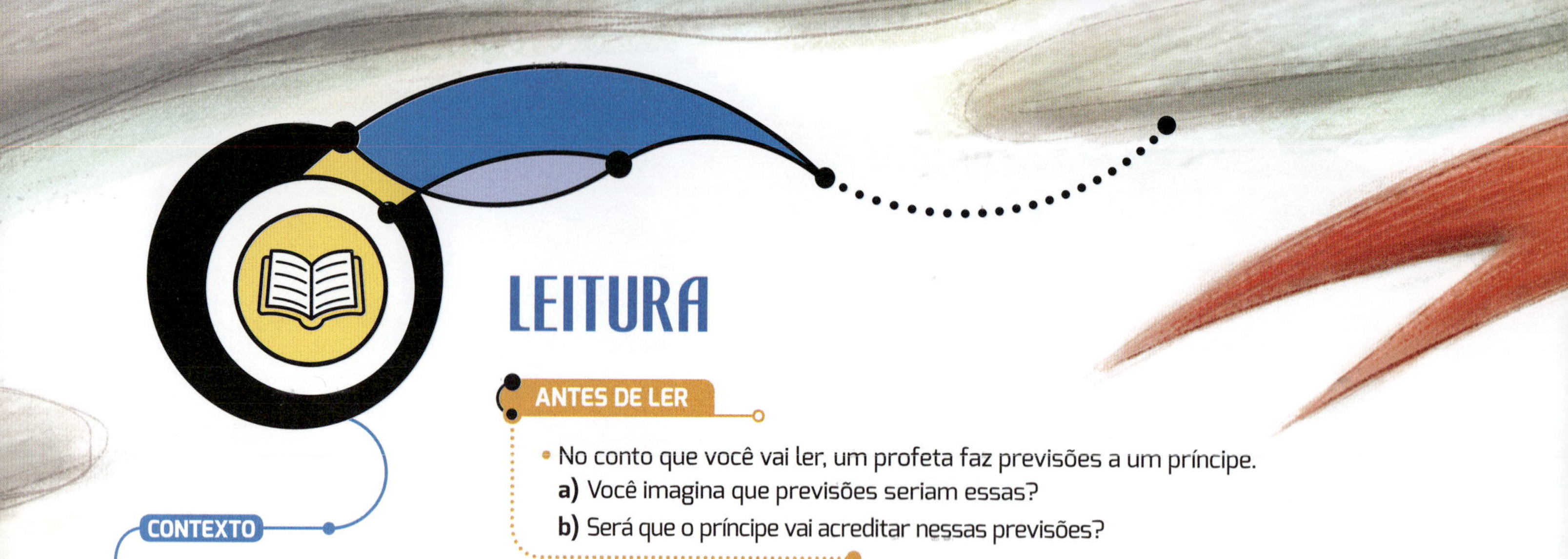

LEITURA

ANTES DE LER

- No conto que você vai ler, um profeta faz previsões a um príncipe.
  a) Você imagina que previsões seriam essas?
  b) Será que o príncipe vai acreditar nessas previsões?

CONTEXTO

Há vários elementos que caracterizam a cultura de um povo: festas, música, literatura, danças, crenças, entre outros. Os contos tradicionais ou populares também revelam a cultura de determinado grupo de pessoas.

O texto que você vai ler é um conto tradicional da Rússia e foi retirado do livro *Contador de histórias de bolso: Rússia*, de Ilan Brenman, que reúne diversos contos tradicionais desse país.

Destino

O príncipe Oleg era um poderoso nobre russo, e sua fama, coragem e justiça eram conhecidas por todo o reino. Ao mesmo tempo, Oleg tinha um **misticismo** muito forte, não combatia seus inimigos antes de ouvir seu profeta, Agal.

Numa fria manhã de inverno, o príncipe Oleg estava ansioso, pois, naquele dia, comandaria um imenso exército contra um país **hostil** vizinho. Antes de partir, foi falar com Agal:

— Meu **venerável** profeta, quem vencerá essa guerra?

O profeta de longa barba grisalha pegou uma vasilha de metal, despejou-lhe água e algumas ervas, fez orações com palavras incompreensíveis e respondeu:

— Não temas nada. Com certeza sairás vitorioso.

O espírito do príncipe **inflou-se**, seus olhos ganharam vitalidade; agora lhe restava apenas uma pergunta:

— E quando e quem vai me matar?

Oleg sempre fazia essa mesma pergunta e o profeta sempre **postergava** a resposta. Mas, dessa vez, Agal agarrou os braços do príncipe e respondeu:

— Meu querido Oleg, sua morte está ligada ao cavalo que montas.

Ao ouvir aquilo, Oleg desvencilhou-se abruptamente dos braços do profeta e disse:

— Não pode ser! Eu amo meu cavalo, somos parceiros inseparáveis, ele é o melhor **corcel** de toda a Rússia.

— Nada posso fazer contra o destino. Será seu corcel que porá fim a sua vida — disse Agal.

Antes de ir para a guerra, Oleg tomou uma decisão que partiu seu coração. Mandou que seu cavalo fosse levado para um campo distante do seu castelo, ordenou que lá ele fosse alimentado e cuidado como jamais outro animal o fora. Também deixou ordens expressas para que o cavalo nunca mais se aproximasse dele.

O príncipe foi para a guerra e, como predissera Agal, foi o vencedor. Depois de muitos anos de paz e justiça, Oleg continuava vigoroso, mas a idade já lhe mordia os tornozelos, os fios de cabelo branco dominavam toda a paisagem da cabeça principesca.

Glossário

Misticismo: crença de que elementos sobrenaturais influenciam a vida prática.

Hostil: que demonstra inimizade.

Venerável: que merece veneração, respeito, honra.

Inflou-se: orgulhou-se.

Postergava: adiava, deixava para depois.

Corcel: cavalo muito veloz.

ALEXANDRE DUBIELA

Um dia, almoçando com seu filho Igor, Oleg lembrou-se da profecia de Agal sobre seu cavalo. Depois de contar a história ao filho, chamou um empregado e disse:

— Faz muito tempo que não recebo notícias do meu antigo cavalo, quero saber sobre seu paradeiro.

O empregado fez uma reverência, afastou-se e depois de alguns minutos retornou com a resposta:

— O **palafreneiro** informou que seu antigo cavalo morreu há mais de dois anos.

Oleg, ao ouvir tal notícia, levantou-se da mesa, amparou-se nos ombros do filho e disse:

— Me levem até o lugar onde meu animal tombou.

Oleg, Igor e o cavalariço viajaram até o campo em que o animal tinha morrido. O empregado mostrou a carcaça do corcel.

— Está vendo, Igor? Este cavalo foi meu grande companheiro. O falecido Agal errou na sua profecia, estou aqui vivo olhando meu animal morto.

O príncipe, com os olhos marejados, agachou-se para fazer um carinho na caveira branca do antigo companheiro, mas ele não sabia que aquela ossada havia se transformado na habitação de uma perigosa serpente, e, assim que pousou a mão no esqueleto, levou uma picada e morreu.

ILAN BRENMAN. *Contador de histórias de bolso*: Rússia. São Paulo: Moderna, 2009. p. 53-59.

Glossário

Palafreneiro: cavalariço, pessoa responsável por cuidar de cavalos.

Biografia

LETICIA MOREIRA/ EDITORA GLOBO/AGÊNCIA O GLOBO

Foto de 2012.

Nascido em Israel, em 1973, **Ilan Brenman**, escritor e contador de histórias, vive no Brasil desde os 7 anos. Para escrever o livro do qual foi retirado o texto "Destino", o autor viajou por diversas regiões da Rússia pesquisando contos tradicionais. Já ganhou muitos prêmios e tem livros traduzidos em vários países.

SAIBA +

A Rússia é o maior país do mundo em extensão territorial: mais de 17 milhões de quilômetros quadrados. Para se ter uma ideia, o Brasil é o quinto maior país do mundo em território e mede apenas cerca de metade da área da Rússia.

A Rússia está localizada em dois continentes ao mesmo tempo e ocupa boa parte deles: quase metade da Europa e aproximadamente um terço da Ásia.

ESTUDO DO TEXTO

ANTES DO ESTUDO DO TEXTO

1. Se não tem certeza de ter compreendido bem o texto, leia-o novamente.
2. Ao responder às questões a seguir, procure empregar o que já aprendeu ao ler outros textos e seja preciso em suas respostas.

COMPREENSÃO DO TEXTO

1. **Considerando as respostas que você deu antes de ler o conto, suas expectativas foram confirmadas ou você se surpreendeu ao ler a história?**
2. **Quais previsões feitas pelo profeta Agal foram citadas na história? E elas se cumpriram?**
3. **Segundo o texto, o príncipe Oleg, além de poderoso, corajoso e justo, tinha um forte misticismo.**
   - Cite uma atitude da personagem que exemplifica essa característica de sua personalidade. Se necessário, releia o glossário.
4. **O príncipe sempre perguntava ao profeta Agal quando haveria de morrer e quem o mataria.**
   - **a)** Essa pergunta nos faz acreditar que o príncipe estava certo de que morreria em uma batalha. Você concorda com essa ideia? Por quê?
   - **b)** Levante hipóteses: por que o profeta se recusava a responder a essa pergunta do príncipe?
   - **c)** O príncipe acreditou na profecia de que sua morte estaria relacionada ao cavalo? Justifique sua resposta.
5. **Em que momento o príncipe considerou que a profecia estava errada?**
6. **Agora que você já leu e analisou esse conto, explique: por que ele se chama "Destino"?**

DE OLHO NA CONSTRUÇÃO DOS SENTIDOS

1. Releia este trecho do conto.

> "[...] Oleg continuava vigoroso, mas a idade já lhe mordia os tornozelos, **os fios de cabelo branco dominavam toda a paisagem da cabeça principesca.**"

a) Qual o sentido da expressão "a idade já lhe mordia os tornozelos"?

b) Releia a parte que está em destaque no trecho acima e reescreva-a com outras palavras, sem mudar o sentido original.

c) Compare o trecho original com a reescrita que você fez. Qual deles apresenta uma linguagem mais poética? Qual a importância desse tipo de linguagem no texto?

2. Releia outro trecho do conto.

> "— Não pode ser! Eu amo meu cavalo, somos parceiros inseparáveis, ele é o melhor corcel de toda a Rússia."

ALEXANDRE DUBIELA

a) Nessa fala do príncipe, a palavra *cavalo* foi substituída por qual sinônimo?

b) Por que foi utilizado um sinônimo para essa palavra?

c) Qual a função do ponto de exclamação no trecho?

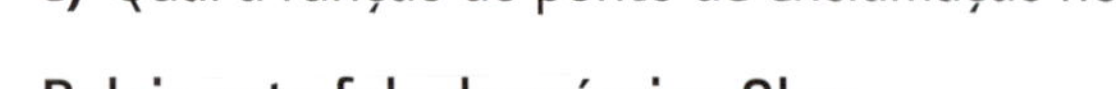

3. Releia esta fala do príncipe Oleg.

> "— Está vendo, Igor? Este cavalo foi meu grande companheiro. O falecido Agal errou na sua profecia, estou aqui vivo olhando meu animal morto."

ALEXANDRE DUBIELA

a) Para o príncipe, qual a prova de que Agal havia errado em sua profecia?

b) Quais adjetivos o príncipe utilizou para destacar a contradição da situação?

O CONTO POPULAR

1. **Quais elementos indicam que o conto "Destino" faz parte da cultura russa?**

2. **Em relação às personagens do conto "Destino", responda:**
   a) Quantas e quais são elas?
   b) É possível saber quais as características físicas e psicológicas do príncipe Oleg? Se sim, cite algumas.
   c) Mencione uma característica física do profeta Agal.

3. **O conto é uma narrativa ficcional.**
   a) Copie do texto palavras e expressões que indicam o tempo em que os fatos vão acontecendo.
   b) Qual o tempo verbal predominante na história? Justifique sua resposta com uma passagem do texto.
   c) Sabemos a data exata em que se passam os fatos narrados?
   d) No conto, o narrador é uma personagem ou não? O foco narrativo é em primeira ou em terceira pessoa?

4. **Ilan Brenman não criou essa história; ele apenas a recolheu durante suas viagens pela Rússia. Quem seria, então, o autor desse conto popular?**

5. **Há algum ensinamento transmitido por esse conto? Se sim, qual?**

Lembre-se

Foco narrativo é o ponto de vista por meio do qual o narrador conta a história: em primeira ou em terceira pessoa.

- **Foco narrativo de primeira pessoa**: o narrador participa da história; é chamado de narrador-personagem.
- **Foco narrativo de terceira pessoa**: o narrador apenas observa, sem participar da história; é o narrador-observador.

O GÊNERO EM FOCO: CONTO POPULAR

Do conto à notícia, do poema à bula de remédio, do *e-mail* à tirinha, cada um desses exemplos, além de tantos outros, constitui um gênero textual específico, com características próprias que são organizadas de determinada maneira. Dependendo do que queremos comunicar e do efeito que pretendemos causar ao leitor, selecionamos o gênero mais apropriado a essa situação comunicativa.

Conto é um gênero narrativo por meio do qual é contada uma história de ficção. Caracteriza-se por apresentar um único conflito e por ter um número menor de personagens. Nesse gênero, o tempo e o espaço são reduzidos.

Em outros gêneros narrativos, como o romance ou a piada, é também possível identificar os elementos da narrativa e os momentos da ação, mas é a maneira como eles são apresentados que nos ajuda a distinguir um gênero do outro. Assim, embora possamos encontrar personagens, narrador e ação em outros gêneros, os contos populares ou tradicionais apresentam características próprias.

LANKS/SHUTTERSTOCK

O conto popular existe há muito tempo. Apesar de registros escritos antigos datarem de cerca de 3200 a.C., muito antes disso o ser humano já contava, provavelmente, acontecimentos de seu cotidiano no ambiente onde vivia. Ele também fazia questionamentos sobre a própria origem, sobre os fenômenos naturais e elaborava suas respostas usando a imaginação para explicar o que lhe era incompreensível.

Pessoas contaram suas histórias para outras (que as ouviram e reinterpretaram, adaptando-as à realidade delas), e estas, por sua vez, contaram a muitas outras, espalhando as histórias. Isso explica o caráter universal desse tipo de narrativa.

Os contos populares ou tradicionais revelam as características, os valores e a visão de mundo de determinada cultura. Eles não têm autoria conhecida, pois surgiram no imaginário comum e são contados e recontados oralmente, de geração em geração, preservando a memória de um povo ou grupo. Nesses contos, o tempo é indeterminado e eles geralmente trazem um ensinamento.

Lembre-se

Na narrativa, a ação é o conjunto de acontecimentos que se sucedem no tempo e no espaço. Ela pode ser organizada em quatro momentos principais:

- **Situação inicial**: situação anterior ao conflito.
- **Conflito:** acontecimento que altera ou desequilibra a situação inicial.
- **Clímax:** o ponto alto do conflito, o momento de maior tensão do conto.
- **Desfecho:** a conclusão, com a resolução do conflito.

Veja como a ação está organizada em "Destino":

- **Situação inicial**: o príncipe, bastante místico, consulta o profeta antes de partir para uma batalha.
- **Conflito**: o profeta prevê que o cavalo do príncipe será a causa da morte dele. O príncipe decide afastar o animal de seu convívio.
- **Clímax**: o príncipe envelhece e, ao tomar conhecimento da morte do cavalo, vai até ele, julgando-se liberto da profecia.
- **Desfecho**: ao se aproximar do animal morto, certo de que a profecia estava errada, o príncipe é picado por uma serpente e morre, ou seja, a profecia se cumpre.

YUGANOV KONSTANTIN/SHUTTERSTOCK

O ENREDO

A forma como os fatos são apresentados ao leitor constitui o **enredo**.

Em "Destino", os momentos da ação (situação inicial, conflito, clímax e desfecho) estão organizados em **ordem linear**, isto é, são apresentados na ordem em que acontecem. Em outros contos ou em outros gêneros narrativos, como o romance, os acontecimentos também podem desenvolver-se com saltos, antecipações, retrospectivas, cortes ou rupturas do tempo e do espaço, ou seja, de forma **não linear**.

Os **marcadores temporais** são as palavras ou expressões que indicam o tempo ou a passagem do tempo. Nesse conto popular, expressões como "antes de ir para a guerra" e "depois de muitos anos" comprovam que a narrativa é feita em ordem cronológica.

Conversa Griô

Entrevista com Divanilde de Paula e Ângela Gonzaga, ativistas do movimento negro e contadoras de história.

ORGANIZAR O CONHECIMENTO

O QUE VOCÊ JÁ SABE?

Agora, você já é capaz de...	Sim	Não	Mais ou menos
... identificar os elementos e os momentos que tipicamente fazem parte de todas as narrativas, inclusive dos contos populares (situação inicial, conflito, clímax e desfecho)?	☐	☐	☐
... reconhecer que esses contos preservam a sabedoria e a cultura das gerações passadas e transmitem ensinamentos de vida?	☐	☐	☐
... compreender que os contos populares não têm um autor, pois são fruto da memória oral de um povo?	☐	☐	☐

Se você marcou **não** ou **mais ou menos** em algum caso, retome a leitura do boxe **O gênero em foco: conto popular**.

Junte-se a um colega e, numa folha avulsa ou no caderno, copiem o esquema a seguir, substituindo as perguntas pelas respectivas respostas. Ao final, vocês terão um resumo das principais características do conto popular. As questões apresentadas servem para orientar a elaboração do esquema, mas vocês podem incluir outras características.

Conto popular

- Defina o conto popular ou tradicional.
- Qual é a autoria do conto popular?
- É possível saber o tempo em que a história se passa?
- Como é organizada a ação na narrativa?

LOPOLO/SHUTTERSTOCK

ESTUDO DA LÍNGUA: ANÁLISE E REFLEXÃO

COMO VOCÊ PODE ESTUDAR

1. **Estudo da língua** não é uma seção para decorar, mas para questionar e levantar problemas.
2. O trabalho com os conhecimentos linguísticos requer persistência. Leia e releia os textos e exemplos, discuta, converse.

LINGUAGEM, LÍNGUA E VARIEDADES LINGUÍSTICAS

LINGUAGEM E LÍNGUA

1. Leia esta tirinha do Armandinho. Observe os elementos que o autor utiliza para contar a história da personagem.

ARMANDINHO

ALEXANDRE BECK

© ALEXANDRE BECK

a) Armandinho, personagem principal da tirinha, tem uma ideia. Que ideia é essa?

b) Inicialmente o menino acha a ideia boa ou ruim? Em que você se baseou para dar essa resposta?

c) Em qual quadrinho a ideia inicial não parece ser boa? Explique como você observou isso.

d) No último quadrinho, Armandinho toma uma decisão. Que decisão é essa e por que ela parece solucionar um problema?

e) Além de Armandinho, quais são as demais personagens dessa história?

f) Como é possível compreender a história, apesar de não haver nenhuma palavra nos quadrinhos da tirinha?

g) Que título você daria a essa tirinha? Explique a escolha do seu título.

2. **Leia o trecho a seguir, retirado do livro *O guardião da chuva*, de Dailza Ribeiro.**

> No pasto, o gado também parecia feliz; os cavalos corriam e balançavam as crinas. Nos galinheiros, as galinhas subiram para os poleiros e cocoricavam sem parar. Os cães corriam atrás das crianças, latindo, como se eles também estivessem felizes. Nas janelas, as senhorinhas esticavam os braços para fora e prendiam a chuva na concha das mãos. Os homens conversavam nas calçadas, fazendo planos para a plantação.
>
> O sorriso invadiu ruas, casas e corações. Era a esperança que voltava.

R-STUDIO/SHUTTERSTOCK

DAILZA RIBEIRO. *O guardião da chuva*. Rio de Janeiro: Bambolê, 2016. p. 21. (Fragmento).

a) Qual é o sentimento predominante em todas as personagens que aparecem nesse trecho da história? Justifique sua resposta com passagens do texto.

b) Releia: "Nas janelas, as senhorinhas esticavam os braços para fora e prendiam a chuva na concha das mãos". Por que as senhorinhas enchiam as mãos com a chuva que caía? Essa ação indica que naquele local era comum a ocorrência de chuvas ou não?

c) Retire outra ação do texto que comprova sua resposta ao item anterior.

d) Essa história foi contada com o uso de palavras. Com que outra linguagem ela poderia ter sido apresentada?

3. **Relacione as imagens às formas de comunicação.**

Gesto

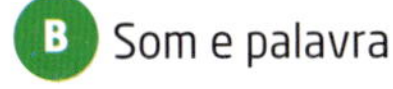
Som e palavra

Cor

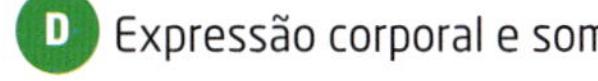
Expressão corporal e som

1

NEJRON PHOTO/SHUTTERSTOCK

2

CSP_AMAVIAEL/FOTOSEARCH LBRF/AGB PHOTO LIBRARY

3

AFRICA STUDIO/SHUTTERSTOCK

4

VENIAMIN KRASKOV/SHUTTERSTOCK

CONCEITOS INICIAIS: LINGUAGEM E LÍNGUA

Quando nos comunicamos, podemos usar várias formas de linguagem: construir textos empregando apenas **imagens**, como na tira do Armandinho, ou somente **palavras**, como no trecho de *O guardião da chuva*. Podemos, ainda, na comunicação, fazer uso de **som** (um assobio, o sinal da escola etc.), de **cor** (o semáforo, uma obra de arte, entre outros), de **gesto** (sinal de "tchau" ou de "positivo", por exemplo), de **expressão facial** (um sorriso, uma piscada etc.) ou **corporal** (braços cruzados para indicar contrariedade, por exemplo). Há ainda a possibilidade de comunicação com a mistura de linguagens, como ocorre quando ouvimos uma canção em que estejam presentes letra e música.

Assim, ao nos comunicarmos, usamos a linguagem verbal, a linguagem não verbal ou, ainda, essas duas linguagens integradas, como ocorre, por exemplo, em tiras e histórias em quadrinhos. Essa integração também costuma ocorrer em anúncios publicitários e propagandas, que misturam fotos ou ilustrações com textos verbais; em filmes, que trazem imagens em movimento, músicas, efeitos sonoros e as falas das personagens; em reportagens de revistas e jornais, que, além do texto verbal, apresentam fotos e gráficos. Enfim, muitos outros gêneros podem fazer uso de uma linguagem integrada, em que tanto a linguagem verbal quanto a não verbal são importantes.

> **Linguagem** é a capacidade humana de se comunicar e de interagir por meio de palavras imagens, sons, gestos, cores, expressões faciais ou corporais.
>
> A linguagem é chamada de **verbal** quando fazemos uso de palavras e de **não verbal** quando usamos outras formas de comunicação: imagens, sons, gestos etc.

A **língua** corresponde à linguagem verbal e é o tipo de linguagem mais empregado pelos seres humanos. Ela é constituída de dois elementos:

- o **léxico**, que é o conjunto de palavras da língua;
- a **gramática**, que é o conjunto das regras para a construção de palavras e frases na língua.

Observe o esquema:

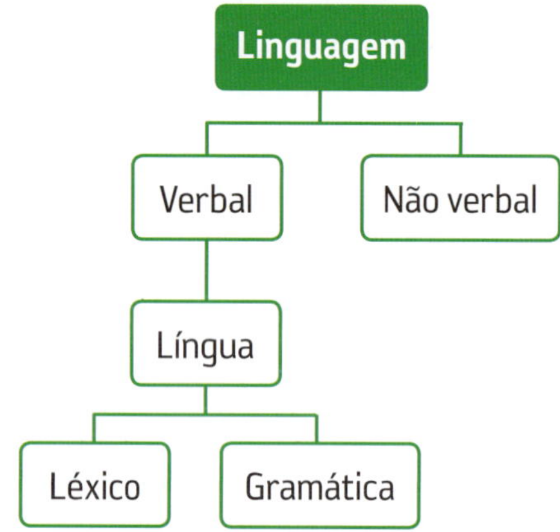

Desde a infância, quando aprendemos a falar, entramos em contato com a língua em uso e, mesmo sem saber, colocamos em prática as regras da gramática na construção das frases que pronunciamos na comunicação com outras pessoas.

Observe como a frase "O sorriso invadiu ruas, casas e corações", retirada do livro *O guardião da chuva*, poderia ter sido organizada de outra forma sem perder o sentido: *Ruas, casas e corações foram invadidos pelo sorriso.*

No entanto, se essa frase tivesse sido escrita das maneiras indicadas abaixo, perderia o sentido e não haveria comunicação. Veja:

Invadiu sorriso o ruas, casas e corações.	Casas e corações, sorriso invadiu ruas o.

Na escola, você amplia o conhecimento sobre a língua e sobre as regras de gramática ao observar e analisar os diversos usos que delas fazemos em diferentes situações sociais.

JACEK CHABRASZEWSKI/SHUTTERSTOCK

Os gestos fazem parte da linguagem não verbal.

VARIEDADES LINGUÍSTICAS

No livro *Grande enciclopédia internacional de piauiês*, o escritor e jornalista Paulo José Cunha reuniu palavras e expressões típicas do Piauí. Leia os verbetes abaixo e responda às questões.

R-STUDIO/SHUTTERSTOCK

> **Bê-erre-o-bró** — Os meses mais quentes do ano, todos terminados em BRO: setembro, outubro, novembro e dezembro.
>
> **Bonito pra chover** — É o que se diz quando o céu anuncia a dádiva da chuva que faz brotar roças e espalha o verde nos pastos. Tempo feio, no Piauí, é o do sol que prenuncia a seca. Para nós, tempo bom é quando está bonito pra chover.
>
> **Empaiar** — Ocupar, atrapalhar.
>
> **Xis com** — Em diagonal com. Forma inteligente que o piauiense encontrou para ensinar um endereço.

PAULO JOSÉ CUNHA. *Grande enciclopédia internacional de piauiês*. Teresina: Prefeitura Municipal de Teresina, 2012. (Fragmento).

a) De acordo com o texto, que relação parece existir entre as condições climáticas do Piauí e a expressão "bonito pra chover"?

b) Escreva uma frase em que a expressão "xis com" seria adequada em sua região.

c) Com base nas informações acima e nos verbetes, o que significa "piauiês"?

d) Você acha importante criar obras como essa, que registram a maneira como as palavras são empregadas em certo estado ou região do Brasil? Por quê?

VARIEDADES LINGUÍSTICAS

No dia a dia, existem diferentes maneiras de usar a língua. Ela não é uniforme ou imutável. Varia conforme os usuários a empregam.

As diferenças no vocabulário, na pronúncia, no modo como os usuários da língua combinam as palavras estão relacionadas a diversos fatores, como faixa etária dos falantes, seu nível de escolaridade, a região onde moram (como na atividade sobre o piauiês), os grupos sociais a que pertencem e o contexto da comunicação. Chamamos essas diferentes maneiras de empregar a língua de **variedades linguísticas**.

Há variedades que são mais prestigiadas do que outras. Um exemplo são as variedades que aprendemos na escola e que são empregadas na maioria dos jornais, falados e escritos; nos livros teóricos; em documentos; em discursos; em palestras de modo geral etc. Essas variedades são chamadas **normas urbanas de prestígio** e caracterizam-se por seguir a **gramática normativa** ou **gramática padrão**.

AFRICA STUDIO/SHUTTERSTOCK

Na escola ampliamos nosso conhecimento sobre a gramática normativa, pois ela é exigida em vários momentos da vida social.

SAIBA +

O internetês é a linguagem do meio virtual usada para agilizar as comunicações escritas. Suas principais características são: o encurtamento de palavras (*pq*, *qq*, *blz*); a eliminação de acentuação (*eh*, *naum*); a troca de dígrafos por uma única letra (*aki*, *axo*); a substituição de letras por números e outros símbolos (*9da10*, em lugar de "novidades").

A linguagem da internet ainda utiliza *emoticons* (elementos visuais construídos com os caracteres disponíveis no teclado) e *emojis* (pictogramas ou ideogramas representando uma palavra ou uma frase inteira).

Que tal conhecer um aplicativo que fala com você usando o internetês? Stryx vai ajudar você nos estudos de um jeito ágil e divertido. Instale o aplicativo e comece a conversar.

BETO UECHI

<http://mod.lk/trilhas>

Nesta obra, vamos refletir sobre as regras da gramática normativa. Isso não quer dizer que outras variedades não tenham gramática ou que a gramática dessas variedades não seja válida. **Toda variedade tem sua própria gramática**. Contudo, destacamos aqui as regras da gramática padrão porque, como cidadão, **você tem direito de conhecê-las**. Assim, conhecendo essas regras, você vai poder comunicar-se de forma adequada em todos os contextos formais em que a obediência às normas dessa gramática é exigida: em provas na escola, em cartas e documentos oficiais, em um *e-mail* não pessoal, em um ensaio, em uma monografia, em uma apresentação oral em situação formal etc.

Ao analisar textos nesta coleção, lembre-se sempre de que:

a) um texto não é apenas um conjunto de palavras ou frases. Ele é resultado da interação entre duas ou mais pessoas em determinado contexto e momento;

b) a cada uma das formas de comunicação social (seja um bilhete, um discurso, uma entrevista, um conto etc.) chamamos de gênero textual. Dependendo do que vamos expressar, para quem, com que intenção, escolhemos o gênero adequado a certa situação comunicativa;

c) as regras gramaticais destacadas na coleção referem-se à gramática da variedade que tem maior prestígio social, mas que não deve ser considerada a única ou a melhor, apenas a que devemos empregar em contextos formais de uso.

ACONTECE NA LÍNGUA

Preconceito linguístico

Você já se perguntou por que nem todo brasileiro fala português do mesmo jeito? Não existem apenas sotaques ou palavras diferentes, mas também modos diferentes de empregar a língua, dependendo da classe social, idade ou localização de um falante. E isso acontece em todas as línguas – afinal elas são vivas e por isso se modificam.

É possível que você já tenha escutado alguma piada sobre a forma como alguém fala ou pode ter presenciado alguma situação em que alguém corrigiu uma pessoa porque falava "errado". Esse tipo de atitude é considerado um ato de preconceito linguístico e costuma ser direcionado à forma como falantes de classes sociais desprivilegiadas empregam o português ou ao modo como pessoas de determinada região falam.

As diferenças acontecem porque toda língua apresenta diferentes tipos de variação. Nem por isso podemos dizer que uma forma de falar é "melhor" ou "mais certa", mas considerar as diferentes situações de uso para falar ou escrever de uma forma mais ou menos formal. Como outros aspectos culturais que marcam diferenças, é preciso respeitar as diferentes variedades da língua e combater no dia a dia o preconceito linguístico.

SAIBA +

O português é a língua oficial, ou uma das línguas oficiais, de nove países: Portugal, Brasil, Moçambique, Angola, Guiné-Bissau, Guiné Equatorial, Cabo Verde, São Tomé e Príncipe e Timor-Leste.

Em cada um desses países há palavras, maneiras de pronunciar e algumas formas gramaticais diferenciadas, mas todos eles têm em comum a língua portuguesa, falada por pelo menos parte da sua população.

ORGANIZAR O CONHECIMENTO

Linguagem e língua

Este objeto digital trata de dois conceitos básicos que você já estudou nesta unidade: língua e linguagem. Acesse o conteúdo e, depois, responda às questões a seguir. Disponível em: <http://mod.lk/f9u6p>.

O QUE VOCÊ JÁ SABE?

De acordo com o conteúdo do objeto digital *Língua e linguagem*, você já é capaz de perceber...	Sim	Não	Mais ou menos
... que língua e linguagem são conceitos diferentes?	☐	☐	☐
... que a comunicação não acontece apenas por meio da linguagem verbal e justificar sua resposta com exemplos?	☐	☐	☐
... que não existe uma variedade linguística melhor ou mais correta que outra?	☐	☐	☐

Se você marcou **não ou mais ou menos** como resposta, retome a leitura de **Conceitos iniciais: língua e linguagem.**

Se você marcou **não ou mais ou menos** como resposta, releia o tópico **Variedades linguísticas** e o boxe **Acontece na língua.**

◉ Junte-se a um colega e montem no caderno um resumo esquemático com as respostas às questões.

Linguagem
- O que é linguagem?
- A linguagem se apresenta de que formas?

Língua
- O que é língua?

Variedades linguísticas
- Defina variedades linguísticas, dê exemplos de como elas podem se apresentar e explique o que é preconceito linguístico.

1. Veja o cartaz produzido para a divulgação de um curso.

CICEM – CENTRO DE INVESTIGAÇÃO DO COMPORTAMENTO DAS EMOÇÕES

Cicem. Disponível em: <http://mod.lk/fa9hp>. Acesso em: 15 fev. 2018.

a) Que tipos de linguagem o cartaz apresenta?

b) Que relação existe entre a foto e a finalidade do curso oferecido?

c) Observe as duas palavras destacadas com cor vermelha. Qual a relação entre elas? Por que será que elas aparecem em cor diferente do restante do texto?

d) O cartaz apresenta códigos que estão ligados por uma linha a cada parte do rosto da mulher. Você imagina por que esse esquema foi apresentado?

e) A linguagem verbal do cartaz comunica quais informações ao leitor?

f) Se o cartaz apresentasse apenas informações verbais, haveria maior ou menor interesse das pessoas pela realização do curso? Justifique.

2. Leia com atenção a tirinha a seguir e responda às questões.

CÓCEGAS NO RACIOCÍNIO — **JOÃO MONTANARO**

© JOÃO MONTANARO

a) Explique o que é *autocombustão*. Se for preciso, procure o significado dessa palavra no dicionário.

b) O que representa o desenho que aparece no último quadrinho?

c) Explique por que, nesse caso, a linguagem não verbal é mais adequada para explicar o que aconteceu com a personagem.

3. **Leia a placa encontrada na entrada de um estabelecimento.**

a) O comerciante afirma que tem dó de vender o pão de queijo. Por quê?

b) Na placa, faz-se uso de uma linguagem padrão ou não padrão? Justifique.

c) Você imagina por que essa variedade linguística foi utilizada?

d) Se quem escreveu a placa a reescrevesse, utilizando a norma urbana de prestígio, haveria o mesmo efeito de sentido?

TEMOS PÃO DE QUÊJO
TÃO BÃO
MAI TÃO BÃO
MAI TÃO BÃO
QUE DÁ DÓ DE VENDÊ

4. **Leia a tira e responda às questões.**

TAPEJARA PAULO LOUZADA

a) A cena retratada na tira acontece na zona urbana ou na zona rural? Justifique sua resposta com elementos do desenho.

b) As duas personagens são caracterizadas de modo a fazer lembrar um estado da Região Sul do Brasil. Você sabe qual é esse estado e que elementos do desenho remetem a ele?

c) Há alguma expressão na tira pertencente à variedade regional do estado que você identificou? Se sim, qual?

d) Por que essa variedade regional teria sido usada nos balões?

e) A tira faz uma crítica aos hábitos dos moradores da capital. Você concorda com essa afirmação? Justifique sua resposta.

ATIVIDADES

5. Leia a tira a seguir.

NÍQUEL NÁUSEA **FERNANDO GONSALES**

© FERNANDO GONSALES

a) Narre a história representada na tirinha.

b) A linguagem não verbal foi empregada para indicar a passagem do tempo. Como isso foi feito?

c) Nessa tira, o humor depende tanto da linguagem verbal quanto da não verbal. Por quê?

6. Leia o texto a seguir.

Fala sério, a vida te reserva tantas coisas maneiras, que cara, é lance você guardar isso — não só na memória, mas tipo assim, escrevendo mesmo. A partir de hoje eu vou ter mais esse grande amigo na minha vida, que é você, Diário.

Mas, cara, é muito formal, eu vou te chamar de Di, afinal de contas, é superfofo você ter "apelidinhos" para seus amigos mais íntimos. E com você, Di, eu vou me abrir completamente, tenho certeza que você vai ser meu grande amigo e que você vai me compreender sempre.

Coisa difícil, pois raramente as pessoas compreendem os adolescentes. Nem pai nem mãe compreendem às vezes. Minha mãe então, nem se fala... É a incompreensão em pessoa. Bom, é verdade que eu também às vezes falo demais e minha mãe não é tão sinistra quanto eu falo, tem mães muito piores por aí. O que eu diria da minha mãe é que ela é mãe. Aquela coisa de "não sair sem arrumar o quarto", "já estudou?", "se não fez isso vai ficar de castigo"...

Pensando bem, na boa, estou tentando aliviar o lado dela, mas não dá não...

A verdade é que mãe é sempre chata, mas a verdade também é que a gente não vive sem elas. Se eu passo dois dias sem ver minha mãe, cara, fala sério, eu já fico morrendo de saudade, mas em compensação, depois que eu encontro, em dois segundos eu já matei a saudade, porque com certeza ela já vem com alguma coisa pra me encher a paciência, ninguém merece.

HELOISA PÉRISSÉ. *O diário de Tati*. Rio de Janeiro: Objetiva, 2003. p. 5-6. (Fragmento).

R-STUDIO/SHUTTERSTOCK

ALEXANDRE DUBIELA

a) Nesse texto, quais parecem ser as características de quem faz o relato?

b) A quem essa pessoa se dirige?

c) Nesse contexto, você acha que a linguagem empregada por ela é adequada? Por quê?

d) Muitas das palavras e expressões empregadas no texto são gírias. Qual é o significado das gírias a seguir?

I. Fala sério.
II. Maneiras.
III. É lance.
IV. Tipo assim.
V. Sinistra.
VI. Na boa.
VII. Aliviar o lado.

e) No local em que você vive, são empregadas essas gírias? Se não são, que outras gírias você usaria para expressar as ideias da personagem?

7. Leia o infográfico e responda às questões a seguir.

MAIS ARTE PRA SUA VIDA

Já despertou seu lado artístico e criativo hoje? Vale escrever, bordar, tocar, desenhar, cantar ou qualquer outra coisa de que você goste!

TENTAR, EXPERIMENTAR E TENTAR DE NOVO
Já que ninguém nasce pronto, comece de alguma forma a experimentar, tentar e inventar. O caminho que você decidir trilhar será o seu melhor aprendizado.

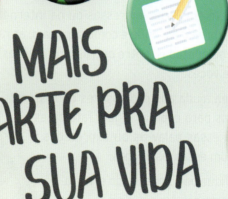

SE LIGUE NOS EXEMPLOS
Além da inspiração, as referências ampliam o seu repertório. Estude como os seus artistas preferidos se expressam para encontrar a sua própria maneira.

1% INSPIRAÇÃO, 99% TRANSPIRAÇÃO
Não desanime! Aprimorar e dominar uma técnica artística pode ser desgastante. Mas a persistência e a repetição aprimoram sua performance e seu resultado.

EXERCITE SUA SENSIBILIDADE
Tudo que te cerca pode virar inspiração e se transformar em criação e arte. Registre as suas ideias em caderninhos ou grave áudios em seu celular.

+ MEDITAÇÃO + CRIAÇÃO
Quanto mais relaxarmos nossa mente, mais felicidade trazemos para o que fazemos. E isso é muito importante para abrir a consciência e a criatividade.

DEIXE A VERGONHA DE LADO!
Mostre o que você fez! Daí escute as críticas, avalie sua evolução, peça ajuda e opiniões. Sua expressão artística é uma maneira de mostrar seu talento e deixar a sua assinatura no mundo.

Mais arte para a vida. Disponível em: <http://mod.lk/kenbb>. Acesso em: 15 fev. 2018.

a) Qual é o objetivo principal desse infográfico?

b) De que forma a imagem central contribui para reforçar esse objetivo?

c) Ao redor da paleta de pintura aparecem algumas imagens. Qual é a relação entre elas e os textos a que estão ligadas?

d) Qual destas frases retiradas do infográfico não atende a uma regra da norma urbana de prestígio?

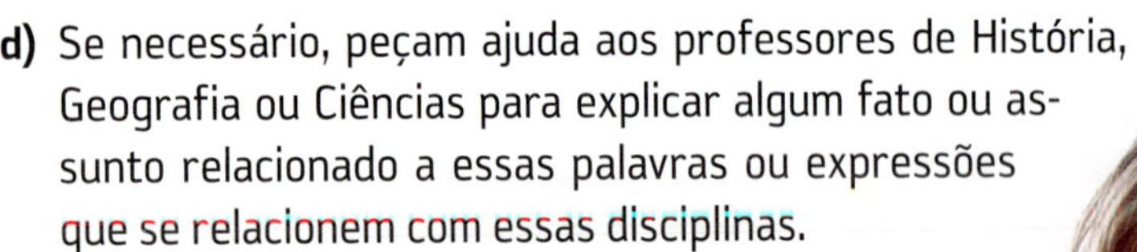

"Exercite sua sensibilidade"	"Deixe a vergonha de lado"
"Se ligue nos exemplos"	"Tentar, experimentar e tentar de novo"

- Você imagina por que o autor do texto optou por escrever essa frase com uma linguagem informal?

8. Você conhece alguma expressão típica da região onde mora? Converse com seus pais e familiares e anote as informações que obtiver. Depois, reúna-se com um colega e componham juntos uma "pequena enciclopédia de regionalismos" de sua cidade ou de seu estado. Sigam as instruções abaixo.

a) A enciclopédia deverá apresentar quatro palavras ou expressões características da região de vocês, acompanhadas dos respectivos significados.

b) Cada aluno ficará responsável por duas dessas palavras ou expressões.

c) Se possível, pesquisem em livros impressos ou na internet a história dessas palavras ou expressões (onde e como surgiram, as razões pelas quais foram criadas ou adotadas, entre outras informações) para enriquecer o trabalho de vocês.

d) Se necessário, peçam ajuda aos professores de História, Geografia ou Ciências para explicar algum fato ou assunto relacionado a essas palavras ou expressões que se relacionem com essas disciplinas.

e) Para que o trabalho fique bem organizado e "arejado", usem uma folha para escrever ou digitar cada verbete (palavra ou expressão) e sua respectiva definição. Dependendo da quantidade de informações que vocês conseguirem, podem ser apresentados dois verbetes em cada folha.

f) Se acharem interessante, ilustrem o trabalho com desenhos ou fotos relacionados ao assunto desenvolvido em cada verbete.

Mais questões no livro digital

CATALIN PETOLEA/SHUTTERSTOCK

QUESTÕES DA LÍNGUA

SINAIS DE PONTUAÇÃO

A pontuação contribui para a construção de sentidos no texto. Veja o exemplo a seguir.

> Um oficial fora condenado. Seu pedido de perdão recebeu a seguinte sentença do rei: "Perdoar impossível, mandar para a forca". Condoída da sorte do moço, a rainha salvou-o com a simples mudança da vírgula: "Perdoar, impossível mandar para a forca".

R-STUDIO/SHUTTERSTOCK

RUBENS MARCHIONI. *Criatividade & redação*. 5. ed. São Paulo: Edições Loyola, 2007. p. 130.

Sinais de pontuação são os sinais gráficos usados na escrita para indicar a entonação das frases (se são perguntas, declarações, exclamações) e também as pausas e as "fronteiras" entre as ideias, o que nos ajuda a construir e a compreender o sentido do texto.

Nesta seção, trataremos de alguns sinais de pontuação: **ponto de exclamação**, **ponto de interrogação**, **dois-pontos**, **travessão**, **aspas** e **reticências**.

PONTO DE EXCLAMAÇÃO E PONTO DE INTERROGAÇÃO

O ponto de interrogação é usado para indicar uma pergunta. Observe este exemplo retirado do conto "Destino", lido no início da unidade.

> "— Meu venerável profeta, quem vencerá essa guerra?"

Na tira a seguir, o ponto de exclamação foi empregado para expressar as emoções das personagens.

NÍQUEL NÁUSEA — **FERNANDO GONSALES**

© FERNANDO GONSALES

Observe que, nos dois primeiros balões, o ponto de exclamação dá ênfase às ameaças feitas pelas personagens e, no terceiro, está relacionado à alegria do rato por ter derrotado o gato com o cafuné.

SAIBA +

O humor da tira tem como base a referência a Spock, personagem de *Jornada nas estrelas*, série criada nos anos 1960, e ao golpe que ele costumava aplicar nos adversários, pressionando um ponto entre o pescoço e o ombro deles e fazendo com que perdessem a consciência temporariamente.

Na tira a seguir, a simples troca do ponto de exclamação por um ponto de interrogação modifica completamente o sentido da frase.

© JEAN GALVÃO

Nos dois primeiros quadrinhos, a exclamação indica que a personagem chama a comadre. Mas, no terceiro quadrinho, a interrogação indica que ela deseja confirmar se a comadre está em casa, porque a ausência da amiga permitirá que ela "assalte" a geladeira, como revelado no último quadrinho.

Em geral, o **ponto final** finaliza uma frase declarativa. O **ponto de exclamação** é usado para proporcionar à frase uma série de emoções que dependem do contexto – raiva, alegria, tristeza, espanto. Já o **ponto de interrogação** indica uma pergunta direta.

DOIS-PONTOS

Um dos usos dos dois-pontos é introduzir a fala de uma personagem. Observe este trecho do conto "Destino".

> "Oleg, ao ouvir tal notícia, levantou-se da mesa [...] e disse:
> — Me levem até o lugar onde meu animal tombou."

Agora leia a frase a seguir.

Meus esportes preferidos são: natação, futebol e vôlei.

Nesse trecho, os dois-pontos foram utilizados antes de uma enumeração.

Os **dois-pontos** são usados, sobretudo, antes de uma enumeração, para introduzir uma fala ou para esclarecer ou desenvolver uma ideia anterior.

TRAVESSÃO

Em um diálogo, o travessão é usado para iniciar as falas. Observe:

> "— Não pode ser! Eu amo meu cavalo [...].
> — Nada posso fazer contra o destino [...]."

Agora, observe o uso de travessões no trecho do livro *O hobbit*, sobre o qual você vai saber mais na próxima unidade.

> Então Bilbo fugiu. Mas o dragão não acordou — não ainda —; teve outros sonhos, de ganância e de violência, deitado ali [...]

R-STUDIO/SHUTTERSTOCK

J. R. R. Tolkien. *O hobbit*. 3. ed. Trad. Lenita Maria Rímoli Esteves; Almiro Pisetta. São Paulo: WMF Martins Fontes, 2009. p. 210-213. (Fragmento).

Nesse caso, os travessões foram empregados para separar uma informação complementar do restante da frase, indicando que o dragão não havia acordado "ainda", o que significa que logo acordaria. Observe que essa informação não é essencial para a compreensão da frase.

O **travessão** é usado para separar informações secundárias ou complementares. Em um diálogo, esse sinal de pontuação é usado para iniciar as falas das personagens e também para separar as falas das observações do narrador.

ASPAS

Como você pôde observar, os diálogos entre as personagens de um texto geralmente são sinalizados por travessões. Mas também existem textos literários em que os diálogos vêm entre aspas, como é o caso do fragmento a seguir.

Comunicação

É importante saber o nome das coisas. Ou, pelo menos, saber comunicar o que você quer. Imagine-se entrando numa loja para comprar um... um... como é mesmo o nome?

"Posso ajudá-lo, cavalheiro?"

"Pode. Eu quero um daqueles, daqueles..."

"Pois não?"

"Um... como é mesmo o nome?"

"Sim?"

"Pomba! Um... um... Que cabeça a minha. A palavra me escapou por completo. É uma coisa simples, conhecidíssima."

[...]

Luis Fernando Verissimo. In: Carlos Eduardo Novaes et al. *Para gostar de ler*: crônicas. São Paulo: Ática, 1981. v. 7. p. 35. (Fragmento).

R-STUDIO/SHUTTERSTOCK

Mesmo em textos em que são usados travessões para marcar os diálogos podem aparecer aspas. Observe este trecho de um conto:

O homem resmungou "que menino chato" e falou pra filha:

— Ele não quer vender. Paciência.

Ivan Ângelo. *De conto em conto*. São Paulo: Ática, 2002. p. 7-10.

R-STUDIO/SHUTTERSTOCK

Nesse caso, o emprego das aspas indica que a frase é um mero resmungo, não uma fala.

Observe agora o emprego de aspas em um texto jornalístico.

Existe bicho que só anda em uma direção?

Não. Dependendo do animal, ele pode fazer uma curva, dar ré ou desviar para os lados, mas não fica sem ação caso encontre um obstáculo intransponível. O formato e as características de cada bicho ajudam a deduzir como ele se desloca: peixes não costumam nadar para trás, por exemplo. "O que acontece é que alguns animais, por serem menos ágeis, preferem ambientes abertos para evitar colisões", afirma Caio Isola, biólogo e pesquisador da UFSCar. Além disso, determinadas espécies possuem limitações físicas que impedem certos movimentos.

Anna Carolina Rodrigues.
Disponível em: <http://mod.lk/eup8d>.
Acesso em: 8 fev. 2018.

ALEXANDRE JUBIELA

Nesse artigo da jornalista Anna Carolina Rodrigues, as aspas marcam o início e o fim da declaração de um especialista ouvido por ela.

As aspas também são usadas para destacar termos estrangeiros. Veja estes exemplos:

No "site" que eu consultei havia informações importantes sobre o "making of" do filme a que assistimos ontem no cinema do "shopping".

Fiz uma "selfie" com a vovó e toda a família.

Elas servem ainda para dar às palavras um sentido diferente do que seria usual, geralmente o oposto do que significam. Observe os exemplos a seguir.

Ficarei muito "triste" se perder o voo e for obrigado a ficar mais um dia de férias. (Nesse exemplo, as aspas indicam ironia: a pessoa não ficaria nada triste se perdesse o voo; na verdade, ficaria bem feliz, pois ganharia mais um dia de folga.)

Mentindo outra vez? Que *"bonito", hein?* (Aqui também há ironia: nessa fala, a pessoa não quis dizer que mentir é bonito, mas justamente o contrário, ou seja, que é feio mentir.)

As **aspas** marcam o início e o fim de falas, pensamentos e citações. Também destacam termos estrangeiros ou palavras às quais se pretende dar um sentido especial.

RETICÊNCIAS

Leia o trecho a seguir.

R-STUDIO/SHUTTERSTOCK

> Vão pelo acostamento da rodovia, até o mestre tomar uma estrada de terra. O menino pergunta para onde vai a estrada, o mestre diz que não sabe.
>
> — Não sabe? Então por quê...?
>
> — Porque é uma estrada simpática, olhe só.
>
> [...]

DOMINGOS PELLEGRINI. *O mestre e o herói*. São Paulo: Moderna, 2005. p. 51. (Fragmento).

Vemos nesse trecho que o menino não completa a pergunta, embora o professor a responda. Para indicar uma ideia não expressa, o autor fez uso das reticências.

No trecho do texto "Comunicação", as reticências também aparecem, mas para indicar a hesitação da personagem:

> "Um... como é mesmo o nome?"
>
> "Pomba! Um... um... Que cabeça a minha. A palavra me escapou por completo. [...]"

Outro uso comum das reticências ocorre nos casos de enumeração. Veja:

A sala estava atulhada de móveis, brinquedos, livros, revistas, roupas, enfeites...

Nesse caso, as reticências sinalizam que a sala poderia estar repleta de outros objetos não mencionados na enumeração.

ALEXANDRE DUBIELA

As **reticências** podem indicar a existência de outros itens não citados numa enumeração; uma pausa para criar suspense; uma hesitação; e outros estados emocionais (prazer, saudade, aversão, medo etc.).

ATITUDES PARA A VIDA

Ao responder às questões, busque exatidão e precisão para garantir que você entendeu o que estudou.

1. Escreva no caderno quais sinais de pontuação devem substituir os números entre parênteses. Dica: nenhum deles é um ponto final.

SE VOCÊ ACHA O MÁXIMO QUANDO A PROFESSORA MANDA FAZER REDAÇÃO E NÃO VIVE SEM UM LIVRO POR PERTO, PODE TER ENCONTRADO SEU VERDADEIRO DOM(1) ESCREVER

Por Veridiana Mercatelli

Fala sério(2) não é demais terminar de ler uma história que faz a gente sonhar acordada por algum tempo(3) E depois de ver tantos personagens incríveis, que passam por situações fantásticas, você se pergunta(4) como alguém consegue escrever isso(5)

A boa notícia é que você também pode colocar suas histórias no papel. Basta seguir alguns conselhos de quem entende do assunto. A escritora e jornalista Rita Trevisan (você já leu várias matérias dela aqui na *Atrevidinha*), autora do livro *Manual de Sobrevivência no Namoro* (Ed. Larousse), dá sua dica: (6)Gostar de ler e de escrever é o básico. Acho que só é possível imaginar uma boa história quando você já leu dezenas de histórias de outras pessoas. E vale tudo, até história em quadrinhos(7). Tá vendo(8) Escrever não é um bicho de sete cabeças(9) Mas é preciso colocar a mão na massa pra coisa dar certo. A Rita, que é fãzona da série *Harry Potter*, conta que sempre gostou de escrever, mas que, na verdade verdadeira, não era muito boa em levar um projeto até o final. (10)Começava a escrever várias poesias, mas não juntava tudo de um jeito organizado e elas acabavam se perdendo(11) Depois, tive vontade de escrever ficção. E aí, comecei a pensar numa personagem principal, numa história(12) As ideias foram surgindo sem parar e rapidinho eu escrevi o meu primeiro livro. Agora, não quero mais parar(13), diz.

[...]

#comofaz pra ser escritora?

1. Quando tiver uma ideia, anote tudo(14) quem são os personagens, como a história começa e como pode terminar.

2. Leia muito(15) Só assim você consegue desenvolver um bom vocabulário e ter boas ideias.

3. Não tenha medo de apagar histórias que não estão dando certo. Você vai errar muito até acertar. Afinal, é praticando que a gente aprende, né(16)

4. Descubra o que inspira você(17) um autor, filmes de um determinado tipo, as conversas com as BFFs, as histórias do seu gato atrapalhado(18) Fique antenada(19)

5. Que tal produzir pequenas histórias e publicá-las em um *blog*(20) Você pode, por exemplo, pensar numa personagem e ir contando a vida dela aos poucos. Divulgue entre as amigas e boa sorte(21)

Veridiana Mercatelli. Disponível em: <http://atrevidinha.uol.com.br/descubra-se-escrever-e-o-seu-dom/#more-2816>. Acesso em: 11 mar. 2015. (Fragmento adaptado).

BFFs: *Best Friends Forever* (melhores amigas para sempre).

2. **O texto que você leu na questão anterior tem linguagem informal.**

a) Copie duas expressões que comprovem a informalidade da linguagem.

b) A pontuação também pode deixar um texto mais formal ou informal. Entre os sinais que você identificou na questão 1, quais ajudam a dar à reportagem um tom descontraído, próximo de uma conversa?

3. **Leia a tira do Menino Maluquinho para responder aos itens seguintes.**

O MENINO MALUQUINHO **ZIRALDO**

a) No primeiro quadrinho, qual o significado da palavra *memórias*?

b) O que se espera que o menino escreva nas memórias dele?

c) Qual o significado do sinal de reticências empregado no segundo quadrinho? Que outro sinal de pontuação poderia ser utilizado no lugar das reticências?

d) E no quadrinho seguinte: o que o ponto de exclamação significa?

e) Qual seria a explicação, na sua opinião, para o autor ter usado apenas sinais de pontuação, sem nenhuma palavra, nesses dois quadrinhos?

f) Procurando manter o sentido original da história contada na tirinha, crie uma frase que poderia ter sido utilizada no segundo quadrinho e outra para o terceiro. Leve em conta que, por questão de falta de espaço nos quadrinhos, as frases devem ser curtas.

g) No último quadrinho, a palavra *memórias* adquire mais um sentido. Comente esse novo sentido.

LEITURA E PRODUÇÃO DE TEXTO

A PRODUÇÃO EM FOCO

- No final da unidade, você vai recontar um conto popular. Durante a leitura do texto, fique atento:
  - **a)** às características do gênero conto popular;
  - **b)** aos momentos da ação (situação inicial, conflito, clímax e desfecho) e à ordem em que são apresentados no texto;
  - **c)** às palavras ou expressões que caracterizam as personagens.

CONTEXTO

Você vai ler a seguir uma das versões de um conto popular que narra a história de um homem que conseguiu enganar a Morte. Além de "O compadre da Morte", este conto também é conhecido por outros títulos, como "O homem que enxergava a Morte" e "Comadre Morte".

A versão aqui narrada é um reconto da autora mineira Alaíde Lisboa de Oliveira para o livro *Histórias que ouvi contar*. Como o próprio título diz, essa é uma das histórias que as pessoas costumam ouvir ou contar oralmente, que se originaram da tradição popular. São histórias de autoria desconhecida e que são transmitidas de geração a geração.

O compadre da Morte

ANDRÉA VILELA

Dizem que era uma vez um homem que tinha tantos filhos que não achava mais quem fosse seu compadre. Nascendo mais um filhinho, saiu para encontrar quem o apadrinhasse e, depois de muito andar, encontrou a Morte, a quem convidou. A Morte aceitou e foi a madrinha da criança.

Quando acabou o batizado, voltaram para casa e a madrinha disse ao compadre:

— Compadre, quero dar um presente ao meu afilhado e penso que é melhor enriquecer o pai. Você vai ser médico de hoje em diante e nunca errará no que disser. Se eu estiver na cabeceira do **enfermo**, receite até água pura que ele ficará bom. Se eu estiver nos pés, não faça nada, porque é um caso perdido.

O homem assim fez. Botou aviso que era médico e ficou rico do dia para a noite porque não errava. Olhava o doente e ia logo dizendo:

— Este escapa!

Enfermo: doente.

Ou então:

— Tratem do caixão dele!

Quem ele tratava ficava bom. O homem nadava em dinheiro.

Vai um dia, adoece o filho do rei, e este mandou buscar o médico, oferecendo uma riqueza pela vida do príncipe.

O homem foi e viu a Morte sentada nos pés da cama. Como não queria perder a fama, resolveu enganar a comadre e mandou que os criados virassem a cama, os pés passaram para a cabeceira e a cabeceira para os pés.

A Morte, muito contrariada, foi-se embora, resmungando.

O médico estava em casa um dia, quando apareceu sua comadre e o convidou para visitá-la.

— Eu vou — disse o médico — se você jurar que eu voltarei!

— Prometo — disse a Morte.

Levou o homem num relâmpago até sua casa.

Tratou-o muito bem e mostrou a casa toda. O médico viu um salão todo cheio de velas acesas, de todos os tamanhos, umas já se apagando, outras vivas, outras já **esmorecendo**. Perguntou o que era.

— É a vida do homem. Cada homem tem uma vela acesa. Quando a vela se acaba, o homem morre.

O médico foi perguntando pela vida dos amigos e conhecidos e vendo o estado das vidas. Até que lhe palpitou perguntar pela sua.

A Morte mostrou um **cotoquinho** no fim.

— Virgem Maria! Essa é a minha?! Então eu estou morre não morre?!

A Morte disse:

— Está com horas de vida e por isso eu trouxe você aqui, como amigo. Mas você me fez jurar que voltaria e eu vou levar você para morrer em casa.

Esmorecendo: aproximando-se do fim.

Cotoquinho: parte restante da vela.

O médico, quando deu acordo de si, estava na sua casa rodeado pela família. Chamou a comadre e pediu:

— Comadre, me faça um último favor. Deixe-me rezar um Padre-Nosso. Não me leve antes. Jura?!

— Juro — prometeu a Morte.

O homem começou a rezar:

— Padre nosso que estais no céu...

E calou-se. Vai a Morte e diz:

— Vamos, compadre, reze o resto da oração!

— Nem pense nisso, comadre! Você jurou que me dava tempo de rezar o Padre-Nosso, mas eu não expliquei quanto tempo ia durar minha reza. Vai durar anos e anos...

A Morte foi-se embora, zangada pela sabedoria do compadre.

Anos e anos depois, o médico, velhinho e **engelhado**, ia passeando nas suas grandes propriedades quando reparou que os animais tinham furado a cerca e estragado o jardim cheio de flores.

O homem, muito contrariado e com raiva, disse:

— Só queria morrer para não ver uma miséria destas!...

Não fechou a boca e a Morte bateu em cima, carregando-o.

A gente pode enganar a Morte duas vezes, mas na terceira é enganado por ela.

ALAÍDE LISBOA DE OLIVEIRA. *Histórias que ouvi contar.* São Paulo: Peirópolis, 2004. p. 14-15.

Glossário

Engelhado: enrugado.

Biografia

ARQUIVO EM/D.A PRESS

Alaíde Lisboa de Oliveira nasceu em 1904, em Lambari (MG), e viveu a maior parte da sua vida em Belo Horizonte, onde faleceu em 2006. Escritora, jornalista, pedagoga e professora, teve uma carreira promissora e pioneira em várias frentes. Como escritora, publicou cerca de 30 livros.

A autora em 1989.

SAIBA +

O conto popular — fruto da oralidade e da criatividade — é testemunha de costumes, ideias, saberes e julgamentos, pois é narrado e ouvido pelo povo, transmitido de geração a geração. Além de divertir, instiga a imaginação, traz recordações, desperta a curiosidade, incentiva a reflexão.

No Brasil, há muitos contos da tradição oral. Entre tantos, é possível citar estes exemplos: "A formiguinha e a neve"; "A mulher do piolho"; "Vida e morte do Malasarte"; "O rei e o sapateiro"; "Trezentas onças" (conto gauchesco); "História de João Grilo" (conto nordestino); "Como apareceu a noite", "O Noé dos majongongs" e "A velha gulosa" (contos da tradição indígena).

ESTUDO DO TEXTO

ANTES DO ESTUDO DO TEXTO

1. Se não tem certeza de ter compreendido bem o texto, leia-o novamente.
2. Ao responder às questões a seguir, procure empregar o que já aprendeu ao ler outros textos e seja preciso em suas respostas.

DE OLHO NAS CARACTERÍSTICAS DO GÊNERO

1. Por ter se tornado madrinha, a Morte resolveu presentear o homem, pai de seu afilhado, tornando-o um homem rico.

a) Você acredita que esse tenha sido um bom presente? Por quê?

b) É possível dizer que o compadre tornou-se realmente um médico?

c) Essa interferência da Morte revela uma característica comum nos contos populares, que também está presente no conto "Destino". Qual é ela?

2. Releia o início do conto.

> "Dizem que era uma vez um homem que tinha tantos filhos que não achava mais quem fosse seu compadre."

a) Uma característica dos contos populares é o fato de serem transmitidos oralmente, de geração a geração. Destaque do trecho reproduzido a expressão que comprova esse aspecto.

b) Essa expressão indica que a narrativa ocorre:

- no passado indeterminado.
- no passado determinado.
- no presente indeterminado.
- Não é possível indicar o tempo.

3. Releia a frase que encerra o conto:

> "A gente pode enganar a Morte duas vezes, mas na terceira é enganado por ela."

a) Como o homem conseguiu tapear a Morte por duas vezes seguidas? Descreva cada uma das situações.

b) Que outra característica do gênero conto popular é representada pela frase que encerra o conto?

4. Os momentos da ação estão descritos a seguir. Identifique a situação inicial, o conflito, o clímax e o desfecho.

a) Prestes a morrer, o compadre mais uma vez engana a Morte, fazendo-a jurar que não o levará antes que ele termine de fazer uma oração.

b) A Morte espera que o compadre cumpra o que combinou com ela, mas ele a engana.

c) A Morte ouve o compadre e o leva.

d) O compadre convida a Morte para ser a madrinha de um de seus filhos, e ela faz com ele um acordo para enriquecê-lo.

ANDRÉA VILELA

5. Com base na resposta da questão anterior, responda: o enredo é narrado em ordem cronológica, isto é, na ordem em que os fatos acontecem no tempo? Justifique.

6. Embora o termo ***compadre*** refira-se originalmente a um contexto religioso, na cultura popular brasileira ele passou a ser usado como forma de tratamento e, em muitas regiões do Brasil, indica uma relação de amizade.

   a) No conto que você leu, como pode ser caracterizada a relação entre o compadre e a Morte?

   b) Analise o título do conto: "O compadre da Morte". Em sua opinião, por que a palavra *compadre* está escrita com letra minúscula e *Morte*, com letra maiúscula? Quais sentidos esses substantivos adquirem no conto ao serem grafados dessa maneira?

7. Substitua cada expressão destacada no trecho abaixo por outra de igual sentido.

> "O médico foi perguntando pela vida dos amigos e conhecidos e vendo o estado das vidas. Até que **lhe palpitou** perguntar pela sua. [...]
>
> — Está com horas de vida e por isso eu trouxe você aqui, como amigo. Mas você me fez jurar que voltaria e eu vou levar você para morrer em casa.
>
> O médico, quando **deu acordo de si**, estava na sua casa rodeado pela família. [...]"

8. Releia este outro trecho de "O compadre da Morte".

> "— Nem pense nisso, comadre! Você jurou que me dava tempo de rezar o Padre-Nosso, mas eu não expliquei quanto tempo ia durar minha reza. Vai durar anos e anos...
>
> A Morte foi-se embora, zangada pela sabedoria do compadre."

   a) A forma como o compadre orava pode ser comparada com a de Agal, o profeta do conto popular que você leu no início desta unidade?

   b) Você acha que essa característica do compadre pode mesmo ser considerada sabedoria? Justifique sua resposta.

9. Em "O compadre da Morte", não foram usadas palavras ou expressões para caracterizar as personagens, como ocorreu em "Destino". De que forma é possível perceber, então, que o compadre é meio enganador?

10. Compare de novo os dois contos desta unidade.

   a) Nos dois contos analisados, existem palavras ou expressões que estão mais próximas da língua falada? Dê exemplos que justifiquem sua resposta.

   b) Qual dos dois contos apresenta uma linguagem mais formal?

11. "Destino" é um conto de origem russa, e "O compadre da Morte" foi coletado no Brasil.

   a) O conto russo informa o lugar onde vivia o príncipe Oleg. O conto "O compadre da Morte" tem alguma característica que o identifica com o Brasil?

   b) Você diria que as duas histórias poderiam se passar em outros lugares do mundo? Justifique sua resposta.

SAIBA +

O enredo de "O compadre da Morte" é conhecido em outros lugares do mundo. Em versões portuguesas, o compadre também tenta enganar a Morte pedindo tempo para que pudesse rezar um Padre-Nosso interminável. Ela, porém, finge ser um homem morto, solitário, fazendo com que o compadre, condoído dessa situação, reze por ele a oração até o fim.

Assim, dependendo do lugar e do tempo, a mesma história pode apresentar variações. No prefácio do livro *Contos tradicionais do Brasil*, Câmara Cascudo aponta essa característica ao afirmar que a memória conserva os traços gerais, a base do conto, enquanto a imaginação modifica certos aspectos da narrativa.

ANDRÉA VILELA

Trilha de estudo

Vai estudar? Stryx pode ajudar!
<http://mod.lk/trilhas>

E POR FALAR NISSO...

Você sabia que não foi só em contos populares que a morte foi representada? Ao longo da História, ela foi retratada em esculturas e pinturas e chegou a ser personagem no cinema e nos quadrinhos. Observe a seguir cinco representações da morte.

© MAURICIO DE SOUSA EDITORA LTDA.

1. Na *Turma do Penadinho*, de Mauricio de Sousa, Dona Morte é uma das principais personagens, representada sempre com uma capa preta e uma foice na mão.

2. KLIMT, Gustav. *Morte e Vida*. c. 1911. Óleo sobre tela, 177,8 cm × 198,1 cm.

GUSTAV KLIMT - COLEÇÃO PARTICULAR

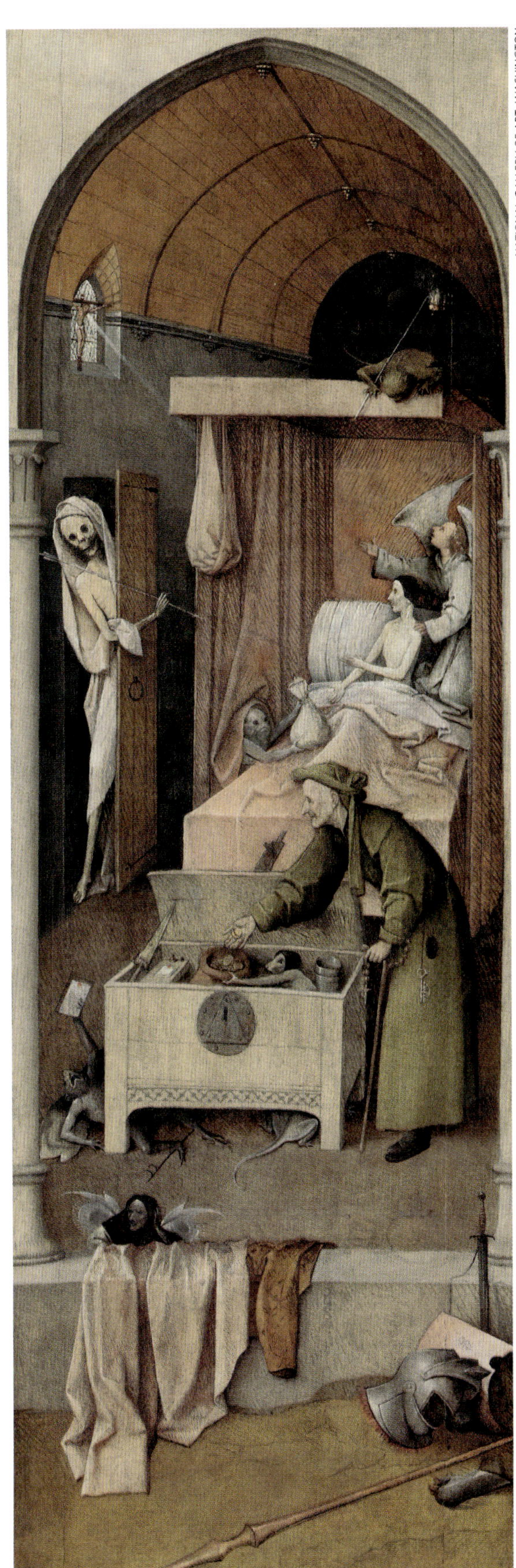
NATIONAL GALLERY OF ART, WASHINGTON

EVERETT COLLECTION/FOTOARENA

3. Cena do filme *O sétimo selo* (Suécia, 1957). Direção: Ingmar Bergman.

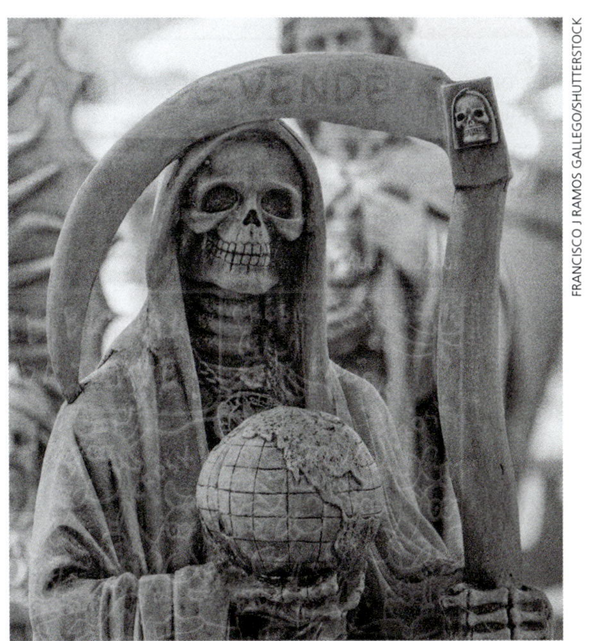
FRANCISCO J RAMOS GALLEGO/SHUTTERSTOCK

4. Escultura de rua na Cidade do México (México), representando a "Santa Morte".

5. BOSCH, Hieronymus. *A Morte e o Avarento*. c. 1485-1490. Óleo sobre painel. Essa pintura retrata um pouco do imaginário da Idade Média sobre a morte: ela vem punir os que cometeram algum dos sete pecados capitais. Nessa obra, a morte está na porta do quarto segurando uma lança.

Você notou que, apesar das diferenças de época, a morte foi retratada com algumas características semelhantes? Converse com seus colegas sobre as diferenças e as semelhanças no modo de representar a morte nessas obras.

PRODUÇÃO DE TEXTO

RECONTO DE CONTO POPULAR

O que você vai produzir

Nesta unidade, você leu duas narrativas de origens diferentes e estudou aspectos que as caracterizam como contos populares.

Agora é o momento de pesquisar um conto popular brasileiro e de recontá-lo oralmente aos seus colegas de classe.

NA HORA DE PRODUZIR

1. Siga as orientações apresentadas nesta seção. Seu texto deve ser coerente com a proposta.
2. Lembre-se de que você já leu e analisou textos do gênero que vai produzir. Se for o caso, retome o **Estudo do texto**.
3. Diante da folha em branco, persista. Nenhum texto fica pronto na primeira versão.

2P2PLAY/SHUTTERSTOCK

SOLTE AS IDEIAS

Para desenvolver a primeira etapa da atividade, você poderá optar entre duas formas de pesquisa.

1. Converse com seus familiares, professores e vizinhos sobre as narrativas populares que eles conhecem. Esse é um trabalho que muitos pesquisadores fazem com a intenção de conservar a memória e a tradição de um povo ou de um lugar.

a) Ouça ou leia com atenção os contos populares. Fique atento:

- à época e ao local em que ocorre o fato narrado: eles são definidos? Há aspectos da cultura de um povo ou lugar retratados no conto?
- à sequência dos fatos da história: eles se sucedem de modo cronológico ou não cronológico?
- às personagens envolvidas: quem são e como são caracterizadas pelo falante?

b) Para auxiliar na sua produção, você poderá tomar nota de todos esses aspectos ou gravar a contação da história.

c) Anote as informações a respeito do contador da história: quem é ele? Onde e quando ele ouviu a história que contou para você?

2. Procure registros escritos de contos populares.

- Pesquise na biblioteca de sua escola ou de seu bairro ou na internet obras ou *sites* dedicados ao registro dessas histórias tradicionais. Sugestões:
  - *Contos populares do Brasil*. Organizador: Sílvio Romero. Belo Horizonte: Itatiaia, 2009.

- *Contos tradicionais do Brasil para jovens*. Luís da Câmara Cascudo. São Paulo: Global, 2006.
- *Mitos – o folclore do Mestre André*. Marcelo Xavier. 18. ed. São Paulo: Formato, 1997.

SERGEI KOLESNIKOV/SHUTTERSTOCK

A expressão corporal é importante na contação.

CONTAÇÃO: PLANEJAMENTO E APRESENTAÇÃO

a) Escolha um dos contos pesquisados para recontar para a sua turma, que será seu público-alvo.

b) Reveja os registros escritos ou orais do conto escolhido. Identifique neles a maneira de falar das pessoas que contaram a história: preste atenção ao vocabulário, às palavras ou expressões regionais utilizadas e à forma como organizaram a história.

c) Na hora de organizar o conto, lembre-se dos quatro momentos principais da ação: situação inicial, conflito, clímax e desfecho.

d) Escolha como você deseja que os fatos sejam revelados: em ordem linear ou não.

e) Leia o texto em casa várias vezes para conhecê-lo bem e sentir segurança para contá-lo. Não é preciso decorar a história.

f) Durante a contação, fique atento à entonação da voz, dedicando maior expressividade a certas frases, a fim de criar uma atmosfera mais envolvente e interessante aos ouvintes.

g) Não se esqueça de que a expressão corporal (gestos, postura, movimentos) é muito importante em uma contação.

h) Sob orientação do professor, apresente seu conto popular aos colegas de classe.

AVALIE SUA CONTAÇÃO

Avalie sua apresentação oral, copiando a tabela abaixo e respondendo às perguntas em seu caderno.

Aspectos importantes em relação à proposta e ao sentido do texto
Conto popular
1. Você se lembrou de narrar todos os elementos que compõem o enredo de uma narrativa (situação inicial, conflito, clímax e desfecho)?
2. As personagens foram bem descritas, contribuindo para a compreensão da história?
3. O comportamento das personagens permitiu identificar também algumas de suas características ou você empregou palavras ou expressões para caracterizá-las?
4. A linguagem utilizada foi adequada a seus ouvintes e respeitou as características do conto popular?
5. Sua dicção (pronúncia das palavras), entonação (expressividade) e volume de voz foram adequados para garantir uma boa escuta?
6. Você foi compreendido pelos colegas?

ATITUDES PARA A VIDA

PENSAR E COMUNICAR-SE COM CLAREZA

A comunicação é algo muito importante nas relações e para a vida em sociedade. Para os seres humanos, linguagem e pensamento são inseparáveis. E para que a comunicação seja efetiva, para expressar-se com clareza e precisão, é importante que o pensamento também esteja claro.

Certamente você precisou pensar e comunicar-se com clareza no momento de realizar a contação do conto popular para que seus ouvintes o compreendessem, não é mesmo? Levando isso em conta, leia a tira a seguir.

WILL TIRANDO — WILL LEITE

1. **Sobre o que fala a tira? Há algum efeito cômico nela? Se quiser, compartilhe suas ideias com os colegas.**
2. **Você acredita que a cliente ficará satisfeita com o seu novo corte de cabelo? Justifique sua resposta.**
3. **Você já passou por alguma situação em que não foi compreendido ao tentar comunicar algo? O que aconteceu? Compartilhe suas experiências com a turma.**

No momento de expressarmos nossas ideias e desejos, é importante organizarmos o nosso pensamento e escolhermos as palavras cuidadosamente, buscando empregá-las com exatidão e precisão. Pensar com clareza leva a uma comunicação também clara e possibilita uma compreensão efetiva.

4. Durante as contações que você acompanhou na seção "Produção de texto", houve algum momento em que não foi possível a compreensão do que estava sendo contado? Se houve, qual?

5. Você acha que seus colegas conseguiram compreender a sua contação? Você escolheu adequadamente as palavras para expressar-se da forma mais clara possível?

Para comunicar-se com precisão e clareza é preciso dedicar um tempo na organização dos pensamentos, na escolha de palavras que facilitem a nossa comunicação e a compreensão das pessoas que vão nos escutar. Isso certamente contribuirá para que nos relacionemos melhor com as pessoas.

6. Em que outras situações, fora da escola, poderia ser importante pensar e comunicar-se com clareza?

VLADGRIN/SHUTTERSTOCK

AUTOAVALIAÇÃO

Atitudes para a vida	Sim	Não	O que melhorar
Durante as atividades realizadas na unidade e na sua contação, você **organizou seu pensamento e conseguiu expressá-lo com clareza**?			

LEITURA DA HORA

"A armadilha dos ecos" é um tradicional conto do povo Nuba, que habita uma determinada região do Sudão, país situado na chamada África Oriental. Assim, a história que você vai ler faz parte da cultura de um povo do continente africano. Recolhida da tradição oral, ela é recontada por Anna Soler-Pont, escritora nascida em Barcelona, em seu livro *O príncipe medroso e outros contos*, traduzido para o português por Luis Reyes Gil. Os contos e as demais histórias tradicionais africanas passaram de geração em geração narradas oralmente pelos *griôs*, também conhecidos como contadores de histórias. E, no conto que você vai ler, quem serão os ecos de que fala o texto?

A armadilha dos ecos

(Conto **nuba** do Sudão)

Num pequeno povoado ao sul do deserto da Núbia, entre o Nilo Azul e o Nilo Branco, vivia um camponês que trabalhava fazendo óleo de gergelim. Ele também tinha um pequeno pedaço de terra que queria transformar num campo de amendoins. Um dia, foi limpar seu pedaço de terra e queimar os galhos cortados para preparar o campo. Mal havia começado e de repente ouviu uma voz que saía de detrás de um matagal seco.

— Quem está aí? — perguntou a voz.

— Sou eu — respondeu o homem.

— E está fazendo o quê?

— Estou limpando este pedaço de terra para transformá-lo num campo e plantar amendoins.

— Espere, vou ajudá-lo! Sou o rei dos ecos e agora mesmo vou mandar cem ecos em seu auxílio.

Dito e feito. Chegaram cem ecos, que limparam o pedaço de terra num instante. O homem ficou encantado.

— Com essa ajuda, tudo vai correr melhor!

Depois de uns dias, quando os galhos que havia cortado já estavam secos, o homem voltou ao seu terreno para queimá-los e espalhar as cinzas naquilo que seria seu campo. Mal começara a acender o fogo e ouviu uma voz forte que dizia:

R-STUDIO/SHUTTERSTOCK

— Quem está aí?

— Sou eu — respondeu o homem.

— E está fazendo o quê?

— Estou queimando os galhos para adubar a terra com as cinzas.

— Espere, vou ajudá-lo!

E o rei dos ecos enviou-lhe trezentos ecos, que se puseram a queimar galhos sem parar, até que viraram cinzas, que eles espalharam pelo campo.

— Com essa ajuda, tudo vai correr melhor! — exclamou o homem.

Chegaram as chuvas. E logo o camponês encheu um cesto de sementes de amendoim e foi até o campo semeá-las. E voltou a ouvir a voz:

— Quem está aí?

— Sou eu — respondeu o homem.

— E está fazendo o quê?

— Estou semeando os amendoins.

— Espere, vou ajudá-lo.

E chegaram novecentos ecos, que semearam todos os amendoins.

— Com essa ajuda, tudo vai correr melhor!

E quando os amendoins já começavam a ficar maduros, o camponês foi até o campo caçar passarinhos que tentavam comê-los. Assim que chegou, já ouviu o eco:

— Quem está aí?

— Sou eu — respondeu o homem.

— E está fazendo o quê?

— Estou caçando os passarinhos para que eles não comam meus amendoins.

— Espere, vou ajudá-lo!

Chegaram dez mil ecos, que caçaram todos os passarinhos. O camponês voltou para casa repetindo a frase que o deixava feliz:

— Com essa ajuda, tudo vai correr melhor!

Passaram-se mais alguns dias. Ele voltou ao campo, colheu alguns amendoins e os experimentou para ver se estavam maduros.

— Quem está aí? — perguntou a voz do eco.

— Sou eu — respondeu o homem.

— E está fazendo o quê?

— Estou colhendo alguns amendoins para ver se estão maduros.

— Espere, vou ajudá-lo!

Apareceram cem mil ecos, de todas as direções, que pegaram todos os amendoins e os comeram!

O camponês não conseguiu fazer nada para impedir. Depois daquela ajuda, já não podia mais esperar que as coisas corressem melhor... Os ecos haviam preparado uma armadilha.

O camponês decidiu arrancar todas as plantas de amendoim do seu campo, plantar cana-de-açúcar e não aceitar ajuda de mais ninguém!

Se alguma vez ouvirem um eco seguindo vocês, lembrem-se dessa história!

Soler-Pont, Anna. *O príncipe medroso e outros contos africanos*. Trad. Luis Reyes Gil. Ilustr. Pilar Millán. São Paulo: Companhia das Letras, 2009. p. 115-118.

R-STUDIO/SHUTTERSTOCK

SInConCliDes

O que é?

Jogo de cartas em que os jogadores organizam os quatro principais momentos da narrativa de histórias populares.

Como é?

As cartas do jogo representam cada um dos momentos de ação da narrativa de sete histórias diferentes: **s**ituação **in**icial, **con**flito, **clí**max e **des**fecho (*SInConCliDes*). Os jogadores trocam cartas entre si e montam a sequência mais adequada de uma história. O primeiro a baixar as quatro cartas de uma história vence a partida.

COMO FAZER

Para fazer esse jogo, você e seus amigos precisam primeiro escolher **sete histórias**. Podem ser histórias de contos ou romances que vocês leram, histórias em quadrinhos que acham legais, filmes ou séries de que gostam ou episódios de seus desenhos favoritos.

Em seguida, vocês precisam criar um baralho com **28 cartas de papel** (ou outro material fácil de manusear). Além de terem as mesmas medidas, essas cartas devem ser divididas em **quatro grupos: Situação Inicial**, **Conflito**, **Clímax** e **Desfecho**. Na parte de cima, vocês devem escrever o tipo de cada carta. Veja um exemplo.

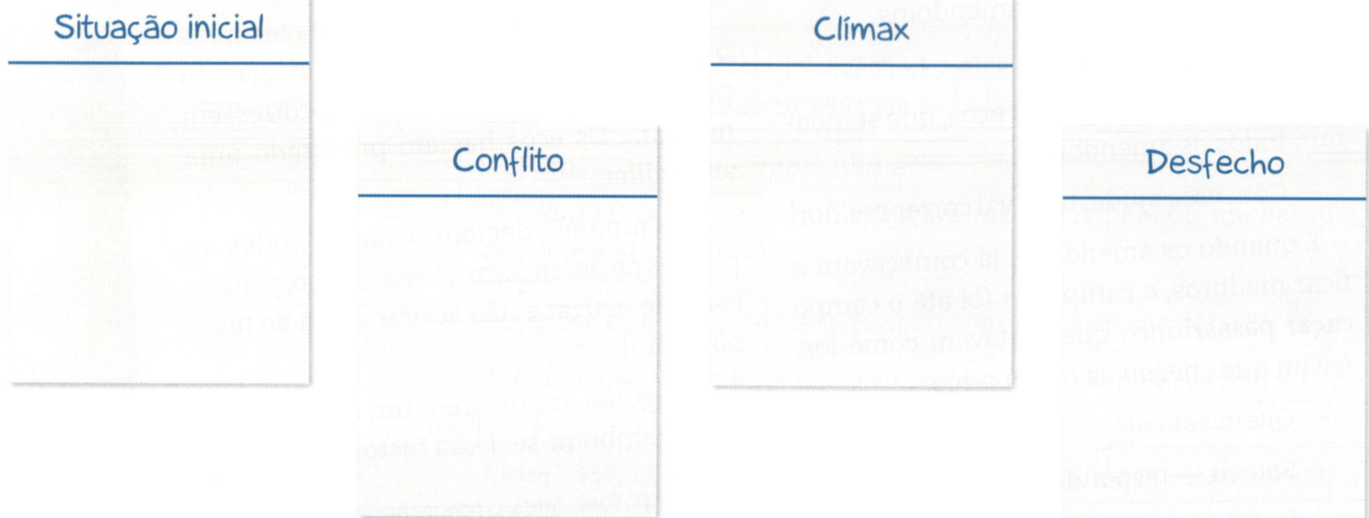

Não precisa ser um grande mago da tecnologia para fazer as cartas, não! Se não tiverem computador por perto, com apenas três dobras em uma folha de papel sulfite vocês já conseguem confeccionar oito cartas tranquilamente!

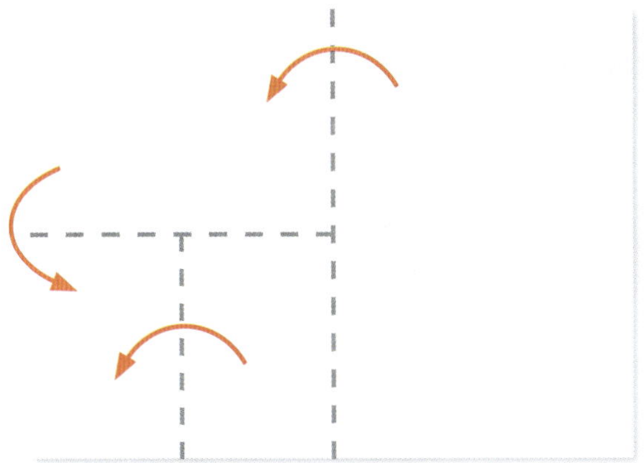

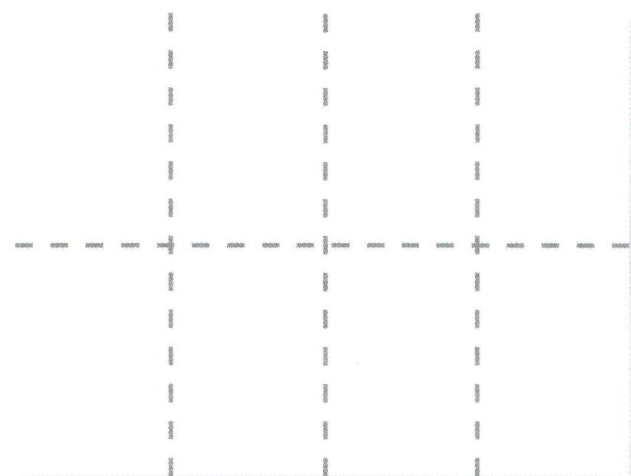

Depois de marcar e separar as cartas, usem o espaço central delas para descrever, de forma bem resumida, os momentos de ação narrativa das sete histórias que vocês escolheram. Deem uma olhadinha no exemplo a seguir, que nós fizemos usando a história do príncipe Oleg, do conto "Destino", que você leu no início desta unidade.

Situação inicial	Conflito	Clímax	Desfecho
O príncipe Oleg consulta o profeta Agal antes de ir para a batalha.	Informado de que seu cavalo será a causa de sua morte, Oleg decide se afastar do animal.	Começando a envelhecer, o príncipe descobre que seu cavalo morreu e decide ir vê-lo.	Oleg morre picado por uma serpente que passou a habitar a carcaça de seu falecido cavalo.

Tudo de que vocês precisam para jogar já está pronto, mas que tal abusar do talento artístico e deixar esse baralho mais bonito? Vocês podem personalizar cartas com os mais diversos tipos de desenhos e cores. Liberem a imaginação! Mas atenção: todas as cartas devem seguir o mesmo padrão de personalização, e sua arte não deve sobrepor os textos, senão não tem jogo!

COMO JOGAR

Agora que o baralho está pronto, é hora de se divertir!

Junte-se com seus amigos em grupos de quatro ou cinco pessoas.

O objetivo de cada partida é formar uma sequência de cartas *SInConCliDes* de uma história. A partida acaba quando pelo menos um jogador baixar uma sequência completa na mesa. Se for uma sequência inédita para o jogador, ele recebe um ponto; se ele já tiver formado a mesma sequência em uma partida anterior, ele não recebe nenhum ponto. O jogo acaba quando um dos jogadores somar sete pontos – ou seja, depois que um jogador conseguir formar uma sequência *SInConCliDes* de cada uma das histórias.

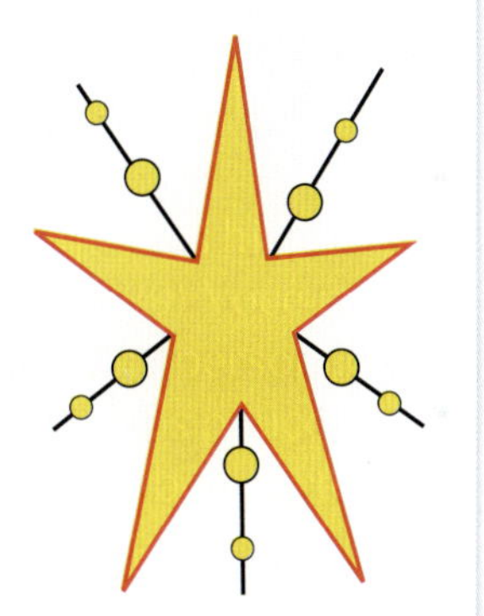

ORGANIZAÇÃO DAS PARTIDAS

Durante o jogo, você e seus amigos vão realizar diversas partidas. Em cada partida, os jogadores tentam formar uma sequência *SInConCliDes* e ganhar um ponto. A seguir, veja como é o funcionamento de cada partida.

- **O início da partida**
  - **Para começar uma partida**, um dos jogadores embaralha as cartas, exclui algumas (a quantidade de cartas excluídas varia de acordo com o número de jogadores) e distribui o restante igualitariamente entre todos os participantes.
- **Distribuição de cartas**
  - Se liga! A relação entre o número de jogadores, a quantidade de cartas excluídas e o número de cartas para cada jogador é mostrada nas imagens a seguir.
    - **4 jogadores**: 4 cartas excluídas; cada jogador com 6 cartas nas mãos.

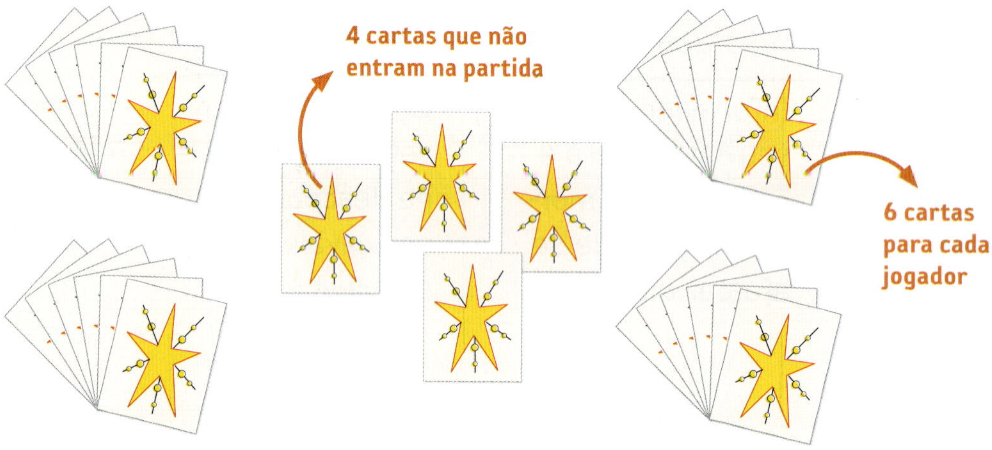

    - **5 jogadores**: 3 cartas excluídas; cada jogador com 5 cartas nas mãos.

- **As jogadas de cada partida**
  - Cada partida pode ser composta de várias jogadas em que os jogadores trocam cartas entre si. As jogadas funcionam da seguinte maneira:
    - **Ao mesmo tempo**, todos os jogadores escolhem uma das cartas em suas mãos e a colocam na mesa com a face virada para baixo.
    - Em seguida, eles passam essa carta, no sentido anti-horário, para o jogador à sua direita. Preste atenção e não se afobe! **Todo mundo tem que passar a carta junto!**
    - Os jogadores pegam a carta que receberam e tentam formar uma sequência *SinConCliDes*. **Leia as cartas com atenção** para não misturar as histórias! Aqui não é lugar para *fanfic*!
    - Esse processo se repete até que pelo menos um jogador monte a sequência *SInConCliDes* e mostre para todo mundo que entendeu direitinho os momentos da narrativa (e, talvez, tenha tido um pouquinho de sorte)!
- **O fim de cada partida**
  - **A partida acaba** quando pelo menos um dos jogadores formar uma sequência *SInConCliDes* e baixá-la na mesa. Nessa hora, os jogadores que formaram uma sequência inédita ganham um ponto. Se o jogador formar uma sequência que ele já tenha formado nas partidas anteriores, ele não pontua.
  - Se liga na dica: **usem uma caneta e uma folha de papel como placar para anotar quem já formou a sequência de qual história**. Assim fica mais fácil organizar os pontos de todos os jogadores e ver quem está ganhando!
  - Depois que a partida terminar, o jogador que embaralhou e distribuiu as cartas junta todas elas (até mesmo aquelas que foram excluídas) e passa o baralho para quem estiver à sua esquerda começar uma nova partida.

PONTOS E FIM DE JOGO

O jogo acaba quando um dos jogadores tiver somado sete pontos ao longo das partidas. Para isso acontecer, o jogador precisa formar pelo menos uma vez uma sequência *SInConCliDes* de cada uma das histórias que vocês usaram para fazer o baralho.

- **Um ponto por história**
  - Vale lembrar que as partidas terminam quando pelo menos um jogador formar uma *SInConCliDes*. Se a sequência for inédita para o jogador, ele ganha um ponto; caso seja uma sequência repetida, ele não pontua.
  - Pode acontecer de dois ou mais jogadores formarem uma *SInConCliDes* na mesma partida. Nesse caso, a pontuação segue a mesma lógica: sequência repetida não pontua; sequência inédita recebe um ponto.

Cartas excluídas
não são usadas
na partida.

No fim do jogo não há empate

- Nós já falamos que o jogo acaba quando um jogador faz sete pontos. Falamos também que mais de um jogador pode pontuar na mesma partida. Agora, preste muita atenção: **não é possível que haja empate no sétimo ponto**. Caso dois ou mais jogadores tenham seis pontos e empatem novamente no que seria o último ponto, nenhum deles pontua na partida. Observe o placar no exemplo a seguir.

	De volta para o futuro	WALL-E	A droga da obediência	Fala sério, mãe!	Steven Universo	The Legend of Zelda	Irmão do Jorel
Enzo	X		X		X		
Valentina		X				X	
Gabriela	X		X	X	X	X	X
Bruno	X	X	X		X	X	X
Ariel		X	X				

- Nesse placar, o Bruno e a Gabriela têm seis pontos. Se na próxima partida ele formar a *SInConCliDes* de *Fala sério, mãe!* e ela, a de *WALL-E*, eles não pontuam porque não podem ficar empatados com sete pontos. No entanto, se a Gabriela formar a sequência de *WALL-E* e a Valentina, a de *Irmão do Jorel*, as duas recebem um ponto cada – e a Gabi ganha o jogo porque somou sete pontos.
- Pode acontecer? Pode, mas é muito difícil. A gente entende que pode até cansar um pouco ler tanta coisa, mas nosso papel aqui é analisar todas as possibilidades nos mínimos detalhes para você jogar a melhor partida da sua vida!
- Pronto! Tudo entendido? Partiu, *SInConCliDes*!

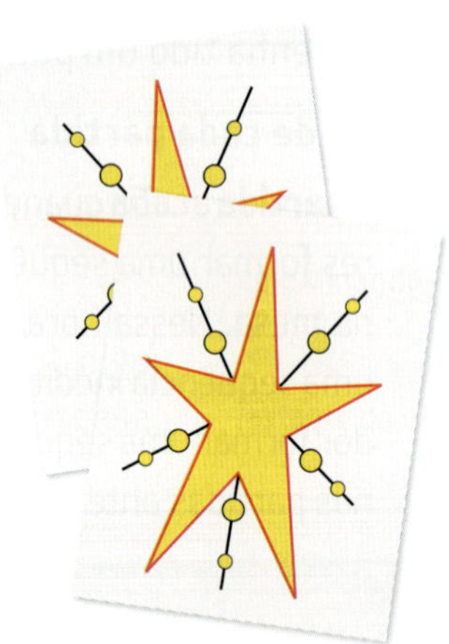

RESUMÃO

- No início de toda partida, um jogador embaralha, exclui algumas cartas e distribui o resto.
- Os jogadores trocam cartas até formar uma sequência *SInConCliDes*.
- A partida acaba toda vez que alguém formar uma sequência.
- História inédita ganha um ponto; história repetida não pontua.
- Outra partida tem início.
- O jogo acaba quando alguém faz sete pontos.

PARA SE PREPARAR PARA A PRÓXIMA UNIDADE

Provavelmente você já leu histórias ou assistiu a filmes com heróis e vilões envolvidos em grandes aventuras. Na próxima unidade, você vai mergulhar em narrativas assim, que trazem perigos, mistérios, viagens e batalhas emocionantes. Dê uma olhada nas sugestões que selecionamos para você e, depois, responda às questões do boxe "O que você já sabe?".

Embarque no universo dos romances de aventura! Procure informações na internet, nos livros que você possa ter em casa ou na biblioteca da escola. Discuta com seus colegas: que características uma história precisa ter para ser considerada uma aventura?

1

REPRODUÇÃO

As aventuras de Bilbo Bolseiro ganharam uma charmosa e divertida versão para o mundo dos *games*. Veja trechos das batalhas no *trailer* do jogo *Lego Hobbit*, disponível aqui: <http://mod.lk/kuozq>.

2

REPRODUÇÃO

Pedro, do canal *Não apenas histórias*, comenta o livro *A invenção de Hugo Cabret*, de Brian Selznick – uma das leituras presentes na próxima unidade. Confira em: <http://mod.lk/7qat3>.

3

Substantivo

Este objeto digital aborda os substantivos, conteúdo que será estudado na próxima unidade. Acesse: <http://mod.lk/uvpqo>.

O QUE VOCÊ JÁ SABE?

Até este momento, você seria capaz de...	**Sim**	**Não**	**Mais ou menos**
... reconhecer que os mesmos elementos (personagem, tempo, espaço) e momentos (situação inicial, conflito etc.) dos contos estão presentes nos romances de aventura?	☐	☐	☐
... caracterizar os romances de aventura como narrativas mais longas que os contos e que trazem mais de um conflito, mais personagens, vários cenários?	☐	☐	☐
... identificar o herói e o vilão que fazem parte desse tipo de romance?	☐	☐	☐

De acordo com o conteúdo do objeto digital *Substantivo*, você seria capaz de...	**Sim**	**Não**	**Mais ou menos**
... perceber qual é a função dos substantivos?	☐	☐	☐
... reconhecer os diferentes tipos de substantivo?	☐	☐	☐

UNIDADE 2

NA TRILHA DA AVENTURA

Cena do filme *O hobbit: a desolação de Smaug* (Estados Unidos, 2013). Direção: Peter Jackson.

EM FOCO NESTA UNIDADE

- Romance de aventura
- Substantivo
- Adjetivo
- Sinônimo
- Produção: *fanfic*

ESTUDO DA IMAGEM

1. Esta é uma cena de *O hobbit*, filme produzido com base no livro de mesmo nome. Você vai ler um trecho desse livro na próxima seção. Se já assistiu ao filme, conte a seus amigos o que ocorre nessa cena. Se não assistiu, o que você imagina que a personagem da foto esteja fazendo? O que estaria atraindo seu olhar?

2. Nesta unidade, você vai ler histórias de personagens que mergulharam em curiosas aventuras. Discuta com seus colegas: que características uma **experiência** precisa ter para ser considerada uma aventura?

LEITURA

CONTEXTO

O Senhor dos Anéis é uma história escrita entre as décadas de 1930 e 1950, publicada em três volumes e que se passa em uma Europa mitológica. *O hobbit* é o livro anterior à trilogia e nele são narrados os acontecimentos iniciais das aventuras vividas por Frodo Bolseiro para evitar que Sauron recupere o "Anel de Poder" e o mal se espalhe.

Você vai ler a seguir um trecho de *O hobbit*. Antes, porém, precisa entender os fatos que levaram ao episódio que vai conhecer.

Thror, o avô do anão Thorin, refugiara-se com todo seu povo na Montanha Solitária. Lá, todos enriqueceram e viviam muito bem, até que Smaug, um poderoso dragão, invadiu a Montanha e se apoderou de toda a riqueza que havia. Thorin e aqueles que sobreviveram viram-se obrigados a fugir e passaram a viver como ferreiros ou mineiros.

Anos depois, o mago Gandalf deu a Thorin e a seus amigos um mapa e uma chave para uma passagem secreta na Montanha, que permitiria a Bilbo Bolseiro, o hobbit escolhido por Gandalf, pegar de volta os tesouros que estavam em posse do dragão.

No trecho a seguir, Thorin, os anões e Bilbo Bolseiro, que tem o anel que pode torná-lo invisível, entraram na Montanha e estão diante da passagem secreta.

ANTES DE LER

1. O que você imagina que vai acontecer? Você acha que as personagens vão atravessar a passagem secreta?
2. Em uma aventura como essa, em que o protagonista está dentro de uma passagem secreta em uma montanha e perto de um perigoso dragão, de que recursos você acha que ele vai precisar para enfrentar os desafios?

Glossário

Hobbit: criatura imaginária, pequena e de pés largos e peludos.

Quinhão: parte que cabe a cada pessoa na divisão de um todo.

Resoluto: decidido.

Gorgolejo: som semelhante ao do gargarejo.

Calabouço: local sombrio, frio, úmido.

O hobbit

Por um longo tempo ficaram discutindo, parados no escuro, diante da porta, até que por fim Thorin falou:

— Agora é a vez de nosso estimado Sr. Bolseiro, que provou ser um bom companheiro em nossa longa estrada e um hobbit cheio de coragem e capacidade, que em muito excedem seu tamanho, e, se me permitem dizer, que tem uma sorte que excede em muito o **quinhão** normal, agora é a vez de ele desempenhar o serviço pelo qual foi incluído em nossa Companhia; agora é a hora de fazer por merecer sua Recompensa.

[...]

ROBSON ARAÚJO

— Se está querendo dizer que acha que é serviço meu entrar em primeiro lugar pela passagem secreta, ó, Thorin, filho de Thrain, Escudo de Carvalho, que suas barbas nunca deixem de crescer — disse ele irritado. — Diga de uma vez por todas! Eu poderia recusar. Já livrei vocês de duas confusões que não estavam no acordo inicial; portanto, já mereço, acho eu, alguma recompensa. Mas "a terceira vez vale por todas", como costumava dizer meu pai, e, de certo modo, acho que não vou recusar. Talvez eu tenha começado a confiar mais em minha sorte do que nos dias antigos. [...] Mas, de qualquer modo, acho que vou dar uma espiada para acabar logo com isso. Agora, quem vem comigo?

Bilbo não esperava um coro de voluntários, e por isso não ficou desapontado. Fili e Kili pareciam incomodados e hesitaram, mas os outros nem fingiram se oferecer: exceto o velho Balin, o sentinela, que gostava bastante do hobbit. Disse que pelo menos entraria e talvez fizesse um pouco do caminho, pronto para chamar por socorro se necessário. [...]

[...]

Depois de algum tempo, Balin desejou boa sorte a Bilbo e parou onde ainda era possível ver a silhueta esmaecida da porta e, por um truque dos ecos do túnel, ouvir o murmúrio das vozes dos outros lá fora. Então o hobbit colocou o anel e, advertido pelos ecos de que deveria tomar mais cuidado do que os hobbits normalmente tomam para não fazer nenhum barulho, prosseguiu silenciosamente, descendo, descendo, na escuridão. Tremia de medo, mas tinha o rosto sério e **resoluto**.

[...]

[...] Ele estava completamente sozinho. Logo teve a impressão de que começava a ficar quente. "Será mesmo uma espécie de brilho que vejo vindo lá embaixo"?, pensou ele.

Era. À medida que seguia em frente, crescia cada vez mais, até que não restaram mais dúvidas. Era uma luz vermelha que ia ficando cada vez mais vermelha. Além disso, não havia dúvida de que o túnel estava quente. Nuvens de vapor passavam flutuando e ele começou a suar. Um som, também, começou a pulsar em seus ouvidos, uma espécie de borbulhar, como o de uma grande panela de fogo, misturado com um ronco que parecia o ronronar de um gato gigante. Esse som cresceu, até transformar-se no **gorgolejo** inconfundível de um animal enorme, roncando lá embaixo, no clarão vermelho à frente do hobbit.

ROBSON ARAÚJO

Foi nesse ponto que Bilbo parou. Ultrapassá-lo foi o gesto mais corajoso de toda a sua vida. As coisas tremendas que aconteceram depois não eram quase nada comparadas àquilo. Lutou a verdadeira batalha sozinho no túnel, antes mesmo de perceber o enorme perigo que estava à sua espera. De qualquer forma, depois de uma breve parada, ele avançou, e vocês podem imaginá-lo chegando ao fim do túnel, uma abertura do mesmo tamanho e da mesma forma da porta de cima. Através dela espia a cabecinha do hobbit. Diante dele está o grande e mais profundo **calabouço** dos anões antigos, bem na raiz da Montanha. Está quase escuro, de modo que sua vastidão pode ser apenas vagamente imaginada; mas, no chão de pedra junto à porta, ergue-se um grande clarão. O clarão de Smaug!

Arrefecido: apagado, enfraquecido.

Rubra: vermelha.

Esgueirou-se: saiu cautelosamente para não ser percebido.

Exultante: cheio de alegria.

Vindouras: que estão por acontecer.

Lá estava ele, um enorme dragão vermelho-dourado, ferrado no sono; um ruído palpitante vinha de suas narinas e mandíbulas, junto com tufos de fumaça, mas, no sono, o fogo estava **arrefecido**. Embaixo dele, sob os membros e a grande cauda enrolada, e em torno dele, por todos os lados, espalhando-se pelo chão invisível, jaziam incontáveis pilhas de objetos preciosos, ouro trabalhado e ouro bruto, pedras e joias, e prata, que a luz **rubra** tingia de vermelho.

Lá estava Smaug, as asas recolhidas como as de um morcego incomensurável, virado parcialmente para um lado, de modo que o hobbit podia ver a parte inferior de seu corpo, a barriga comprida e clara cravejada de pedras e fragmentos de ouro, de passar tanto tempo sobre leito tão precioso. Atrás dele, junto às paredes mais próximas, podiam-se entrever cotas de malha, elmos e machados, espadas e lanças penduradas, e, em fileiras, grandes jarros e vasos cheios de uma riqueza incalculável.

Dizer que Bilbo perdeu o fôlego não é uma descrição adequada. Não sobraram palavras para expressar a sua vertigem desde que os Homens mudaram a língua que aprenderam dos elfos, no tempo em que todo o mundo era maravilhoso. Bilbo já ouvira contar e cantar sobre tesouros de dragões, mas o esplendor, a cobiça e a glória de um tesouro assim eram desconhecidos para ele. Seu coração foi penetrado e dominado pelo encantamento e pelo desejo dos anões; ele observava, imóvel, quase esquecendo o temível guardião, o ouro além de qualquer preço ou conta.

Ficou observando durante o que pareceu um século, até que, arrastado quase contra a vontade, **esgueirou-se** da sombra da entrada e foi até a ponta mais próxima dos montes de tesouro. Acima dele, jazia o dragão adormecido, uma ameaça medonha mesmo dormindo. Agarrou uma grande taça de duas alças, tão pesada quanto podia carregar, e lançou um olhar amedrontado para cima. Smaug mexeu uma asa, abriu uma garra e seu ronco mudou de tom.

Então Bilbo fugiu. Mas o dragão não acordou — não ainda —; teve outros sonhos, de ganância e de violência, deitado ali, no salão roubado, enquanto o pequeno hobbit voltava pelo longo túnel. Seu coração palpitava, e dominava-lhe as pernas um tremor ainda mais febril do que quando descera, mas, mesmo assim, agarrava a taça, e seu principal pensamento era: “Eu consegui! Isso vai mostrar a eles. Mais parecido com um dono de armazém do que com um ladrão, pois sim! Bem, ninguém mais falará no assunto”.

E ninguém falou mesmo. Balin ficou **exultante** ao ver o hobbit novamente, e tão feliz quanto surpreso. Ergueu Bilbo e carregou-o para o ar livre. Era meia-noite e as nuvens haviam coberto as estrelas, mas Bilbo ficou deitado com os olhos fechados, tomando fôlego e deliciando-se com a sensação de ar fresco, quase sem notar o alvoroço dos anões ou como eles o elogiavam e lhe davam tapinhas nas costas, colocando-se ao seu dispor, com toda a família, por inúmeras gerações **vindouras**.

ROBSON ARAÚJO

ROBSON ARAÚJO

Os anões ainda passavam a taça de mão em mão e conversavam deliciados sobre a recuperação de seu tesouro quando, de repente, um enorme estrondo subiu pela montanha, como se um velho vulcão tivesse decidido entrar em erupção novamente. A porta atrás dele foi quase arrancada, impedida de fechar pela pedra que a calçava, mas, pelo longo túnel, vinham das profundezas os horríveis ecos, de urros e passos que faziam tremer o chão sob os pés deles.

Os anões esqueceram a alegria e os **arroubos** confiantes de um momento atrás e encolheram-se de medo. Ainda tinham de acertar as contas com Smaug. Não se pode excluir dos cálculos um dragão vivo que mora ao lado. Os dragões podem não fazer muito uso de toda a sua riqueza, mas geralmente conhecem cada peça dela, em especial depois de possuí-la por muito tempo, e Smaug não era exceção. [...] Havia um ar estranho na caverna. Seria uma corrente vinda daquele pequeno buraco? Nunca gostara muito dele, embora fosse tão pequeno, e agora olhava naquela direção, cheio de suspeitas, e perguntava-se por que nunca o bloqueara. Ultimamente chegara a imaginar que ouvia ecos abafados de batidas, que pareciam descer por ele até seu **covil**. Virou-se e esticou o pescoço para farejar. Então, deu pela falta da taça!

Ladrões! Fogo! Assassínios! Uma coisa assim não acontecia desde que viera para a Montanha! Sua fúria ultrapassava qualquer descrição — o tipo de fúria que só se vê quando pessoas ricas, que têm mais do que podem apreciar, de repente perdem algo que possuem há muito tempo, mas que nunca usaram ou quiseram. Arrotou fogo, o salão encheu-se de fumaça, ele sacudiu as raízes da montanha. Em vão forçou a cabeça contra a pequena abertura; depois, enrolando o corpo, rugindo como um trovão subterrâneo, saiu de seu covil profundo pela grande porta, pelos enormes corredores do palácio da montanha, subindo na direção do Portão Dianteiro.

Caçar por toda a montanha até capturar o ladrão, despedaçá-lo e pisoteá-lo, era seu único pensamento. Saiu portão afora, as águas erguendo-se num vapor feroz e **sibilante**, subiu em chamas pelos ares e foi pousar no topo da montanha, um jato flamejante verde e **escarlate**. Os anões ouviram o rumor horripilante de seu voo e encolheram-se contra as paredes do terraço **relvoso**, escondendo-se debaixo das rochas, esperando de alguma forma escapar dos olhos temíveis do dragão caçador.

[...]

J. R. R. Tolkien. *O hobbit*. 3. ed. Trad. Lenita Maria Rímoli Esteves; Almiro Pisetta. São Paulo: WMF Martins Fontes, 2009. p. 210-213. (Fragmento).

Biografia

THE GRANGER COLLECTION/GLOW IMAGES

Tolkien em 1967.

John Ronald Reuel Tolkien nasceu na África do Sul em 1892 e faleceu na Inglaterra em 1973. Escritor, professor universitário e filólogo, ficou conhecido como um dos maiores representantes da moderna literatura fantástica. Suas obras foram traduzidas para mais de 34 idiomas.

Glossário

Arroubos: demonstrações de entusiasmo.

Covil: cova habitada por animais ferozes.

Sibilante: que produz som agudo e contínuo por meio do sopro.

Escarlate: vermelho.

Relvoso: com relva (gramado).

ESTUDO DO TEXTO

ANTES DO ESTUDO DO TEXTO

1. Se não tem certeza de ter compreendido bem o texto, leia-o novamente.
2. Ao responder às questões a seguir, procure empregar o que já aprendeu ao ler outros textos e seja preciso em suas respostas.

COMPREENSÃO DO TEXTO

1. Thorin afirmou que era a hora de Bilbo Bolseiro fazer por merecer sua Recompensa.

a) Bilbo concordou com ele? Justifique sua resposta.

b) Por que Bilbo mudou de opinião e decidiu entrar pela passagem secreta?

2. O hobbit seguiu pelo corredor e parou em um certo ponto.

a) Por que Bilbo parou?

b) Que batalha ele teve de travar ali, sozinho, dentro do túnel?

3. Bilbo finalmente entrou no calabouço e viu Smaug.

a) O que mais surpreendeu o hobbit quando entrou no calabouço?

b) É correto dizer que o tesouro impressionou Bilbo mais do que o próprio dragão? Por quê?

4. Antes de entrar pela passagem secreta, Bilbo afirmou que seria melhor entrar logo para dar uma espiada, mas não falou nada sobre pegar qualquer objeto.

a) Por que ele decidiu pegar a taça?

b) Que afirmação dos anões, feita em outro trecho da história, ele desejava provar que era falsa?

c) A reação dos anões ao ver Bilbo de volta com a taça sugere que ele conseguiu provar o que queria?

5. Bilbo estava usando o anel que o tornava invisível.

a) Se o dragão não podia ver o hobbit, por que motivo ficou furioso?

b) O narrador compara a fúria de Smaug à reação de pessoas que têm mais do que podem apreciar e perdem algo que nunca lhes interessara antes. Você acha essa comparação adequada? Por quê?

Texto
O hobbit: trecho do livro

ROBSON ARAÚJO

6. **O hobbit voltou pelo túnel, reencontrou Balin e depois foi para o ar livre.**

a) Por que Balin ficou tão feliz quanto surpreso por ver Bilbo de volta?

b) A felicidade dos anões estava relacionada apenas ao retorno de Bilbo ou também à recuperação da taça? Justifique.

7. **Você acha que os anões e o hobbit escaparam do dragão? Como poderiam ter feito isso?**

DE OLHO NA CONSTRUÇÃO DOS SENTIDOS

1. **Releia o trecho a seguir.**

> "Era uma **luz vermelha** que ia ficando **cada vez mais vermelha**. Além disso, não havia dúvida de que o túnel estava quente. Nuvens de vapor passavam flutuando e ele começou a suar. Um som, também, começou a pulsar em seus ouvidos, uma espécie de borbulhar, como o de uma grande panela de fogo, misturado com um **ronco que parecia o ronronar de um gato gigante**. Esse som cresceu, até transformar-se no **gorgolejo inconfundível de um animal enorme**, roncando lá embaixo, no **clarão vermelho** à frente do hobbit."

- A relação entre as expressões destacadas no texto pode ser representada da seguinte forma:

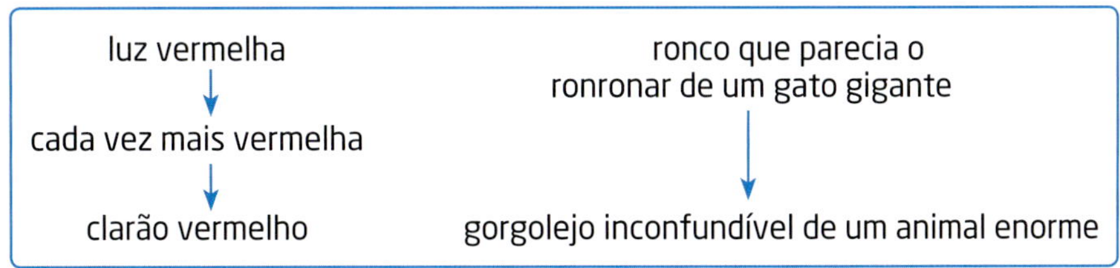

  - O que os dois esquemas do quadro indicam sobre a intensidade da luz e do som na cena descrita?

2. **De acordo com o texto, próximo às paredes do calabouço, era possível enxergar "cotas de malha, elmos e machados, espadas e lanças penduradas". O que esses objetos revelavam?**

3. **Releia: "Smaug mexeu uma asa, abriu uma garra e seu ronco mudou de tom". Explique o que os movimentos de Smaug, que dormia, sugerem nessa passagem.**

4. **As frases e os trechos apresentados a seguir iniciam parágrafos do texto. Explique a que termos, expressões ou situações do parágrafo anterior eles se referem.**

a) "Bilbo não esperava um coro de voluntários, e por isso não ficou desapontado."

b) "Era."

c) "Foi nesse ponto que Bilbo parou."

d) "Lá estava ele, um enorme dragão vermelho-dourado, ferrado no sono [...]"

ROBSON ARAÚJO

e) "Lá estava Smaug, as asas recolhidas como as de um morcego incomensurável [...]."

f) "Dizer que Bilbo perdeu o fôlego não é uma descrição adequada."

g) "Ficou observando durante o que pareceu um século, até que, arrastado quase contra a vontade, esgueirou-se da sombra da entrada e foi até a ponta mais próxima dos montes de tesouro."

h) "Então Bilbo fugiu."

i) "E ninguém falou mesmo."

j) "Os anões ainda passavam a taça de mão em mão e conversavam deliciados sobre a recuperação de seu tesouro quando, de repente, um enorme estrondo subiu pela montanha [...]."

k) "Os anões esqueceram a alegria e os arroubos confiantes de um momento atrás e encolheram-se de medo."

l) "Ladrões! Fogo! Assassínios!"

m) "Caçar por toda a montanha até capturar o ladrão [...] era seu único pensamento."

O ROMANCE DE AVENTURA

1. Identifique no episódio que você leu os momentos da narrativa (situação inicial, conflito, clímax, desfecho).

2. Nesse trecho, quem é o protagonista e quem é o antagonista?

a) Que características de herói tem o protagonista?

b) E o antagonista, como é?

3. Releia o trecho a seguir.

> "Foi nesse ponto que Bilbo parou. Ultrapassá-lo foi o gesto mais corajoso de toda a sua vida. As coisas tremendas que aconteceram depois não eram quase nada comparadas àquilo. Lutou a verdadeira batalha sozinho no túnel, antes mesmo de perceber o enorme perigo que estava à sua espera. De qualquer forma, depois de uma breve parada, ele avançou, e **vocês** podem imaginá-lo chegando ao fim do túnel, uma abertura do mesmo tamanho e da mesma forma da porta de cima."

a) Em que pessoa é narrado o texto? Justifique.

b) O narrador é personagem?

c) O narrador apenas observa os acontecimentos ou sabe tudo o que as personagens pensam e sentem?

d) No trecho acima, o narrador emprega o pronome **vocês**. A quem ele se dirige e qual o efeito produzido por esse recurso?

ROBSON ARAÚJO

4. **Leia novamente os trechos a seguir.**

> "Não se pode excluir dos cálculos um dragão vivo que mora ao lado."

> "Havia um ar estranho na caverna. Seria uma corrente vinda daquele pequeno buraco?"

> "Ladrões! Fogo! Assassínios!"

a) No primeiro trecho, a quem pertenceria essa reflexão?

b) No segundo e no terceiro trechos, as frases expressam o pensamento de uma personagem ou do narrador?

c) Nesse caso, o que é possível concluir sobre o comportamento do narrador?

d) Por que esse comportamento do narrador ajuda a construir o suspense?

5. **No romance de aventura, a descrição de espaços e de personagens é muito importante.**

a) Em que trechos a descrição é usada para construir suspense?

b) Para mostrar que Bilbo continua tenso mesmo depois de ter saído do calabouço, que aspectos físicos dessa personagem são destacados?

c) Que características do dragão são destacadas no texto para mostrar quanto ele era assustador?

O GÊNERO EM FOCO: ROMANCE DE AVENTURA

O texto que você leu é um trecho de um romance de aventura.

O **romance** é um gênero narrativo no qual é comum haver mais de um conflito, várias personagens, mais de um cenário.

O romance pode ser histórico, de aventura etc., dependendo da intenção de quem o escreve e da natureza dos acontecimentos narrados.

ROBSON ARAÚJO

No romance de aventura, o **protagonista** é o **herói**, que tem uma tarefa a realizar. No caso de *O hobbit*, o herói é Bilbo Bolseiro, que acaba sendo persuadido por Gandalf a abraçar a aventura de sair em busca dos tesouros roubados por Smaug.

O **antagonista**, aquele que está contra o herói, pode ser personagem que o herói tem de combater ou um desafio que ele deve superar. No caso do episódio de *O hobbit* que você leu, por exemplo, o antagonista é o dragão.

Como em toda narrativa, no romance de aventura é possível identificar **situação inicial**, **conflito**, **clímax** e **desfecho**. Ao responder às questões desta seção, você identificou esses elementos no episódio apresentado, mas é possível identificá-los no romance como um todo. Em uma narrativa de aventura pode haver vários conflitos, mas há sempre um conflito principal que leva aos demais.

O espaço e o tempo, nos romances de aventura, em geral são imaginários ou, ao menos, distantes da realidade dos leitores. As personagens são simples e têm características bem marcantes.

ORGANIZAR O CONHECIMENTO

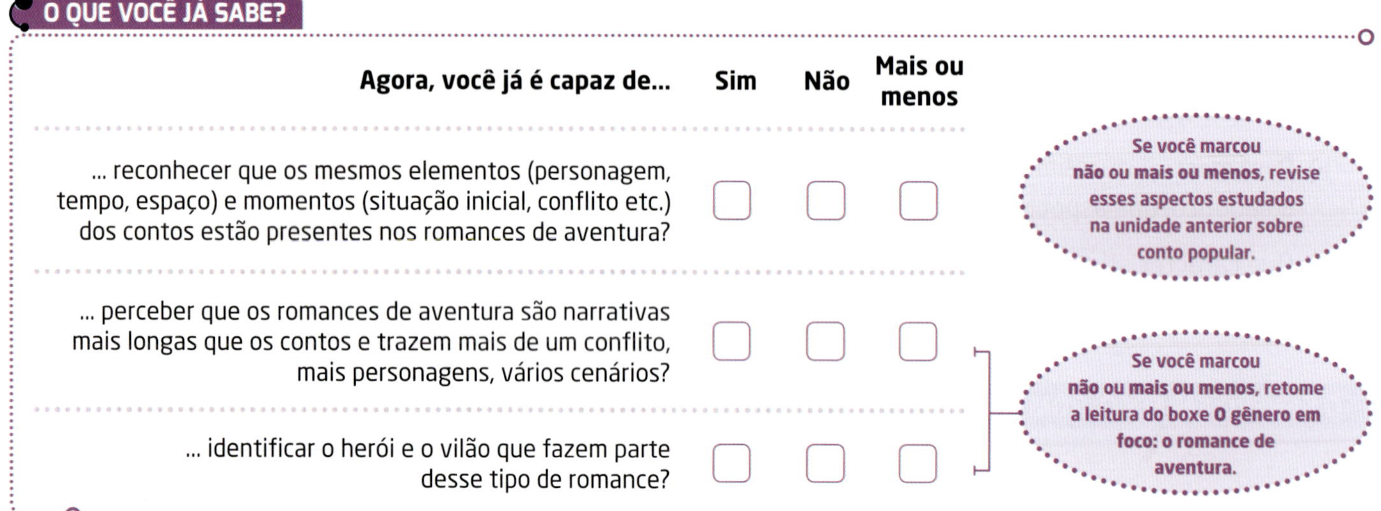

O QUE VOCÊ JÁ SABE?

Agora, você já é capaz de...	Sim	Não	Mais ou menos
... reconhecer que os mesmos elementos (personagem, tempo, espaço) e momentos (situação inicial, conflito etc.) dos contos estão presentes nos romances de aventura?	☐	☐	☐
... perceber que os romances de aventura são narrativas mais longas que os contos e trazem mais de um conflito, mais personagens, vários cenários?	☐	☐	☐
... identificar o herói e o vilão que fazem parte desse tipo de romance?	☐	☐	☐

Se você marcou **não ou mais ou menos**, revise esses aspectos estudados na unidade anterior sobre conto popular.

Se você marcou **não ou mais ou menos**, retome a leitura do boxe **O gênero em foco: o romance de aventura.**

Junte-se a um colega e elaborem um esquema com as principais características do romance de aventura. As questões apresentadas abaixo servem como orientação, mas, se preferirem, vocês podem incluir mais características.

Romance de aventura
- É uma narrativa curta ou longa? Geralmente há mais de um conflito? Há poucas ou muitas personagens? Ambienta-se em um ou mais cenários?
- Como se caracterizam o espaço e o tempo nessa narrativa?
- Geralmente, como as personagens são caracterizadas?

TROTZOLGA/SHUTTERSTOCK

E POR FALAR NISSO...

Observe a seguir dois exemplos de imagens que ilustraram dois romances de aventura do século XIX: *Vinte mil léguas submarinas* (1870) e *Cinco semanas em um balão* (1863), de Júlio Verne. A gravura à esquerda foi feita pelo pintor e gravurista francês Alphonse de Neville. A da direita, pelo gravurista Édouard Riou, também francês.

DE AGOSTINI PICTURE LIBRARY/GETTY IMAGES - BIBLIOTECA NACIONAL DA FRANÇA, PARIS

PHOTO12/UIG/GETTY IMAGES - BIBLIOTECA NACIONAL DA FRANÇA, PARIS

A seguir, apresentamos algumas questões para discussão em classe.

a) Essas imagens guardam as características da época em que foram compostas. Você acha que elas chamariam sua atenção numa edição atual desses livros? Converse com os colegas.

b) Qual das imagens expressa melhor a ideia de aventura, na sua opinião? Por quê?

c) Você provavelmente já ouviu a frase "Uma imagem vale mais do que mil palavras".

- Considerando a presença de ilustração em livros de aventuras, o que você acha dessa frase? Você concorda com ela ou discorda dela? Justifique.
- Como leitor, você gosta de livros com ilustrações ou prefere deixar que sua imaginação construa as imagens descritas pelos escritores? Por quê?

Galerias de imagens

- Júlio Verne em gravuras
- *O hobbit*: das ilustrações às telas do cinema

ESTUDO DA LÍNGUA: ANÁLISE E REFLEXÃO

COMO VOCÊ PODE ESTUDAR

1. **Estudo da língua** não é uma seção para decorar, mas para questionar e levantar problemas.
2. O trabalho com os conhecimentos linguísticos requer persistência. Leia e releia os textos e exemplos, discuta, converse.

SUBSTANTIVO E ADJETIVO

SUBSTANTIVO

Releia o trecho a seguir, retirado do texto *O hobbit*.

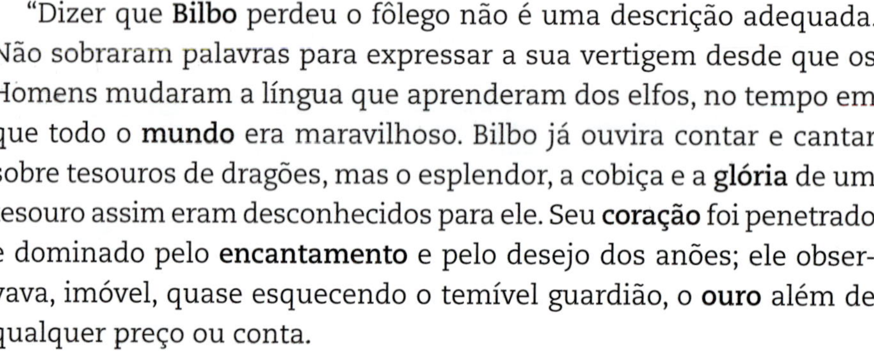

"Dizer que **Bilbo** perdeu o fôlego não é uma descrição adequada. Não sobraram palavras para expressar a sua vertigem desde que os Homens mudaram a língua que aprenderam dos elfos, no tempo em que todo o **mundo** era maravilhoso. Bilbo já ouvira contar e cantar sobre tesouros de dragões, mas o esplendor, a cobiça e a **glória** de um tesouro assim eram desconhecidos para ele. Seu **coração** foi penetrado e dominado pelo **encantamento** e pelo desejo dos anões; ele observava, imóvel, quase esquecendo o temível guardião, o **ouro** além de qualquer preço ou conta.

Ficou observando durante o que pareceu um século, até que, arrastado quase contra a **vontade**, esgueirou-se da sombra da entrada e foi até a ponta mais próxima dos **montes** de tesouro. Acima dele, jazia o dragão adormecido, uma **ameaça** medonha mesmo dormindo. Agarrou uma grande **taça** de duas alças, tão pesada quanto podia carregar, e lançou um olhar amedrontado para cima. **Smaug** mexeu uma **asa**, abriu uma garra e seu ronco mudou de tom."

ROBSON ARAÚJO

a) Todas as palavras destacadas no texto identificam seres animados ou inanimados. No caderno, organize-as em diferentes grupos que nomeiam: I. seres em particular (dica: são sempre grafados com inicial maiúscula); II. seres em geral (sempre em minúscula); III. seres que dependem da existência de outro para existir (sentimentos, ideias, ações etc.); IV. seres de existência própria (podem ser imaginários).

b) No trecho, a palavra *Homens* aparece grafada em inicial maiúscula. Esse termo se refere apenas a indivíduos do sexo masculino? Explique.

c) Em sua opinião, por que o autor grafou essa palavra dessa maneira?

SUBSTANTIVO

ATENÇÃO!

Nos dicionários, no início de cada verbete, está indicada a classe gramatical da palavra. Por exemplo:

> **cri.an.ça** *subst. fem.* 1. Ser humano de pouca idade, menino ou menina. [...]
>
> Aurélio Buarque de Holanda Ferreira. *Aurélio júnior: dicionário escolar da língua portuguesa*. 2. ed. Curitiba: Positivo, 2011. p. 265. (Fragmento).

ANDRÉA VILELA

O **substantivo** é a classe de palavras que nomeia os seres (animados ou inanimados). Mas, como esse grupo é muito grande, está dividido em subgrupos, nos quais são reunidos os substantivos que apresentam características semelhantes. Apenas para que você possa compreender como eles estão organizados, apresentamos a tabela a seguir.

Classificação	Definição	Exemplos
Comum	Nomeia os seres de uma espécie em geral, os lugares, as ações, as qualidades e os sentimentos.	*peixe, país, honestidade, saudade*
Próprio	Nomeia um ser determinado, distinguindo-o de outros. É escrito com inicial maiúscula.	*João, Fortaleza, América do Sul*
Coletivo	Indica um conjunto de seres ou de coisas.	*bando* (de pessoas ou animais), *constelação* (de estrelas), *manada* (de animais de grande porte), *cardume* (de peixes)
Simples	Formado por uma só palavra.	cabeça, medo, Marte
Composto	Formado por mais de uma palavra.	*quebra-cabeça, pontapé, planalto, fim de semana*
Primitivo	Não deriva de nenhuma palavra e pode dar origem a outras palavras.	*grito, peixe, merenda*
Derivado	Originário de outra palavra.	*gritaria, peixada, merendeira*
Concreto	Nomeia seres de existência própria, do mundo real ou imaginário.	*areia, manteiga, vendaval, sereia*
Abstrato	Nomeia seres de existência dependente, como sentimentos, estados, ideias, ações.	*confusão, abandono, esperança, fuga*

ATENÇÃO!

Qualquer palavra do português pode ser substantivada. Para isso, é só antecedê-la de artigo (o, a, os, as, um, uma, uns, umas): ***o*** *porquê*, ***os*** *nãos*, ***um*** *ofegar* etc.

FLEXÕES DO SUBSTANTIVO

Os substantivos podem ser modificados para indicar o **gênero** (a noção gramatical de masculino e feminino), o **número** (a quantidade) ou o **grau** (o tamanho) dos seres que nomeiam. Essas três possibilidades de mudança são chamadas de **flexões do substantivo**.

FLEXÃO DE GÊNERO

O substantivo pode expressar o **gênero** a que as palavras pertencem: **masculino** ou **feminino**. Assim:

juiz masculino
juíza feminino

cidadão masculino
cidadã feminino

ATENÇÃO!

Os dicionários em geral trazem as flexões dos substantivos que mais provocam dúvidas. Veja um exemplo:

> **ca.pi.tão** *subst. masc.* 1. *Militar* Veja *hierarquia militar* 2. Comandante de navio mercante [...] [Plural: *capitães*. Femininos: *capitã* e *capitoa*.]
>
> AURÉLIO BUARQUE DE HOLANDA FERREIRA. *Aurélio júnior*: dicionário escolar da língua portuguesa. 2. ed. Curitiba: Positivo, 2011. p. 179. (Fragmento).

Atenção, porém: não há correspondência entre gênero e sexo. No trecho de *O hobbit*, por exemplo, há o substantivo *Homens*. No texto, indica a raça humana em geral, que inclui tanto pessoas do sexo masculino como as do sexo feminino.

Muitos substantivos apresentam uma forma para o masculino e outra para o feminino. Eles são chamados **biformes**. Exemplos: *a atriz, o ator; a menina, o menino*. Outros apresentam apenas uma forma, tanto para o masculino como para o feminino. Eles são chamados **uniformes**.

Os uniformes podem ser:

- **sobrecomuns** – têm um só gênero e nomeiam pessoas tanto do sexo feminino quanto do masculino. Exemplos:
  a criança
  a testemunha
  o indivíduo

- **comuns de dois gêneros** – embora eles não mudem de forma, podemos identificar o gênero a que pertencem pelas palavras que os antecedem. Exemplos:
  ***o** dentista* ***a** dentista*
  ***um** estudante* ***uma** estudante*
  ***esse** equilibrista* ***essa** equilibrista*
  ***seu** cliente* ***sua** cliente*

- **epicenos** – têm um só gênero para nomear animais de ambos os sexos, determinados pelas palavras *macho* e *fêmea* quando necessário. Exemplos:
  *a onça **macho***
  *o jacaré **fêmea***

BODOR TIVADAR/ SHUTTERSTOCK

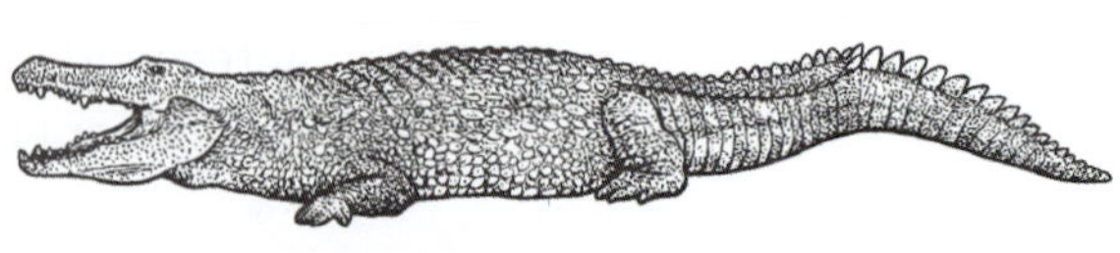
BODOR TIVADAR/ SHUTTERSTOCK

FLEXÃO DE NÚMERO

No português, a característica de "mais de um", ou seja, de **plural**, geralmente é expressa pelo acréscimo do **-s** final. No entanto, dependendo da terminação da palavra no singular, essa regra pode variar. Confira a tabela a seguir:

Substantivos que no singular terminam em...	Como formam o plural	Exemplos
r ou **z**	Pelo acréscimo de **-es**.	*narizes, flores*
s – quando são monossílabos ou oxítonos (têm a última sílaba pronunciada com mais intensidade)	Pelo acréscimo de **-es**.	*deuses*
s – quando não são oxítonos	Ficam invariáveis.	*(os) ônibus, (os) lápis*
ão	A maioria muda **-ão** para **-ões**.	*colchões, portões*
	A alguns acrescenta-se o **-s**.	*cristãos, bênçãos*
	Outros fazem o plural em **-ães**.	*pães, alemães*
al, el, ol, ul	Troca-se o **-l** por **-is**. Exceções: *mal - males, cônsul - cônsules.*	*canais, papéis, faróis*
il – quando são oxítonos	Trocam o **-il** por **-is**.	*fuzis, ardis*
il – quando não são oxítonos	Trocam o **-il** por **-eis**.	*mísseis, répteis*
m	Troca-se o **-m** por **-ns**.	*homens, armazéns*
n	Troca-se o **-n** por **-ns** ou acrescenta-se **-es**.	*hifens ou hífenes, abdomens ou abdômenes*
x	São invariáveis.	*(os) tórax, (os) clímax*

NATALIAKO/SHUTTERSTOCK

FLEXÃO DE GRAU

A flexão de **grau** indica variação nos substantivos para designar o tamanho dos seres. Por exemplo:

nariz (grau **normal**)

narigão (grau **aumentativo**)

narizinho (grau **diminutivo**)

É possível indicar o tamanho dos seres de duas formas:

- acrescentando ao substantivo as terminações **-ão** (grau aumentativo), **-inho** (grau diminutivo).

  Exemplos: *casarão, amiguinhos*.

- acrescentando ao substantivo uma palavra que indique aumento ou diminuição.

  Exemplos: *pequenas canoas*, *grandes canoas*.

Outras terminações são possíveis, além de **-ão** e **-inho**, para indicar o aumentativo e o diminutivo. Observe:

Aumentativo		**Diminutivo**	
boca	*bocarra*	*sala*	*saleta*
fogo	*fogaréu*	*chuva*	*chuvisco*
festa	*festança*	*lugar*	*lugarejo*
corpo	*corpanzil*	*casa*	*casinhola, casebre*
copo	*copázio*	*caixa*	*caixote*
barca	*barcaça*	*papel*	*papelucho*

ELENICA/SHUTTERSTOCK

ACONTECE NA LÍNGUA

Às vezes, dependendo do contexto em que ocorre, a flexão de grau do substantivo não indica apenas tamanho, mas pode apresentar outros significados, como afeto, familiaridade, desprezo etc. Veja:

Os meninos tomam a cadeira de rodas de Caio emprestada. Em troca, deixam com ele a caixa de papelão para que o amigo possa ficar lendo dentro dela, como gosta de fazer. Observe que, no último quadrinho, quando deseja expressar o temor de que Caio não tome cuidado com a caixa, a personagem se refere a ela no diminutivo: *caixinha*. Dessa forma, fica claro que a caixa tem um valor afetivo para o garoto.

1. O texto a seguir é uma fábula. Leia.

As Mãos, os Pés e o Ventre

Cheios de inveja, os Pés e as Mãos disseram ao Ventre:

— Só você se aproveita de nossos trabalhos, e não faz outra coisa do que receber nossos ganhos sem ajudar-nos no mínimo que seja. Portanto, escolhe uma destas duas coisas: ou encarregue-se você mesmo da sua manutenção, ou morra de fome.

Ficou, pois, abandonado o Ventre, e não recebendo comida durante muito tempo, foi perdendo seu calor e ficou debilitado, com o que os demais membros do corpo se enfraqueceram também, foram perdendo as forças até que pouco depois todos eles morreram.

Ninguém se basta a si mesmo para tudo.

R-STUDIO/SHUTTERSTOCK

ESOPO. In: FLÁVIO MOREIRA DA COSTA (Sel. e Trad.). *Os 100 melhores contos de humor da literatura universal*. Rio de Janeiro: Ediouro, 2001. p. 25.

ATITUDES PARA A VIDA

Ao responder às questões, busque exatidão e precisão para garantir que você entendeu o que estudou.

a) Por que *Mãos*, *Pés* e *Ventre*, palavras normalmente escritas com iniciais minúsculas, aparecem iniciadas por maiúsculas no texto?

b) Copie no caderno a frase que melhor completa esta afirmação: Saber que os substantivos próprios são escritos com inicial maiúscula...

- não ajuda você em nada na hora de ler esse texto.
- não faz diferença se você não tiver de classificar o substantivo.
- ajuda você a compreender o texto ao reconhecer que Mãos, Pés e Ventre foram transformados em personagens.

c) Esse texto é uma fábula. Explique a moral dessa fábula.

Lembre-se

As fábulas são narrativas curtas que, em geral, têm como personagens animais com características humanas. Elas costumam terminar com uma lição moral.

2. Leia a tira a seguir.

FALA, MENINO! LUIS AUGUSTO

© LUIS AUGUSTO

a) No primeiro quadrinho, com que significado foi empregado o substantivo *destino*? Se for preciso, consulte o dicionário.

b) Como esse substantivo foi entendido pelo menino?

ATIVIDADES

3. **Leia o texto da capa de um livro a respeito da trajetória percorrida por vinte mulheres brasileiras que participaram dos Jogos Olímpicos.**

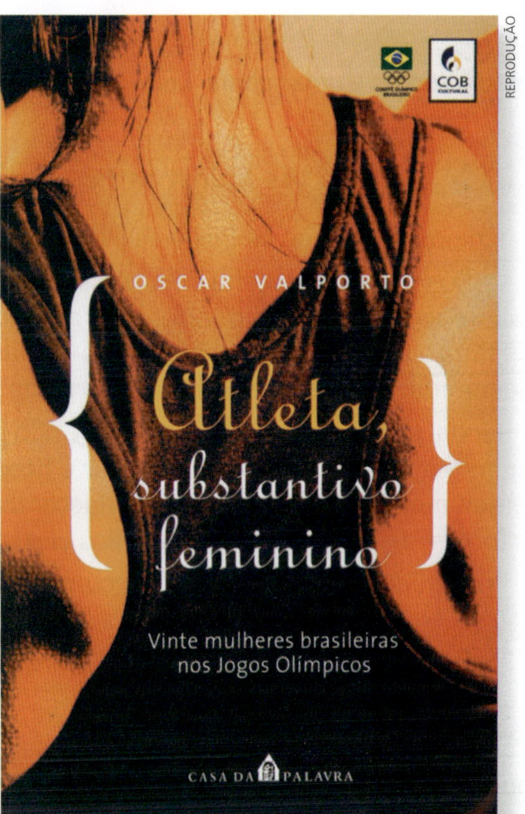

REPRODUÇÃO

a) Leia novamente a explicação a respeito de flexão de gênero e responda: a palavra *atleta* pode ser considerada substantivo feminino? Justifique.

b) Copie no caderno a afirmação correta.

- No título do livro, afirma-se que *atleta* é substantivo feminino porque o autor do livro não sabia que não era.
- No título do livro, afirma-se que *atleta* é substantivo feminino porque é correto usar *a* antes desse substantivo.
- No título do livro, afirma-se que *atleta* é substantivo feminino porque essa é uma forma de destacar a atuação das mulheres como atletas.

4. **Leia a tira abaixo.**

BICHINHOS DE JARDIM — **CLARA GOMES**

AS MAIS BELAS MENSAGENS QUE VOCÊ NÃO VAI ENVIAR POR AÍ...

© CLARA GOMES

a) Por que, de acordo com o título, essas mensagens não serão enviadas, mesmo sendo belas?

b) Observe como foi grafado o substantivo *amiguinh@*. Como está, como esse substantivo poderia ser classificado considerando a flexão de gênero? Que recurso foi usado para caracterizá-lo dessa forma?

- Por que a autora da tira usou esse substantivo no diminutivo?

c) Na sua opinião, o que torna essa tira engraçada?

ADJETIVO

1. **Releia o trecho de *O hobbit*, prestando atenção nas palavras destacadas.**

> "Lá estava ele, um **enorme** dragão **vermelho-dourado** [...]; um ruído **palpitante** vinha de suas narinas e mandíbulas [...]. Embaixo dele, sob os membros e a **grande** cauda **enrolada**, e em torno dele, por todos os lados, espalhando-se pelo chão **invisível**, jaziam **incontáveis** pilhas de objetos **preciosos**, ouro **trabalhado** e ouro **bruto**, pedras e joias, e prata, que a luz **rubra** tingia de vermelho."

As palavras em destaque assumem um papel importante na construção do sentido do texto. Qual é esse papel?

a) nomear os seres.
b) caracterizar os seres.
c) completar o sentido das palavras.

2. **Agora, releia o trecho eliminando as palavras destacadas. O entendimento e a sensação foram os mesmos da primeira leitura? Para você, essas palavras são importantes no texto? Por quê?**

Adjetivo
Audiovisual que aborda conceito, funções, classificação e flexões dos adjetivos.

ADJETIVO

O dragão descrito no texto não era um dragão qualquer, mas enorme e vermelho-dourado. Essas características especificam o ser, indicando seu tamanho e cor.

Os determinantes que caracterizam e qualificam o substantivo são chamados **adjetivos**. O adjetivo também pode ser representado por uma expressão, formada por duas ou mais palavras, chamada **locução adjetiva**.

ATENÇÃO!

Nem toda locução adjetiva pode ser substituída por um adjetivo correspondente. Veja estes exemplos:

- ovo com *casca azulada*;
- colega *de turma*;
- fantasia *de bicho*.

Nesses casos, não há adjetivos que possam substituir as locuções.

CLASSIFICAÇÃO DO ADJETIVO

Da mesma forma que os substantivos, os adjetivos podem ser:

- **simples:** *surdo*, *americano*, *verde*;
- **compostos:** *surdo-mudo*, *sul-americano*, *verde-oliva*;
- **primitivos:** *pobre*, *rico*, *forte*;
- **derivados:** *perigoso* (de *perigo*), *otimista* (de *ótimo*).

FLEXÕES DO ADJETIVO

O adjetivo deve ser flexionado em **gênero** (masculino ou feminino) e **número** (singular ou plural) para concordar com o substantivo a que se refere: *menin**o** pequen**o***, *menin**os** pequen**os***; *menin**a** pequen**a***, *menin**as** pequen**as***.

Quanto ao gênero, assim como os substantivos, os adjetivos podem ser:

- **uniformes** – quando apresentam uma forma para os dois gêneros: ***o** café **quente***, ***a** sopa **quente***;
- **biformes** – quando apresentam uma forma masculina e outra feminina: *menin**o** bonit**o***, *menin**a** bonit**a***.

COLORLIFE/SHUTTERSTOCK ID

FLEXÃO DOS ADJETIVOS COMPOSTOS

A **regra geral** de flexão dos adjetivos compostos é a seguinte:

> **Flexiona-se em gênero e número o último elemento do adjetivo composto:**
> ***Muitas intervenções médico-cirúrgicas*** **são desnecessárias.**
> ***Não há ali produtos norte-americanos*** **tão baratos assim.**

Essa regra geral tem **exceções**.

- No adjetivo *surdo-mudo*, os dois elementos variam: *surd**o**-mud**o***, *surd**a**-mud**a***, *surd**os**-mud**os***, *surd**as**-mud**as***.
- Nos adjetivos compostos que indicam cores, se o último elemento da composição é um substantivo, ele não varia em gênero nem em número: *vas**os** vermelho-sangue*, *blus**as** amarelo-ouro*.
- Também são invariáveis os adjetivos compostos *azul-marinho* e *azul-celeste*: *tecid**os** azul-celeste*, *calç**as** azul-celeste*.

GRAUS DO ADJETIVO

Para indicar a **intensidade** da característica que designam, os adjetivos apresentam dois graus: o comparativo e o superlativo.

O **grau comparativo** compara uma mesma característica entre dois seres. Ele pode ser:

- **de igualdade**: *José é **tão** corajoso **quanto** seu irmão.*
- **de superioridade**: *José é **mais** corajoso (do) **que** seu irmão.*
- **de inferioridade**: *José é **menos** corajoso (do) **que** seu irmão.*

O **grau superlativo** intensifica uma característica de um único ser ou desse ser em relação a um grupo. Pode ser:

- **absoluto sintético**: *José é **inteligentíssimo**.*
- **absoluto analítico**: *José é **muito inteligente**.*
- **relativo de superioridade**: *José é **o mais inteligente** dos alunos.*
- **relativo de inferioridade**: *José é **o menos inteligente** dos alunos.*

Alguns adjetivos formam o comparativo e o superlativo de modo especial. Veja:

Adjetivo	Comparativo de superioridade	Superlativo	
		Absoluto	Relativo
bom	melhor	ótimo	o melhor
mau (ou ruim)	pior	péssimo	o pior
grande	maior	máximo	o maior
pequeno	menor	mínimo	o menor

Posição do adjetivo

O adjetivo (ou a locução adjetiva) costuma vir depois do substantivo a que se refere: *um menino lindo*. Entretanto, também é possível colocá-lo antes do substantivo para lhe dar ênfase: *um lindo menino*.

Em algumas situações, a mudança na posição do adjetivo leva à mudança de sentido. A expressão *um amigo velho* significa um amigo com muita idade, mas a expressão *um velho amigo* significa um amigo de longa data.

O QUE VOCÊ JÁ SABE?

Agora, você já é capaz de...	Sim	Não	Mais ou menos
... compreender qual é a função dos substantivos?	☐	☐	☐
... perceber que há diferentes tipos de substantivos para nomear diferentes seres?	☐	☐	☐
... concluir qual é a função dos adjetivos?	☐	☐	☐

Se você marcou **não ou mais ou menos**, retome a leitura de **Substantivos**.

Se você marcou **não ou mais ou menos**, retome a leitura de **Adjetivos**.

Junte-se a um colega e, no caderno, deem exemplos de substantivos e adjetivos nos espaços indicados nos esquemas a seguir.

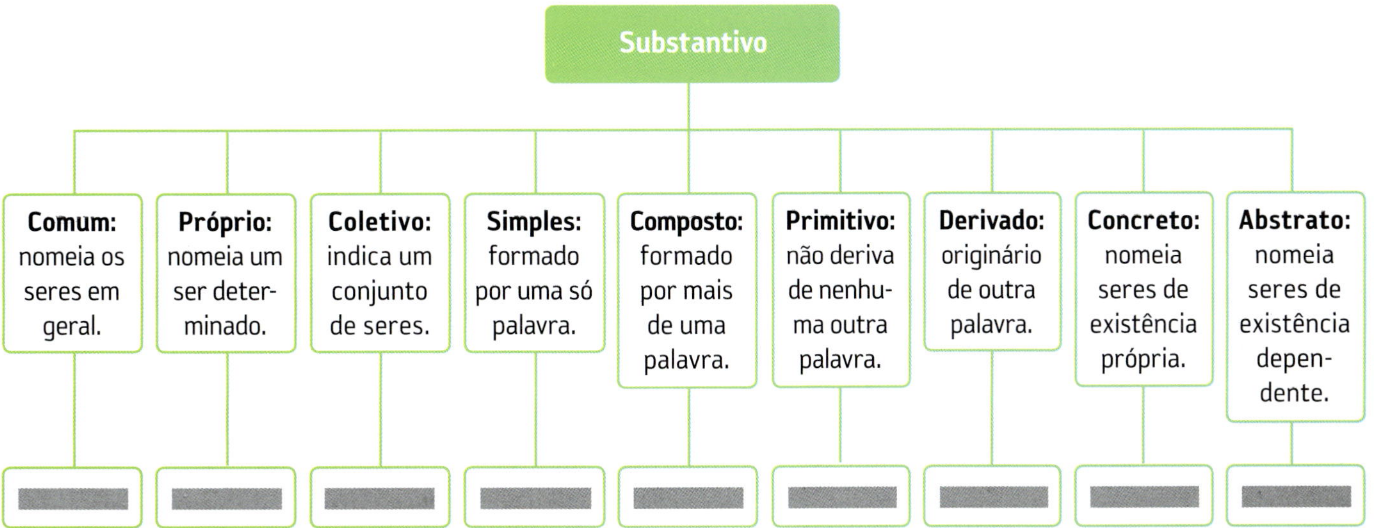

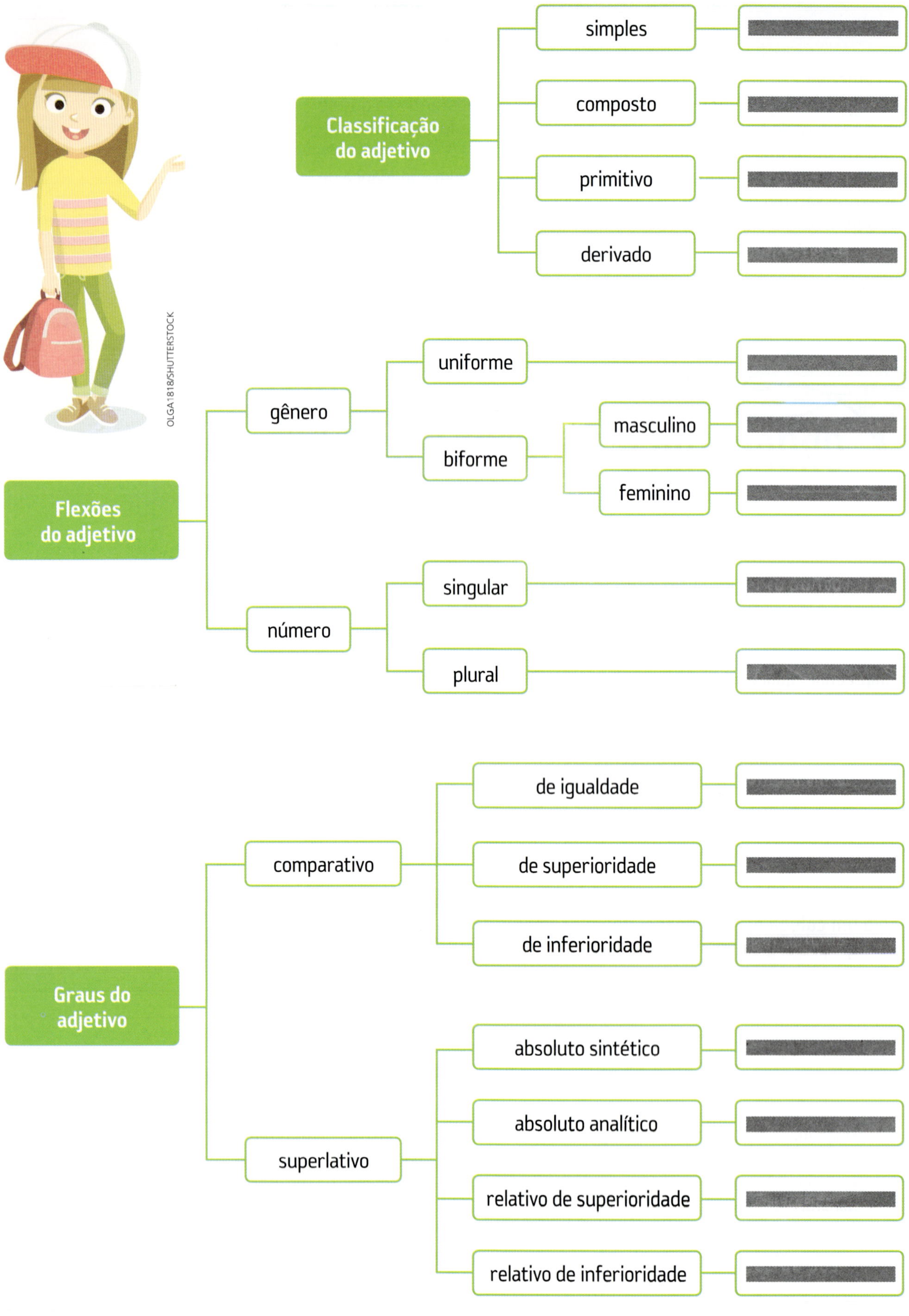
OLGA1818/SHUTTERSTOCK
Classificação do adjetivo
simples
composto
primitivo
derivado
Flexões do adjetivo
gênero
uniforme
biforme
masculino
feminino
número
singular
plural
Graus do adjetivo
comparativo
de igualdade
de superioridade
de inferioridade
superlativo
absoluto sintético
absoluto analítico
relativo de superioridade
relativo de inferioridade

ATIVIDADES

1. Às vésperas do Natal, Calvin pensa em um plano para ser perdoado pelo Papai Noel. Conheça esse plano na tira a seguir.

CALVIN E HAROLDO — BILL WATTERSON

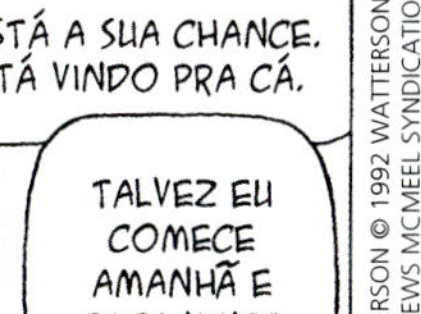

a) Qual é o plano de Calvin?

b) Levando em conta que Susie é uma vizinha com quem Calvin adora implicar, explique as falas do tigre e do menino no último quadrinho.

c) No primeiro quadrinho, Calvin afirma que tem um plano. No segundo, planeja fazer atos *espontâneos* de bondade. Por que o determinante *espontâneos* não combina com a ideia de fazer planos?

- O que essa contradição sugere sobre o comportamento de Calvin?

d) O determinante *dez*, que acompanha o substantivo *atos*, é substituído pelo determinante *vinte* no último quadrinho. Por que a troca de *dez* por *vinte* é importante para a construção do humor nessa tira?

2. Escreva os adjetivos correspondentes às locuções adjetivas destacadas a seguir. Se necessário, pesquise.

a) água **da chuva**

b) água **de rio**

c) faixa **de idade**

d) sistema **de moeda**

e) período **da tarde**

f) abraço **de irmão**

g) implante **de cabelo**

h) estrada **de ferro**

i) bola **de fogo**

j) amor **de mãe**

k) época **de ouro**

l) cólica **de rim**

3. Os adjetivos que você escreveu na questão anterior são chamados de eruditos. Veja esta definição da palavra *erudição*:

> **erudição** *s.f.* [...] **1** instrução, conhecimento ou cultura variada, adquiridos esp. por meio da leitura **2** qualidade de erudito [...]
>
> INSTITUTO ANTÔNIO HOUAISS DE LEXICOGRAFIA (Org.). *Pequeno dicionário Houaiss da língua portuguesa*. 1. ed. São Paulo: Moderna, 2015. (Fragmento).

a) Considerando a definição de *erudição*, explique com suas palavras por que alguns adjetivos são chamados de eruditos.

b) Pense nestas duas situações comunicativas: uma conversa familiar e uma apresentação técnica para um grupo de especialistas. Em qual delas você acha que seria adequado usar as locuções adjetivas da questão anterior? E os adjetivos correspondentes?

4. **Leia o início da crônica de Antonio Prata, que fala de uma declaração de amor incomum.**

UM MURO AGRADABILÍSSIMO

"Julia Fusco é uma moça agradabilíssima." Quem o afirma não sou eu [...] mas o grafite no muro de um terreno baldio, na **Vila Madalena**.

[...]

"Agradabilíssima": gosto muito do adjetivo escolhido. Ao fazer uma declaração de amor, é difícil escapar do **lugar-comum**, encontrar um elogio que não esteja **puído** e **esgarçado** pelo uso constante dos amantes que vieram antes de nós: "maravilhosa", "incrível", "deslumbrante" [...].

ANTONIO PRATA. "Um muro agradabilíssimo". *Folha de S.Paulo*, São Paulo, 23 mar. 2011. Cotidiano. (Fragmento).

CIGDEM/SHUTTERSTOCK

Glossário

Vila Madalena: bairro badalado da cidade de São Paulo.
Lugar-comum: dito sem originalidade, trivial, banal.
Puído: batido, desgastado.
Esgarçado: rasgado, desfiado, rompido.

a) Por que o narrador da crônica gosta tanto do adjetivo *agradabilíssima*?

b) Como se classifica o grau em que o adjetivo está?

c) Se o adjetivo utilizado fosse *agradável*, em vez de *agradabilíssimo*, o sentido seria o mesmo? Explique.

QUESTÕES DA LÍNGUA

SINÔNIMOS

Releia um trecho de *O hobbit*, lido no início da unidade.

> "Bilbo já ouvira contar e cantar sobre tesouros de dragões, mas o esplendor, a cobiça e a glória de um tesouro assim eram desconhecidos para ele. Seu coração foi **penetrado** e dominado pelo encantamento e pelo desejo dos anões; ele **observava**, **imóvel**, quase esquecendo o temível guardião, o ouro além de qualquer preço ou conta."

a) Qual expressão foi empregada para referir-se ao dragão?

b) Observe os destaques no trecho. Que outras palavras poderiam ser usadas para substituí-las sem alterar o sentido original?

As palavras e as expressões podem estabelecer umas com as outras determinadas relações de sentido.

Quando uma palavra ou expressão é usada em lugar de outra, permitindo a continuidade aproximada do sentido em determinado contexto, dizemos que elas são sinônimas.

Sinônimos são palavras ou expressões que, empregadas em determinado contexto, apresentam significados semelhantes.

O sinônimo de uma palavra não está preestabelecido. Só é possível perceber se duas palavras são sinônimas se elas estiverem contextualizadas.

Os sinônimos podem ter um importante papel no interior de um texto, pois auxiliam na continuidade do que se quer dizer, sem que haja repetição desnecessária de uma mesma palavra. Veja:

OLGA1818/SHUTTERSTOCK

THALITA REBOUÇAS LANÇA MAIS UMA OBRA E PRODUZ UMA ADAPTAÇÃO CINEMATOGRÁFICA

*A carioca tem mais de 20 **livros** publicados e mais de 2 milhões de **exemplares** vendidos*

ADRIANA IZEL. *Correio Braziliense*, Brasília, 2 jun. 2016. Disponível em: <http://mod.lk/lfift>. Acesso em: 8 mar. 2018. (Fragmento).

ATIVIDADES

1. **Leia o trecho a seguir, retirado do livro *Quando a escrava Esperança Garcia escreveu uma carta*. Em seguida, faça o que se pede.**

> Ela, Esperança Garcia, continua esperando a resposta da carta que escreveu ao governador... Porque uma Esperança de verdade nunca desiste de esperar.
>
> E assim, nessa incansável espera, Esperança Garcia entra para a História como a escrava corajosa que redigiu a primeira carta-petição no Brasil afro-brasileiro.

R-STUDIO/SHUTTERSTOCK

SONIA ROSA. *Quando a escrava Esperança Garcia escreveu uma carta.* Rio de Janeiro: Pallas, 2012. p. 32. (Fragmento).

a) Esperança Garcia foi a primeira escrava a escrever uma carta-petição. Você sabe o significado de *petição*? Se necessário, consulte um dicionário.

b) Na sua opinião, por que Esperança precisou de coragem para escrever uma carta?

c) Localize no texto duas palavras sinônimas.

d) Substitua a palavra *corajosa* por um sinônimo.

2. **Leia esta tira do cartunista Ziraldo.**

O MENINO MALUQUINHO **ZIRALDO**

© ZIRALDO

a) Você achou a tira engraçada? Por quê?

b) Que palavras poderiam ser usadas para substituir o adjetivo *nojento* sem perder o sentido inicial atribuído à palavra?

- asqueroso
- repugnante
- cativante
- repulsivo

c) O uso dessas palavras daria à frase um sentido exatamente igual?

LEITURA E PRODUÇÃO DE TEXTO

A PRODUÇÃO EM FOCO

- A proposta do final desta unidade será produzir uma *fanfic* – a continuação de um episódio de um romance de aventura. Durante a leitura do texto, fique atento(a):
  a) às características das personagens;
  b) à descrição de processos;
  c) aos elementos da narrativa.

CONTEXTO

A invenção de Hugo Cabret é uma história que se passa em Paris, em 1931. Hugo é um garoto órfão que herdou de seu pai, um relojoeiro, um caderno com anotações misteriosas a respeito de um autômato, uma complexa máquina com forma humana aparentemente pronta para escrever algo. Georges, o dono de uma loja de brinquedos, apreendera o caderno, e Hugo temia que o queimasse. Um dia, Hugo viu no pescoço de Isabelle, sua amiga e sobrinha de Georges, uma chave, a última peça que faltava para fazer o autômato funcionar. O trecho que você vai ler a seguir começa assim que Hugo toma posse da chave.

R-STUDIO/SHUTTERSTOCK

A mensagem

As mãos de Hugo tremiam.

Tinha conseguido terminar de consertar o homem mecânico. A única coisa que ainda lhe faltava era a chave. A chave original havia se perdido no incêndio, e todas as outras chaves que ele encontrou pela estação e nos brinquedos de corda da loja não se encaixavam. Mas, quando viu a chave em volta do pescoço de Isabelle, soube imediatamente que serviria. E agora ele a tinha.

Pôs a chave na abertura em forma de coração no meio das costas do homem mecânico.

Ele tinha razão. O encaixe era perfeito. A mente de Hugo disparou. Finalmente chegara para ele a hora de conhecer a mensagem que tanto vinha esperando.

Mas assim que Hugo começou a virar a chave, ouviu um estrondo em sua porta. Antes que pudesse cobrir o homem mecânico, a porta se escancarou. Hugo não teve tempo de gritar enquanto a figura sombria desabava sobre ele, jogava-o no chão e aterrissava em cima dele. Sua cabeça bateu dolorosamente contra as tábuas do assoalho.

— Você roubou a minha chave!

— O que é que você está fazendo aqui? Você não devia estar aqui! — gritou Hugo.

— Como é que pôde roubar a minha chave depois do que eu fiz por você? Peguei o tal caderno, já ia devolver pra você! Eu só queria que você prometesse me falar um pouco sobre ele. Eu mesma devia ter posto fogo no seu caderno.

— Dê o fora daqui! — silvou Hugo, olhando para Isabelle. — Você está estragando tudo! Me larga!

[...]

Isabelle olhou em volta pela primeira vez. Por fim, ela viu. Saiu de cima de Hugo para chegar mais perto do autômato, mas continuava apertando um dos pulsos do menino.

— Era isso que estava desenhando no seu caderno. — Ela se virou para Hugo: — O que é que está acontecendo?

As engrenagens imaginárias na cabeça de Hugo começaram a girar.

— Meu pai fez isso pra mim antes de morrer — mentiu o menino.

— Por que é que a minha chave se encaixaria na máquina do seu pai? Isso não faz o menor sentido.

Hugo não tinha pensado naquilo.

— Sei lá — disse ele. — Só quando vi a sua chave é que percebi que ela se encaixava.

— Daí você roubou ela — disse Isabelle.

— Que mais eu podia fazer?

— Podia ter pedido.

Com a mão livre, Isabelle afastou os cabelos que lhe caíam no rosto.

— O que acontece quando a gente dá corda nele?

— Não sei. Nunca tive a chave antes.

— Então não fique aí sentado — ela lhe disse. — Gire a chave.

— Não — discordou Hugo.

— Como assim, “não”?

— Eu… eu quero estar sozinho quando girar a chave.

Isabelle olhou para Hugo. Ela ainda estava furiosa. Soltando o pulso dele, ela o empurrou para trás, agarrou a chave e a girou várias vezes.

Hugo soltou um grito, mas era tarde demais.

— Precisa de tinta! — disse ele.

Rapidamente, abriu um pequeno frasco que achou por ali e derramou algumas gotas no minúsculo tinteiro sobre a escrivaninha.

As crianças ficaram olhando enquanto as rodas e alavancas dentro do homem mecânico se punham em marcha. Elas zumbiam, giravam, iam e vinham. O coração de Hugo disparou. Já não se importava que Isabelle estivesse sentada perto dele. Não tinha a menor importância. A única coisa que importava agora era a mensagem.

Uma cascata de movimentos perfeitos, com centenas de ações brilhantemente calibradas, se derramou através do homem mecânico. A chave apertou uma corda conectada a uma série de engrenagens que se prolongava até a base do tronco. Ali, a última roda dentada fez girar uma série de discos de latão com bordas bem afiadas. Dois pequenos dispositivos em forma de martelo baixaram e correram pelas bordas dos discos chanfrados, subindo e descendo enquanto os discos rodavam com regularidade. Os movimentos ativados pelos martelinhos foram então transferidos de volta através de uma série de varetas que se estendiam até o torso do homem mecânico. Ali, as varetas moventes silenciosamente fizeram girar outros mecanismos no ombro e no pescoço. O ombro ativou o cotovelo e, quando este se pôs em marcha, provocou outros movimentos numa reação em cadeia até o pulso e, enfim, até a mão. Hugo e Isabelle observaram, com os olhos arregalados de espanto, enquanto a pequena mão cuidadosamente começou a se mexer…

Isabelle e Hugo prenderam a respiração. O homem mecânico molhou a pena na tinta e começou a escrever. […]

Brian Selznick. *A invenção de Hugo Cabret*. Trad. Marcos Bagno. São Paulo: Edições SM, 2007. p. 233-241. (Fragmento).

R-STUDIO/SHUTTERSTOCK

ROBSON ARAÚJO

***A invenção de Hugo Cabret*: trecho do filme**

Momento em que Hugo e Isabelle dão corda pela primeira vez no misterioso autômato deixado pelo pai do garoto.

Biografia

Brian Selznick nasceu em Nova Jersey, Estados Unidos, em 1966. Ele é autor e ilustrador de *A invenção de Hugo Cabret*. Trabalhou por um período em uma editora de livros infantis. Publicou seu primeiro livro em 1991, mas considera *A invenção de Hugo Cabret*, publicado em 2007, sua obra mais importante até o momento.

HUBERT BOESL/DPA PICTURE ALLIANCE ARCHIVE/ALAMY/FOTOARENA

O escritor em 2012.

ESTUDO DO TEXTO

ANTES DO ESTUDO DO TEXTO

1. Se não tem certeza de ter compreendido bem o texto, leia-o novamente.
2. Ao responder às questões a seguir, procure empregar o que já aprendeu ao ler outros textos e seja preciso em suas respostas.

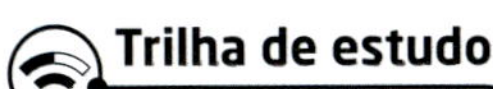

Trilha de estudo

Vai estudar? Stryx pode ajudar! <http://mod.lk/trilhas>

DE OLHO NAS CARACTERÍSTICAS DO GÊNERO

1. Resuma com suas palavras o que acontece na cena que você leu.

2. A que mensagem o título do texto se refere?

3. Explique a quais momentos da ação (situação inicial, conflito, clímax, desfecho) cada uma das frases a seguir corresponde.

a) Isabelle gira várias vezes a chave.

b) Hugo está com a chave e a coloca no autômato.

c) O autômato começa a escrever a mensagem.

d) Hugo quer ficar só para ligar o autômato, mas Isabelle o interrompe.

4. Considere o momento em que cada uma das frases a seguir aparece e explique por que o sujeito "a mente" é substituído por "o coração".

"A mente de Hugo disparou."

"O coração de Hugo disparou."

5. O narrador participa da história ou é onisciente?

6. No penúltimo parágrafo, é feita uma longa descrição.

a) O que é descrito nesse parágrafo?

b) Que imagens são criadas pelas expressões "cascata de movimentos", "se pôs em marcha" e "reação em cadeia"?

c) Imagine que o texto fosse escrito como aparece abaixo. O suspense da cena estaria comprometido? Por quê?

> *As crianças ficaram olhando enquanto as rodas e alavancas dentro do homem mecânico se punham em marcha.*
>
> *Isabelle e Hugo prenderam a respiração. O homem mecânico molhou a pena na tinta e começou a escrever.*

7. Releia os trechos a seguir.

> "— O que é que você está fazendo aqui? Você não devia estar aqui! — **gritou** Hugo."
>
> "— Dê o fora daqui! — **silvou** Hugo, olhando para Isabelle. [...]"
>
> "Soltando o pulso dele, ela o **empurrou** para trás, **agarrou a** chave e a girou várias vezes."

a) O que o emprego dessas palavras sugere a respeito da cena em que Hugo está envolvido?

b) A maioria das falas de Hugo termina em ponto de exclamação. Esse sinal foi usado adequadamente? Por quê?

ROBSON ARAÚJO

PRODUÇÃO DE TEXTO

FANFIC

ICONIC BESTIARY/ SHUTTERSTOCK

O que você vai produzir

Você vai produzir uma *fanfic* a partir do trecho lido de *A invenção de Hugo Cabret*. Em seu texto, você vai propor uma continuação para o trecho original. Se você já tiver lido o livro ou assistido ao filme *A invenção de Hugo Cabret*, invente uma continuação diferente. Os leitores de seu texto serão seus colegas de turma.

NA HORA DE PRODUZIR

1. Siga as orientações apresentadas nesta seção.
2. Lembre-se de que você já leu e analisou textos do gênero que vai produzir. Se for o caso, retome o **Estudo do texto**.
3. Diante da folha em branco, persista. Nenhum texto fica pronto na primeira versão.

SAIBA +

A palavra *fanfic* vem de *fanfiction* e se refere a narrativas criadas por fãs a partir de alguma produção cultural (livro, filme etc.). Existem *fanfics* que apresentam as mesmas personagens envolvidas em enredos totalmente novos ou apenas parte do enredo diferente do original, como o desfecho.

PLANEJE SEU TEXTO

1. Imagine o que o homem mecânico pode ter escrito e que consequências isso traria para Hugo e sua amiga Isabelle.
2. A situação inicial será gerada pelo texto escrito pelo autômato. Depois, deve ser estabelecido um conflito, ou seja, um desafio para Hugo. Em seguida virá o clímax e, finalmente, o desfecho com a solução para o conflito.
3. Descreva personagens e cenários. O emprego adequado dos adjetivos e dos substantivos é fundamental para construir o suspense.

ESCREVA SEU TEXTO

1. Escreva seu texto conforme o planejado. Ele deve ficar de acordo com as normas urbanas de prestígio, mas as falas das personagens devem ter características adequadas ao perfil de cada uma delas.

OLGA1818/SHUTTERSTOCK

2. Atenção para o uso da pontuação e para a escolha das palavras e expressões. Elas podem ajudar você a revelar para o leitor as emoções das personagens.

DE OLHO NA TEXTUALIDADE

Ao compor uma narrativa, você deve comunicar claramente ao leitor a **ordenação dos eventos**. Existem vários recursos que permitem fazer isso. Por exemplo:

a) os **tempos verbais** – "As mãos de Hugo **tremiam**. **Tinha conseguido** terminar de consertar o homem mecânico. A única coisa que ainda lhe **faltava** era a chave. A chave original **havia se perdido** no incêndio [...]";

b) Palavras e expressões que indicam **o momento de determinado evento** (antes de outro evento, logo depois dele, simultaneamente a ele etc. – "Mas **assim que** Hugo começou a virar a chave, ouviu um estrondo em sua porta. **Antes que** pudesse cobrir o homem mecânico, a porta se escancarou. Hugo não teve tempo de gritar **enquanto** a figura sombria desabava sobre ele [...]. Isabelle olhou em volta pela primeira vez. **Por fim**, ela viu."

As formas verbais em **azul** (pretérito mais-que-perfeito) indicam fatos que ocorreram **antes** dos eventos em **rosa** (pretérito imperfeito).

REVISE E DIVULGUE A PRODUÇÃO

1. Quando terminar, revise seu texto de acordo com as orientações a seguir.

Aspectos importantes em relação à proposta e ao sentido do texto
Fanfic
1. Apresenta situação inicial, conflito, clímax e desfecho?
2. O protagonista, Hugo, comporta-se como um herói?
3. As descrições ajudam o leitor a visualizar o cenário e a conhecer as personagens?
4. Há suspense?
Aspectos importantes em relação à ortografia, à pontuação e às demais normas gramaticais
1. Está livre de problemas de ortografia?
2. Há uso correto dos sinônimos para evitar a repetição de palavras?
3. Foram respeitadas as normas urbanas de prestígio?

ICONIC BESTIARY/ SHUTTERSTOCK

2. Passe o texto a limpo e entregue-o ao professor.

3. O professor distribuirá aleatoriamente os textos para a leitura da turma. Troque textos com pelo menos mais dois colegas. Depois compartilhe com a turma qual foi a sua *fanfic* preferida e por quê.

ATITUDES PARA A VIDA

IMAGINAR, CRIAR E INOVAR

Você já sentiu vontade de falar com o autor de seu livro favorito para dizer quanto gostou ou não do final que ele deu à história ou do destino de alguma personagem? Ao terminar a leitura, você pensou nas mudanças que faria na história se ela fosse sua?

Na produção de sua *fanfic* você pôde se colocar no lugar do autor e certamente percebeu que para dar continuidade a uma história é importante soltar a imaginação.

Ao ler ou ouvir uma história, somos convidados a desvendar a trama de palavras que se apresenta diante de nós. Ao escrever uma história, porém, passamos a ser os criadores dessa trama e por isso precisamos torná-la atrativa. Uma história é atrativa quando é produzida com criatividade, pois isso prende a atenção do leitor e aguça a imaginação dele. Assim, é importante imaginar, criar e inovar ao escrever uma história, e provavelmente foi o que você fez na produção de sua *fanfic*, não é mesmo? Pensando nisso, observe a tira a seguir.

DIÁRIO DE UMA VOLÁTIL

AGUSTINA GUERRERO

1. Como você interpreta a tira? Compartilhe suas impressões com os colegas e o professor.
2. A personagem da história é criativa e inovadora? Por quê? Justifique sua resposta.

3. Em sua opinião, o que é ser criativo? Você se considera uma pessoa criativa? Converse a respeito com os colegas e o professor.

Pessoas criativas, antes da concepção de uma nova ideia, tendem a observar sob vários ângulos a realidade que as cercam, examinando-a de diversas maneiras. Pessoas criativas inovam ao transmitir uma ideia ou resolver um problema. Inovar não é partir do nada, é criar algo novo a partir de algo que já existe, algo já conhecido.

4. Dentre as *fanfics* que seus colegas apresentaram houve alguma que chamou mais sua atenção? Por quê?

A criatividade é parte integrante do ser humano. Todos nós temos a capacidade de inventar, criar, conceber algo a partir da nossa imaginação.

5. Você acha que conseguiu apresentar uma *fanfic* criativa? Justifique sua resposta.

Todas as vezes que estamos construindo algo, vivenciamos um processo de criação, portanto usamos nossa criatividade. Criar é revisitar experiências já vividas, conhecimentos já adquiridos e, partindo disso, inventar novas possibilidades.

6. Fora da escola, em que outras situações poderia ser importante imaginar, criar e inovar? Por quê?

AUTOAVALIAÇÃO

LOVELYDAY12/SHUTTERSTOCK

Atitudes para a vida	Sim	Não	O que melhorar
Você **organizou seu pensamento** e **expressou-se com clareza** na *fanfic* que produziu?			
Você usou a **imaginação, a criatividade e inovou** ao produzir sua *fanfic?*			

No texto que você vai ler, extraído da obra *Vinte mil léguas submarinas*, as personagens estão enfrentando um grande perigo.

Eles se encontram a bordo do submarino Nautilus sob o comando do enigmático capitão Nemo. Antes de estarem no Nautilus, o professor Pierre Aronnax, seu ajudante Conseil e Ned Land participavam de uma missão para localizar e destruir um monstro que estava atacando navios e aterrorizando os mares.

***Vinte mil léguas submarinas* é uma obra-prima do escritor Júlio Verne, que foi considerado o criador dos textos de ficção científica.**

Segunda parte
Capítulo 15
Presos sob o gelo

Os preparativos para a partida começaram na manhã seguinte. O frio era intenso. O termômetro marcava doze graus abaixo de zero. O vento parecia atravessar os trajes. O mar tendia a congelar. "Que acontece com as baleias nesse período?", pensei. "Devem procurar águas mais habitáveis!"

As focas, eu já sabia, estão acostumadas com o clima. As aves migram para o norte.

Fizemos o mesmo: resolvemos mudar de paragens.

O Nautilus submergiu. À noite, já navegava sob a banquisa polar. Os painéis do salão estavam fechados, pois o casco podia bater em algum bloco submerso. Passei o dia escrevendo. Meu espírito se detinha em tudo o que tinha visto no polo Sul. Não queria esquecer um detalhe!

Qual seria nosso próximo destino?

Já havíamos atravessado catorze mil léguas no mar. Quanto já havia conhecido! As florestas de Crespo, o estreito de Torres, o cemitério de coral, os pesqueiros do Ceilão, o túnel arábico, os tesouros submersos na Espanha, a Atlântida e agora o polo Sul!

Deitado na cama, às três da manhã, senti um choque violento. Fui atirado para o meio do quarto. Ocorrera um acidente, sem dúvida! Não consegui ficar em pé! O Nautilus estava de lado!

Arrastei-me pelos corredores até o salão. Os móveis haviam caído. Felizmente, as vitrines de exposição, firmes na base, continuavam intocadas. Os quadros, fora do lugar. O Nautilus estava deitado e imóvel!

Ouvi passos e ruídos confusos. O capitão Nemo não apareceu. Quando ia deixar o salão, Ned Land e Conseil surgiram.

— Sei muito bem o que aconteceu! — rugiu Ned Land. — O Nautilus bateu e está encalhado. Desta vez não vai se safar como no estreito de Torres!

— Pelo menos estamos na superfície? — perguntei.

— Não sei! — disse Conseil.

Consultei o manômetro. Estávamos a trezentos e sessenta metros de profundidade!

Resolvemos procurar o capitão Nemo! Saímos do salão. Não o encontramos em seu camarote. A biblioteca estava vazia. Supus que estivesse na cabine do timoneiro. A única alternativa foi voltar ao salão e esperar.

Ned Land dava vazão a seu humor. Deixei que reclamasse à vontade. Permaneci em silêncio, preocupado.

Vinte minutos depois, o capitão Nemo entrou. Sua fisionomia, normalmente impassível, mostrava-se inquieta. Observou a bússola e o manômetro. Calculou nossa posição na carta náutica.

Não quis interrompê-lo. Quando terminou, perguntei:

— Algum problema, capitão?

— Houve um acidente.

— Grave?

— Talvez.

— O Nautilus encalhou?

© WEBERSON SANTIAGO

— De fato. Fendido em sua base, por uma rachadura ou alguma mudança de temperatura, um *iceberg* tombou. Caiu sobre o Nautilus. Depois deslizou sobre o casco e o arrastou com uma força incrível. Estamos deitados de lado.

— Não é possível subir?

— É o que estamos tentando fazer. Mas continuamos presos ao *iceberg*. Enquanto isso acontecer, não voltaremos a navegar!

A situação era difícil. De repente, senti um leve movimento no casco. O Nautilus se endireitava pouco a pouco. Ninguém falava. O chão voltou a ficar horizontal sob nossos pés. Passaram-se dez minutos.

O capitão Nemo saiu. O Nautilus parou de subir.

— Estamos salvos! — exclamei aliviado.

— Ainda bem! — murmurou Ned Land.

Os painéis se abriram. Observei o mar através do vidro.

Estávamos sob o mar, sem dúvida. Mas a uma distância de dez metros de cada lado havia uma parede de gelo. Em cima e embaixo também! Nosso teto era a banquisa. Embaixo e dos lados, o *iceberg*. O Nautilus foi aprisionado em um túnel de gelo!

— Como é lindo! — murmurou Conseil.

— De fato, é deslumbrante! — concordei.

— Que importa a beleza? — reagiu Ned Land. — Esse espetáculo pode nos custar muito caro se não sairmos daqui.

O Nautilus partiu a toda velocidade. Os painéis do salão fecharam-se.

Sentimos um novo choque. O Nautilus batera contra uma parede de gelo. Iniciou um movimento de ré.

— Acho que deste lado não há saída! — murmurei. — Vamos sair pelo outro, com certeza.

Queria parecer mais calmo do que estava. Agarrei um livro. Mas nem consegui ler.

Passaram-se algumas horas. Às oito horas e vinte e cinco minutos houve um segundo choque, dessa vez na parte contrária. Empalideci. Apertei a mão de Conseil. O capitão entrou:

— Estamos bloqueados? — perguntei.

— Sim, estamos. Não há saída.

JÚLIO VERNE. *Vinte mil léguas submarinas*. Trad. e adapt. Walcyr Carrasco. São Paulo: Moderna, 2012. p. 262-265.

PARA SE PREPARAR PARA A PRÓXIMA UNIDADE

Na próxima unidade, você vai analisar textos expositivos, como os resumos e os verbetes de enciclopédia. Antes disso, dê uma olhada nos *links* selecionados para você.

Pesquise por palavras de seu interesse em enciclopédias virtuais, como a Britannica Escola <http://mod.lk/wba1n> ou a Itaú Cultural <http://mod.lk/mtg5i>. Depois, converse com seus colegas sobre procedimentos de busca e os caminhos percorridos para obtenção dos resultados.

1

REPRODUÇÃO

Nesta animação você vai conhecer a controversa história por trás do surgimento da primeira enciclopédia. Acesse: <http://mod.lk/vzlqt>.

2

REPRODUÇÃO

Você já ouviu falar da Wikipédia? É uma enciclopédia colaborativa muito popular na internet. Acesse o *link* e busque pelo assunto que quiser pesquisar: <http://mod.lk/4umor>.

3

REPRODUÇÃO/HTTPS://WWW.YOUTUBE.COM/USER/MONANUNESS/FEATURED - ACESSO EM 26/04/18

Neste vídeo, a estudante Monalisa Nunes dá dicas de como fazer anotações e resumos eficientes. Confira em: <http://mod.lk/9rxlk>.

4

ZÉ CARLOS BARRETTA/FOLHAPRESS

Assista a este vídeo em que o *rapper* Emicida fala sobre representatividade: <http://mod.lk/k7ctl>.

5 **Pronomes pessoais e de tratamento**

Este objeto digital vai tratar sobre os pronomes pessoais e de tratamento, assunto que será estudado na próxima unidade. Acesse: <http://mod.lk/mdjbo>.

O QUE VOCÊ JÁ SABE?

Até este momento, você seria capaz de...	Sim	Não	Mais ou menos
... reconhecer que os textos que informam ou explicam têm uma organização diferente da de um conto, por exemplo?	☐	☐	☐
... perceber que os textos podem ter uma linguagem mais informal, ou mais formal, de acordo com a intenção de quem escreve?	☐	☐	☐
... identificar quais gêneros textuais devemos procurar quando desejamos conhecer melhor sobre algum assunto?	☐	☐	☐

De acordo com o conteúdo do objeto digital *Pronomes pessoais e de tratamento*, você seria capaz de...	Sim	Não	Mais ou menos
... perceber que os pronomes são palavras que substituem ou acompanham o substantivo?	☐	☐	☐
... identificar as diferenças entre as 1ª, 2ª e 3ª pessoas do discurso?	☐	☐	☐

UNIDADE 3

REPRESENTATIVIDADE IMPORTA

EM FOCO NESTA UNIDADE

- Reportagem e resumo
- Pronomes
- Produção: verbete de enciclopédia

PAUL DRINKWATER/NBCUNIVERSAL/ GETTY IMAGES

ESTUDO DA IMAGEM

Observe a imagem, leia a legenda, o trecho do discurso e troque ideias com os colegas.

- Oprah diz que muitas vezes tentou explicar o que a premiação de Sidney Poitier significou para ela. Em sua opinião, o que ela sentiu ao ver a premiação e qual a importância de relembrar esse momento em seu discurso?

SAIBA +

Trecho do discurso de Oprah Winfrey no Globo de Ouro 2018:

"Em 1964, eu era uma pequena garota sentada no piso de linóleo da casa da minha mãe em Milwaukee assistindo Anne Bancroft apresentar o Oscar de Melhor Ator na 36ª edição dos Prêmios da Academia. Ela abriu o envelope e disse cinco palavras que literalmente fizeram história: 'O vencedor é Sidney Poitier'. Subiu ao palco o homem mais elegante de que eu me lembro. Sua gravata era branca, sua pele era negra. E ele estava sendo celebrado. Eu nunca tinha visto um homem negro celebrado daquela forma. Eu tentei muitas, muitas vezes explicar o que um momento como aquele significa para uma pequena garota [...]. Em 1982, Sidney recebeu o prêmio Cecil B. DeMille bem aqui no Globo de Ouro e não posso deixar de perceber que, neste momento, há algumas pequenas garotas assistindo enquanto eu me torno a primeira mulher negra a receber este prêmio."

G1. Disponível em: <http://mod.lk/6huar>. Acesso em: 11 jun. 2018. (Fragmento).

Você pode assistir ao discurso na íntegra neste *link*: <http://mod.lk/prhtf>. Para ativar as legendas, basta clicar no botão de configurações (símbolo de engrenagem no canto inferior direito do vídeo indicado como "Detalhes") e escolher a opção "Português (Brasil)" no menu "Legendas/CC".

A atriz e apresentadora estadunidense Oprah Winfrey discursando ao ser premiada no Globo de Ouro 2018 pelo conjunto de sua obra.

LEITURA

CONTEXTO

O resumo é um gênero textual que se caracteriza por apresentar ideias e informações de outro texto, mas de forma sintetizada.

Provavelmente, você já elaborou, a pedido do professor, um resumo de algum conteúdo que foi estudado. E também já deve ter lido o resumo de algum livro ou de um filme.

Nesta unidade, você vai ler e analisar uma reportagem a respeito de um projeto fotográfico e, em seguida, um resumo desse projeto.

ANTES DE LER

1. De acordo com o título e a imagem que acompanha a reportagem, qual é, na sua opinião, o assunto abordado pelo texto?
2. A reportagem que você vai ler trata de uma exposição de fotografias. Que informações você imagina que ela vá apresentar?

Texto A

Projeto Identidade traz representatividade com propósito

Por Silvia Nascimento – 30 de novembro de 2017

"Nos emocionamos vendo uma senhora negra subindo as ladeiras de Santa Tereza só para ver nosso trabalho." Noemia Oliveira descreve com muita alegria suas percepções sobre os convidados de todas as origens e idades que prestigiaram as mostras fotográficas do Projeto Identidade [PI], do qual é uma das idealizadoras e curadora, juntamente com Orlando Caldeira, desde o final de 2014. O projeto, que já teve duas exposições, se baseia no enegrecimento de personagens clássicos da literatura, cinema e cultura *pop*, que são originalmente brancos.

Com uma equipe majoritariamente negra, o PI tem a produção executiva de Drayson Menezzes e contou com a colaboração de muitas celebridades como Sheron Menezzes, Lellezinha, Juliana Alves, Ruth de Souza e Milton Gonçalves. Guilherme Silva e Faya foram os fotógrafos que fizeram o registro histórico, que resultou em 30 fotos impecáveis.

Felizmente não se trata de *blackface*. Eles convidaram pessoas negras e as caracterizaram como Mulher-Maravilha e Chaplin, por exemplo, mas sem perder seus traços negros. "A Lellezinha fez uma foto com a gente e fizemos questão que ela usasse o cabelo bem armado. A gente não afina o nariz, não expomos o corpo das mulheres fotografadas, mantivemos as características naturais dos atores. Temos muito cuidado com isso. Também nunca teremos personagens que são empregados ou escravos", explica Noemia.

"Precisamos de projetos de autoafirmação para sabermos que somos bonitos. Para gente o protagonismo negro tem que ter pessoas negras, sempre, então escolhemos pessoas como a gente e que falam a nossa língua", destaca Noemia.

Glossário

Representatividade: presença que resulta em expressão e identificação positiva.

Curadora: pessoa responsável pela organização de exposição de arte.

Majoritariamente: de maioria.

***Blackface*:** prática de pintar o rosto de atores brancos de preto para representar uma personagem afrodescendente.

Melanina: pigmento que, com outras substâncias, determina a cor da pele.

Abdias: Abdias do Nascimento foi fundador do Teatro Experimental do Negro, em 1944, companhia que tinha como proposta valorizar a herança afro-brasileira na educação, na cultura e na arte.

Antígona: personagem que dá nome à tragédia grega escrita por Sófocles, em 442 a.C.

Hamlet: personagem principal da obra dramática *Hamlet, o príncipe da Dinamarca*, escrita por William Shakespeare em torno de 1600.

Autoestima: sensação de suficiência; sentimento de quem gosta de si mesmo.

STUDIO FAYA/PROJETO IDENTIDADE

Estudo, suor e resistência

"De 2016 para cá nós tentamos voltar, mas não conseguimos. Fizemos questão de fazer fotos grandes e empoderadas, mas tivemos dificuldades em encontrar pessoas que valorizassem nosso trabalho como uma exposição de arte, com todas as suas demandas." Eles receberam propostas, conforme conta Noemia, mas nenhuma contemplava as especificidades de uma exposição fotográfica, como iluminação e adaptação de espaço.

"Estamos agora numa tentativa de voltar com a exposição, porque hoje as pessoas falam mais sobre racismo e representatividade nas redes sociais, que são o nosso tema", detalha.

O Projeto Identidade também é fruto da rejeição que Noemia e Orlando [sofreram], enquanto artistas. "Nós somos atores e a ideia do projeto surgiu primeiramente das nossas experiências pessoais, dos tantos nãos que tivemos que ouvir por conta dos personagens que não nos cabem por conta da nossa **melanina**. E a gente queria muito falar sobre isso. Sobre quais os papéis que nós podemos fazer. Partimos desse princípio de como transformar esse absurdo que a gente viveu em arte."

Eles buscaram referência na literatura e estudaram o Teatro Experimental do Negro. "O **Abdias** é uma grande representação para gente e uma frase que a gente leva é: Até quando nós vamos retratar um Brasil que não é nosso? Por que não uma **Antígona** ou um **Hamlet** negro?"

As fotos trazem essas questões para a atualidade e as fotos são, em maioria, de personagens contemporâneos, como Superman (Taiguara Nazareh), Frozen (Juliana Alves) e Harry Potter (Maicon Rodrigues).

Se adultos se encantam em ver rostos reais negros como ícones *pop*, para as crianças a experiência vai além. "Eu lembro de um menino que viu a nossa foto do Frozen e a única coisa que ele disse que estava errada era a cor do cabelo, que originalmente é branca", descreve Noemia.

Graças a projetos como esse, crianças negras se sentem representadas no mundo da arte e fantasia, assim como as brancas se sentem desde sempre. E o impacto disso a longo prazo é no mínimo uma dose extra de **autoestima**.

Silvia Nascimento. Disponível em: <http://mod.lk/gekqz>. Acesso em: 8 mar. 2018.

A atriz Juliana Alves representa a princesa Elsa, uma das protagonistas da animação *Frozen – Uma aventura congelante* (Estados Unidos, 2013). Direção de Jennifer Lee e Chris Buck.

Texto B

Resumo

"Identidade" é uma exposição fotográfica que apresenta ícones populares (originalmente brancos) representados por pessoas negras. Trata-se de um trabalho que pretende **viabilizar** o reconhecimento da figura negra como possibilidade potente do belo, tendo também como **intuito** **suscitar** uma **ponderação** sobre os danos que a "invisibilidade" do negro pode trazer para a formação de uma sociedade democrática: uma sociedade que se respeite, que se assume e se represente em diversidade.

ORLANDO CALDEIRA E NOEMIA OLIVEIRA. *Identidade.* (Projeto) Exposição fotográfica. Material de divulgação. p. 2.

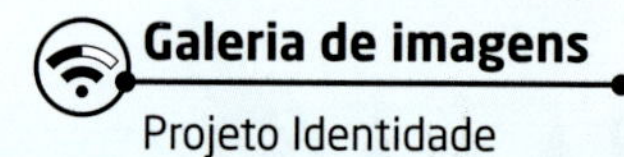

Projeto Identidade

Viabilizar: tornar viável, possível.
Intuito: objetivo.
Suscitar: criar.
Ponderação: reflexão.

ESTUDO DOS TEXTOS

ANTES DO ESTUDO DOS TEXTOS

1. Se não tem certeza de ter compreendido bem os textos, leia-os novamente.
2. Procure identificar as ideias apresentadas nos textos e reflita: você concorda com elas? Por quê?
3. Ao responder às questões a seguir, procure empregar o que já aprendeu ao ler outros textos e seja preciso em suas respostas.

COMPREENSÃO DOS TEXTOS

SOBRE O TEXTO A

1. **Qual é o objetivo do projeto abordado na reportagem?**

2. **Indique quais das informações a seguir são apresentadas na reportagem.**

a) Os objetivos do projeto.
b) O custo financeiro do projeto.
c) Convidados que prestigiaram o projeto.
d) Quantas exposições o projeto já teve.
e) A equipe de produção do projeto.
f) Os colaboradores do projeto.
g) A idade dos idealizadores do projeto.
h) O número de fotos realizadas para a exposição.
i) A profissão de cada pessoa fotografada.
j) As pessoas escolhidas para participar do projeto.

PROSKURINA YULIYA/SHUTTERSTOCK

3. Como a jornalista que escreveu o texto pode ter obtido as informações que aparecem na reportagem?

4. Quem são os idealizadores do projeto? Cite um dos motivos que os impulsionou a realizá-lo.

5. Por que os idealizadores do projeto optaram por manter as características naturais dos atores participantes?

6. Releia a seguinte fala do quarto parágrafo.

> "Precisamos de projetos de autoafirmação para sabermos que somos bonitos."

a) De acordo com o texto, quem Noemia Oliveira, autora da frase, acha que precisa de projetos de autoafirmação?

b) Por que essas pessoas precisam saber que são bonitas, segundo ela?

7. Releia o último parágrafo do texto e responda às questões a seguir.

a) Por que o projeto contribui para a representatividade das pessoas negras?

b) Por que o projeto contribui para a autoestima das crianças negras que veem as fotos?

SOBRE O TEXTO B

1. O que você imagina que seja uma sociedade democrática?

2. De acordo com o texto do resumo, a invisibilidade do negro não contribui para uma sociedade democrática. Por quê?

DE OLHO NA CONSTRUÇÃO DOS SENTIDOS

SOBRE O TEXTO A

1. Releia a frase: "O projeto [...] se baseia no ***enegrecimento*** de personagens clássicos da literatura". Explique o que significa enegrecer os personagens clássicos.

2. A autora da reportagem afirma que os fotógrafos "fizeram o registro histórico, que resultou em 30 fotos impecáveis".

a) Qual palavra demonstra a opinião da autora sobre as fotos?

b) Ao usar essa palavra, a autora deixa transparecer uma opinião positiva ou negativa sobre as fotos?

3. Releia no glossário o que significa a palavra *blackface*. Agora, releia o contexto em que ela aparece.

> "Felizmente não se trata de *blackface*".

Responda às questões:

a) Que palavra desse trecho mostra a opinião da autora da reportagem sobre a prática de *blackface*? Essa opinião é positiva ou negativa?

b) Considerando o objetivo do projeto, por que a autora da reportagem tem essa opinião sobre a prática do *blackface*?

4. Releia esta frase.

> "'[...] então escolhemos pessoas como a gente e que falam a nossa língua', destaca Noemia."

- Escolha a melhor opção: ao usar a expressão "falam a nossa língua", autora quis dizer:

a) pessoas que falam português.

b) pessoas que pensam como os organizadores do projeto.

5. A reportagem tem o subtítulo "Estudo, suor e resistência". Releia o texto que aparece após esse subtítulo e relacione cada palavra ao seu sentido, de acordo com o contexto da reportagem:

A. Estudo **B.** Suor **C.** Resistência

I. Mesmo com as dificuldades enfrentadas pelos artistas para conseguir papéis no teatro, por serem negros, eles não desistiram e, ainda, tomaram estas dificuldades como inspiração para o projeto.

II. Pesquisas realizadas para a montagem do projeto.

III. Intensa busca de ajuda e apoio para a realização do projeto, sem nenhum sucesso.

SOBRE O TEXTO B

1. No resumo, a palavra "identidade" aparece entre aspas. Por que ela aparece assim?

2. Agora, observe as aspas na expressão "invisibilidade" *do negro*. Nesse caso, as aspas foram usadas pelo mesmo motivo de quando usadas na palavra "identidade"? Por quê?

3. Volte ao texto A e observe como as aspas foram empregadas. Responda: as aspas usadas no texto B têm a mesma função das aspas usadas no texto A? Por quê?

SOBRE OS TEXTOS A E B

1. O resumo, texto B, comparado à reportagem, texto A, apresenta mais ou menos informações?
2. As informações apresentadas no resumo são objetivas (só dizem o essencial) ou detalhadas (desmembram-se em informações adicionais)?
3. Analisando a reportagem, com base nesses mesmos critérios, o que você diria sobre as informações que aparecem nela?

O RESUMO

1. O texto B é um resumo da exposição relatada na reportagem. Considerando que você já conhece um pouco sobre a exposição, por que podemos dizer que esse texto é um resumo?
2. Para que serve esse resumo?
3. Em que outras situações você já precisou ler resumos? Eles foram úteis? Por quê?
4. O resumo que você leu foi publicado em um fôlder de divulgação da exposição. Há outros tipos de resumo. Provavelmente, você já deve ter lido resumos de livro ou filme, como este:

Pantera Negra

Diretor: Ryan Coogler

Elenco: Chadwick Boseman, Michael B. Jordan e Lupita Nyong'o

País de origem: EUA

Ano de produção: 2018

Classificação: 14 anos

"Pantera Negra" acompanha T'Challa, que, após a morte de seu pai, o Rei de Wakanda, volta para casa, a isolada e tecnologicamente avançada nação africana, para a sucessão ao trono e para ocupar o seu lugar de direito como rei. Mas, com o reaparecimento de um velho e poderoso inimigo, o valor de T'Challa como rei – e como Pantera Negra – é testado quando ele é levado a um conflito formidável que coloca o destino de Wakanda, e do mundo todo, em risco.

Guia da semana. Disponível em: <http://mod.lk/tsnjz>. Acesso em: 8 maio 2018.

- Escolha a melhor opção, de acordo com as informações que você tem sobre resumos:

a) O resumo sintetiza informações ao apresentar determinado assunto.

b) O resumo expõe opiniões sobre o assunto a que se refere.

O GÊNERO EM FOCO: RESUMO

O resumo é um texto feito com base em outro texto já existente ou em um evento ocorrido. A função do resumo é sumarizar, isto é, reduzir as informações de um texto já existente sem acrescentar informações nem revelar opiniões.

O resumo também pode ser elaborado a partir de um texto oral ou para divulgação de um evento ou produto cultural, portanto sem a necessidade de um texto-base para ser tomado como referência. Nesses casos, é necessário conhecer as informações sobre o que será resumido. Essas informações podem ser obtidas por meio de entrevista a uma pessoa especializada ou de pesquisa em outros textos.

Esse gênero textual circula em diferentes contextos: escolar, acadêmico, jornalístico, relacionados ao universo cultural. Os **resumos escolares** são escritos com a finalidade de retomar conceitos para fixação e consulta, sendo uma ferramenta muito eficaz para o entendimento de conteúdos. Os resumos de artigos acadêmicos são escritos por especialistas e apresentam o assunto de modo mais desenvolvido, facilitando ao leitor decidir se é ou não interessante ler o artigo completo. *Sites* especializados, guias culturais e contracapas de publicações costumam apresentar resumos para orientar leitores na escolha de livros, filmes ou eventos. Tais resumos são chamados de **sinopse**. Atualmente, é muito comum aparecerem resumos antes de textos jornalísticos, permitindo aos leitores selecionar conteúdos que realmente lhes interessam.

O resumo é um texto curto elaborado a partir de um evento ou de um texto que já existe. Nele, as informações apresentam-se de maneira organizada, sem detalhamento ou opiniões.

ESTRUTURA DOS RESUMOS

Como selecionar as informações para um resumo? Isso vai depender do objetivo do texto. Geralmente, identifica-se o que é realmente importante e eliminam-se exemplos e opiniões. Mas não é só isso que deve ser observado para a produção de um resumo. É preciso saber também quando usar uma expressão ou uma palavra que substitua várias outras.

Por exemplo, é possível escolher dizer:

O projeto fotografou ***atores, cantores, pintores e dançarinos****.*

Ou:

O projeto fotografou ***vários artistas****.*

Nesse caso, não importa quais são os artistas. Importa que o leitor saiba que o projeto fotografou profissionais dessa área.

Vemos, portanto, que resumir não é apenas eliminar informações, mas também reorganizar o texto. Observe como isso foi feito nos exemplos a seguir.

Texto original:

Coletivo das Pretas

Tudo começou com o coletivo, o grupo se reúne desde 2014, de lá que surgiu o *Instituto Das Pretas.Org*. Hoje o coletivo já conta com mais de 100 mulheres, cada uma com um perfil diferente social e etário, espalhadas pelo Espírito Santo.

COLETIVO DAS PRETAS

As ações do coletivo envolvem uma caravana que vai rodando o estado convidando as mulheres negras capixabas a refletir sua realidade, desafios, planos para o futuro e muito mais.

O baú do viajante. Disponível em: <http://mod.lk/a2mzr>. Acesso em: 8 maio 2018.

Resumo:

O *Coletivo das Pretas* é um grupo formado em 2014, que deu origem ao *Instituto Das Pretas.Org*. Hoje, com mais de 100 mulheres, divulga o projeto a mulheres negras do Espírito Santo e as convida para refletir sobre a realidade e os planos futuros.

Há outros modos de apresentar um assunto de forma resumida, além dos **resumos lineares** vistos até aqui.

Resumos que utilizam apenas a linguagem verbal.

Os resumos esquemáticos, por exemplo, apresentam recursos verbais e visuais para organizar as informações de maneira hierárquica, ou seja, de modo que o leitor possa visualizar a relação entre a ideia principal e as ideias secundárias que estão ligadas à principal. Veja a seguir um exemplo de resumo esquemático.

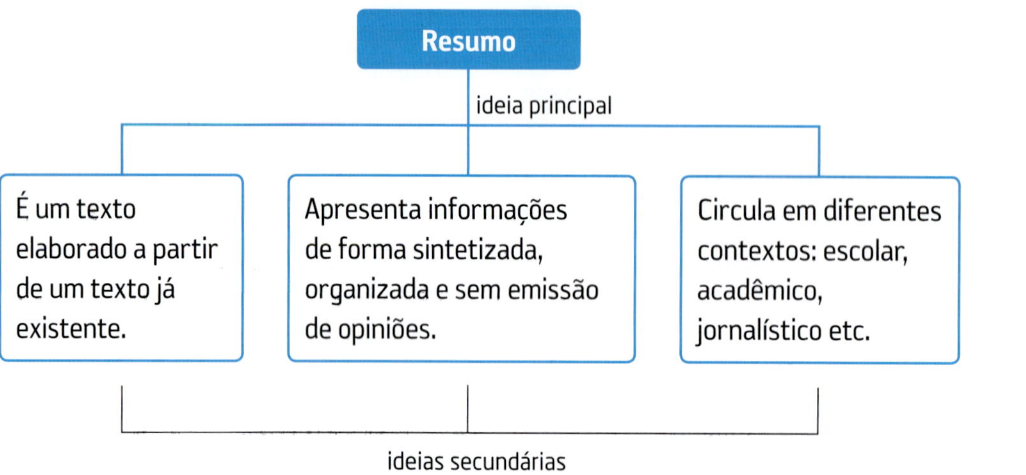

ORGANIZAR O CONHECIMENTO

- Agora, reúna-se com um colega. Escolham um texto de divulgação científica (relacionado a um tema que esteja sendo abordado em uma das disciplinas que vocês cursam) ou um texto didático que vocês considerem de difícil entendimento. Leiam-no e elaborem um resumo para ser compartilhado com outros colegas como apoio para o estudo.

  Para fazer o resumo, certifiquem-se de que compreenderam o texto; não é possível resumir algo que não foi compreendido. Grifem as informações relevantes e que devem permanecer no resumo; eliminem exemplos e usem palavras ou expressões que possam englobar várias outras. Escrevam as informações selecionadas e organizem-nas de acordo com uma modalidade de resumo: linear ou esquemática. Releiam o texto e façam as correções necessárias na grafia e na pontuação. Se preciso, reduzam o conteúdo para que o texto fique o mais objetivo possível.

  Finalmente, passem o resumo a limpo e montem um painel de resumos que ficará disponível na classe e poderá ser atualizado. Outra possibilidade é montar um *blog* coletivo para que os resumos sejam digitados e postados para a consulta de toda a turma.

E POR FALAR NISSO...

Leia a seguir a letra de um *rap* de autoria de MC Soffia.

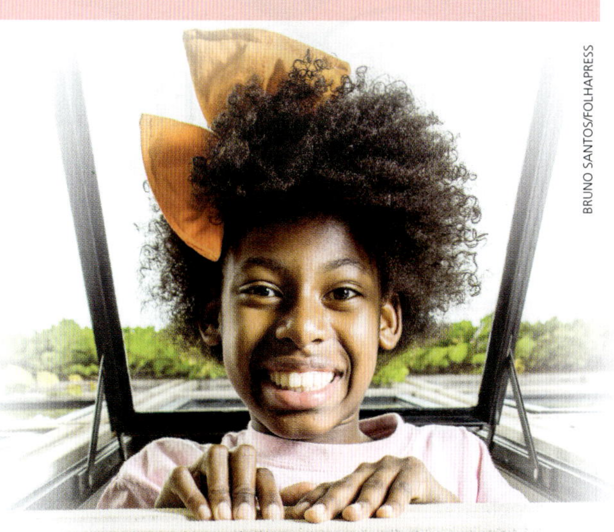

BRUNO SANTOS/FOLHAPRESS

MC Soffia, 2015.

Menina pretinha

Menina pretinha, exótica não é linda
Você não é bonitinha
Você é uma rainha

Devolva minhas bonecas
Quero brincar com elas
Minhas bonecas pretas, o que fizeram com elas?

Vou me divertir enquanto sou pequena
Barbie é legal, mas eu prefiro a Makena africana
Como história de griô, sou negra e tenho orgulho da minha cor
Africana, como história de griô, sou negra e tenho orgulho da minha cor

O meu cabelo é chapado, sem precisar de chapinha
Canto *rap* por amor, essa é minha linha
Sou criança, sou negra
Também sou resistência
Racismo aqui não, se não gostou, paciência

Letras. Disponível em: <http://mod.lk/wu49i>. Acesso em: 11 maio 2018.

Você pode assistir ao clipe da música neste *link*: <http://mod.lk/adorm>.

Confira uma fala de MC Soffia sobre representatividade neste *link*: <http://mod.lk/tfjfl>.

1. **Do que fala a letra do *rap*?**

2. **Em sua opinião, o que motivou MC Soffia a escrever essa letra?**

3. **Esse *rap* faz referência ao *griô*, elemento tradicional presente em muitas culturas africanas. O que é um griô?**

4. **Releia o verso: "O meu cabelo é chapado, sem precisar de chapinha".**

a) O que quer dizer *chapado* no contexto desse *rap*?

b) Esse verso apresenta uma crítica à estética geralmente imposta às mulheres na sociedade. Que crítica é essa?

5. **Para você, o que é representatividade?**

- **O sentido de representatividade relaciona-se diretamente a quais versos da canção:**
  - **a)** "Canto *rap* por amor, essa é minha linha".
  - **b)** "Barbie é legal, mas eu prefiro a Makena africana".
  - **c)** "Vou me divertir enquanto sou pequena".
  - **d)** "Africana, como história de griô, sou negra e tenho orgulho da minha cor".

6. **Em sua opinião, esse *rap* é importante na construção da autoestima de adolescentes como você? Por quê? Troque ideias com os colegas.**

ESTUDO DA LÍNGUA: ANÁLISE E REFLEXÃO

COMO VOCÊ PODE ESTUDAR

1. **Estudo da língua** não é uma seção para decorar, mas para questionar e levantar problemas.
2. O trabalho com os conhecimentos linguísticos requer persistência. Leia e releia os textos e exemplos, discuta, converse.

PRONOMES

1. Releia a seguir trechos da reportagem sobre o Projeto Identidade que você analisou no início da unidade, observando os termos destacados.

> "'A Lellezinha fez uma foto com a gente e fizemos questão que ***ela*** usasse o cabelo bem armado. **A gente** não afina o nariz, não expomos o corpo das mulheres fotografadas, mantivemos as características naturais dos atores. Temos muito cuidado com isso. Também nunca teremos personagens que são empregados ou escravos', explica Noemia.
>
> [...]
>
> 'De 2016 para cá **nós** tentamos voltar, mas não conseguimos. Fizemos questão de fazer fotos grandes e empoderadas, mas tivemos dificuldades em encontrar pessoas que valorizassem nosso trabalho como uma exposição de arte, com todas as suas demandas.'"

a) Quais dos termos destacados se referem à 1ª pessoa, aquela que fala?

b) Quais se referem à 3ª pessoa, aquela de quem se fala?

c) A expressão *suas demandas* se refere às demandas de quem?

I. das pessoas

II. da exposião de arte

III. do nosso trabalho

2. Leia a tirinha e explique por que o emprego do termo *nos*, no final da carta de Calvin, é importante para a construção do humor.

CALVIN E HAROLDO

Bill Watterson

MÃE, NÃO ESTOU ACHANDO A MINHA BONECA. VOCÊ VIU ELA EM ALGUM...
DING DONG

HUMM, NÃO TEM NINGUÉM AQUI. O QUE É ISTO?

© 1990 Universal Press Syndicate

"SUSIE, SE QUISER VER A SUA BONECA DE NOVO, COLOQUE $ 100 NESTE ENVELOPE E DEIXE EMBAIXO DA ÁRVORE ALI NA FRENTE. NÃO CHAME A POLÍCIA. VOCÊ NÃO VAI CONSEGUIR NOS RASTREAR. NÃO VAI CONSEGUIR NOS ENCONTRAR."

"ATENCIOSAMENTE, CALVIN."

3. **Observe o uso dos pronomes *isso* e *esse* neste outro trecho da reportagem sobre o Projeto Identidade. A que eles se referem?**

> "Nós somos atores e a ideia do projeto surgiu primeiramente das nossas experiências pessoais, dos tantos nãos que tivemos que ouvir por conta dos personagens que não nos cabe por conta da nossa melanina. E a gente queria muito falar sobre *isso*. Sobre quais os papéis que nós podemos fazer. Partimos desse princípio de como transformar *esse* absurdo que a gente viveu em arte."

4. **Observe estas capas de livros.**

REPRODUÇÃO

REPRODUÇÃO

REPRODUÇÃO

- Os pronomes **alguém**, **ninguém** e **algum**, que aparecem nos títulos das obras, permitem saber claramente de quem se está falando?

PRONOMES

Em uma situação de comunicação, estão pressupostas as seguintes **pessoas do discurso**:

- aquela que fala ou escreve, que é chamada de **1ª pessoa**. Pode ser indicada pelas palavras *eu*, *me*, *meu*, *mim*, *comigo*, *nós*, *nos*, *nosso(s)*, *conosco*, *a gente* etc.
- aquela com quem se fala ou para quem se escreve, chamada de **2ª pessoa**. Pode ser indicada por *tu*, *te*, *teu*, *ti*, *contigo*, *vós*, *vos*, *vosso(s)*, *convosco*, *você(s)* etc.
- aquela de quem se fala, que é chamada de **3ª pessoa**. Pode ser indicada por *ele(s)*, *ela(s)*, *seu(s)*, *se*, *si*, *lhe(s)*, *o(s)*, *consigo* etc.

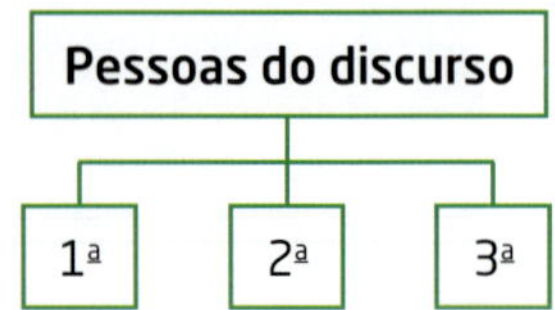

As palavras que representam, retomam ou acompanham um substantivo, indicando a pessoa do discurso a que se referem, fazem parte da classe dos pronomes.

- **Quando representam ou retomam um substantivo ou todo um pensamento citado anteriormente num texto ou todo um segmento de texto, são pronomes substantivos: *"E a gente queria muito falar sobre isso."* ou *A responsabilidade por essa situação também é minha*.**
- **Quando acompanham substantivos, são pronomes adjetivos: *Meu propósito é sensibilizar as pessoas para o problema da falta de rampas.***

Todos os pronomes pessoais são **pronomes substantivos**, isto é, ocupam o lugar de um substantivo.

PRONOMES PESSOAIS

Os pronomes que representam as pessoas do discurso são os **pronomes pessoais**. Podem ser **retos** ou **oblíquos**.

CARLOS CAMINHA

Veja no quadro a seguir a correspondência entre as pessoas do discurso, os pronomes retos e os pronomes oblíquos.

	Pessoa do discurso	Pronome(s) reto(s)	Pronomes oblíquos
Singular	1ª	eu	me, mim, comigo
	2ª	tu (você)	te, ti, contigo
	3ª	ele, ela	o, a, lhe, se, si, consigo
Plural	1ª	nós (a gente)	nos, conosco
	2ª	vós (vocês)	vos, convosco
	3ª	eles, elas	os, as, lhes, se, si, consigo

PRONOMES DE 2ª PESSOA

Embora a gramática normativa apresente os pronomes *tu* e *vós* para se referir à pessoa com quem se fala, é comum, na maior parte do Brasil, o uso de *você* e *vocês* com essa função. O uso de *vós* é raro.

É interessante notar que, nas regiões onde se usa o *tu* e mesmo naquelas onde se usa mais o pronome *você*, a maioria das pessoas emprega um pronome com formas verbais de 3ª pessoa. Na frase "Tu é muito criança...", por exemplo, o pronome **tu** é empregado com a forma verbal **é**. Essa construção é muito comum em situações coloquiais de algumas regiões do Brasil. De acordo com a gramática normativa, porém, o pronome **tu** pede o verbo na 2ª pessoa: **és**. Em contextos formais, essa regra deve ser considerada.

No exemplo "Queria falar com **você**, mas não **te** achei em lugar nenhum", o pronome oblíquo **te**, embora corresponda ao pronome reto **tu**, foi usado em conjunto com o pronome **você**. Essa mistura deve ser evitada em textos que exijam maior formalidade.

ACONTECE NA LÍNGUA

NÓS E A GENTE

Tanto o pronome pessoal *nós* quanto a expressão *a gente* identificam a 1ª pessoa do plural, embora a linguagem formal peça o uso de *nós*. Mas fique atento ao usar *a gente*, pois, com essa expressão, o verbo fica no singular.

PRONOMES OBLÍQUOS

Releia a fala de Susie no quadrinho a seguir, extraído da tira da página 110.

MÃE, NÃO ESTOU ACHANDO A MINHA BONECA. VOCÊ VIU ELA EM ALGUM...
DING DONG

CALVIN & HOBBES, BILL WATTERSON © 1990 WATTERSON/DIST. BY ANDREWS MCMEEL SYNDICATION

De acordo com a gramática normativa, um pronome do caso reto como **ela** somente poderá ser usado para complementar um verbo quando for precedido de preposição (***para*** *ela*, ***a*** *você*, ***de*** *nós*...). No caso de **viu ela**, o verbo não exige preposição. Em situações formais, a regra prevê que se use um pronome oblíquo:

Você ***a*** *viu em algum...*

a boneca (ela)

O uso da forma **viu ela**, porém, está adequado ao contexto da tirinha, pois representa a fala de uma criança conversando com a mãe. Nesse caso, o emprego da forma **a viu** não soaria natural.

No penúltimo quadrinho, temos as frases "Você não vai conseguir **nos** rastrear" e "Você não vai conseguir **nos** encontrar". Se a referência fosse feita somente à boneca, em contextos formais, em vez do pronome **nos**, o melhor seria usar o pronome **a**. Veja, a seguir, como ficariam as frases.

Preposição

Preposição é uma palavra invariável que liga outras palavras, estabelecendo relações de sentido entre elas. As principais preposições da nossa língua são: *a, ante, após, até, com, contra, de, desde, em, entre, para, perante, por, sem, sob, sobre.*

Locução prepositiva é o conjunto de palavras que têm valor de preposição, como *abaixo de, de acordo com, atrás de* etc.

CARLOS CAMINHA

*Você não vai conseguir rastreá-**la**.*

*Não vai conseguir encontrá-**la**.*

Você deve ter percebido que, nessa construção, o pronome **a** assumiu uma forma diferente: -**la**.

Os pronomes oblíquos **o**, **a**, **os**, **as** alteram-se de acordo com as terminações dos verbos que os antecedem.

Quando a forma verbal termina em **r**, **s** ou **z**, os pronomes aparecem nas formas **-lo**, **-los**, **-la**, **-las**: *rastrear* + ***a*** = *rastreá-**la***; *levamos* + ***os*** = *levamo--**los***; *fiz* + ***o*** = *fi-**lo***.

Se o verbo termina com som nasal, **m**, **ão** ou **õe**, os pronomes aparecem nas formas **no**, **na**, **nos**, **nas**: *pegaram* + ***o*** = *pegaram-**no***; *dão* + ***as*** = *dão-**nas***; *põe* + ***as*** = *põe-**nas***.

ACONTECE NA LÍNGUA

VÓS: SINGULAR E PLURAL

O pronome **vós** quase não é mais usado na fala brasileira e mesmo na escrita é bastante raro. Veja:

Só os desconectados ganharão o reino dos céus. Como é cafona e deselegante essa coisa que a gente faz o tempo todo em público. Como somos escravos. [...]

Desconectados do mundo, *uni-vos*, essa será a grande e revolucionária rede silenciosa, igual a uma rede nordestina debaixo de um coqueiro em alguma praia do futuro.

Xico Sá. Disponível em: <http://mod.lk/gq3qu>. Acesso em: 28 maio 2018.

PRONOMES DE TRATAMENTO

Leia a seguir o trecho de um conto de Ivan Ângelo, prestando atenção nas palavras destacadas.

R-STUDIO/SHUTTERSTOCK

O menino voltou, chegou perto, carinha boa. Parou ao lado da janela da menina. O homem:

— Esse passarinho é para vender?

— Não **senhor**.

O pai olhou pra filha com uma cara de deixa pra lá. A filha pediu suave como se o pai tudo pudesse:

— Fala pra ele vender.

O pai, mais para atendê-la, apenas intermediário:

— Quanto **você** quer pelo passarinho?

— Não tou vendendo não **senhor**.

Ivan Ângelo. *De conto em conto*. São Paulo: Ática, 2002. p. 7.

Observe que as palavras *você* e *senhor* caracterizam o distanciamento no **tratamento** dirigido entre as personagens. Em geral, as crianças são ensinadas a chamar de senhor(a) os adultos com quem não têm familiaridade. Além disso, a condição econômica do homem e o modo como ele tenta se impor diante do garoto também podem ser apontados como fatores que contribuem para esse distanciamento na linguagem.

As palavras que indicam o tratamento dado às pessoas são chamadas **pronomes de tratamento.** Todos eles são de 3ª pessoa.

Além de **você** e **senhor(a)**, há pronomes de tratamento mais cerimoniosos, que se referem a interlocutores específicos. Veja alguns exemplos no quadro a seguir.

Principais pronomes de tratamento		
Pronome	**Abreviatura**	**Referência**
Vossa Majestade	V. M.	Reis e rainhas.
Vossa Alteza	V. A.	Príncipes e princesas.
Vossa Santidade	V. S.	Papa.
Vossa Excelência	V. Exª	Altas autoridades do governo e oficiais generais das Forças Armadas.
Vossa Senhoria	V. Sª	Oficiais das Forças Armadas (até coronel), funcionários públicos graduados e autoridades civis; usado também na linguagem comercial.

Antigamente, *você* era *vossa mercê*

Dada sua origem histórica, **você** é um pronome de tratamento: vem do antigo **vossa mercê**, o qual, ao longo do tempo, transformou-se em diversas formas populares – **vossemecê**, **vosmecê**, **vassuncê** etc. – até chegar a **você**. Atualmente, há ainda as formas populares **ocê** e **cê**.

PRONOMES POSSESSIVOS

Os pronomes que exprimem posse ou pertencimento indicando a pessoa (1ª, 2ª ou 3ª) a quem se referem são chamados **pronomes possessivos.**

Veja no quadro a relação entre as três pessoas do discurso e os pronomes possessivos.

Pronomes possessivos		
Pessoa	**Singular**	**Plural**
1ª	meu, minha, meus, minhas	nosso, nossa, nossos, nossas
2ª	teu, tua, teus, tuas (seu, sua, seus, suas)	vosso, vossa, vossos, vossas (de vocês)
3ª	seu, sua, seus, suas (dele, dela)	seu, sua, seus, suas (deles, delas)

***Sua* ou *Vossa*?**

- **Vossa** refere-se à pessoa com quem se fala: ***Vossa*** *Senhoria pode ficar à vontade. Sente-se nessa cadeira, por favor.*
- **Sua** refere-se à pessoa de quem se fala: ***Sua*** *Senhoria, o coronel, disse que não poderá vir.*

PRONOMES DEMONSTRATIVOS

Os pronomes demonstrativos são aqueles que mostram no texto o que foi ou o que será mencionado.

Uma das funções dos demonstrativos é indicar a posição espacial, em relação às pessoas do discurso, do ser a que se referem.

- **Isto**, **este**(s), **esta**(s) indicam algo que está próximo da pessoa que fala (1ª pessoa):

  *Estou usando **esta** saia pela primeira vez.*

- **Isso**, **esse**(s), **essa**(s) indicam algo que está próximo da pessoa com quem se fala (2ª pessoa):

  ***Esse** seu cachorro é muito engraçado.*

- **Aquilo**, **aquele**(s), **aquela**(s) indicam algo que está distante daquele que fala e daquele com quem se fala:

  ***Aquele** é o campo onde eu jogava bola.*

Outra função dos demonstrativos é situar no tempo o ser a que se referem:

***Esta** semana parece estar demorando a passar.*

*Lembro-me das férias que passei com meus primos. **Aqueles** foram tempos muito divertidos.*

PRONOMES INDEFINIDOS

Os pronomes indefinidos acompanham ou substituem o substantivo, conferindo-lhe uma ideia de generalidade, indefinição. Referem-se sempre à 3ª pessoa do discurso.

Esse tipo de pronome apresenta formas variáveis (variam em gênero e número) e formas invariáveis (não variam).

Variáveis: *algum(s), alguma(s), todo(s), toda(s)* etc.

Invariáveis: *alguém, algo, nada, cada, tudo* etc.

O pronome indefinido pode ser indicado por uma locução (duas ou mais palavras). Nesse caso, trata-se de uma **locução pronominal indefinida**. Veja:

***Cada qual** sabe de si.*

***Todo aquele que** chegar será bem-vindo.*

*Correr uma maratona não é para **qualquer um**.*

***Seja quem for**, não estou para visitas.*

***Todo mundo** merece respeito.*

*Não vou lhe dizer **o que quer que seja**.*

LISA KOLBASA/SHUTTERSTOCK

Atenção para o emprego destes pronomes!

Em ***algum*** *momento* – sentido afirmativo.

Em momento ***algum*** – sentido negativo.

Certa *ocasião* – pronome adjetivo.

Ocasião ***certa*** – neste caso, **certa** é adjetivo.

Nenhum *menino compareceu à festa* – oposto de **algum**.

O menino não parou ***nem um*** *instante* – nem um único.

PRONOMES INTERROGATIVOS

Observe nas frases a seguir as palavras empregadas para introduzir as questões.

Quem *irá à festa?*

Que *dia é hoje?*

As palavras empregadas na formulação de perguntas diretas ou indiretas são chamadas **pronomes interrogativos.**

Os pronomes interrogativos também apresentam formas variáveis e invariáveis:

- **Variáveis:** *qual*, *quais*, *quanto(s)*, *quanta(s)*.
- **Invariáveis:** *que*, *quem*.

MICROONE/ SHUTTERSTOCK

Palavras que indicam circunstâncias

As palavras **quando**, **como**, **onde** e **por que** introduzem frases interrogativas que perguntam a circunstância em que o fato ocorreu. Essas frases terão como resposta, respectivamente, as circunstâncias de tempo, modo, lugar e causa de um fato. Não são pronomes, mas **advérbios interrogativos**.

Pronomes possessivos, demonstrativos, indefinidos e interrogativos

Audiovisual apresenta os conceitos e as funções dos pronomes listados.

ORGANIZAR O CONHECIMENTO

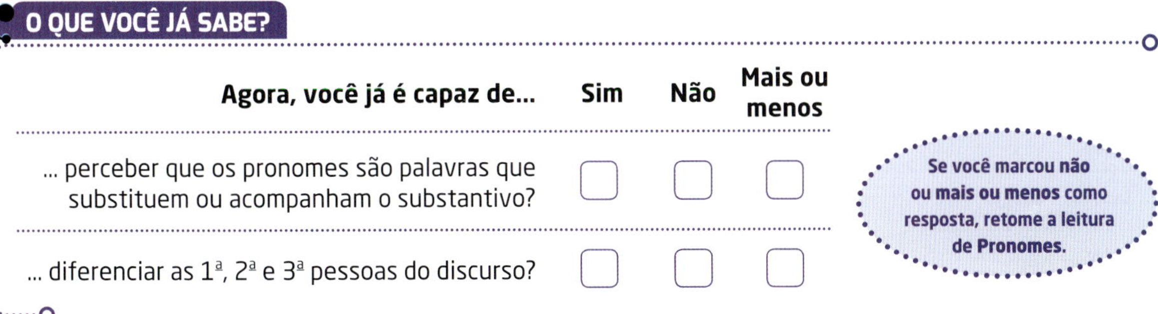

O QUE VOCÊ JÁ SABE?

Agora, você já é capaz de...	Sim	Não	Mais ou menos
... perceber que os pronomes são palavras que substituem ou acompanham o substantivo?	☐	☐	☐
... diferenciar as 1ª, 2ª e 3ª pessoas do discurso?	☐	☐	☐

Se você marcou **não** ou **mais ou menos** como resposta, retome a leitura de **Pronomes.**

- Junte-se a um colega e completem os esquemas a seguir com os exemplos solicitados.

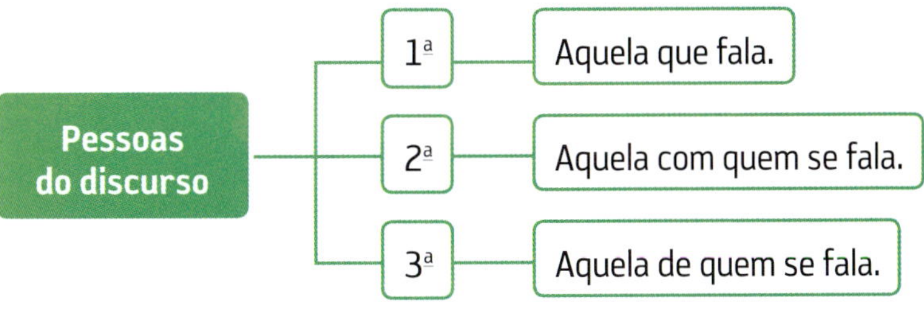
Pessoas do discurso
1ª
Aquela que fala.
2ª
Aquela com quem se fala.
3ª
Aquela de quem se fala.

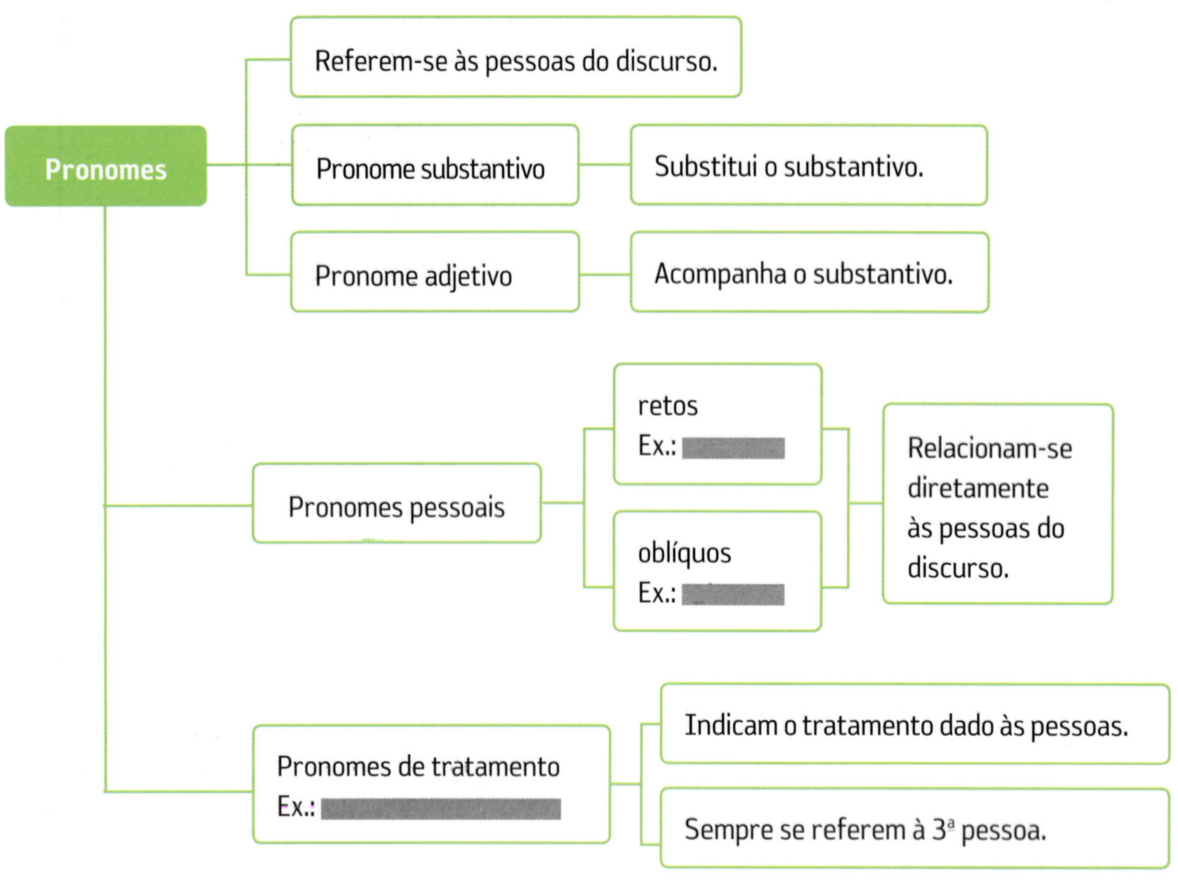
Pronomes
Referem-se às pessoas do discurso.
Pronome substantivo
Substitui o substantivo.
Pronome adjetivo
Acompanha o substantivo.
Pronomes pessoais
retos
Ex.:
oblíquos
Ex.:
Relacionam-se diretamente às pessoas do discurso.
Pronomes de tratamento
Ex.:
Indicam o tratamento dado às pessoas.
Sempre se referem à 3ª pessoa.

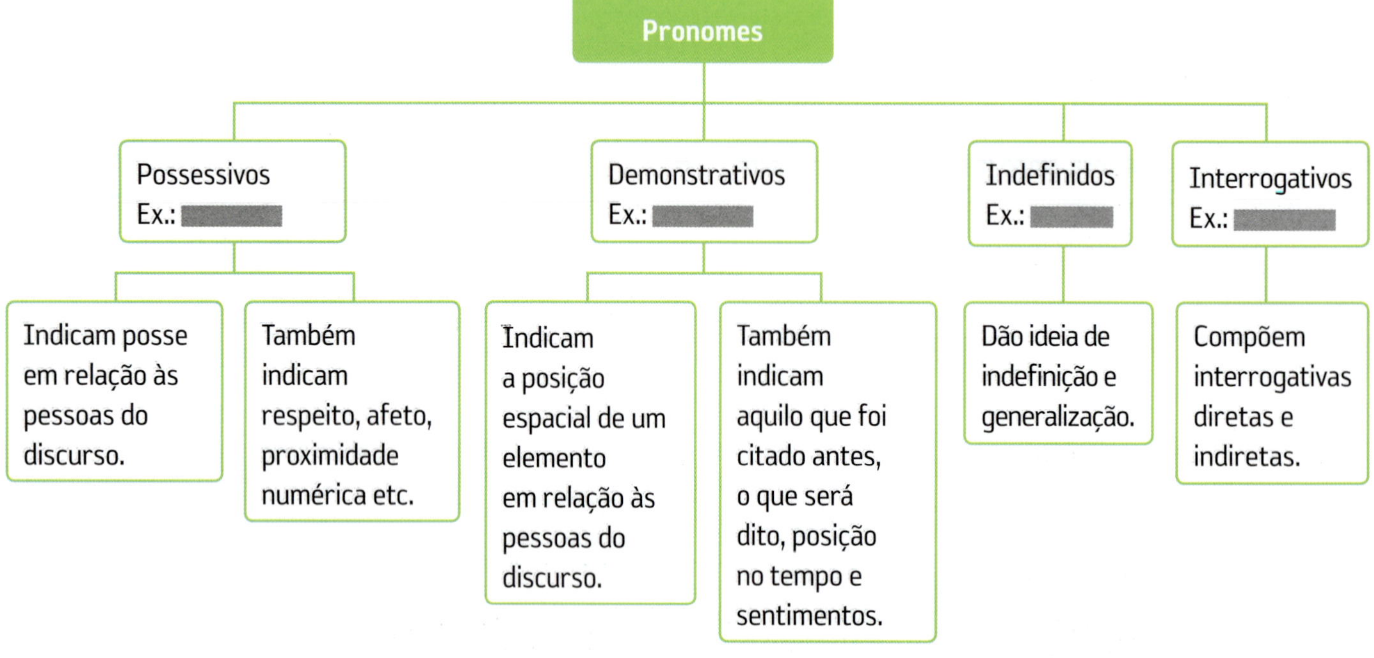
Pronomes
Possessivos
Ex.:
Demonstrativos
Ex.:
Indefinidos
Ex.:
Interrogativos
Ex.:
Indicam posse em relação às pessoas do discurso.
Também indicam respeito, afeto, proximidade numérica etc.
Indicam a posição espacial de um elemento em relação às pessoas do discurso.
Também indicam aquilo que foi citado antes, o que será dito, posição no tempo e sentimentos.
Dão ideia de indefinição e generalização.
Compõem interrogativas diretas e indiretas.

ATIVIDADES

1. **Leia um trecho da correspondência enviada a Elsi, uma garotinha de Berlim, por Brígida, sua boneca desaparecida. As duas são personagens do livro *Kafka e a boneca viajante*, do escritor espanhol Jordi Sierra i Fabra.**

> [...] "Querida Elsi, antes de mais nada, me desculpe por ter ido embora tão de repente, sem me despedir. Sinto muito e espero que não esteja zangada. Às vezes fazemos coisas, sem perceber, ou reagimos inesperadamente diante do que nosso instinto nos diz, e magoamos quem não queremos. Com você e a mamãe também acontece assim, não é mesmo? É que as despedidas são tristes, e eu não queria que você chorasse nem tentasse me convencer a ficar mais um pouco. Temia que você não me deixasse ir, e eu precisava fazer isso. Espero que você compreenda. Eu te amo tanto, Elsi, tanto, que não suportaria vê-la chorar ou que você me visse chorar. [...] Agora sei que vai ficar mais tranquila e, sabendo que estou bem, vai se alegrar por nós duas." [...]

R-STUDIO/SHUTTERSTOCK

JORDI SIERRA I FABRA. *Kafka e a boneca viajante*. São Paulo: Martins, 2008. p. 48. (Fragmento).

CARLOS CAMINHA

a) Identifique os pronomes pessoais que aparecem no trecho, indicando se são retos ou oblíquos e a que pessoa do discurso se referem. Não é preciso repetir as ocorrências.

b) No trecho da carta destacado a seguir, os pronomes não foram empregados de maneira uniforme: Brígida dirige-se à interlocutora, Elsi, usando pronomes ora da 3ª pessoa, ora da 2ª. Releia-o e responda: a falta de uniformidade entre os pronomes observada nele está de acordo com a situação comunicativa criada no livro? Por quê?

> "[...] Temia que você não me deixasse ir, e eu precisava fazer isso. Espero que você compreenda. Eu te amo tanto, Elsi, tanto, que não suportaria vê-la chorar ou que você me visse chorar [...]."

2. **Reescreva as frases a seguir, substituindo as expressões destacadas por pronomes pessoais do caso oblíquo.**

a) Eu já trouxe o envelope. Você pode selar **o envelope**, por favor?

b) Não basta conhecer as leis de trânsito, é preciso respeitar **as leis de trânsito.**

c) O atleta perde sais minerais pela transpiração, mas essa bebida ajuda a repor **os sais minerais.**

d) Atenção às pernas: mantenham **as pernas** estendidas durante os exercícios.

Diferença entre *lhe* e *o, a, os, as*

Em geral, o pronome oblíquo **lhe** é usado para substituir um substantivo precedido por **a** ou **para**:

*Vou dar um presente **a João**.*

*Vou dar-**lhe** um presente.*

Já os pronomes **o**, **a**, **os**, **as** são empregados quando não é necessário usar **para** ou **a** antes do substantivo:

*Vou convidar **João** para nossa festa.*

*Vou convidá-**lo** para nossa festa.*

3. Observe como o emprego de pronomes constrói os sentidos deste anúncio publicitário.

DPZ&T/OITOVIDAS

a) A quem se refere o pronome **eles** na frase colocada no meio da imagem?

b) A que ou a quem se refere o pronome **alguém**?

c) Como a frase se relaciona com a imagem?

d) A frase na parte inferior revela o objetivo do anúncio. Qual é esse objetivo?

4. Leia a tira abaixo.

ANÉSIA #72 WILL LEITE

© WILL LEITE

a) A que se refere o pronome **isto**, no terceiro quadrinho?

b) Explique por que a visita de Dolores contribui para tornar a tira divertida.

5. **O texto a seguir foi extraído da seção de uma revista em que especialistas respondem a perguntas dos leitores. Os pronomes demonstrativos (inclusive aqueles combinados com preposições) foram substituídos por números.**

Por que a pimenta arde? [...]

GREBESHKOVMAXIM/SHUTTERSTOCK

As pimentas ardem porque possuem as chamadas capsaicinoides. (1) substâncias de nome esquisito não têm cheiro nem sabor, mas estimulam as células nervosas da boca, produzindo (2) sensação de ardor, como se a boca estivesse pegando fogo. As capsaicinoides são produzidas por glândulas localizadas nas placentas das pimentas — (3) tecido esbranquiçado onde ficam grudadas as sementinhas. A "temperatura" de cada espécie (4) fruto depende da concentração de capsaicinoides que ela possui. E, por incrível que pareça, existe até uma unidade específica para se medir o ardor: a Unidade de Calor Scoville (SHU) — nome em homenagem ao farmacologista Wilbur L. Scoville, pioneiro na medição do poder de fogo (5) condimento. [...]

Mundo Estranho. Disponível em: <http://mod.lk/nnhsf>. Acesso em: 12 jun. 2018. (Fragmento).

a) No caderno, indique a que número corresponde, no texto, cada um dos pronomes deste quadro.

desse (aparece 2 vezes)	aquele	essas	aquela

b) Agora, observe no texto o uso dos pronomes possessivos de 3ª pessoa (**aquele**, **aquela**) e copie no caderno a alternativa que melhor explica esse uso.

- Esses pronomes indicam que os seres mencionados estão distantes do autor e do leitor do texto.
- Esses pronomes indicam que os seres mencionados pertencem a um passado distante.
- Esses pronomes indicam que os seres mencionados são conhecidos do leitor.

ATIVIDADES

6. Leia a tira.

MINDUIM — CHARLES SCHULZ

PEANUTS, CHARLES SCHULZ © 1992 PEANUTS WORLDWIDE LLC./DIST. BY ANDREWS MCMEEL SYNDICATION

a) Transcreva e classifique o pronome presente no primeiro quadrinho. Indique também a pessoa à qual ele se refere.

b) A que personagens da tira esse pronome se refere?

c) Nesse primeiro quadrinho, se o locutor se referisse apenas a si mesmo, qual seria o pronome empregado?

d) No segundo quadrinho, qual seria o pronome de tratamento adequado ao contexto?

e) Se fosse usado o pronome adequado, a tira seria engraçada? Por quê?

7. Leia este fragmento de texto.

Duvido que se hoje pegasse uma bola de gude conseguisse equilibrá-**la** na dobra do dedo indicador sobre a unha do polegar, quanto mais jogá-**la** com a precisão que tinha quando era garoto.

FOTO: IVAN CALAMONTE/SHUTTERSTOCK/ FUNDO: R-STUDIO/SHUTTERSTOCK

LUIS FERNANDO VERISSIMO. *Vivendo e... Comédias para se ler na escola.* Rio de Janeiro: Objetiva, 2001. © by Luis Fernando Verissimo.

a) A que substantivo se referem os pronomes pessoais destacados?

b) Qual é o efeito do uso desses pronomes para o texto?

Mais questões no livro digital

QUESTÕES DA LÍNGUA

SÍLABA TÔNICA, MONOSSÍLABOS ÁTONOS E MONOSSÍLABOS TÔNICOS

SÍLABA TÔNICA

Leia a tira e responda às questões a seguir.

LUKE & TANTRA — ANGELI

a) Explique por que o humor da tira é provocado pelo final inesperado da fala, no último quadrinho.

b) Leia em voz alta a fala da personagem no último quadrinho. Qual das sílabas da palavra *respiro* foi pronunciada com mais intensidade?

c) De que maneira essa intensidade foi representada graficamente?

Em todas as palavras com duas ou mais sílabas, uma delas é pronunciada com mais intensidade do que a(s) outra(s).

A sílaba da palavra pronunciada com mais intensidade recebe o nome de **sílaba tônica**.

A sílaba ou as sílabas pronunciadas com menos intensidade são denominadas **sílabas átonas**.

Lembre-se

Em um encontro vocálico, quando as duas vogais são pronunciadas com a mesma intensidade (ou seja, quando são vogais tônicas), elas ficam em sílabas diferentes, formando um hiato: ***ra***-*iz*, *vi*-***ú***-*va*.

Quanto à tonicidade, as palavras são classificadas em **oxítonas**, **paroxítonas** e **proparoxítonas**. Veja o quadro.

Classificação	Característica	Exemplos
Oxítona	A sílaba tônica é a última.	*lo**cal**, cafu**né**, for**ró**, ba**ú**, depres**são***
Paroxítona	A sílaba tônica é a penúltima.	*res**pi**ro, **á**gua, ofe**gan**te, in**crí**vel, sa**ú**de*
Proparoxítona	A sílaba tônica é antepenúltima.	***mú**sica, es**tô**mago, **fô**lego, higi**ê**nico, **pú**blico*

MONOSSÍLABOS ÁTONOS E MONOSSÍLABOS TÔNICOS

CARLOS CAMINHA

Monossílabos são palavras de uma única sílaba.

Compare as palavras monossílabas destacadas nas frases.

*"Entre uma música e outra, a gente **dá** um..."*

*O show **da** banda irá rolar num espaço muito apertado.*

- Qual delas é produzida na fala com mais intensidade?

Veja a definição de monossílabo átono e monossílabo tônico.

Monossílabo tônico é aquele pronunciado com mais intensidade: *meu, é, dó, faz.*

Monossílabo átono é aquele pronunciado com menos intensidade: *se, e, o, que.*

Muitas vezes, para determinar se um monossílabo é átono ou tônico, é preciso inseri-lo em uma frase. Exemplos:

- *Recomendo a você que **dê** seu livro a ele.* (monossílabo tônico)
- *Meu livro **de** História ficou em casa.* (monossílabo átono)

A classificação dos monossílabos em tônicos ou átonos depende, em geral, da classe de palavras a que eles pertencem. Observe o quadro.

Tônicos	Átonos
Substantivos	Artigos
Adjetivos	Preposições (**a**, **com**, **de**, **por**, **em**)
Numerais	Conjunções (**se**, **e**, **nem**, **mas**, **ou**)
Verbos	Pronomes pessoais do caso oblíquo
Advérbios	Pronome relativo **que**
Interjeições (**ó**, **oh**, **oi**, **ui**)	
Pronomes pessoais do caso reto	
Pronomes possessivos	

O verbo **pôr** leva acento gráfico para diferenciar-se da preposição **por** (monossílabo átono).

1. **Escreva as palavras sugeridas a seguir. Preste atenção na classificação de cada uma delas em relação à posição da sílaba tônica.**
   - **a)** Instrumento musical típico do forró (paroxítona).
   - **b)** Animal que possui quatro patas (proparoxítona).
   - **c)** Profissional que cuida da saúde física de seus pacientes (proparoxítona).
   - **d)** Inseto que ataca o couro cabeludo (paroxítona).
   - **e)** Típico do polo (oxítona).
   - **f)** Homem que interpreta papéis no teatro, no cinema ou na TV (oxítona).
   - **g)** Réptil parecido com um pequeno crocodilo, encontrado em rios e pântanos das Américas do Norte e do Sul (oxítona).
   - **h)** Ferramenta com cabeça de ferro para pregar pregos (paroxítona).
   - **i)** Mamífero de pescoço longo e corpo amarelo-claro com manchas avermelhadas ou castanhas (paroxítona).
   - **j)** Profissional que conserta automóveis (proparoxítona).
   - **k)** Pessoa ou grupo de pessoas que não tem residência fixa (proparoxítona).
   - **l)** O leão em relação à zebra (paroxítona).
   - **m)** Região plana e cortada por águas paradas (proparoxítona).

2. **Escreva no caderno os monossílabos tônicos das frases a seguir.**
   - **a)** Quem vê cara não vê coração.
   - **b)** A pressa é inimiga da perfeição.
   - **c)** Quem não tem cão caça com gato.
   - **d)** Nem tudo que reluz é ouro.

3. **Escreva no caderno os monossílabos átonos das frases a seguir.**
   - **a)** Já disse que não vou viajar de trem.
   - **b)** O século em que estamos começou em dois mil e um.
   - **c)** Não dê restos de pão aos cães.
   - **d)** Nem vem que não tem.

TOMMY ALVEN/ SHUTTERSTOCK

LEITURA E PRODUÇÃO DE TEXTO

CONTEXTO

A palavra *enciclopédia* contém os sentidos de "círculo" ("ciclo", do grego *kyklos*) e "ensinamento" ("pédia", do grego *paideia*), que levam a pensar em um ensinamento geral, panorâmico. Isso nos ajuda a entender o porquê de as enciclopédias serem consideradas uma fonte legítima de pesquisa e de suas informações serem confiáveis.

O verbete a seguir foi retirado de uma enciclopédia digital, acessível pela internet e voltada para estudantes como você. Além de analisar a estrutura do gênero, você terá a oportunidade de conhecer sobre o povo *ioruba*.

Dança do povo ioruba em Benin, África. Foto de 2009.

A PRODUÇÃO EM FOCO

- No final da unidade, você vai produzir um verbete de enciclopédia. Durante a leitura do texto a seguir, fique atento:
  a) ao que ele quer comunicar;
  b) às informações apresentadas;
  c) ao nível das informações (superficiais, detalhadas);
  d) à organização das informações;
  e) ao tipo de linguagem utilizada;
  f) à impessoalidade e à objetividade das informações.

SEUX PAULE/HEMIS/ALAMY/FOTOARENA

R-STUDIO/SHUTTERSTOCK

Ioruba

O povo ioruba é um dos maiores grupos étnicos da Nigéria, um país africano, somando mais de 20 milhões de indivíduos no início do século XXI. Vivendo em grande parte a sudoeste do país, há alguns grupos pequenos espalhados em Benin e ao norte de Togo. Muitas pessoas desse povo foram trazidas para a América como escravos. No Brasil, esse povo foi chamado de nagô e introduziu o candomblé (uma religião afro-brasileira). Os iorubas são tradicionalmente os mais hábeis artesãos da África, trabalhando como ferreiros e tecelões ou no artesanato de couro, vidro, marfim e madeira. As mulheres fiam o algodão, fazem cestaria e tingimento de tecidos. A maior parte do povo ioruba vive do cultivo da terra. As mulheres trabalham pouco nas lavouras, mas são elas que controlam o complexo sistema de vendas dos produtos. O povo ioruba tem uma língua e uma cultura fortes há séculos, mas nunca formou uma só unidade política. Migrou do leste para o oeste do rio Níger, seu atual território, há mais de mil anos. As cidades tiveram papel importante na sua história, no período anterior à colonização da África pelos países europeus. Numerosos reinos de diversos tamanhos organizavam-se em torno de um único rei, o obá. As cidades eram muito povoadas. No século XVII, a cidade de Oyo deu origem ao maior dos reinos iorubas e Ile-Ife tornou-se uma cidade de forte significado religioso, pois, segundo a mitologia ioruba, foi o centro da criação do mundo. Nas cidades iorubas, o palácio do obá fica no centro e ao seu redor estão as habitações de seus descendentes. O reinado é hereditário. Atualmente essas construções costumam ter estruturas modernas. Entre os iorubas há muita diversidade política e social, mas também algumas características comuns: a herança e a sucessão seguem a linhagem paterna e os descendentes vivem juntos, partilham alguns nomes e tabus, louvam seus próprios deuses e também participam de diversas associações, como a aro, uma associação de ajuda aos trabalhadores da terra. A autoridade é representada pelo obá, que é também o líder religioso, e por um conselho de chefes. Muitos iorubas hoje são cristãos ou muçulmanos, mas os aspectos da sua religião tradicional — um criador supremo e quatrocentos deuses (orixás) — ainda sobrevivem. Há muitos livros escritos em ioruba e essa língua é uma das três mais faladas na Nigéria.

Britannica Escola. Disponível em: <http://mod.lk/c5qjz>. Acesso em: 8 maio 2018.

As enciclopédias digitais

Diferentemente das enciclopédias impressas, em que os verbetes estão organizados em ordem alfabética, nas enciclopédias digitais a busca é feita por ferramentas que apresentam os verbetes a partir de palavras ou expressões digitadas. De modo geral, as enciclopédias virtuais são hipertextuais, ou seja, apresentam *hiperlinks* (geralmente em cor diferente da do texto) que direcionam o leitor para outros conteúdos relacionados ao verbete. As enciclopédias digitais colaborativas, do tipo *wiki*, são aquelas em que as pessoas, por investigação particular, constroem conhecimentos e colaboram (daí o termo colaborativa) para a criação de um verbete. Essas enciclopédias são muito úteis, mas é preciso estar atento à credibilidade das informações.

ESTUDO DO TEXTO

ANTES DO ESTUDO DO TEXTO

1. Se não tem certeza de ter compreendido bem o texto, leia-o novamente.
2. Ao responder às questões a seguir, procure empregar o que já aprendeu ao ler outros textos e seja preciso em suas respostas.

DE OLHO NAS CARACTERÍSTICAS DO GÊNERO

1. **Conforme o que você leu, que relação existe entre o povo ioruba e o Brasil?**
2. **Com base nas informações do texto, identifique as alternativas que apresentam afirmações corretas e corrija as alternativas incorretas. Pelas informações do texto, é possível afirmar que:**
   - **a)** o povo ioruba sofreu influências de muitas outras culturas, principalmente das culturas europeias.
   - **b)** o povo ioruba influenciou as culturas de outros países, onde foi escravizado.
   - **c)** o povo ioruba destaca-se pela riqueza de seu artesanato.
   - **d)** o povo ioruba não tem um governo definido.
   - **e)** no povo ioruba, a liderança política e religiosa é exercida pela mesma pessoa.
   - **f)** o povo ioruba tem uma única religião, que inclui mais de 400 orixás.

O VERBETE DE ENCICLOPÉDIA

1. **Como é a linguagem adotada pelo autor do verbete: formal ou informal?**
2. **A quem interessaria esse verbete? Por quê?**
3. **Indique quais das informações apresentadas abaixo aparecem no verbete:**
   - **a)** A extensão de terras ocupadas pelo povo ioruba.
   - **b)** A localização do povo ioruba na Nigéria.
   - **c)** A economia e o artesanato ioruba.
   - **d)** A língua e a cultura do povo ioruba.
   - **e)** O número de pessoas integrantes do povo ioruba.
   - **f)** A importância das cidades para o reino ioruba.
   - **g)** A organização e a arquitetura do reino ioruba.
   - **h)** A religião do povo ioruba.
   - **i)** As influências na cultura brasileira.
   - **j)** A alimentação do povo ioruba.
4. **Em sua opinião, as informações apresentadas são relevantes para um verbete? Por quê?**
5. **Aponte no verbete o trecho que explica quem é o povo ioruba.**
   - Essa explicação aparece no início, no meio ou fim do verbete? Por que ela está nessa posição?

6. **No verbete, há um trecho que apresenta explicações sobre a Nigéria. Identifique esse trecho.**

- Por que essa informação é importante?

7. **O verbete foi produzido com qual das intenções a seguir?**

a) Entreter o leitor por meio de uma história.

b) Defender uma opinião sobre determinado tema.

c) Ampliar o conhecimento do leitor sobre um assunto.

OMNIVISUALS/SHUTTERSTOCK

Mulher ioruba preparando alimento. Nigéria, 2015.

O GÊNERO EM FOCO: VERBETE DE ENCICLOPÉDIA

O texto que você leu foi extraído de uma enciclopédia – obra (impressa ou digital) que expõe informações sobre fatos, pessoas, objetos, descobertas, animais, entre outros. Antigamente, todas eram impressas, mas atualmente existem enciclopédias *on-line* disponíveis na internet de forma gratuita ou paga.

Cada texto apresentado pelas enciclopédias é chamado de **verbete de enciclopédia**. Ele possui uma **entrada**, ou seja, o termo que será explicado, apresentado, definido etc., e a explicação sobre esse termo. Essa explicação, geralmente, inicia-se com uma definição, que depois será detalhada por meio de contextualização histórica, descrições e esclarecimentos mais técnicos, normalmente separados ou não por subtítulos.

Para atender à função expositiva de apresentar, de forma organizada, informações a respeito de determinado tema para um público amplo, o verbete de enciclopédia deve ser escrito em linguagem formal e objetiva, ou seja, o autor deve apresentar as informações de forma direta, em 3ª pessoa, sem expressar opiniões ou emoções. Porém, é possível usar recursos de descrição e narração para que o leitor compreenda o conceito procurado.

Veja, por exemplo, o verbete a seguir, extraído da enciclopédia *Gênios da humanidade: ciência, tecnologia e inovação africana e afrodescendente.*

Enedina Alves Marques (1913-1981)

A engenheira civil brasileira Enedina Alves Marques nasceu em Curitiba em janeiro de 1913, quando a Abolição ainda não completara 25 anos. A família era extremamente pobre. A mãe era lavadeira, e o pai abandonou a mulher e os dez filhos quando Enedina era pequena.

Em meados da década de 1920, a mãe de Enedina prestava serviços na casa do major Domingos Nascimento Sobrinho, delegado de polícia. O major acolheu a menina e pagou seus estudos elementares em escola particular. Enedina iniciou a alfabetização já aos 12 anos e concluiu com quase 13. Não tinha mais tempo a perder: no ano seguinte, começou o curso de normalista. Ela o terminou em dezembro de 1931, perto de completar 19 anos.

Em 1935, voltou para a capital do estado para fazer o madureza, curso intermediário sem o qual não poderia estar lecionando. [...] Concluiu esse curso em 1937, e foi aí que começou a fazer história: decidiu ser engenheira civil.

No ambiente acanhado e preconceituoso da Curitiba dos anos 1930, muita gente a taxou de maluca. Enedina não se deteve. [...]

Enedina, única mulher no curso, parece ter sofrido bastante com o preconceito e a discriminação. Lecionando ainda em escola primária e tresdobrando-se para pagar a faculdade e cumprir o difícil currículo, foi em frente, sem esmorecer. [...] Seu caráter forte acabou prevalecendo: graduou-se em dezembro de 1945, um mês antes de completar 33 anos. Era a primeira mulher engenheira dos estados do Sul e a primeira mulher negra engenheira de todo o Brasil.

[...]

Carlos Eduardo Dias Machado e Alexandra Baldeh Loras. *Gênios da humanidade:* ciência, tecnologia e inovação africana e afrodescendente. São Paulo: DBA, 2017. p. 138 e 139.

R-STUDIO/SHUTTERSTOCK

BAPTISTÃO

Enedina Alves Marques, pelo ilustrador e caricaturista Baptistão.

REPRODUÇÃO

Nesse verbete, as informações são apresentadas quase como uma narrativa sobre a vida da pessoa abordada, desde seu nascimento até o momento de grandes conquistas pessoais. Apesar do uso de palavras que expressam admiração ("Seu caráter forte acabou prevalecendo"; "Enedina não se deteve"; "foi em frente, sem esmorecer"), o texto não se propõe a discorrer sobre o assunto de maneira crítica, não descaracterizando o verbete de enciclopédia.

Verbete de enciclopédia é um gênero textual expositivo que apresenta informações sobre determinado assunto. Caracteriza-se pela objetividade, impessoalidade, linguagem formal e abordagem organizada e detalhada das informações, que podem ser separadas por subtítulos ou não. É publicado em enciclopédias digitais ou impressas.

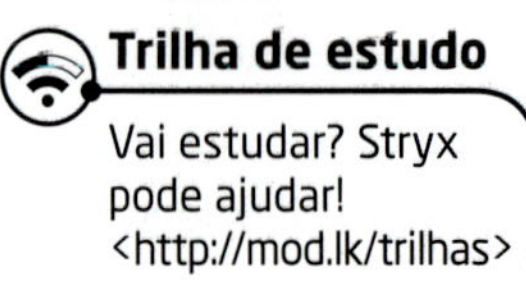
Trilha de estudo

Vai estudar? Stryx pode ajudar! <http://mod.lk/trilhas>

ORGANIZAR O CONHECIMENTO

O QUE VOCÊ JÁ SABE?

Agora, você já é capaz de...	Sim	Não	Mais ou menos
... identificar quais gêneros textuais devemos procurar quando desejamos conhecer melhor sobre algum assunto?	☐	☐	☐
... perceber que a linguagem empregada em resumos e verbetes de enciclopédia é formal?	☐	☐	☐
... reconhecer que objetividade e impessoalidade são características de resumos e verbetes de enciclopédia?	☐	☐	☐

Se você marcou não ou mais ou menos em algum, retome a leitura dos boxes O gênero em foco: resumo e O gênero em foco: verbete de enciclopédia.

Junte-se a um colega e, no caderno, copiem o esquema a seguir, substituindo as perguntas pelas respectivas respostas. Ao final, vocês terão um resumo com as principais características do verbete de enciclopédia. As questões apresentadas servem para orientar a elaboração do esquema, mas, se preferirem, vocês podem incluir mais características.

Verbete de enciclopédia

- Onde os verbetes de enciclopédia são publicados?
- Como é a estrutura de um verbete?
- Qual é a intenção comunicativa desse gênero textual?
- Como é a linguagem dos verbetes enciclopédicos?
- Em que pessoa ele é escrito?
- Que recursos em geral predominam no verbete: os narrativos ou os descritivos?

PRODUÇÃO DE TEXTO

VERBETE DE ENCICLOPÉDIA

O que você vai produzir

Você vai escrever um verbete que fará parte de uma enciclopédia de toda a turma. O assunto da enciclopédia será definido em comum por todos. Por exemplo, se vocês escolherem produzir uma enciclopédia sobre música, seu verbete e o dos colegas deverão ser sobre algo relacionado a este tema: diferentes ritmos ou instrumentos.

O volume poderá ser disponibilizado na biblioteca da escola ou, se optarem por produzir uma enciclopédia virtual colaborativa, ficará disponível na internet.

NA HORA DE PRODUZIR

1. Siga as orientações apresentadas nesta seção. Seu texto deve ser coerente com a proposta.
2. Lembre-se de que você já leu e analisou textos do gênero que vai produzir. Se for o caso, retome o **Estudo do texto**.
3. Diante da folha em branco, persista. Nenhum texto fica pronto na primeira versão.

PLANEJE SEU TEXTO

MONKEY BUSINESS IMAGES/SHUTTERSTOCK

1. Sob orientação do professor, escolha com seus colegas o tema da enciclopédia. Se escolherem produzir uma enciclopédia sobre **música** ou sobre **arte**, por exemplo, vocês deverão escrever verbetes relacionados a esse tema.

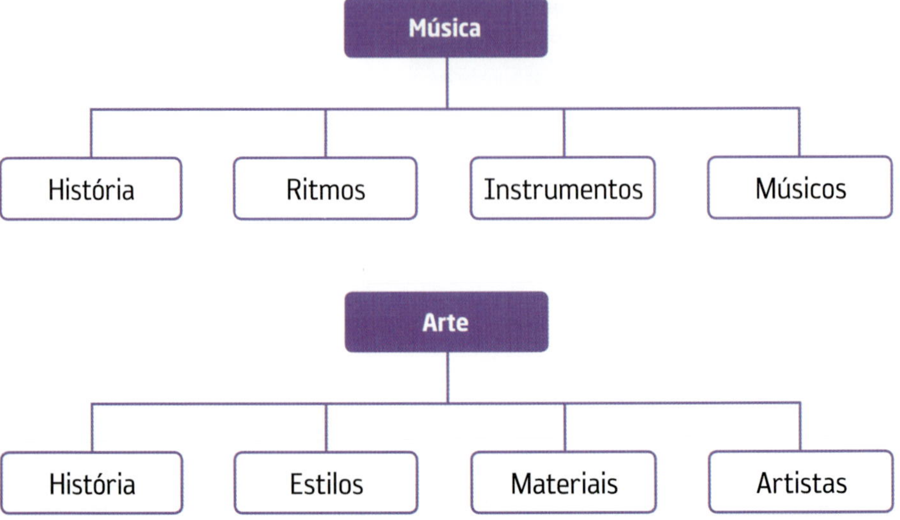

2. Pesquise informações sobre o tema, acontecimento, fato, palavra, personalidade ou expressão escolhida por você em enciclopédias (*on-line* ou impressas) ou em livros específicos na biblioteca da escola. Na internet, consulte diferentes fontes de informação que apresentem dados confiáveis, como *sites* oficiais de universidades, de órgãos do governo, de ONGs, de institutos de pesquisas e de publicações de divulgação científica.
3. Em uma folha avulsa, anote as informações que você considera mais relevantes para seu verbete.
4. Verifique se você já tem todos os dados suficientes e, se necessário, faça uma pesquisa complementar.
5. Faça uma lista das informações que você localizou e numere-as de acordo com a ordem em que devem aparecer.

ESCREVA SEU TEXTO

1. Escreva o verbete com base na lista que você montou. Os procedimentos que você aprendeu para escrever resumos podem ser úteis aqui também: empregue uma linguagem formal, objetiva e construa um texto com informações relevantes.
2. Releia o verbete para verificar se alguma informação deve ser excluída (por ser desnecessária) ou se falta algo importante. Faça as alterações necessárias.
3. Escreva a entrada do verbete, ou seja, a palavra que será definida em seu texto. Não se esqueça de que as entradas de verbetes recebem um destaque gráfico (elas podem ser coloridas, por exemplo).

DE OLHO NA TEXTUALIDADE

Ao produzir um gênero textual expositivo, como o verbete de enciclopédia, é preciso estar atento à **hierarquia das informações**, ou seja, saber identificar quais são as mais gerais e quais representam detalhes específicos.

Você pode fazer vários movimentos ao longo do seu texto, partindo do geral para o específico, ou vice-versa, desde que fique claro para o leitor a hierarquia entre eles.

Veja alguns exemplos no verbete lido:

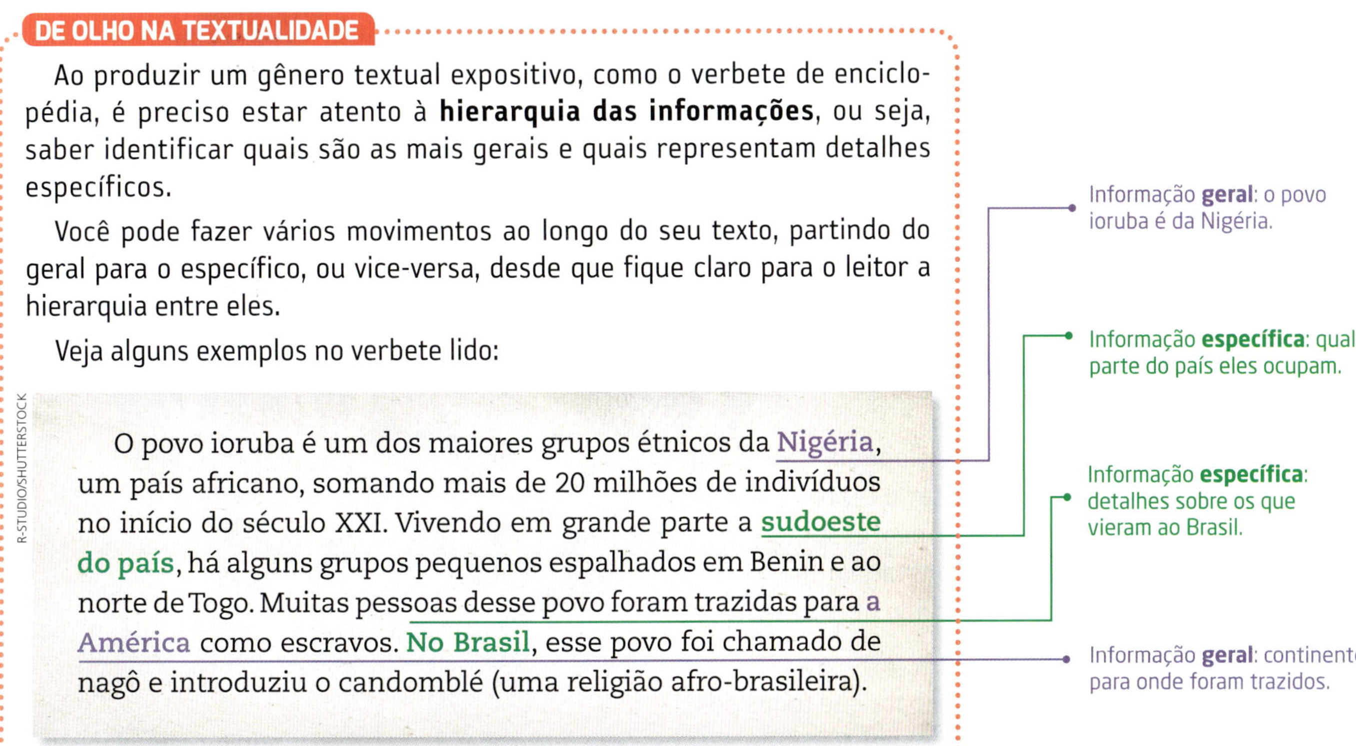

R-STUDIO/SHUTTERSTOCK
O povo ioruba é um dos maiores grupos étnicos da Nigéria, um país africano, somando mais de 20 milhões de indivíduos no início do século XXI. Vivendo em grande parte a sudoeste do país, há alguns grupos pequenos espalhados em Benin e ao norte de Togo. Muitas pessoas desse povo foram trazidas para a América como escravos. No Brasil, esse povo foi chamado de nagô e introduziu o candomblé (uma religião afro-brasileira).
Informação **geral**: o povo ioruba é da Nigéria.
Informação **específica**: qual parte do país eles ocupam.
Informação **específica**: detalhes sobre os que vieram ao Brasil.
Informação **geral**: continente para onde foram trazidos.

AVALIE E APRESENTE

1. Junte-se a um colega e leiam o verbete um do outro. Avaliem os textos, seguindo os critérios do quadro abaixo.

Aspectos importantes em relação à proposta e ao sentido do texto
Verbete de enciclopédia
1. O texto ampliou o conhecimento do leitor sobre o assunto escolhido?
2. O texto apresenta organizadamente as informações solicitadas?
3. A linguagem é adequada ao gênero verbete de enciclopédia?
4. Foram evitadas marcas de pessoalidade e emoções no texto? Ele está objetivo?
5. O verbete apresenta uma entrada com letras destacadas?
Aspectos importantes em relação à ortografia, à pontuação e a demais normas gramaticais
1. A grafia e a pontuação estão corretas?
2. Os pronomes foram empregados adequadamente, evitando repetição e garantindo clareza ao texto?

2. Considerando os comentários do colega e a avaliação feita, passe seu texto a limpo em uma folha avulsa, fazendo as modificações necessárias ou as que julgar pertinentes.
3. Se encontrou imagens ao fazer sua pesquisa, ilustre o verbete com desenhos ou fotografias de revistas (ou de *sites* da internet).
4. Sob orientação do professor, você e os colegas deverão colocar todos os textos em uma pasta, organizados em ordem alfabética.
5. Apliquem uma etiqueta autoadesiva na capa da pasta com o título da enciclopédia escolhido pela turma e o ano letivo de vocês.
6. Façam uma última revisão no trabalho para verificar se está tudo em ordem e entreguem a pasta na biblioteca da escola.
7. Se a turma optar por uma enciclopédia virtual, cada aluno deverá digitar o texto produzido e encaminhá-lo ao professor, que ficará responsável pela postagem dos verbetes em um *site* ou *blog* criado para essa finalidade.
8. Divulguem o *link* da enciclopédia para que todos possam consultá-la na internet.

STUDIOVIN/SHUTTERSTOCK

ESFORÇAR-SE POR EXATIDÃO E PRECISÃO

Diariamente, em várias situações, precisamos ser exatos e precisos no que queremos dizer para que a comunicação se estabeleça de forma efetiva. Isso acontece ao expressarmos uma opinião ou esclarecermos uma dúvida, por exemplo.

Para garantir clareza e objetividade ao texto, provavelmente você se esforçou por exatidão e precisão na produção de seu verbete de enciclopédia, não é mesmo? Pensando nisso, leia o trecho a seguir.

Prova de habilidade

Em sua obra literária *Ensaios*, o filósofo inglês Francis Bacon (1561-1620) escreveu: "A leitura faz do homem um ser completo, a conversa faz dele um ser preparado, e a escrita o torna preciso".

[...] é a escrita que torna o homem ou a mulher precisos, porque esse tipo de comunicação requer clareza, exatidão, nitidez e, portanto, um nível de atenção e preparo para que a compreensão de quem nos lê aconteça sem tropeços ou armadilhas negativas.

[...]

R-STUDIO/SHUTTERSTOCK

MAURICIO DE SOUSA e MARIO SERGIO CORTELLA.
Vamos pensar um pouco? — Lições ilustradas com a Turma da Mônica.
São Paulo: Cortez; Mauricio de Sousa Editora, 2017. p. 74.

1. **O título do texto é "Prova de habilidade". A que habilidade ele se refere?**

2. **Você já precisou comunicar algo por meio da escrita, mas não foi compreendido? Qual foi o desfecho dessa situação? Compartilhe essa experiência com os colegas e o professor.**

3. **Ao ler o verbete de enciclopédia de seus colegas, você sentiu alguma dificuldade de entendimento? Por quê?**

4. **Você se preocupou em apresentar seu verbete de forma clara, com precisão e exatidão? Seus colegas conseguiram compreender o verbete que você produziu "sem tropeços ou armadilhas negativas"?**

Para um texto ser compreendido em sua totalidade, não basta que um leitor seja habilidoso, é necessário que o autor tenha elaborado seu enunciado de maneira clara e coerente.

5. Em sua opinião, o que é necessário para desenvolver a habilidade da escrita?

Quanto mais praticamos algo, mais habilidosos seremos. E com a leitura e a escrita é a mesma coisa: quanto mais se escreve e se lê, mais se aprende a escrever e a ler melhor. O resultado disso são textos cada vez mais claros, exatos e precisos!

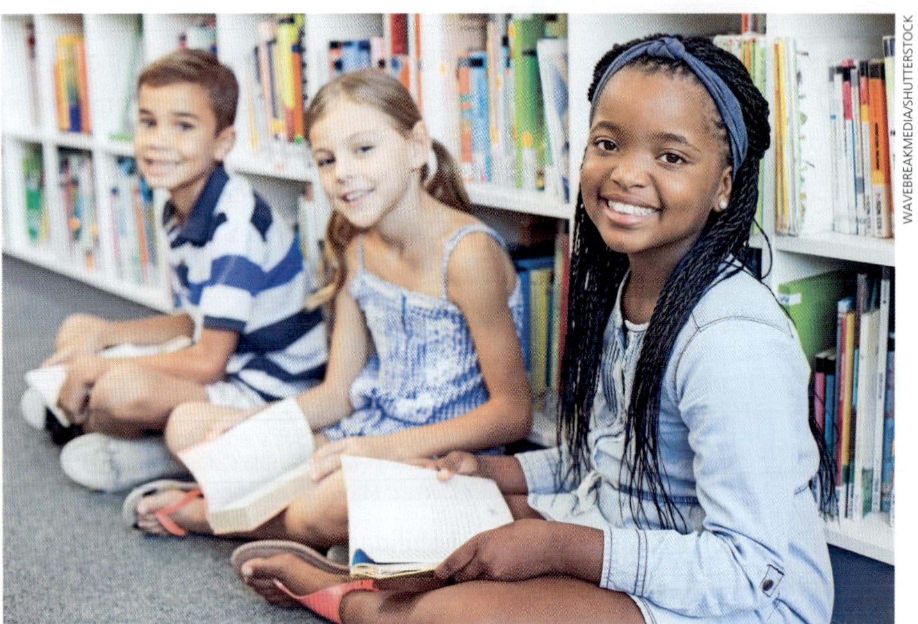

WAVEBREAKMEDIA/SHUTTERSTOCK

6. Você acha que a atitude de esforçar-se por exatidão e precisão pode ser aplicada também fora da escola? Justifique sua resposta.

AUTOAVALIAÇÃO

Atitudes para a vida	Sim	Não	O que melhorar
1. Você **organizou seu pensamento** e **expressou-se com clareza** por meio do verbete que produziu?			
2. Você usou a **imaginação** e a **criatividade** ao produzir seu verbete?			
3. O seu verbete foi escrito com **exatidão** e **precisão**?			

PARA SE PREPARAR PARA A PRÓXIMA UNIDADE

Na próxima unidade, você vai estudar gêneros que apresentam regras e normas que regulam a convivência em sociedade. Como você imagina que sejam a organização e a linguagem desses textos? Por que conhecê-los é tão importante? Saiba mais nos *links* que selecionamos para você. Depois, responda às questões do boxe "O que você já sabe?".

Busque em *sites* ou bibliotecas textos que tratem sobre leis, normas e reivindicações. Depois, compartilhe com os colegas as descobertas que você achou importantes.

1

ADRIANC/SHUTTERSTOCK

Desde 1990, existe um estatuto, isto é, um conjunto de leis, voltado à proteção das crianças e dos adolescentes: o ECA. Entenda a importância de conhecer os direitos e deveres de jovens como você neste vídeo: <http://mod.lk/cob1w>.

2

© INSTITUTO MAURICIO DE SOUSA

Olha só que bacana essa versão do ECA feita pela Turma da Mônica em parceria com a Unicef: <http://mod.lk/xgwlq>.

3

MONKEY BUSINESS IMAGES/SHUTTERSTOCK

Você sabia que as pessoas com idade igual ou superior a 60 anos também têm seus direitos assegurados? Confira esta reportagem: <http://mod.lk/rhmbt>.

4

Verbo I: conceito e flexões

O assunto do objeto digital a seguir é ***verbo***. Serão abordados o conceito e as flexões. Acesse: <http://mod.lk/bhrim>.

O QUE VOCÊ JÁ SABE?

Até este momento, você seria capaz de...	**Sim**	**Não**	**Mais ou menos**
... identificar os direitos e deveres expressos em um texto que determina leis, regras e normas?	☐	☐	☐
... compreender de que maneira os textos que tratam sobre leis, normas e reivindicações podem ajudar as pessoas a exercerem a cidadania?	☐	☐	☐
... reconhecer em que fontes podem ser encontrados e em que situações podem ser usados os textos legais e normativos?	☐	☐	☐

De acordo com o conteúdo do objeto digital *Verbo I: conceito e flexões*, você seria capaz de...	**Sim**	**Não**	**Mais ou menos**
... compreender que os verbos indicam processos e ações?	☐	☐	☐
... perceber que os verbos também podem relacionar elementos e suas características?	☐	☐	☐
...reconhecer que os verbos variam de acordo com a *pessoa* a que se referem, o *tempo* das ações e o *modo* com que o falante deseja se comunicar?	☐	☐	☐

UNIDADE 4

A IMPORTÂNCIA DAS LEIS

ESTUDO DA IMAGEM

1. Observe a imagem e a legenda para responder às questões propostas.
   a) Em que lugar do Brasil fica o Congresso Nacional?
   b) O que significa o termo *legislativo*? Se necessário, consulte um dicionário.
2. Troque ideias com os colegas: vocês sabem como são criadas as leis no Brasil? E quais são as etapas para que uma lei entre em vigor?

O Congresso Nacional é a sede do poder legislativo federal. Nele estão a Câmara dos Deputados e o Senado Federal. Foto de 2015.

ESB PROFESSIONAL/SHUTTERSTOCK

EM FOCO NESTA UNIDADE

- **Leis e estatutos**
- **Verbo: conceito, flexões, formas nominais e conjugações**
- **Acentuação das oxítonas e proparoxítonas**
- **Produção: carta de solicitação**

SAIBA +

É muito importante que todo cidadão acompanhe os projetos de lei apresentados pelo vereador ou deputado que elegeu e por todos os demais eleitos. Assim, poderá verificar se os interesses e as necessidades da população estão sendo considerados. Para conhecer mais sobre como nasce uma lei, acesse: <http://mod.lk/phudr>.

LEITURA

CONTEXTO

A Constituição Federal é o maior e mais importante conjunto de leis. Ela rege todos os direitos e deveres dos cidadãos e do país, e nenhuma lei pode dizer diferente ou contrariar o que está determinado nela.

Para fazer valer o que está previsto na Constituição Federal, muitas outras leis são criadas, como o Estatuto da Criança e do Adolescente (ECA – Lei nº 8.069, de 1990), que rege diversos aspectos relacionados à infância e à adolescência; o Estatuto do Idoso (Lei nº 10.741, de 2003), que regulamenta os direitos dos cidadãos maiores de 60 anos; e a Lei Brasileira de Inclusão (LBI – Lei nº 13.146, de 2015), que garante os direitos da pessoa com deficiência. Conheça um pouco destas leis a seguir.

ANTES DE LER

1. Você conhece alguma lei brasileira?
2. Você faz ideia de quantas leis existem no Brasil e de que elas tratam?
3. E leis que protegem as crianças, você conhece alguma? Troque ideias com os colegas.

Texto A

Estatuto da Criança e do Adolescente

[...]

CAPÍTULO IV

Do Direito à Educação, à Cultura, ao Esporte e ao Lazer

Art. 53. A criança e o adolescente têm direito à educação, visando ao **pleno** desenvolvimento de sua pessoa, preparo para o exercício da cidadania e qualificação para o trabalho, **assegurando**-se-lhes:

I – igualdade de condições para o acesso e permanência na escola;

II – direito de ser respeitado por seus educadores;

III – direito de **contestar** critérios avaliativos, podendo recorrer às **instâncias** escolares superiores;

IV – direito de organização e participação em **entidades** estudantis;

V – acesso à escola pública e gratuita próxima de sua residência.

Parágrafo único. É direito dos pais ou responsáveis ter ciência do processo pedagógico, bem como participar da definição das propostas educacionais.

Art. 54. É dever do Estado assegurar à criança e ao adolescente:

I – ensino fundamental, obrigatório e gratuito, inclusive para os que a ele não tiveram acesso na idade própria;

II – progressiva extensão da obrigatoriedade e **gratuidade** ao ensino médio;

Glossário

Art.: abreviatura de *artigo*.
Pleno: por completo.
Assegurando: garantindo.
Contestar: questionar.
Instâncias: departamentos.
Entidades: organizações.
Gratuidade: o fato de ser de graça, gratuito.
Suplementares: que ampliam ou completam.
§: parágrafo.
Recensear: fazer um novo censo, uma nova contagem e classificação.
Reiteração: reafirmação.
União: nação.

III – atendimento educacional especializado aos portadores de deficiência, preferencialmente na rede regular de ensino;

IV – atendimento em creche e pré-escola às crianças de zero a cinco anos de idade;

V – acesso aos níveis mais elevados do ensino, da pesquisa e da criação artística, segundo a capacidade de cada um;

VI – oferta de ensino noturno regular, adequado às condições do adolescente trabalhador;

VII – atendimento no ensino fundamental, através de programas **suplementares** de material didático-escolar, transporte, alimentação e assistência à saúde.

§ 1º O acesso ao ensino obrigatório e gratuito é direito público subjetivo.

§ 2º O não oferecimento do ensino obrigatório pelo poder público ou sua oferta irregular importa responsabilidade da autoridade competente.

§ 3º Compete ao poder público **recensear** os educandos no ensino fundamental, fazer-lhes a chamada e zelar, junto aos pais ou responsável, pela frequência à escola.

Art. 55. Os pais ou responsável têm a obrigação de matricular seus filhos ou pupilos na rede regular de ensino.

Art. 56. Os dirigentes de estabelecimentos de ensino fundamental comunicarão ao Conselho Tutelar os casos de:

I – maus-tratos envolvendo seus alunos;

II – **reiteração** de faltas injustificadas e de evasão escolar, esgotados os recursos escolares;

III – elevados níveis de repetência.

Art. 57. O poder público estimulará pesquisas, experiências e novas propostas relativas a calendário, seriação, currículo, metodologia, didática e avaliação, com vistas à inserção de crianças e adolescentes excluídos do ensino fundamental obrigatório.

Art. 58. No processo educacional respeitar-se-ão os valores culturais, artísticos e históricos próprios do contexto social da criança e do adolescente, garantindo-se a estes a liberdade da criação e o acesso às fontes de cultura.

Art. 59. Os municípios, com apoio dos estados e da **União**, estimularão e facilitarão a destinação de recursos e espaços para programações culturais, esportivas e de lazer voltadas para a infância e a juventude.

[...]

Planalto Presidência da República. Disponível em: <http://mod.lk/zfcwp>. Acesso em: 22 fev. 2018. (Fragmento).

ONEINCHPUNCH/SHUTTERSTOCK

Texto B

Estatuto do Idoso

CAPÍTULO IV

Do Direito à Saúde

Art. 15. É assegurada a atenção **integral** à saúde do idoso, por intermédio do Sistema Único de Saúde – SUS, garantindo-lhe o acesso universal e igualitário, em conjunto articulado e contínuo das ações e serviços, para a prevenção, promoção, proteção e recuperação da saúde, incluindo a atenção especial às doenças que afetam preferencialmente os idosos.

§ 1º A prevenção e a manutenção da saúde do idoso serão efetivadas por meio de:

I – cadastramento da população idosa em base territorial;

II – atendimento geriátrico e gerontológico em ambulatórios;

III – unidades geriátricas de referência, com pessoal especializado nas áreas de **geriatria** e **gerontologia** social;

IV – atendimento domiciliar, incluindo a internação, para a população que dele necessitar e esteja impossibilitada de se locomover, inclusive para idosos abrigados e acolhidos por instituições públicas, **filantrópicas** ou sem fins lucrativos e eventualmente conveniadas com o Poder Público, nos meios urbano e rural;

V – reabilitação orientada pela geriatria e gerontologia, para redução das sequelas decorrentes do agravo da saúde;

§ 2º **Incumbe** ao Poder Público fornecer aos idosos, gratuitamente, medicamentos, especialmente os de uso continuado, assim como próteses, órteses e outros recursos relativos ao tratamento, habilitação ou reabilitação.

Glossário

Integral: completo, pleno.

Geriatria: ramo da medicina especialista no tratamento das doenças ligadas ao envelhecimento humano.

Gerontologia: ramo da medicina que estuda os processos de envelhecimento humano.

Filantrópicas: que não têm fins lucrativos.

Incumbe: é de responsabilidade de.

§ 3º É vedada a discriminação do idoso nos planos de saúde pela cobrança de valores diferenciados em razão da idade.

§ 4º Os idosos portadores de deficiência ou com limitação incapacitante terão atendimento especializado, nos termos da lei.

§ 5º É vedado exigir o comparecimento do idoso enfermo perante os órgãos públicos, hipótese na qual será admitido o seguinte procedimento: (Incluído pela Lei nº 12.896, de 2013)

I – quando de interesse do poder público, o agente promoverá o contato necessário com o idoso em sua residência; ou (Incluído pela Lei nº 12.896, de 2013)

II – quando de interesse do próprio idoso, este se fará representar por procurador legalmente constituído. (Incluído pela Lei nº 12.896, de 2013)

§ 6º É assegurado ao idoso enfermo o atendimento domiciliar pela perícia médica do Instituto Nacional do Seguro Social – INSS, pelo serviço público de saúde ou pelo serviço privado de saúde, contratado ou conveniado, que integre o Sistema Único de Saúde – SUS, para **expedição** do **laudo** de saúde necessário ao exercício de seus direitos sociais e de **isenção tributária**. (Incluído pela Lei nº 12.896, de 2013)

§ 7º Em todo atendimento de saúde, os maiores de oitenta anos terão preferência especial sobre os demais idosos, exceto em caso de emergência. (Incluído pela Lei nº 13.466, de 2017).

[...]

Planalto Presidência da República. Disponível em: <http://mod.lk/e6o1z>. Acesso em: 23 fev. 2018. (Fragmento).

Glossário

Expedição: preparação, liberação, envio.

Laudo: atestado.

Isenção: desobrigação.

Tributária: relativa a impostos e taxas (tributos).

Texto C

Lei Brasileira de Inclusão

CAPÍTULO X

Do direito ao transporte e à **mobilidade**

Art. 46. O direito ao transporte e à mobilidade da pessoa com deficiência ou com mobilidade reduzida será assegurado em igualdade de oportunidades com as demais pessoas, por meio de identificação e de eliminação de todos os obstáculos e barreiras ao seu acesso.

§ 1º Para fins de acessibilidade aos serviços de transporte coletivo terrestre, aquaviário e aéreo, em todas as jurisdições, consideram-se como integrantes desses serviços os veículos, os terminais, as estações, os pontos de parada, o sistema viário e a prestação do serviço.

§ 2º São sujeitas ao cumprimento das disposições desta Lei, sempre que houver interação com a matéria nela regulada, a outorga, a concessão, a permissão, a autorização, a renovação ou a habilitação de linhas e de serviços de transporte coletivo.

§ 3º Para colocação do símbolo internacional de acesso nos veículos, as empresas de transporte coletivo de passageiros dependem da certificação de acessibilidade emitida pelo gestor público responsável pela prestação do serviço.

Art. 47. Em todas as áreas de estacionamento aberto ao público, de uso público ou privado de uso coletivo e em vias públicas, devem ser reservadas vagas próximas aos acessos de circulação de pedestres, devidamente sinalizadas, para veículos que transportem pessoa com deficiência com comprometimento de mobilidade, desde que devidamente identificados.

§ 1º As vagas a que se refere o *caput* deste artigo devem equivaler a 2% (dois por cento) do total, garantida, no mínimo, 1 (uma) vaga devidamente sinalizada e com as especificações de desenho e traçado de acordo com as normas técnicas vigentes de acessibilidade.

§ 2º Os veículos estacionados nas vagas reservadas devem exibir, em local de ampla **visibilidade**, a credencial de beneficiário, a ser confeccionada e fornecida pelos órgãos de trânsito, que disciplinarão suas características e condições de uso.

§ 3º A utilização indevida das vagas de que trata este artigo sujeita os infratores às **sanções** previstas no inciso XX do art. 181 da Lei nº 9.503, de 23 de setembro de 1997 (Código de Trânsito Brasileiro). (Redação dada pela Lei nº 13.281, de 2016)

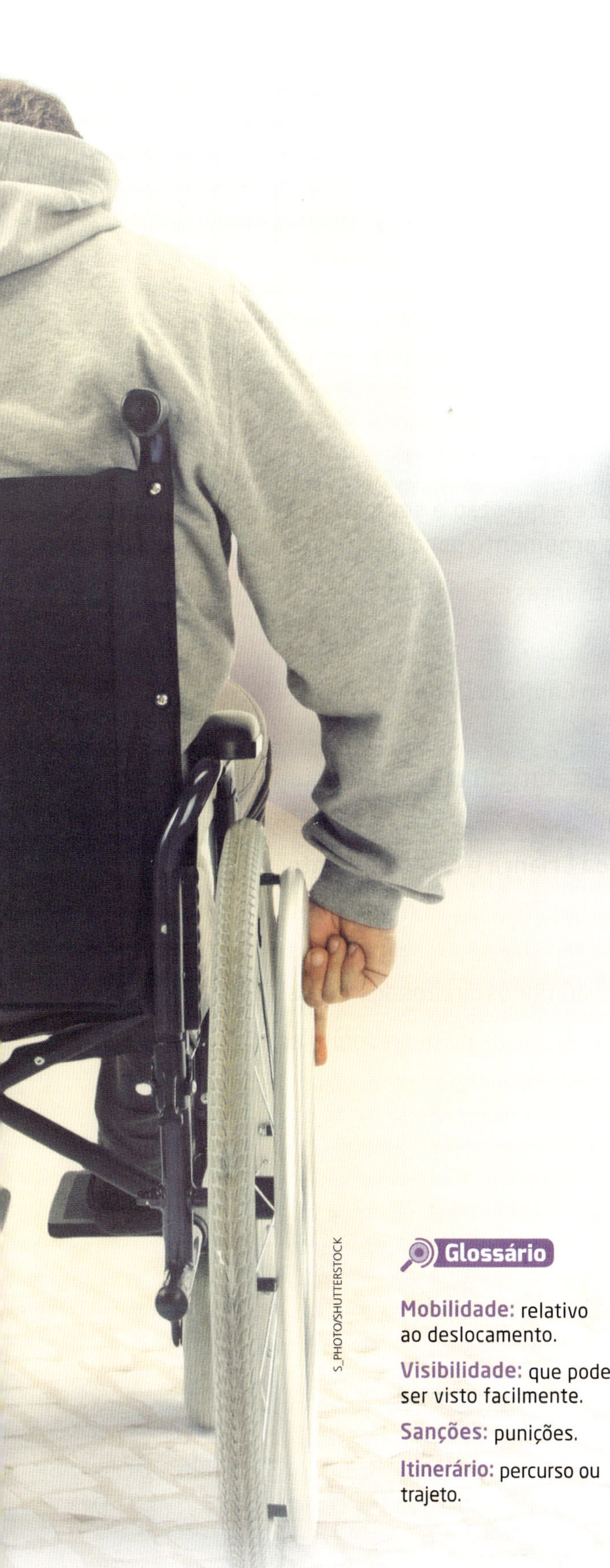
S_PHOTO/SHUTTERSTOCK

§ 4º A credencial a que se refere o § 2º deste artigo é vinculada à pessoa com deficiência que possui comprometimento de mobilidade e é válida em todo o território nacional.

Art. 48. Os veículos de transporte coletivo terrestre, aquaviário e aéreo, as instalações, as estações, os portos e os terminais em operação no País devem ser acessíveis, de forma a garantir o seu uso por todas as pessoas.

§ 1º Os veículos e as estruturas de que trata o *caput* deste artigo devem dispor de sistema de comunicação acessível que disponibilize informações sobre todos os pontos do **itinerário**.

§ 2º São asseguradas à pessoa com deficiência prioridade e segurança nos procedimentos de embarque e de desembarque nos veículos de transporte coletivo, de acordo com as normas técnicas.

§ 3º Para colocação do símbolo internacional de acesso nos veículos, as empresas de transporte coletivo de passageiros dependem da certificação de acessibilidade emitida pelo gestor público responsável pela prestação do serviço.

Art. 49. As empresas de transporte de fretamento e de turismo, na renovação de suas frotas, são obrigadas ao cumprimento do disposto nos arts. 46 e 48 desta Lei.

Art. 50. O poder público incentivará a fabricação de veículos acessíveis e a sua utilização como táxis e vans, de forma a garantir o seu uso por todas as pessoas.

Art. 51. As frotas de empresas de táxi devem reservar 10% (dez por cento) de seus veículos acessíveis à pessoa com deficiência.

§ 1º É proibida a cobrança diferenciada de tarifas ou de valores adicionais pelo serviço de táxi prestado à pessoa com deficiência.

§ 2º O poder público é autorizado a instituir incentivos fiscais com vistas a possibilitar a acessibilidade dos veículos a que se refere o *caput* deste artigo.

Art. 52. As locadoras de veículos são obrigadas a oferecer 1 (um) veículo adaptado para uso de pessoa com deficiência, a cada conjunto de 20 (vinte) veículos de sua frota.

Parágrafo único. O veículo adaptado deverá ter, no mínimo, câmbio automático, direção hidráulica, vidros elétricos e comandos manuais de freio e de embreagem.

[...]

Planalto Presidência da República.
Disponível em: <http://mod.lk/yliht>.
Acesso em: 23 fev. 2018. (Fragmento).

Glossário

Mobilidade: relativo ao deslocamento.

Visibilidade: que pode ser visto facilmente.

Sanções: punições.

Itinerário: percurso ou trajeto.

ESTUDO DOS TEXTOS

ANTES DO ESTUDO DOS TEXTOS

1. Se não tem certeza de ter compreendido bem os textos, leia-os novamente.
2. Procure identificar as ideias apresentadas nos textos e reflita: você concorda com elas? Por quê?
3. Ao responder às questões a seguir, procure empregar o que já aprendeu ao ler outros textos e seja preciso em suas respostas.

COMPREENSÃO DOS TEXTOS

1. Converse com seus colegas e professor sobre a questão a seguir. Apresente sua opinião e um exemplo que sirva de argumento para justificá-la.

- Por que foi necessário criar leis que amparam crianças e adolescentes, idosos e pessoas com deficiência?

2. O que você já conhecia do que está previsto no Capítulo IV do Estatuto da Criança e do Adolescente?

3. O que você não conhecia desse capítulo do Estatuto? O que foi uma surpresa para você?

4. Você acha importante conhecer o Estatuto da Criança e do Adolescente? Por quê?

5. Converse com seus colegas e professor.

a) Você sabia da existência de um estatuto para garantir os direitos dos idosos?

b) Você já viu, em noticiários de TV ou na internet, casos de desrespeito ao idoso? O que você viu? Que medidas foram tomadas?

RAWPIXEL.COM/SHUTTERSTOCK

6. **Releia o artigo 47 da Lei Brasileira de Inclusão e converse com os colegas e o professor sobre as questões a seguir.**

> "Art. 47. Em todas as áreas de estacionamento aberto ao público, de uso público ou privado de uso coletivo e em vias públicas, devem ser reservadas vagas próximas aos acessos de circulação de pedestres, devidamente sinalizadas, para veículos que transportem pessoa com deficiência com comprometimento de mobilidade, desde que devidamente identificados."

ANDREY_POPOV/SHUTTERSTOCK

a) Você já viu em algum lugar o que está descrito nesse artigo? Onde?

b) O que você pensa sobre a existência dele?

c) Quem deve cumprir essa lei?

d) A Lei Brasileira de Inclusão tem por objetivo garantir que as pessoas com limitações diversas tenham seus direitos respeitados. De que maneira o artigo 47 garante condições de locomoção para as pessoas que têm a mobilidade comprometida?

e) Você já viu casos de pessoas que estacionam carros em vagas reservadas para pessoas com comprometimento de mobilidade? O que você pensa sobre isso?

DE OLHO NA CONSTRUÇÃO DOS SENTIDOS

1. **Releia o artigo 55 do ECA.**

> "Art. 55. Os pais ou responsável têm a **obrigação** de matricular seus filhos ou pupilos na rede regular de ensino."

a) De acordo com essa lei, alguém que cuida de uma criança, na ausência de seus pais, pode ou não ser responsável pela escolaridade dela? Que parte da lei mostra isso?

b) A palavra destacada da lei deixa alguma escolha para os pais ou responsáveis de uma criança, em relação à sua matrícula na escola regular?

2. **No parágrafo único do artigo 53 dessa mesma lei, lemos:**

> "Parágrafo único. É **direito** dos pais ou responsáveis ter ciência do processo pedagógico, bem como participar da definição das propostas educacionais."

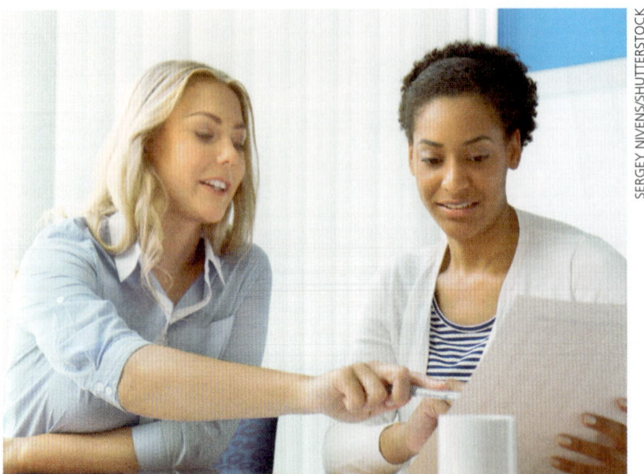
SERGEY NIVENS/SHUTTERSTOCK

- Qual opção indica melhor o sentido da palavra destacada?

a) Os pais são obrigados a conhecer o processo pedagógico e a participar das decisões escolares.

b) Os pais podem conhecer o processo pedagógico e participar das decisões escolares.

c) Os pais gostariam de conhecer o processo pedagógico e de participar das decisões escolares.

3. **Releia, agora, o parágrafo 2º do artigo 51 da Lei Brasileira de Inclusão.**

> "§ 2º O poder público é **autorizado** a instituir incentivos fiscais com vistas a possibilitar a acessibilidade dos veículos a que se refere o *caput* deste artigo."

- Afirmar que o poder público (o governo) é autorizado a reduzir os impostos da produção de veículos adaptados a pessoas com deficiência significa que:

a) O poder público é obrigado a reduzir impostos ou dar incentivos fiscais.

b) O poder público pode ou não reduzir impostos ou dar incentivos fiscais.

c) O poder público deseja reduzir impostos ou dar incentivos fiscais.

4. **Qual o sentido da palavra *incumbe* no parágrafo 2º do artigo 15 do Estatuto do Idoso?**

> "§ 2º **Incumbe** ao Poder Público fornecer aos idosos, gratuitamente, medicamentos, especialmente os de uso continuado, assim como próteses, órteses e outros recursos relativos ao tratamento, habilitação ou reabilitação."

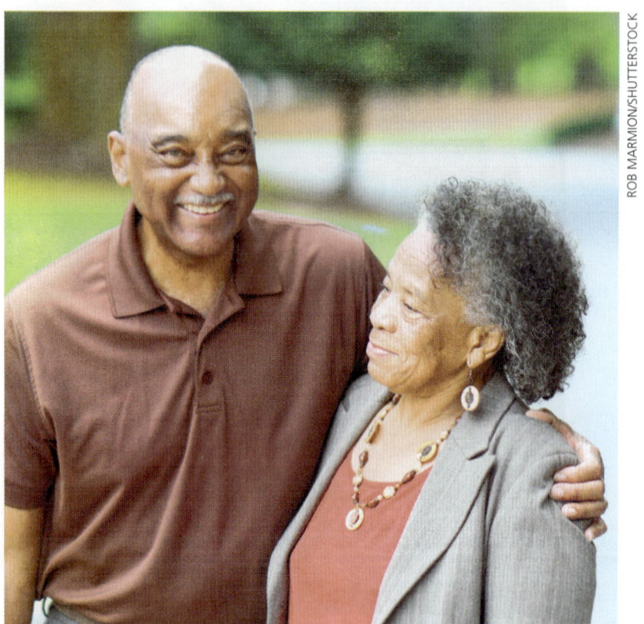
ROB MARMION/SHUTTERSTOCK

AS LEIS E OS ESTATUTOS

1. **Observe a maneira como os capítulos das leis aparecem na página. Por que a palavra *capítulo* aparece em maiúsculas em todas as leis?**

2. **Copie, no seu caderno, a afirmação correta.**

a) A linguagem usada nas leis é:
- informal.
- formal e técnica.
- formal.
- informal e técnica.

b) As leis e estatutos servem para:
- normatizar (criar normas sobre) algo, regulamentar.
- ensinar a fazer algo.
- contar algo ocorrido.
- falar sobre um fato ou tema.

3. **Você leu apenas um capítulo de cada lei. Se quiser conhecê-las por inteiro, onde deve procurar?**

O GÊNERO EM FOCO: LEIS E ESTATUTOS

As **leis** e os **estatutos** são um conjunto de normas que regulam o funcionamento de um país, garantem direitos e deveres de cidadãos e instituições e, até mesmo, do próprio Estado. Uma lei surge como *projeto de lei*, que é apresentado aos membros de uma casa legislativa (câmara de vereadores, de deputados ou senado) para análise, estudo e votação. Só então, se aprovado, o projeto se torna uma lei.

Embora seja produzida pelos legisladores, as leis dizem respeito aos cidadãos de um país e podem ser encontradas em publicações impressas, assim como em *sites* específicos dos governos municipal, estadual e federal. Em alguns casos, elas devem ficar expostas ou acessíveis aos cidadãos. Você já deve ter visto em algum edifício a placa ao lado, por exemplo.

"Aviso aos Passageiros"

Antes de entrar no elevador verifique se o mesmo encontra-se parado neste andar.

Lei Municipal nº 12.722 de 04/09/98

RICARDO BASTOS/FOTOARENA

Em algumas cidades do Brasil, é obrigatória uma placa alertando aos usuários de elevadores para, antes de entrar, verificarem se ele está parado no andar.

Outro exemplo é o código de defesa do consumidor — um conjunto de leis que garante os direitos e deveres do consumidor e do estabelecimento comercial. Ele deve ficar visível e acessível ao consumidor, para consulta.

As leis apresentam uma linguagem formal e técnica. Na maioria dos artigos de uma lei, a linguagem indica ordem. Para isso, ela usa palavras e expressões que garantem esse sentido: *é proibido* ("§1º *É proibida* a cobrança diferenciada de tarifas ou de valores adicionais pelo serviço de táxi prestado à pessoa com deficiência"); *devem* ("Art. 51. As frotas de empresas de táxi *devem* reservar 10% (dez por cento) de seus veículos acessíveis à pessoa com deficiência"); verbos no futuro do indicativo que não deixam dúvida se o que a lei afirma vai ou não acontecer ("Art. 50. O poder público *incentivará* a fabricação de veículos acessíveis e a sua utilização como táxis e vans, de forma a garantir o seu uso por todas as pessoas").

Uma lei é apresentada pelo *caput* — um parágrafo inicial que informa o que será tratado ali. Ela pode ter um único artigo ou vários deles, e estes podem ser subdivididos em *parágrafos* — representados por §. Os parágrafos, por sua vez, podem ser divididos em *incisos* — representados por algarismos romanos. Quando a lei trata de vários aspectos de um mesmo tema, cada tema compõe um capítulo, e em uma lei podem existir vários capítulos (educação, saúde, lazer etc.).

As leis e os estatutos são um conjunto de normas que regulam um país e garantem os direitos e deveres dos cidadãos. Apresentam linguagem formal e técnica e são organizados em capítulos, artigos, parágrafos e incisos.

Quem escreve as leis?

Os legisladores são responsáveis por idealizar as leis, mas não são eles que redigem o texto. Cada casa (as câmaras municipal, estadual, federal e o senado) tem pessoas especialistas na redação das leis: os redatores. Eles sabem a linguagem mais apropriada e as palavras que precisam ser usadas para expressar exatamente o que a lei objetiva. Ou seja, eles conhecem a "técnica legislativa".

ZOLNIEREK/SHUTTERSTOCK

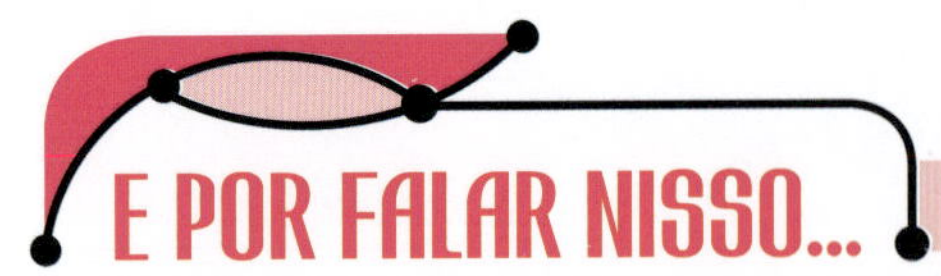

E POR FALAR NISSO...

A placa reproduzida abaixo é comum em estabelecimentos comerciais, como bancos, restaurantes e lojas. Observe:

a) A que se refere cada um dos símbolos da placa?

b) A quais leis apresentadas nesta unidade essa imagem está relacionada? Por quê?

c) Por que são necessárias placas desse tipo? Se você estivesse em um estabelecimento onde não houvesse uma placa dessas, você cederia o seu lugar? Converse com os colegas a respeito.

d) Observe a maneira como o idoso é retratado. O que você pensa sobre isso?

ORGANIZAR O CONHECIMENTO

Pergunte aos seus pais ou responsáveis se eles costumam acompanhar o trabalho dos vereadores, deputados e senadores em quem votaram. Em grupo, façam um levantamento de quantos pais acompanham seus representantes e conversem sobre os prováveis motivos do interesse ou desinteresse das pessoas, de acordo com o resultado.

O QUE VOCÊ JÁ SABE?

Agora, você já é capaz de...	Sim	Não	Mais ou menos
... identificar os direitos e deveres expressos em um texto que determina leis, regras e normas?			
... compreender de que maneira os textos que tratam sobre leis, normas e reivindicações podem ajudar as pessoas a exercerem a cidadania?			
... reconhecer em que fontes podem ser encontrados e em que situações podem ser usados os textos legais e normativos?			

Se você marcou não ou mais ou menos, retome a leitura do boxe O gênero em foco: leis e estatutos.

Junte-se a um colega e, em uma folha à parte ou no caderno, montem um esquema com as principais características das leis e estatutos, respondendo às questões a seguir. Essas questões servem para orientar a elaboração do esquema, mas, se preferirem, vocês poderão incluir mais características.

Leis e estatutos

- Como o texto é organizado?
- Quem produz e para que serve?
- Qual é a linguagem utilizada? Formal ou informal?

ESTUDO DA LÍNGUA: ANÁLISE E REFLEXÃO

ATITUDES PARA A VIDA

Como você pode estudar:

1. **Estudo da língua** não é uma seção para decorar, mas para questionar e levantar problemas.
2. O trabalho com os conhecimentos linguísticos requer persistência. Leia e releia os textos e exemplos, discuta, converse.

VERBO: CONCEITO, FLEXÕES, FORMAS NOMINAIS E CONJUGAÇÕES

CONCEITO E FLEXÕES VERBAIS

1. Releia este trecho do Estatuto da Criança e do Adolescente.

> "Art. 53. A **criança** e o **adolescente têm** direito à **educação**, **visando** ao pleno desenvolvimento de sua pessoa, preparo para o exercício da cidadania e qualificação para o **trabalho**, **assegurando**-se-lhes:"

a) Segundo esse artigo, quem tem direito à educação?

b) Identifique quais das palavras destacadas indicam ações ou processos.

c) Qual a função das palavras *criança*, *adolescente*, *educação* e *trabalho* na oração? Localize no trecho mais um exemplo de palavra que exerce a mesma função.

YUGANOV KONSTANTIN/ SHUTTERSTOCK

2. Releia os trechos a seguir, retirados, respectivamente, do Estatuto da Criança e do Adolescente e do Estatuto do Idoso.

> "Os pais ou responsável têm a obrigação de matricular seus filhos ou pupilos na rede regular de ensino."

> "§ 1º A prevenção e a manutenção da saúde do idoso serão efetivadas por meio de:
>
> I – cadastramento da população idosa em base territorial;"

a) Localize nos trechos palavras ou expressões que indiquem ação ou processo.

b) Qual é a diferença entre as formas verbais que você identificou?

c) Quem pratica a ação ou processo no primeiro trecho?

d) Se o segundo trecho iniciasse da seguinte maneira: "A prevenção da saúde do idoso...", como a forma verbal deveria ser adaptada?

VERBO

Você já estudou as palavras que indicam características e nomes: são os adjetivos e os substantivos. Agora vai estudar as que indicam processos ou ações.

As palavras que indicam processos ou ações ou que estabelecem a ligação entre um elemento e sua característica são os **verbos.**

O processo verbal também pode ser expresso por uma **locução verbal**, isto é, uma expressão formada por dois ou mais verbos em que um deles concentra a ideia principal.

ATENÇÃO!

1. Os verbos auxiliares mais utilizados em nossa língua são *ser*, *estar*, *ter*, *haver*, *ir* e *ficar*.
2. Nem todos os verbos que aparecem um ao lado do outro formam uma locução verbal. Veja este exemplo: ***Saí chorando*** da sala. A expressão destacada não é uma locução verbal porque se trata de processos distintos (sair e chorar).

FLEXÕES VERBAIS

As **flexões verbais** podem ser de pessoa, número, tempo e modo.

PESSOA E NÚMERO

Leia a tira a seguir.

CÓCEGAS NO RACIOCÍNIO — João Montanaro

© JOÃO MONTANARO

Observe as palavras em negrito nestas frases da tirinha:

> "[Nós] **Somos** *rappers*"
>
> "**Nós rimamos** com tudo"
>
> "Agora **nós vamos** embora"

Nesses exemplos, a **pessoa** do discurso pode ser identificada pela flexão dos verbos *ser* ("somos"), *rimar* ("rimamos") e *ir* ("vamos") e ainda pela presença do pronome **nós**.

Observe, ao lado, as terminações destacadas no verbo *rimar*.

Eu	rim**o**
Ele	rim**a**
Nós	rim**amos**

Você notou que a partícula *rim-* é repetida em cada forma verbal, garantindo a regularidade, mas as letras finais mudam conforme a pessoa do discurso.

As terminações mudam de acordo com a **pessoa** (1ª, 2ª e 3ª) e o **número** (singular ou plural) aos quais o verbo se refere.

TEMPO E MODO VERBAL

Os verbos também variam para indicar o **tempo** em que ocorre a ação ou o processo verbal (presente, passado e futuro). O **modo verbal** exprime a atitude de quem fala diante do fato comunicado: certeza, incerteza, ordem, súplica, hipótese etc.

Verbos impessoais

Verbos que exprimem fenômenos da natureza (*chover*, *ventar*), o verbo *haver* com sentido de "existir" e o verbo *fazer* quando se refere à passagem do tempo são chamados **impessoais**.

Eles ficam sempre na 3ª pessoa do singular, inclusive quando são o verbo principal de uma locução verbal. Observe:

***Chove** sem parar desde ontem.*

***Há** cinco gatinhos no telhado.*

***Faz** anos que conheço a Mara.*

***Deve haver** saídas do lado esquerdo.*

SUSAN SCHMITZ/SHUTTERSTOCK

Observe, a seguir, as flexões do verbo *contar*, mostrando os três tempos verbais, as pessoas no singular e no plural e um dos modos verbais: o indicativo.

Hoje		Ontem		Amanhã	
	eu cont**o**.		eu cont**ei**.		eu cont**arei**.
	tu cont**as**.		tu cont**aste**.		tu cont**arás**.
	ele cont**a**.		ele cont**ou**.		ele cont**ará**.
	nós cont**amos**.		nós cont**amos**.		nós cont**aremos**.
	vós cont**ais**.		vós cont**astes**.		vós cont**areis**.
	eles cont**am**.		eles cont**aram**.		eles cont**arão**.

Os verbos são flexionados para indicar a pessoa do discurso, o número, o tempo e também o modo.

São três os modos verbais em português:

- **Indicativo** — de modo geral, expressa certeza, convicção. Exemplos: *Ele **viajará**. O menino **comeu** batata.*
- **Subjuntivo** — de modo geral, exprime incerteza, hipótese, possibilidade, desejo. Exemplos: *Se **puder**, voltarei. Espero que a criança **seja** feliz.*
- **Imperativo** — de modo geral, indica ordem, pedido, conselho, convite. Exemplos: ***Ouça** o que digo... **Fique** quieto!*

FORMAS NOMINAIS

Leia o trecho a seguir e observe a locução verbal em destaque.

Coleta seletiva do lixo é a melhor alternativa para o meio ambiente

Lixo **pode contaminar** os lençóis freáticos se for descartado de forma errada. Diariamente, 700 g de lixo são produzidos por habitante em São Luís.

G1. Disponível em: <http://mod.lk/sdo1f>. Acesso em: 24 jan. 2018.

Como vimos, a locução verbal é uma expressão formada por dois ou mais verbos em que um deles concentra a ideia principal. O verbo principal aparece sempre em uma das **formas nominais**: infinitivo, gerúndio e particípio. Veja:

Em certos casos, as formas nominais podem exercer a função de **nomes** (substantivos e adjetivos). Exemplos:

- *O **cantar** dos pássaros me alegra pela manhã.*
  infinitivo com função de substantivo
- *Preciso de água **fervendo** para esterilizar este instrumento.*
  gerúndio com função de adjetivo
- *Estou com o rosto **congelado** por causa do frio.*
  particípio com função de adjetivo

IHNATOVICH MARYIA/SHUTTERSTOCK

O infinitivo pode ter duas formas:

- **Pessoal** – a forma verbal é flexionada para indicar a pessoa à qual se refere: *O importante é **fiscalizarem** o descarte adequado do lixo.*
- **Impessoal** – a forma verbal não é flexionada: ***Fiscalizar** o descarte adequado do lixo é dever da Prefeitura.*

A terminação do verbo indica o momento em que ocorre o processo verbal expresso pela forma nominal utilizada em cada caso.

- **Gerúndio** [terminação *-ndo*]: apresenta o processo verbal acontecendo.
- **Particípio** [terminação *-ado*, *-ido*]: apresenta o resultado do processo verbal.
- **Infinitivo** [terminação *-r*]: apresenta o processo verbal por acontecer; é o nome do verbo.

ACONTECE NA LÍNGUA

Observe o uso do gerúndio na tirinha a seguir.

CALVIN E HAROLDO — BILL WATTERSON

© 1986 Universal Press Syndicate

No primeiro quadrinho, quando o tigre pergunta "Que cereal é esse que você está *comendo*?", entendemos que a ação de comer, praticada por Calvin, ainda está em andamento, isto é, não foi concluída. O uso do gerúndio, nesse caso, está adequado.

Mas você já deve ter ouvido frases em que o gerúndio é usado em referência a uma ação futura, como "*vou estar* comendo", "*não vou poder estar* lhe atendendo" etc. Esses exemplos, muito comuns na língua falada, são chamados de gerundismo e considerados vício de linguagem pela norma padrão.

Na tirinha, ficaria estranho se o tigre perguntasse "Que cereal é esse que você vai estar comendo?", pois, no momento da pergunta, a ação de comer já estava sendo realizada.

CONJUGAÇÃO

A flexão dos verbos regulares em tempo e modo segue um modelo, o qual varia conforme a terminação do verbo no infinitivo. Os verbos que, no infinitivo, são terminados em *-ar* têm determinado padrão de conjugação, que é diferente do padrão dos terminados em *-er*, que, por sua vez, é um pouco diferente do padrão dos terminados em *-ir*.

Verbo II: formas nominais e conjugações

Audiovisual aborda as formas nominais dos verbos e suas conjugações.

O modelo que determina a flexão dos verbos regulares em tempo e modo, a partir da terminação do infinitivo, chama-se conjugação.

Os verbos regulares podem pertencer a uma das três conjugações:

- **1ª conjugação** — verbos terminados em *-ar*: *cantar*, *dançar*.
- **2ª conjugação** — verbos terminados em *-er*: *beber*, *viver*.
- **3ª conjugação** — verbos terminados em *-ir*: *abrir*, *partir*.

MODELO DE CONJUGAÇÃO DO MODO INDICATIVO

No final do livro, você encontrará um anexo com um modelo de conjugação dos tempos verbais do indicativo. Para melhor empregar os verbos, porém, é importante compreender o que cada tempo verbal indica. O passado, ou pretérito, subdivide-se em:

- **pretérito perfeito** — indica um fato pontual, perfeitamente concluído no passado: *Ontem, eu **abri** um antigo baú cheio de surpresas!*
- **pretérito imperfeito** — indica um fato não concluído no passado ou uma ação habitual ou contínua, repetitiva: *Todos os dias, ela **percorria** as ruas à procura de desabrigados.*

  O pretérito imperfeito é o tempo dos contos de fadas: *Naquele tempo, **havia** um reino... **Era** uma vez...*
- **pretérito mais-que-perfeito** — indica um fato anterior a outro também já passado: *Quando lhe entregou o presente, ela já o **perdoara**.*

As subdivisões do futuro são as seguintes:

- **futuro do presente** — indica um fato futuro em relação ao presente: ***Telefonarei** para o médico daqui a pouco.*
- **futuro do pretérito** — indica um fato futuro que ocorreria se uma condição tivesse sido realizada: *Se você comprasse o CD, nós o **ouviríamos**.*

O presente não tem subdivisões, mas pode indicar:

- um fato que ocorre no momento em que se fala: *Sua roupa não **combina** com a ocasião.*
- um fato habitual: *Sempre que **posso**, **visito** minha avó.*
- um fato permanente ou com considerável duração: ***Sou** de Manaus. **Moro** na rua Flórida.*
- verdades científicas, crenças: *A água **ferve** a 100 graus. Quem tudo **quer** tudo perde.*
- um fato que ocorrerá no futuro próximo: *Amanhã eu **devolvo** seu caderno.*

ASIA IMAGES GROUP/SHUTTERSTOCK

ORGANIZAR O CONHECIMENTO

O QUE VOCÊ JÁ SABE?

Agora, você já é capaz de...	Sim	Não	Mais ou menos
... perceber que os verbos indicam processos e ações?	☐	☐	☐
... concluir que os verbos também podem relacionar elementos e suas características?	☐	☐	☐
... entender que os verbos variam de acordo com a **pessoa** a que se referem, o **tempo** das ações e o **modo** com que o falante deseja se comunicar?	☐	☐	☐

Se você marcou **não** ou **mais ou menos** nas duas primeiras perguntas, retome a leitura do início da seção **Estudo da língua**.

Se você marcou **não** ou **mais ou menos**, retome a leitura das **Flexões verbais**.

O resumo esquemático a seguir apresenta exemplos do que você estudou nesta seção.

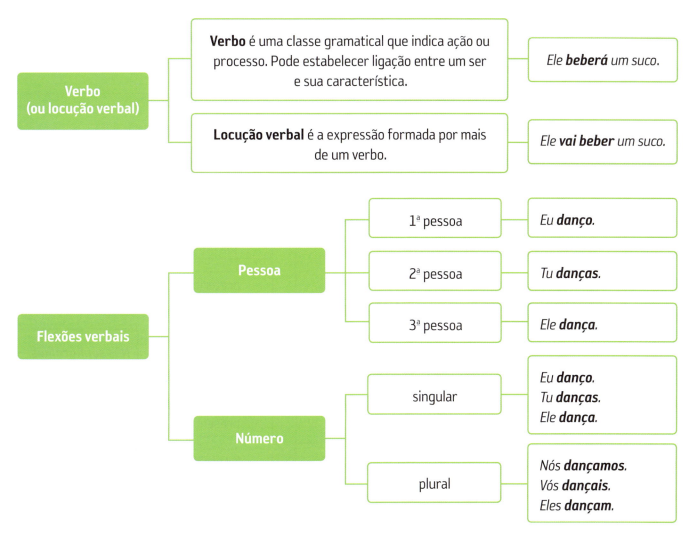

Verbo (ou locução verbal)
- **Verbo** é uma classe gramatical que indica ação ou processo. Pode estabelecer ligação entre um ser e sua característica. — *Ele **beberá** um suco.*
- **Locução verbal** é a expressão formada por mais de um verbo. — *Ele **vai beber** um suco.*

Flexões verbais
- **Pessoa**
  - 1ª pessoa — *Eu **danço**.*
  - 2ª pessoa — *Tu **danças**.*
  - 3ª pessoa — *Ele **dança**.*
- **Número**
  - singular — *Eu **danço**. Tu **danças**. Ele **dança**.*
  - plural — *Nós **dançamos**. Vós **dançais**. Eles **dançam**.*

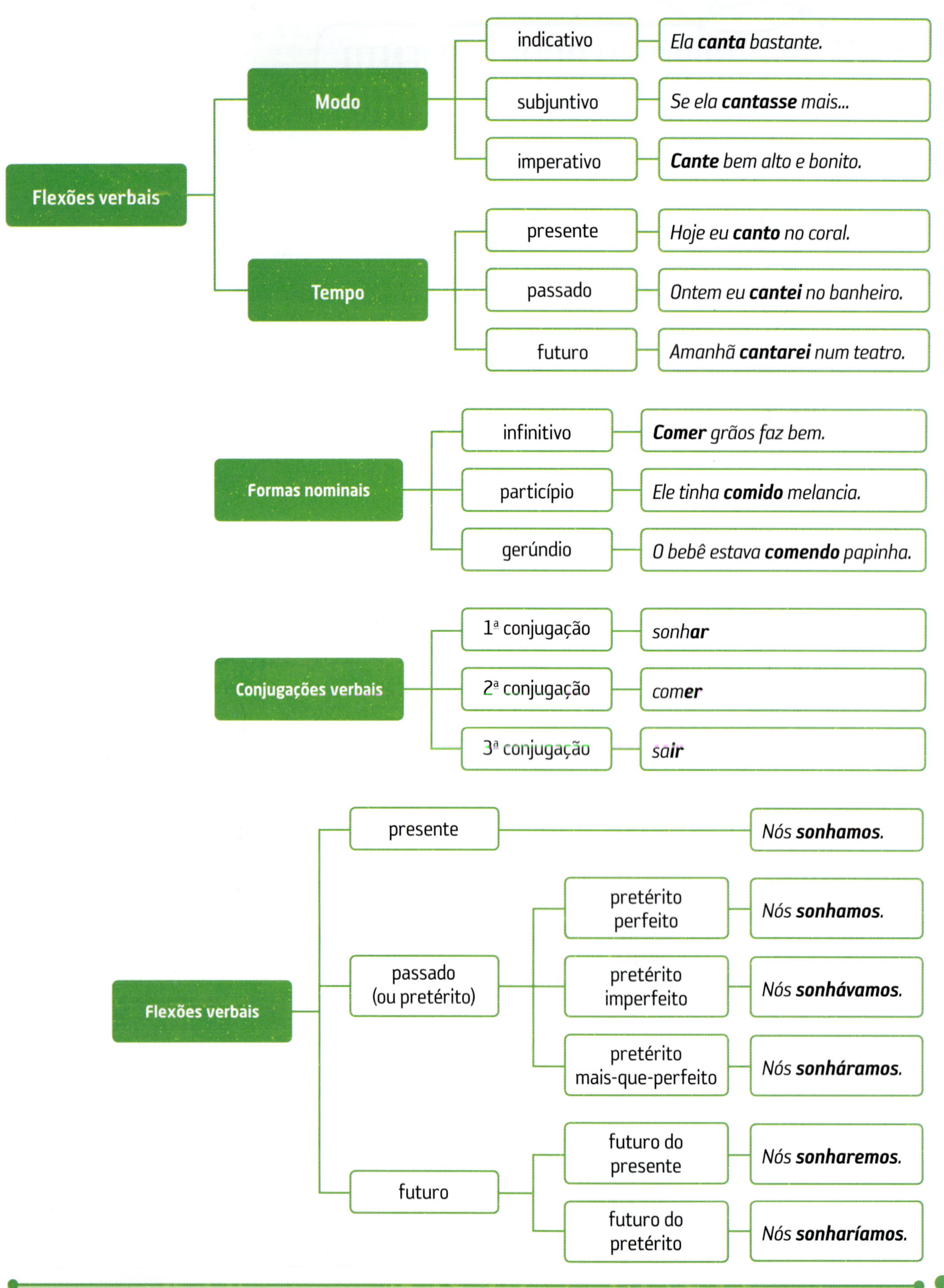
Flexões verbais
Modo
indicativo
*Ela **canta** bastante.*
subjuntivo
*Se ela **cantasse** mais...*
imperativo
***Cante** bem alto e bonito.*
Tempo
presente
*Hoje eu **canto** no coral.*
passado
*Ontem eu **cantei** no banheiro.*
futuro
*Amanhã **cantarei** num teatro.*
Formas nominais
infinitivo
***Comer** grãos faz bem.*
particípio
*Ele tinha **comido** melancia.*
gerúndio
*O bebê estava **comendo** papinha.*
Conjugações verbais
1ª conjugação
*sonh**ar***
2ª conjugação
*com**er***
3ª conjugação
*sa**ir***
Flexões verbais
presente
*Nós **sonhamos**.*
passado (ou pretérito)
pretérito perfeito
*Nós **sonhamos**.*
pretérito imperfeito
*Nós **sonhávamos**.*
pretérito mais-que-perfeito
*Nós **sonháramos**.*
futuro
futuro do presente
*Nós **sonharemos**.*
futuro do pretérito
*Nós **sonharíamos**.*

ATIVIDADES

ATITUDES PARA A VIDA

Ao responder às questões, busque exatidão e precisão para garantir que você entendeu o que estudou.

1. Leia a tirinha de Calvin.

CALVIN E HAROLDO — BILL WATTERSON

© 1986 WATTERSON/DIST. BY UNIVERSAL UCLICK

a) O que Calvin faz em cada quadrinho? Para quem ele está falando?

b) Na tirinha, quais são os verbos e as locuções verbais? Qual é o verbo auxiliar e o verbo principal de cada locução?

c) Esses verbos exprimem certeza ou incerteza em relação ao fato comunicado? Qual é o modo verbal que, em geral, exprime esse tipo de atitude de quem fala?

d) Observe as formas verbais *acabei*, *peguei*, *vou brincar* e *estou saindo* e explique quais delas indicam o que Calvin já fez, quais indicam o que vai fazer e quais indicam o que está fazendo no momento em que fala.

e) Considerando que Calvin é muito travesso, explique a relação entre os tempos verbais usados nessa tira e a construção do humor.

2. **Releia estes trechos da Lei Brasileira de Inclusão.**

> "§ 2º São sujeitas ao cumprimento das disposições desta Lei, sempre que houver interação com a matéria nela regulada, a outorga, a concessão, a permissão, a autorização, a renovação ou a habilitação de linhas e de serviços de transporte coletivo.
>
> [...]
>
> Art. 50. O poder público incentivará a fabricação de veículos acessíveis e a sua utilização como táxis e vans, de forma a garantir o seu uso por todas as pessoas."

a) Quais são as palavras desses trechos que indicam ação ou processo?

b) Observe que nenhuma dessas ações ou processos encontra-se no passado. Considerando que se trata de um texto de lei, justifique o porquê dessa ausência de ação ou processo no tempo passado.

c) Em ambos os trechos, quase todas as formas verbais estão conjugadas no indicativo. Identifique os verbos que não estão nesse modo verbal. Em que modo eles estão?

d) Identifique o tempo do verbo *incentivará*, no segundo trecho. No caderno, reescreva esse trecho, substituindo o verbo por uma locução verbal, mantendo o mesmo tempo. Em seguida, identifique qual dos verbos da locução é o principal e qual é o auxiliar.

3. Leia este anúncio.

ACERVO DO MINISTÉRIO DA SAÚDE/GOVERNO FEDERAL

a) Em sua opinião, por que o anunciante empregou a forma *podemos*?

b) De acordo com o anúncio, o que o leitor deve fazer para evitar a dengue?

c) Em que modo estão os verbos que expressam essas ações?

d) Esse modo verbal é adequado ao contexto? Por quê?

4. Leia esta receita culinária e responda às perguntas.

BONCHAN/SHUTTERSTOCK

Pudim de banana e chocolate

Ingredientes:

- 3 bananas.
- 4 colheres de creme de leite.
- 250 g de creme de chocolate.

Preparo:

- Descasque as bananas e, em um recipiente, triture-as com um garfo.
- Misture o creme de leite com o creme de chocolate.
- Adicione o 'purê' de banana à mistura de chocolate.
- Leve à geladeira por uma hora e depois aproveite com as crianças esta simples delícia.

Incrível. Disponível em: <http://mod.lk/0jgh1>. Acesso em: 25 jan. 2018.

a) A receita culinária apresenta, em geral, uma estrutura com duas partes. Quais são elas?

b) Há verbos nas duas partes?

c) Indique os verbos que aparecem no texto.

d) Que modo verbal predomina na receita?

e) Por que esse modo verbal costuma predominar nas receitas?

f) Imagine uma receita de bolo que determine levar a massa ao forno. Escreva essa instrução.

5. **Leia os quadrinhos a seguir.**

a) Em cada dupla de quadrinhos, o primeiro deles tem um verbo, e o segundo, uma imagem. Mas esse esquema é quebrado no final, e é isso que provoca o humor. Explique o que acontece nessa história.

b) O que a maioria dos verbos indica? Qual é o modo verbal que expressa esse tipo de atitude?

c) Qual é a única palavra da historinha que não é um verbo?

d) Em um dos quadrinhos, há um verbo que não está no mesmo modo que os outros. Qual é esse verbo e em que modo e tempo ele está?

e) Em geral, o verbo *chover* é impessoal, ou seja, é empregado na 3ª pessoa do singular do modo indicativo, como em *Choveu a tarde toda*. Na tira, porém, ele está no modo imperativo. A quem o pássaro se dirige para ordenar que chova?

f) Por que é importante que o verbo *chover* seja empregado no imperativo nesse caso?

6. **Leia o fragmento a seguir e observe as palavras destacadas.**

> Que **vai ser** quando crescer? Vivem perguntando em redor. Que é ser? É ter um corpo, um jeito, um nome? Tenho os três. E sou? Tenho de mudar quando crescer? Usar outro nome, corpo e jeito? [...] Que **vou ser** quando crescer? Sou obrigado a? Posso escolher? Não dá para entender. Não vou ser. Não **quero ser**. Vou crescer assim mesmo. Sem ser. Esquecer.

CARLOS DRUMMOND DE ANDRADE. *Poesia completa*. Rio de Janeiro: Nova Aguilar, 2002. p. 1.015. (Fragmento). Carlos Drummond de Andrade © Graña Drummond — www.carlosdrummond.com.br.

a) No trecho, predominam as locuções verbais. Como são formadas as locuções em destaque?

b) Qual é o elemento comum a essas locuções?

c) A maioria dos verbos está em que forma nominal: infinitivo, particípio ou gerúndio? Dê exemplos do texto.

d) Em que modo estão os verbos? Esse modo está adequado ao objetivo de quem fala no texto? Por quê?

7. **Observe a capa de livro abaixo.**

a) Qual é o significado da expressão "caindo na estrada"?

b) O que o emprego dessa expressão e a imagem da capa sugerem a respeito do conteúdo do livro?

c) O emprego do gerúndio sugere que a situação da personagem aconteceu no passado, acontece no presente ou acontecerá no futuro?

8. **Observe este anúncio institucional de órgãos públicos do estado de Goiás.**

PAGÚ PROPAGANDA

Hoje, a maior parte das pessoas que decide adotar uma criança procura recém-nascidas, brancas, meninas, saudáveis e sem irmãos. Infelizmente, a maioria das crianças não se encaixa nesse perfil e acaba completando a maioridade sem a chance de ter uma família. Você pode mudar isso.

a) O anúncio é direcionado para qual público?

b) Qual é a data a que o anúncio se refere? E o que ela comemora?

c) Quem é o "garoto-propaganda" utilizado nessa campanha? Qual é a área artística em que ele atuava? Justifique com elementos da campanha.

d) Qual das formas verbais destacadas abaixo corresponde a cada uma das definições de formas nominais que você estudou? Justifique indicando a terminação.

- "Provavelmente Beethoven nunca seria **adotado**."
- "[...] e acaba **completando** a maioridade sem a chance de ter uma família."
- "Você pode **mudar** isso."

e) Relacione a afirmação "Provavelmente Beethoven nunca seria adotado" com o texto reproduzido na lateral do anúncio.

QUESTÕES DA LÍNGUA

ACENTUAÇÃO DAS OXÍTONAS

1. Reúna-se com dois colegas e leiam as palavras do quadro. Todas são de origem indígena ou africana.

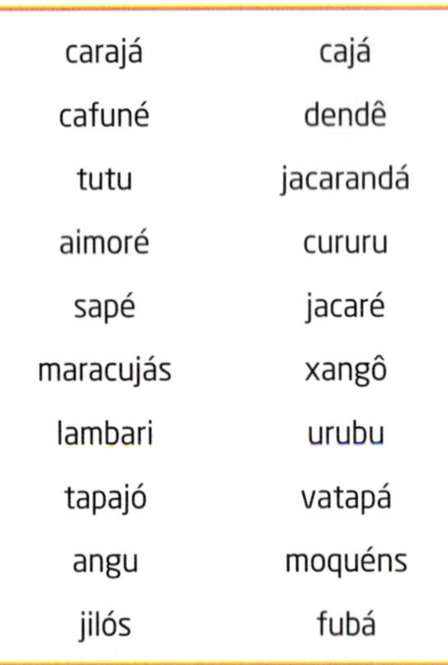

carajá	cajá
cafuné	dendê
tutu	jacarandá
aimoré	cururu
sapé	jacaré
maracujás	xangô
lambari	urubu
tapajó	vatapá
angu	moquéns
jilós	fubá

CARLOS CAMINHA

Lembre-se

Oxítonas: a sílaba tônica é a última: vo**cê**, a**li**, cami**nhão**.

Paroxítonas: a sílaba tônica é a penúltima: moci**da**de, **bei**jo, fle**xí**vel.

Proparoxítonas: a sílaba tônica é a antepenúltima: **úl**timo, higi**ê**nico, sim**pá**tica.

a) Há palavras no quadro cujo significado vocês não conhecem? Procurem em um dicionário.

b) Escolham um alimento, um animal e um nome de grupo indígena. Elaborem, no caderno, uma frase com cada palavra.

c) Agora classifiquem as palavras do quadro em relação à posição da sílaba tônica.

2. Observem o quadro a seguir.

amar **o menino**
vender **a mercadoria**
pedir **o livro**
compor **uma música**

a) Substituam as palavras destacadas por pronomes, acentuando quando necessário. Vejam um exemplo:

chamar **a menina** → cham**á**-**la**

b) Com que letra termina cada forma verbal?

ATENÇÃO!

1. A regra geral das oxítonas se mantém: se a forma verbal termina em *-a*, *-e* ou *-o*, leva acento gráfico; se termina em *-i*, não é acentuada. Exemplos: *amá-lo*, *vendê-la*, *pedi-lo*, *compô-la*.
2. Quando o *-i* e o *-u* finais formam um hiato em relação à vogal anterior, eles levam acento gráfico. Exemplos: *distribuí-lo*, *construí-la*.

3. **O quadro abaixo também inclui formas verbais seguidas de pronomes.**

Havai	açai
Xingu	baus
distribui-lo	construi-la

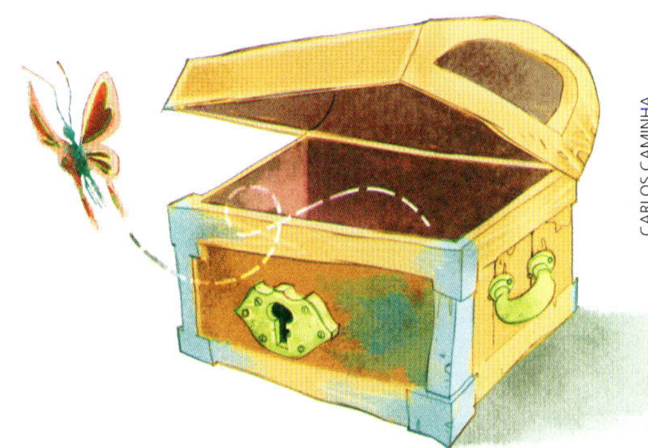
CARLOS CAMINHA

a) Copiem e acentuem, quando necessário, as palavras no caderno.

b) Classifiquem todas as palavras em relação à posição da sílaba tônica, desconsiderando o pronome.

1. As palavras **oxítonas** levam acento gráfico (agudo ou circunflexo) quando terminam com as vogais *a*, *e* e *o*, seguidas ou não de *-s*, ou quando terminam em *-em* ou *-ens*. Exemplos: *Amapá, atrás; acarajé, você, através; cipó, vovô, avós; alguém, parabéns.*
2. No final da palavra, as vogais *i* e *u*, seguidas ou não de *-s*, somente serão acentuadas quando formarem hiato. Exemplos: *Jundiaí, país, Muraú, jaús.*
3. Se não formarem hiato, elas não serão acentuadas. Exemplos: *aqui, caqui, caquis, urubu, urubus.*

ACENTUAÇÃO DAS PROPAROXÍTONAS

- **Leia estes artigos do Estatuto da Criança e do Adolescente.**

[...]

Art. 7º — A criança e o adolescente têm direito a proteção à vida e à saúde, mediante a efetivação de políticas sociais públicas que permitam o nascimento e o desenvolvimento sadio e harmonioso, em condições dignas de existência.

[...]

Art. 11 — É assegurado atendimento integral à saúde da criança e do adolescente, por intermédio do Sistema Único de Saúde, garantido o acesso universal e igualitário às ações e serviços para promoção, proteção e recuperação da saúde.

[...]

Planalto Presidência da República. Disponível em: <http://mod.lk/zfcwp>. Acesso em: 3 fev. 2018. (Fragmento).

a) Nos trechos citados, quais são as três palavras proparoxítonas? Elas apresentam acento gráfico?

b) Observe estas outras palavras proparoxítonas. O que elas têm em comum com as que você identificou no trecho?

árvore	pântano
lâmpada	mágica
fôlego	rígido
sêxtuplo	cócega
método	nômade

CARLOS CAMINHA

Todas as palavras **proparoxítonas** são acentuadas graficamente, com acento agudo ou circunflexo.

ATENÇÃO!

Algumas palavras terminadas em ditongo crescente (*-ia*, *-ie*, *-io*, *-ea*, *-eo*, *-ua*, *-ue*, *-uo*, *-oa*), seguido ou não de *-s*, podem ser pronunciadas como se o ditongo fosse um hiato. Um exemplo é a palavra *providência*, que pode ser pronunciada de dois modos:

- pro-vi-dên-**cia** (ditongo)
- pro-vi-dên-**ci**-**a** (hiato)

1. **Leia em voz alta as palavras paroxítonas do quadro. Transforme essas formas verbais em oxítonas, usando acento agudo. Explique o que mudou em relação ao significado.**

partira	arrastara	comera

2. **Copie as frases a seguir, substituindo o símbolo ✦ por uma das formas verbais vistas na questão anterior. Fique atento ao significado.**

a) Quando chegamos à rodoviária, o ônibus dos cantores já ✦.

b) Amanhã, o ônibus de nossa excursão ✦ ao meio-dia.

c) Daqui para a frente, ele ✦ alface em todas as refeições.

d) Fui ver se Lúcia queria lanchar, mas fiquei sabendo que ela já ✦.

e) Quando cheguei, a enchente já ✦ todas as mercadorias.

f) O rio ✦ todos os galhos que caírem na água.

g) Quando ela chegar ao aeroporto, o avião ✦.

h) ✦ uma fruta pela manhã.

i) ✦ o móvel por toda a sala se for preciso.

CARLOS CAMINHA

LEITURA E PRODUÇÃO DE TEXTO

A PRODUÇÃO EM FOCO

- A proposta do final desta unidade será elaborar uma carta de solicitação. Ao ler a carta a seguir, observe:
  a) a linguagem utilizada.
  b) o modo como o autor ou autora inicia a carta, apresenta sua solicitação e finaliza o texto.
  c) os **argumentos** usados para justificar a solicitação.

Razões que sustentam uma opinião.

CONTEXTO

Existe um modo simples e direto de os cidadãos informarem um problema – aos órgãos públicos, principalmente – e reivindicarem uma solução: a carta de solicitação. Você, ou alguém que você conhece, já escreveu uma carta desse tipo? Se sim, o que foi solicitado?

Por meio da carta de solicitação, por exemplo, moradores de uma cidade podem solicitar melhorias e benefícios para seus bairros, comunidades, escolas, postos de saúde etc.; alunos podem solicitar mudanças ou melhorias em uma escola etc. Esse será nosso objeto de estudo a partir de agora.

Carta de solicitação

saudação — Excelentíssimo Dr. Mamoru,

solicitação 1 — Venho através dessa reforçar o e-mail abaixo datado de 11/01/17, referente à solicitação de asfalto da Rua Ribeira, pois embora a solicitação tenha sido realizada há quase 15 dias, não houve nenhuma manifestação dos responsáveis desta cidade, nem sequer por uma simples demonstração de interesse em solucionar os problemas apontados nesta.

argumento — Ressalto ainda que a situação da Rua, tem se agravado cada dia mais e se tornou completamente **inacessível** aos veículos, e aos moradores, que a cada chuva precisam tomar mais cuidado e calcular cada passo dado para que não venham escorregar na descida da rua.

Talvez o exposto acima não seja um dos maiores problemas da cidade, principalmente quando não se convive com isso, mas como moradores que somos não suportamos mais o **descaso** e abandono que temos convivido há quase duas décadas.

solicitação 2 — Peço **encarecidamente**, que leia, se atente e envie algum secretário de obras para que possa verificar e constatar a situação da rua, assim talvez possam entender o nosso pedido e realizar alguma obra em favor dos moradores que exigem nada mais do que acesso à rua em que residem.

Aguardamos o vosso pronunciamento e estamos à disposição para quaisquer esclarecimentos.

saudação — Atenciosamente,

identificação do solicitante — J. Lima

Reclame aqui. Disponível em: <http://mod.lk/qcbtx>. Acesso em: 22 mar. 2018.

Glossário

Inacessível: intransitável.
Descaso: falta de atenção, desprezo.
Encarecidamente: com muito interesse.

ESTUDO DO TEXTO

ANTES DO ESTUDO DO TEXTO

1. Se não tem certeza de ter compreendido bem o texto, leia-o novamente.
2. Procure identificar as ideias apresentadas no texto e reflita: você concorda com elas? Por quê?
3. Ao responder às questões a seguir, procure empregar o que já aprendeu ao ler outros textos e seja preciso em suas respostas.

DE OLHO NAS CARACTERÍSTICAS DO GÊNERO

1. Quem é o(a) autor(a) da carta de solicitação e para quem ela foi escrita?
2. O que está sendo solicitado?
3. Que argumentos são usados na carta para explicar que o problema precisa de uma solução imediata?
4. Essa carta é o primeiro ou o segundo contato com as autoridades?
   - Que parte da carta mostra isso?
5. A solicitação feita na carta trata do problema de uma pessoa ou de um conjunto de pessoas? Quem?
6. Que sentimentos do(a) autor(a) podem ser identificados na carta?
7. Qual a sua opinião sobre a solicitação do(a) autor(a) da carta? Se você vivesse no local onde ocorre o problema relatado, que medidas tomaria?

O GÊNERO EM FOCO: CARTA DE SOLICITAÇÃO

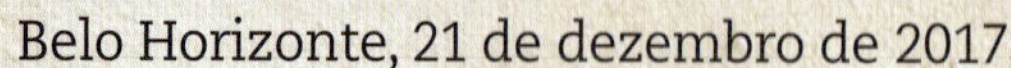

A carta de solicitação é um gênero textual por meio do qual uma pessoa ou um conjunto de pessoas ou organizações solicita algo a alguém ou a uma empresa ou órgão público. É um instrumento para o exercício da cidadania.

Assim, há cartas assinadas por várias pessoas ou organizações apoiadoras da solicitação, escritas na 1ª pessoa do plural (*nós*), em geral para defender os interesses de um grupo. Existem, também, cartas de solicitação escritas na 1ª pessoa do singular, que podem tratar do pedido de uma única pessoa ou de um grupo, ou ainda reivindicar um direito que é de todos, mas, em dado momento, atende a uma única pessoa. Veja o exemplo a seguir.

Belo Horizonte, 21 de dezembro de 2017.

À loja Telma Calçados

Paulo Silva, brasileiro, solteiro, bancário, residente e domiciliado à Rua Mar da Europa, 100, Belo Horizonte (MG), no que diz respeito ao pedido nº 081923, realizado em 30/11/2017 cuja entrega se deu em 18/12/2017, vem expor e requerer o que segue.

Agradeço a entrega do produto, um par de sapatos de couro dentro do prazo previsto. Entretanto, os sapatos comprados pelo *site* da loja ficaram pequenos. [...]

Apoiando-me no artigo 49 e parágrafo único do Código de Defesa do Consumidor, que garante o direito de arrependimento da compra, e estando dentro do prazo de cancelamento previsto em lei, solicito o reembolso do valor pago, mediante a devolução da mercadoria por via postal ou outra indicada.

Agradeço a atenção e informo os dados bancários.

Atenciosamente,

Paulo Silva

R-STUDIO/SHUTTERSTOCK

UNDREY/SHUTTERSTOCK

Arquivo particular. Mensagem encaminhada a uma loja de calçados. (Texto adaptado).

Em geral, a carta de solicitação explica o motivo da solicitação, ou cita leis ou estatutos que reforçam o que está sendo requisitado, ou, ainda, mostra os benefícios sociais do que é solicitado. Quanto mais fortes forem os argumentos, maiores serão as chances de a solicitação ser atendida.

Na carta de solicitação, usamos linguagem formal e polida (educada). Usamos, também, formas de tratamento, como você viu na primeira carta: "Excelentíssimo Dr. Mamoru".

Ela também é objetiva. Ou seja, vai direto ao ponto: a solicitação e os argumentos. Mas não há uma ordem rígida para isso. A primeira carta, por exemplo, primeiro solicita e depois argumenta. Já a segunda coloca a cidade do solicitante, a data e, então, apresenta o argumento (a lei), para depois solicitar.

Essas cartas iniciam como todas as demais, dirigindo-se ao destinatário ou aos destinatários e despedindo-se formalmente: "Atenciosamente", "Cordialmente".

A carta de solicitação pode ser enviada por *e-mail*; entregue ou protocolada ao seu destinatário; publicada em *sites* de reclamação ou no próprio *site* da empresa. Em caso de solicitação relacionada a produtos adquiridos, pode-se postar a carta no Serviço de Atendimento ao Cliente da empresa.

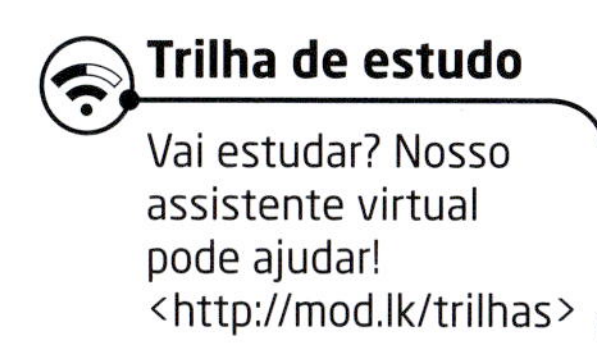

Trilha de estudo

Vai estudar? Nosso assistente virtual pode ajudar! <http://mod.lk/trilhas>

ORGANIZAR O CONHECIMENTO

O QUE VOCÊ JÁ SABE?

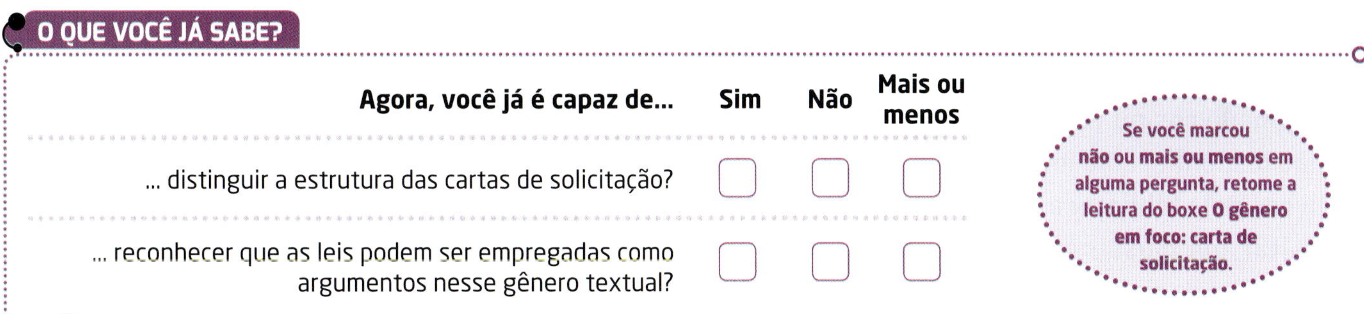

Agora, você já é capaz de...	Sim	Não	Mais ou menos
... distinguir a estrutura das cartas de solicitação?	☐	☐	☐
... reconhecer que as leis podem ser empregadas como argumentos nesse gênero textual?	☐	☐	☐

Se você marcou **não ou mais ou menos** em alguma pergunta, retome a leitura do boxe **O gênero em foco: carta de solicitação.**

Junte-se a um colega, copiem e completem o esquema com as principais características da carta de solicitação. As questões apresentadas servem para orientar a elaboração do esquema, mas, se preferirem, vocês podem incluir mais características.

Carta de solicitação
Qual é o objetivo da carta de solicitação?
Qual é a linguagem utilizada?
Como é a estrutura do texto?

PRODUÇÃO DE TEXTO

CARTA DE SOLICITAÇÃO

O que você vai produzir

Você vai produzir uma carta de solicitação em dupla. Ela pode ser endereçada à direção da escola ou ao professor.

NA HORA DE PRODUZIR

1. Siga as orientações apresentadas nesta seção. Seu texto deve ser coerente com a proposta.
2. Lembre-se de que você já leu e analisou textos do gênero que vai produzir. Se for o caso, retome a leitura das cartas apresentadas.
3. Diante da folha em branco, persista. Nenhum texto fica pronto na primeira versão.

PLANEJE E DESENVOLVA SEU TEXTO

1. Converse com seus colegas de classe: há alguma solicitação que vocês gostariam de fazer. Exemplos: criação de uma horta, uso de um espaço ao qual vocês ainda não têm acesso, alguns livros ou materiais de que a biblioteca não disponha, uma mudança no empréstimo de livros pela biblioteca, uma saída a campo para visitar um museu ou outro espaço externo à escola, relacionado a algo que estejam estudando, um evento em classe etc. Escolham uma das sugestões ou pensem em outra solicitação desejada ou necessária.
2. Escolham o destinatário adequado.
3. Registrem o que você e seu parceiro vão solicitar.
4. Listem argumentos que podem fortalecer a reivindicação. Para pensar nos argumentos, reflitam se o que vocês solicitam é amparado por alguma lei, se traz benefícios para um conjunto de pessoas, se enriquece a aula ou a torna mais dinâmica, se possibilita novos aprendizados etc.
5. Pensem na linguagem a ser usada, como vão se dirigir ao destinatário (Prezado(a), Sr. ou Sra. etc.) e nas saudações iniciais e finais.
6. Com base no planejamento realizado, elaborem a primeira versão da carta de solicitação, incluindo todas as informações que vocês viram nas cartas lidas (identificação de local e data, saudação inicial, apresentação da solicitação, argumentos, saudação final).

AVALIEM E DIVULGUEM

1. Depois de escrita a carta, releiam-na e verifiquem se ela apresenta todos os elementos citados no item 6.
2. Corrijam a carta considerando os critérios do quadro a seguir.

Aspectos importantes em relação à proposta e ao sentido do texto
Carta de solicitação
1. O texto está claro?
2. O destinatário será capaz de localizar e entender o que é solicitado?
3. Os argumentos ajudam a fortalecer a solicitação?
Aspectos importantes em relação à ortografia, à pontuação e às demais normas gramaticais
1. Está livre de problemas de ortografia? Se houver dúvidas, consulte um dicionário.
2. Está com pontuação e acentuação corretas?
3. Os modos verbais foram empregados corretamente?

3. Troquem sua carta com outra dupla. Apresentem e aceitem sugestões de melhoria nos textos.
4. Passem sua carta a limpo, com as correções feitas e as sugestões da outra dupla.
5. Leiam a carta para a turma, para que todos conheçam o que vocês estão solicitando.
6. Enviem a carta ao destinatário e aguardem uma resposta.

ATITUDES PARA A VIDA

PENSAR DE MANEIRA INTERDEPENDENTE

No dia a dia nos relacionamos com várias pessoas. Por meio de uma simples conversa ou de um trabalho em grupo, por exemplo, podemos constatar como as pessoas são diferentes no seu modo de agir e de pensar. Você já pensou o quanto interagir com os outros pode ser importante para nosso crescimento pessoal?

Quando conseguimos escutar verdadeiramente o outro, aprendemos a pensar com interdependência, ou seja, a pensar *com o outro*, em cooperação mútua, e é isso que nos faz crescer, que nos transforma.

Você certamente pensou de maneira interdependente durante a produção da carta de solicitação com seus colegas. Levando isso em consideração, observe a seguir a obra *Drawing Hands* ("Desenhando mãos"), de Escher, artista holandês nascido em 1898.

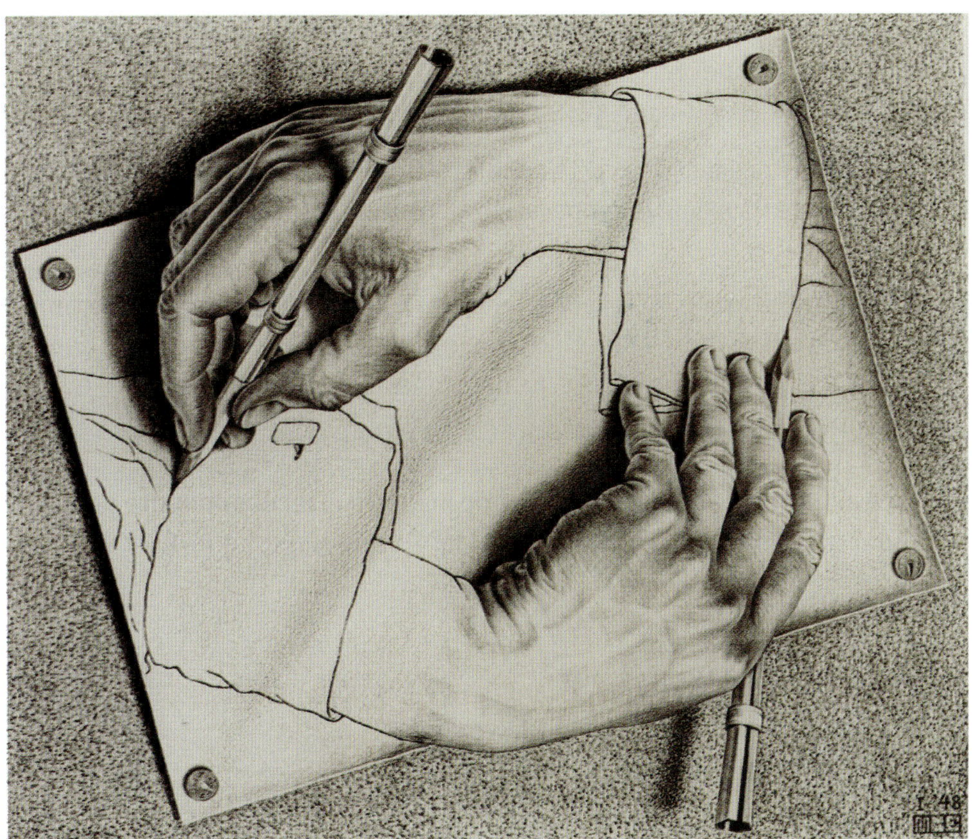

M. C. ESCHER. *Drawing Hands*. 1948. Litogravura. 28,2 cm × 33,2 cm.

1. Descreva o que você vê. Troque suas impressões com os colegas e o professor.
2. Reflita sobre o sentido da palavra *interdependência* e, a partir disso, crie um novo título para a obra. Compartilhe-o com os colegas e o professor.

3. Você já passou por alguma situação em que a cooperação foi fundamental para resolver um problema? Compartilhe essa experiência com os colegas e o professor.

Resolver um problema sozinho pode ser muito mais difícil que resolvê-lo com a ajuda de alguém. As relações com as outras pessoas favorecem a cooperação, a criação conjunta e, portanto, são fundamentais para solucionar problemas.

4. Você percebeu se, no momento da produção da carta de solicitação, houve um movimento de colaboração por parte de outras duplas na realização da atividade?

O ser humano é um ser social, por isso ele vive em grupo. Para viver em sociedade é preciso interagir, é preciso escutar o outro, ser recíproco, cooperar.

5. Em relação à produção da carta de solicitação de sua dupla, você acha que poderia ter agido de forma mais cooperativa, pensando mais com o outro? Por quê?

MACROVECTOR/SHUTTERSTOCK

Pensar de maneira interdependente é entender que não estamos sozinhos no mundo e que, por meio das relações sociais, podemos nos transformar em seres mais empáticos e cooperativos e com isso crescermos.

6. Você acha que a atitude de pensar de maneira interdependente pode ser importante além do ambiente escolar? Por quê? Explique sua resposta.

AUTOAVALIAÇÃO

Atitudes para a vida	Sim	Não	O que melhorar
1. Você **organizou seu pensamento** e **expressou-se com clareza** por meio da carta de solicitação que produziu?			
2. Você acha que ao produzir sua carta de solicitação precisou utilizar a **imaginação** e a **criatividade**?			
3. A carta de solicitação foi escrita com **exatidão** e **precisão**?			
4. **Pensar de maneira interdependente** foi importante na produção da sua carta de solicitação?			

PARA SE PREPARAR PARA A PRÓXIMA UNIDADE

Na próxima unidade, vamos falar sobre a linguagem poética e como sua forma e expressividade dialogam com as nossas emoções. Veja os *links* que indicamos para você se preparar para esse estudo. Depois, leia as orientações do boxe "O que você já sabe?".

Pesquise sobre poemas, dos antigos aos mais atuais, em livros ou *sites* da internet. Depois compartilhe com os colegas os conteúdos interessantes que você encontrou.

1

CECÍLIA ACIOLI/FOLHAPRESS

Ouça a emocionante declamação, feita pela atriz Marília Pêra (1943-2015), do poema "Amor", de Carlos Drummond de Andrade, importante poeta brasileiro que você vai estudar nesta unidade. Acesse aqui: <http://mod.lk/turkq>.

2

MARCOS XAVIER DIAS

Nesta unidade, você vai ler e analisar o poema "Amor bastante", de Paulo Leminski. Ouça no *link* a seguir a versão musicada que a cantora paulista Kika fez para esses versos: <http://mod.lk/rbwpb>.

3

PUSHISH IMAGES/ SHUTTERSTOCK

A revista *Bula* publicou uma matéria listando os 10 melhores poemas de amor. Você concorda com essa seleção? Confira em: <http://mod.lk/jem2j>.

4

Verbo III: estrutura

Este objeto digital aborda estrutura e regularidade da classe de verbos. Acesse: <http://mod.lk/xmnov>.

O QUE VOCÊ JÁ SABE?

Até este momento, você seria capaz de ...	Sim	Não	Mais ou menos
... reconhecer os sentimentos e pensamentos que os poemas expressam?	☐	☐	☐
... perceber que os poemas são organizados de forma diferente de outros textos, como os contos?	☐	☐	☐
... de explicar por que a relação entre conteúdo e forma é uma importante característica dos poemas?	☐	☐	☐

De acordo com o conteúdo do objeto digital *Verbo III: estrutura*, você seria capaz de ...	Sim	Não	Mais ou menos
... perceber que é o radical que traz o significado dos verbos?	☐	☐	☐
... diferenciar verbos regulares de verbos irregulares?	☐	☐	☐

O SENTIMENTO QUE NASCE NO CORAÇÃO

EM FOCO NESTA UNIDADE

- A linguagem poética
- Verbo: estrutura, tempos do subjuntivo e modo imperativo
- Acentuação das paroxítonas
- Produção: poema de amor

ESTUDO DA IMAGEM

1. Qual o sentimento retratado nesta pintura de Frank Dicksee?
2. Essa obra de arte pode ser considerada poética? Por quê?

3. O que é poesia para você? Troque ideias com os colegas.

SAIBA +

Romeu e Julieta é um texto teatral conhecido mundialmente, de autoria do inglês William Shakespeare (1564-1616), e que inspirou diversos artistas, como o pintor Frank Dicksee (1853-1928) e o escritor Sebastião Marinho – autor do cordel que você lerá ao final da unidade.

FRANK DICKSEE - SOUTHAMPTON CITY ART GALLERY, HAMPSHIRE, UK

DICKSEE, Frank.
Romeu e Julieta. 1884.
Óleo sobre tela,
171 cm × 118 cm.

LEITURA

ANTES DE LER

1. Que características você acha que o amor pode ter na infância, na adolescência e na maturidade?
2. Em sua opinião, com quais objetivos um poema pode ser escrito?

CONTEXTO

Você vai ler dois poemas que falam de amor.

O primeiro deles foi escrito por Mario Quintana, poeta que, além do amor, também escreve sobre a natureza, o cotidiano, a adolescência e suas inquietações sobre a vida.

O segundo poema é de Paulo Leminski e integra o livro *La vie en close*, publicado em 1991, após a morte do autor.

Texto A

Bilhete

Se tu me amas, ama-me baixinho
Não o grites de cima dos telhados
Deixa em paz os passarinhos
Deixa em paz a mim!
Se me queres,
enfim,
tem de ser bem devagarinho, Amada,
que a vida é breve, e o amor mais breve ainda...

MARIO QUINTANA. In: VERA AGUIAR (Org.). *Poesia fora da estante*. Porto Alegre: Projeto, 2002. v. 2, p. 79. © by Elena Quintana.

ALEXANDRE DUBIELA

Biografia

JOVECI C. DE FREITAS/ESTADÃO CONTEÚDO

Foto tirada na década de 1980. O poeta faleceu em 1994.

MARIO QUINTANA POR ELE MESMO

"Nasci em Alegrete, em 30 de julho de 1906. Creio que foi a principal coisa que me aconteceu. E agora pedem-me que fale sobre mim mesmo. Bem! [...] Minha vida está nos meus poemas, meus poemas são eu mesmo, nunca escrevi uma vírgula que não fosse uma confissão. [...]"

MARIO QUINTANA. *IstoÉ*, São Paulo, 14 nov. 1984. (Fragmento). © Três Editorial Ltda.

Texto B

Amor bastante

quando eu vi você
tive uma ideia brilhante
foi como se eu olhasse
de dentro de um diamante
e meu olho ganhasse
mil faces num só instante

basta um instante
e você tem amor bastante

PAULO LEMINSKI.
Toda poesia. São Paulo:
Companhia das Letras, 2013. p. 145.

BRILLIANTIST STUDIO/SHUTTERSTOCK

Biografia

LUIZ NOVAES/FOLHAPRESS

O poeta nasceu em Curitiba em 24 de agosto de 1944 e faleceu em 7 de junho de 1989, nessa mesma cidade. Foto de 1999.

PAULO LEMINSKI POR ELE MESMO

"Eu faço poesia como a aranha faz sua teia. Não tem porquê. Estou além do porquê. É o resto da minha vida que tem que se explicar em relação a isso. Esse é o resultado do meu viver. A minha poesia, para mim, é uma atividade intransitiva. Como pular o carnaval. Não se pula o carnaval para alguma coisa. Simplesmente pula-se. Ou não. [...]"

ADEMIR ASSUNÇÃO. *Faróis no Caos – entrevistas de Ademir Assunção*.
São Paulo: Edições Sesc São Paulo, 2012.
Disponível em: <http://mod.lk/h8pur>.
Acesso em: 7 fev. 2018.

ANTES DO ESTUDO DOS TEXTOS

1. Se não tem certeza de ter compreendido bem os textos, leia-os novamente.
2. Ao responder às questões a seguir, procure empregar o que já aprendeu ao ler outros textos e seja preciso em suas respostas.

ESTUDO DOS TEXTOS

COMPREENSÃO DOS TEXTOS

SOBRE O TEXTO A

1. Qual é a relação entre o título "Bilhete" e o conteúdo do poema?

2. No poema, o eu lírico fala a respeito de como gostaria de ser amado.

a) Como é o amor ideal expresso pelo eu lírico?

b) Quais palavras caracterizam o amor desejado pelo eu lírico?

c) Se a vida e o amor são breves, por que o eu lírico prefere ser conquistado devagarinho e não rapidamente?

Lembre-se

Aquele que fala nas narrativas é chamado de narrador. Aquele que fala nos poemas é chamado de **eu lírico** ou eu poético.

3. Por que a palavra *Amada* está grafada com inicial maiúscula?

4. Releia este trecho do poema.

"Se tu me amas, ama-me baixinho
Não o grites de cima dos telhados
Deixa em paz os passarinhos
Deixa em paz a mim!"

a) Imagine alguém gritando de um telhado. Essa imagem sugere que algo será conhecido por todos ou que ficará restrito a poucos?

b) Considere sua resposta do item *a* e responda no caderno: o que o eu lírico quis dizer ao pedir à Amada que não gritasse de cima dos telhados?

c) Sobre o verso "Não o grites de cima dos telhados", copie no caderno a frase que melhor comenta o uso da imagem criada.

- Usar uma imagem para expressar uma ideia pode sempre modificar essa ideia e expressar um sentimento de forma incompleta.
- Usar uma imagem para expressar uma ideia pode, às vezes, reforçar essa ideia e expressar um sentimento com maior riqueza.
- Usar uma imagem para expressar uma ideia pode, às vezes, expressar essa ideia, mas sem riqueza na expressão dos sentimentos.

SOBRE O TEXTO B

1. Qual é a relação entre o título "Amor bastante" e o conteúdo do poema?

2. No poema, o eu lírico fala sobre um encontro.

a) O que acontece nesse momento?

b) Como o eu lírico sentiu essa experiência? Por quê?

c) O que caracteriza o amor segundo o eu lírico?

ALEXANDRE DUBIELA

3. Observe alguns significados da palavra *brilhante*:

> 1. que emite luz forte, viva; fúlgido, luminoso
>
> 2. que reflete muita luz; reluzente, cintilante
>
> 3. Derivação: sentido figurado.
> de admirável capacidade intelectual, talento etc.
>
> 4. Derivação: sentido figurado.
> de extrema originalidade, inventividade; excepcional, excelente

GRANDE DICIONÁRIO HOUAISS DA LÍNGUA PORTUGUESA. 2. ed.
Rio de Janeiro: Instituto Antônio Houaiss, 2018.

a) Qual desses significados a palavra assume na expressão *ideia brilhante*?

b) Considerando que o diamante é uma pedra que brilha e o contexto do poema, que outro significado poderia ser atribuído a essa expressão?

4. Converse com os colegas a respeito das questões a seguir.

a) Para vocês, o que é *amor bastante*?

b) Vocês concordam com a afirmação de que "basta um instante / e você tem amor bastante"? Por quê?

SOBRE OS TEXTOS A E B

1. Em cada poema, como você caracteriza o eu lírico e o interlocutor (a quem o eu lírico se dirige)?

2. Os dois poemas apresentam uma percepção semelhante sobre a duração do amor. Transcreva de cada poema os trechos que justificam essa afirmação.

3. A visão de amor que aparece no poema de Quintana se afasta ou se distancia daquela do poema de Leminski? Por quê?

DE OLHO NA CONSTRUÇÃO DOS SENTIDOS

SOBRE O TEXTO A

1. No verso "Não o grites de cima dos telhados", a que termo ou expressão se refere a palavra *o*?

2. No caderno, transcreva do poema as palavras que indicam que o eu lírico está falando com alguém e não sobre alguém.

3. No poema, há algumas estruturas que se repetem. Observe.

"Se tu me amas, ama-me baixinho" "Se me queres,"	"Deixa em paz os passarinhos Deixa em paz a mim!"

a) No caderno, copie a afirmação mais adequada para as frases iniciadas por **se** que expressam uma condição.

- Essas frases não expressam as condições impostas pelo eu lírico para ser amado.
- Essas frases expressam as condições impostas pela Amada para ser amada.
- Essas frases expressam as condições impostas pelo eu lírico para ser amado.

b) A repetição da expressão "Deixa em paz" estabelece uma comparação entre *passarinhos* e *mim*. Copie, no caderno, a afirmação que melhor explica essa comparação.

- O eu lírico é mais forte que os passarinhos.
- O eu lírico é tão frágil quanto os passarinhos.
- O eu lírico é mais fraco que os passarinhos.

4. Há palavras no poema que terminam em *-inho(s)*. Quais são elas?

- Essas palavras estão associadas pelo som e reforçam uma mesma ideia no texto. No caderno, copie do quadro a seguir a palavra que melhor resume essa ideia.

saudade	ternura
delicadeza	esperança

5. Entre os termos destacados a seguir, qual tem sentido mais próximo daquele com que a palavra *enfim* foi empregada no poema?

a) ***Por fim***, meu tio ressurgia lá no alto, numa varanda aberta aos quatro ventos.

Jean-Claude Carrière. *Meu tio*. Tradução de Paulo Werneck. São Paulo: Cosac Naify, 2009. p. 26. (Fragmento).

b) Eu não tenho treinado muito, ***então*** acho que vou ficar em último.

c) Quando a gente ***finalmente*** começou a correr de verdade, decidiu dar as mãos e terminar a corrida junto.

Ann McPherson; Aidan MacFarlane. *Diário de um adolescente hipocondríaco*. Tradução de André Cardoso. São Paulo: Editora 34, 1993. p. 90. (Fragmento).

SOBRE O TEXTO B

1. No poema de Leminski, o eu lírico se dirige a dois interlocutores: à pessoa desejada e ao leitor (ou a várias pessoas). No caderno, transcreva do poema:

a) o verso que indica que o eu lírico dirige-se à pessoa desejada;

b) o verso que indica que o eu lírico está falando para o leitor ou para outras pessoas.

2. Nesse poema, o eu lírico dirige-se a um interlocutor masculino ou feminino?

3. O diamante é o mineral mais duro encontrado na natureza. Brilhante é um tipo de lapidação feita na pedra diamante. Como essa pedra reflete a luz, a lapidação é feita de tal modo que proporciona ao diamante uma luminosidade e um brilho excepcionais. Observe as imagens a seguir.

ROY PALMER/SHUTTERSTOCK

Pedra de diamante.

ALMARINA STUDIO/SHUTTERSTOCK

Diamante lapidado como brilhante.

- Como as palavras *brilhante* e *diamante* contribuem para expressar o que o eu lírico quis dizer nos versos "e meu olho ganhasse / mil faces num só instante"?

4. **No poema de Leminski, diversas palavras têm a sonoridade final parecida.**

a) No caderno, transcreva essas palavras.

b) Em textos expositivos e argumentativos, ou na linguagem que empregamos no dia a dia, costumamos usar palavras com sonoridade parecida? Explique sua resposta.

O POEMA

1. **Os contos ou as crônicas são escritos em prosa. O poema também apresenta esse formato?**

Texto escrito em linhas corridas.

- Escreva, no caderno, qual característica é destacada por esse formato do poema.

significado	originalidade	ritmo

2. **Há repetições nos poemas que você leu no início desta unidade.**

a) Encontre algumas repetições: da mesma palavra e da mesma expressão, na mesma linha (ou verso) e em linhas diferentes.

b) Você acha que os poetas usaram ou não essas repetições de forma intencional? Por quê?

3. **Observe o final das palavras nos dois poemas.**

a) No texto A, há dois versos que não rimam com nenhum outro no poema. Quais são eles?

b) E no texto B, que verso não rima?

4. **No poema, o eu lírico é quem se expressa. Ele é uma pessoa de verdade ou uma criação ficcional?**

5. **Os poemas que você leu falam a respeito de amor. Que outros temas podem ser abordados em um poema?**

O significado da poesia

A palavra *poesia* vem do grego *poíesis* e significa "ato de fazer algo", o que implica a ideia de ação, de criação. Nesse sentido, pode-se dizer que a poesia está presente nas diversas manifestações artísticas – literatura, pintura, escultura, fotografia etc.

Em literatura, **poesia** é a linguagem de conteúdo lírico ou emotivo, escrita em **verso** ou em **prosa**.

ILUSTRAÇÕES: CARLOS CAMINHA

O GÊNERO EM FOCO: POEMA

Antes que existisse a linguagem escrita, já existia a poesia. Os primeiros poemas eram feitos para ser cantados, acompanhados por instrumentos.

A poesia, como a conhecemos, surgiu na Grécia Antiga e, desde então, permanece como a forma mais difundida dessa arte.

Ela tem, antes de tudo, uma função estética, ou seja, explora recursos da linguagem, possibilitando que as palavras expressem sentidos variados, diferentemente dos textos com função informativa, cujos sentidos são únicos e precisos.

Muitas vezes, poesia e poema são termos empregados como sinônimos, mas não são a mesma coisa.

CARLOS CAMINHA

Os antigos gregos representavam a poesia por meio de diversas manifestações artísticas, como a música, por exemplo.

Poema é a composição literária em verso, com intenção poética. Seu assunto e sua forma podem variar muito. Seu sentido pode ser construído utilizando-se recursos sonoros, visuais e jogos de ideias. Também seu contexto de produção é diversificado: pode-se escrever um poema para homenagear alguém, para fazer parte de uma coletânea, para compor uma propaganda ou até para registrar um momento importante para quem escreve o poema.

Ao ler um poema, dois elementos precisam ser observados: o conteúdo e a forma. O conteúdo é representado pelas informações, pelos pensamentos e pela expressão dos sentimentos do eu lírico.

A forma é a maneira especial como tudo isso está organizado no poema, com características muito específicas que podem até mesmo modificar ou reforçar o conteúdo.

Cada linha de um poema corresponde a um **verso**. Cada grupo de versos separado por espaços dos demais grupos é chamado **estrofe**.

Algumas estrofes ganham nomes conforme o número de versos que contêm.

Três versos – **tercetos**
Quatro versos – **quadras** ou **quartetos**
Cinco versos – **quintetos** ou **quintilhas**
Seis versos – **sextetos** ou **sextilhas**
Oito versos – **oitavas**
Dez versos – **décimas**

Os versos são medidos pela quantidade de sílabas poéticas. A contagem dessas sílabas é feita só até a última sílaba tônica de cada verso. Veja:

Dei / xa em / paz / os / pas / sa / ri / nhos
1 2 3 4 5 6 7

As **sílabas poéticas** são diferentes das sílabas gramaticais, porque são contadas de acordo com o modo como pronunciamos as palavras dos versos, com separações e junções próprias da fala e em função da métrica do poema.

O conjunto de regras que regulam o ritmo, a medida, a organização do verso, da estrofe e do poema como um todo chama-se métrica. O número de sílabas poéticas e também a posição da sílaba tônica no verso determinam o ritmo do poema. Ele ajuda a construir o significado do texto.

Os poemas podem apresentar **versos regulares**, isto é, que têm o mesmo número de sílabas poéticas, ou **versos irregulares**, sem medida padronizada.

O sentido pode completar-se nos versos seguintes. A divisão em versos pode ser orientada tanto pelo reforço que se quer dar a uma ideia quanto pelo ritmo que se deseja dar ao poema.

Outro aspecto importante da forma poética são as rimas. Observe.

A lua

A lua pinta a rua de prata
e na mata a lua parece
um biscoito de nata.
Quem será que esqueceu
a lua acesa no céu?

R-STUDIO/SHUTTERSTOCK

Roseana Murray. *No mundo da lua*. Belo Horizonte: Miguilim, 2000. p. 35.

CARLOS CAMINHA

Rima é a repetição de sons iguais em lugares determinados de dois ou mais versos. A rima associada ao ritmo confere musicalidade ao poema.

Há diversos tipos de rima. **Rimas internas** são as que ocorrem no interior do verso (como em "lua" e "rua", no primeiro verso do poema "A lua").

Rimas perfeitas são as que apresentam completa identidade de sons finais (também como em "lua" e "rua"); **rimas imperfeitas** são as que não apresentam identidade perfeita de sons finais (como em "esqueceu" e "céu").

Há poemas que não apresentam rimas; nesse caso, os versos são chamados de **brancos** ou **soltos**.

O modo como os versos de um poema são dispostos também pode realçar ou complementar o significado do texto. Leia o poema a seguir.

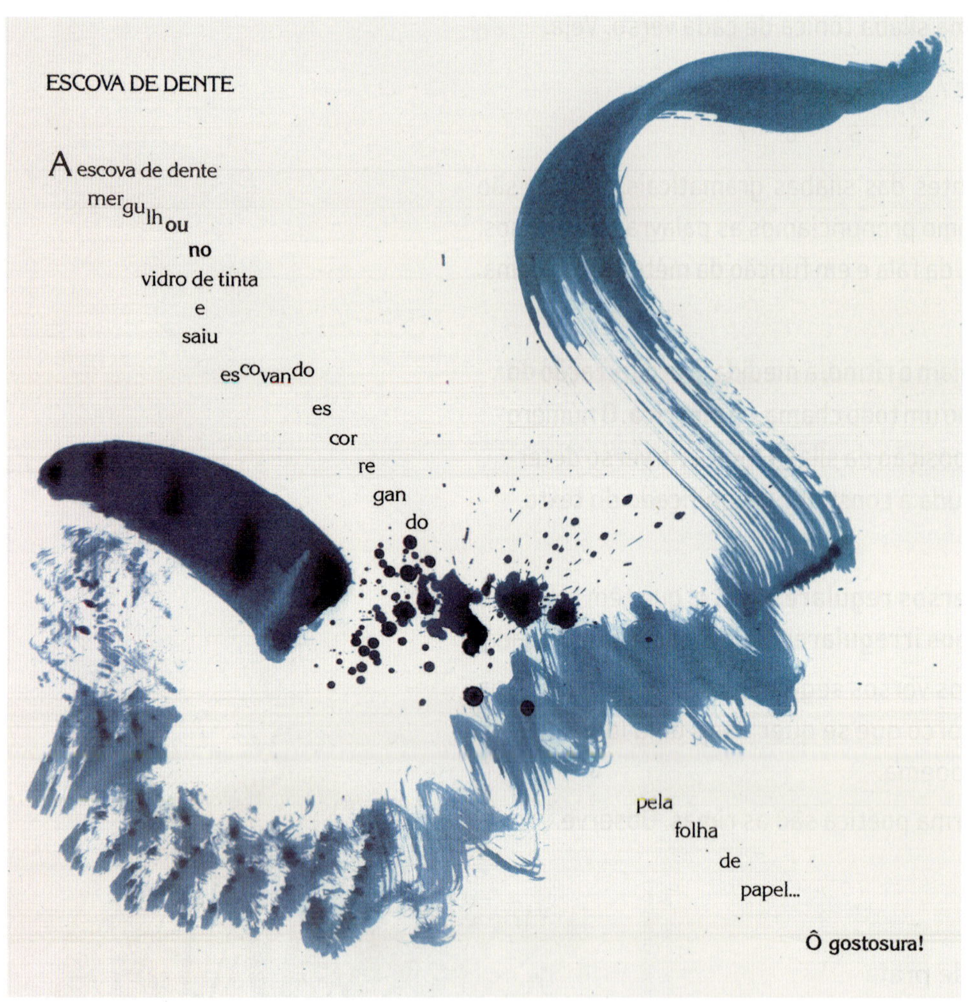
© LUIS CAMARGO
ESCOVA DE DENTE
A escova de dente
mergulhou
no
vidro de tinta
e
saiu
escovando
es
cor
re
gan
do
pela
folha
de
papel...
Ô gostosura!

Luís Camargo. *O cata-vento e o ventilador*. São Paulo: FTD, 1994. p. 16.

Na construção desse poema, o poeta brinca com a direção da escrita das palavras e até mesmo das sílabas e letras. O eu poético descreve a ação de fazer um desenho utilizando uma escova de dente, e também procura mostrar de forma visual os movimentos executados com a escova de dente na criação do desenho.

Outra característica interessante que pode acontecer em poemas é a repetição intencional de vogais, de consoantes ou de palavras em cada verso. Observe o poema a seguir.

R-STUDIO/SHUTTERSTOCK

20 anos recolhidos

chegou a hora de amar desesperadamente
apaixonadamente
descontroladamente
chegou a hora de mudar o estilo
de mudar o vestido
chegou atrasada como um trem atrasado
mas que chega

Chacal. In: Heloísa Buarque de Hollanda. *26 poetas hoje*. Rio de Janeiro: Aeroplano Editora, 2007.

ORGANIZAR O CONHECIMENTO

O QUE VOCÊ JÁ SABE?

Agora, você já é capaz de...	**Sim**	**Não**	**Mais ou menos**
... reconhecer os sentimentos e pensamentos que os poemas expressam?	☐	☐	☐
... perceber que os poemas são organizados de forma diferente de textos em prosa, como os contos?	☐	☐	☐
... relacionar o conteúdo e a forma, entendendo como uma importante característica dos poemas?	☐	☐	☐

Se você marcou **não ou mais ou menos**, retome a leitura de **Compreensão dos textos** e **De olho na construção dos sentidos**.

Se você marcou **não ou mais ou menos**, retome a leitura de **O gênero em foco: poema**.

- Junte-se a um colega e, em uma folha à parte ou no caderno, montem um esquema com as principais características do poema, respondendo às questões a seguir. Essas questões servem para orientar a elaboração do esquema, mas, se preferirem, vocês podem incluir mais características.

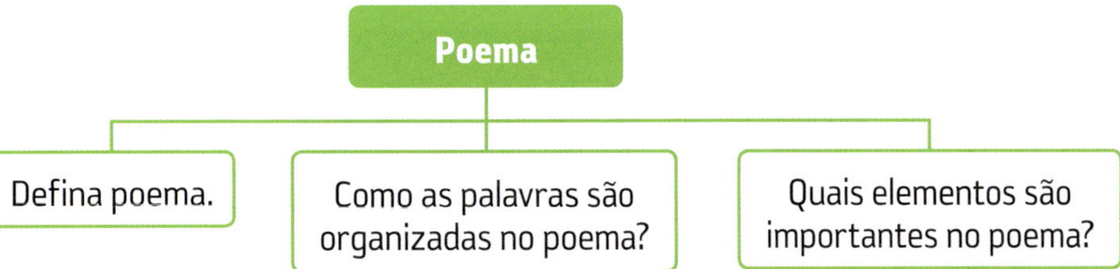

Poema
Defina poema.
Como as palavras são organizadas no poema?
Quais elementos são importantes no poema?

ONCHIRA WONGSIRI/SHUTTERSTOCK

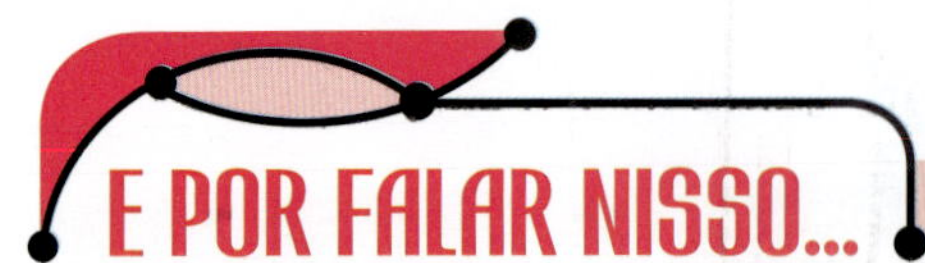

E POR FALAR NISSO...

É fácil concluir que não há manifestação cultural que não tenha se dedicado a retratar o amor. Ao longo da História, esse sentimento foi exaltado em praticamente todas as artes.

Observe atentamente as imagens. Junte-se a alguns colegas da turma e discutam as questões a seguir.

a) De que modo as duas imagens se relacionam com o tema desta unidade?

b) Embora tenham objetivos distintos, a ilustração de René Bull e a tela de Gustav Klimt dialogam entre si. Considerando as informações das legendas, aponte os aspectos que essas imagens apresentam em comum.

c) Um dos modos de representação do amor na arte é o beijo. De que outros modos você acha possível representar o sentimento amoroso?

d) Obras de arte e poemas como os que você conheceu nesta unidade atravessam épocas e continuam emocionando as pessoas. Para você, o que poderia explicar esse "poder" das artes?

THE BRIDGEMAN ART LIBRARY/GLOW IMAGES - BIBLIOTECA BRITÂNICA, LONDRES

BULL, René. *Um amor*. Ilustração para a edição de 1913 da obra *Rubaiyat*, do poeta persa Omar Khayyam (1048-1131).

THE BRIDGEMAN ART LIBRARY/KEYSTONE BRASIL - OSTERREICHISCHE GALERIE BELVEDERE, VIENA

KLIMT, Gustav. *O beijo*. 1907-1908. Óleo sobre tela, 180 cm × 180 cm.

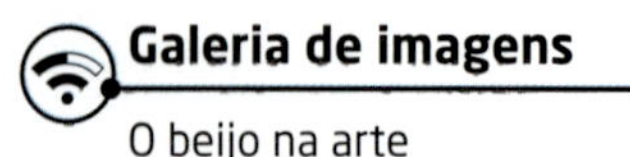

Galeria de imagens

O beijo na arte

ESTUDO DA LÍNGUA: ANÁLISE E REFLEXÃO

COMO VOCÊ PODE ESTUDAR

1. **Estudo da língua** não é uma seção para decorar, mas para questionar e levantar problemas.
2. O trabalho com os conhecimentos linguísticos requer persistência. Leia e releia os textos e exemplos, discuta, converse.

VERBO: ESTRUTURA, TEMPOS DO SUBJUNTIVO E MODO IMPERATIVO

ESTRUTURA

Leia a primeira estrofe de um poema do poeta português Fernando Pessoa (1888-1935).

Mar português

Ó mar salgado, quanto do teu sal
São lágrimas de Portugal!
Por te cruzarmos, quantas mães choraram,
Quantos filhos em vão rezaram!
Quantas noivas ficaram por casar
Para que fosses nosso, ó mar!
[...]

R-STUDIO/SHUTTERSTOCK

FERNANDO PESSOA. *Obra poética*. Rio de Janeiro: Nova Aguilar, 1999. p. 82. (Fragmento).

a) Reescreva o trecho abaixo no presente do indicativo.

> "[...] quantas mães choraram,
> Quantos filhos emvão rezaram!
> Quantas noivas ficaram por casar
> Para que fosses nosso, ó mar!"

GRISHA BRUEV/SHUTTERSTOCK

b) Nos verbos modificados, o que se alterou em relação à forma do presente?

c) Na indicação de tempo, pessoa e número, que verbos sofreram mudança apenas na terminação?

d) Nos verbos modificados, a parte que não variou nos dá qual informação?

VERBO: ESTRUTURA

As formas verbais são formadas por partes que nos dão, cada uma, diferentes informações. Na maioria dos verbos, há uma parte que não varia, que é chamada de **radical**.

Radical é a parte do verbo que concentra seu significado básico, como em ***chor**ar*.

COSMAA/SHUTTERSTOCK

Já a parte das formas verbais que varia é chamada de **desinência**.

Desinência verbal é a terminação da forma verbal que indica:

- a pessoa (1ª, 2ª ou 3ª): *chor**am***;
- o número (singular ou plural): *chor**a***, *chor**am***;
- o modo (indicativo, subjuntivo ou imperativo): *chor**ará***, *chor**asse***, *chor**arem***;
- o tempo (presente, passado ou futuro): *chor**am***, *chor**avam***, *chor**arão***.

Os verbos distribuem-se em três **conjugações**. Nas formas verbais conjugadas, a parte que nos dá essa informação é a **vogal temática**.

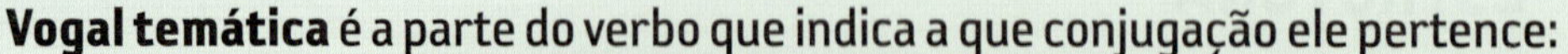

Vogal temática é a parte do verbo que indica a que conjugação ele pertence:

- **-a-** para verbos da 1ª conjugação: *chor**a**r*, *chor**a**vam*;
- **-e-** para verbos da 2ª conjugação: *faz**e**r*, *v**e**r*;
- **-i-** para verbos da 3ª conjugação: *exist**i**r*, *sorr**i**r*.

O conjunto formado pelo radical e pela vogal temática ao qual se juntam as desinências chama-se **tema**. Portanto, em *chorar*, *fazer* e *existir*, os temas são respectivamente *chora*, *faze*, *existi*.

Nos versos que reescreveu no presente do indicativo, você observou que um dos verbos manteve seu radical na mudança do tempo verbal: *chorar*. O verbo *ser*, porém, mudou completamente de forma. Alguns verbos sofrem pequenas alterações no radical ou na desinência, não previstas no modelo da conjugação a que pertencem. Por exemplo:

- *conseguir* – muda o radical na 1ª pessoa do singular do presente do indicativo (*cons**ig**o*);
- *fazer*, *querer* – terminam com som /s/ na 1ª pessoa do singular do pretérito perfeito do indicativo (*fi**z***, *qui**s***), quando o modelo prevê a terminação com a vogal ***i*** (*com**i***, *esquec**i***).

Verbos regulares são aqueles que seguem totalmente o modelo de sua conjugação. Exemplos: *cantar* (1ª conjugação); *comer* (2ª conjugação); *partir* (3ª conjugação).

Verbos irregulares são aqueles que em algumas pessoas ou alguns tempos verbais apresentam alterações no radical ou na desinência não previstas no seu modelo de conjugação. Exemplos: *conseguir*, *fazer*, *querer*.

Anômalos são os verbos que fogem completamente ao padrão de conjugação, como é o caso de *ir* (*vá*, *foi*, *irá*) e *ser* (*és*, *foram*, *somos*, *serão*).

TEMPOS DO SUBJUNTIVO

Releia este trecho do poema "Mar português" e compare as formas verbais destacadas.

> "Quantas noivas **ficaram** por casar
> Para que **fosses** nosso, ó mar!"

a) Em que modo elas estão?

b) Em que pessoa e número está a forma verbal *fosses*?

c) Essa forma verbal está no presente ou no pretérito? Por quê?

LEMBERG VECTOR STUDIO/SHUTTERSTOCK

TEMPOS DO SUBJUNTIVO

Há três tempos no modo subjuntivo:

- **Presente:** expressa um fato incerto e o situa em um intervalo de tempo simultâneo ou posterior ao momento da fala.

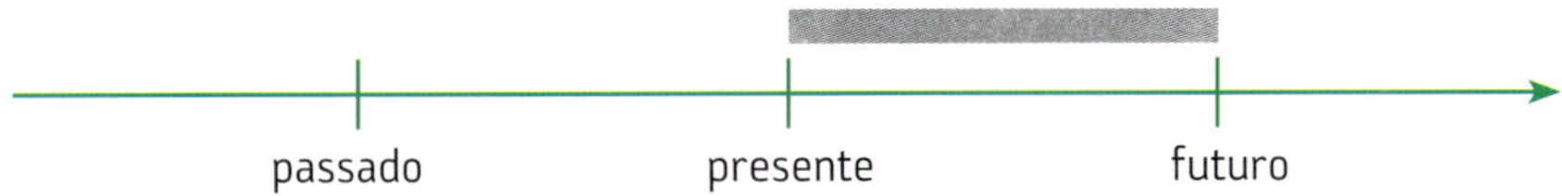

Exemplos:

*Não importa que eu **queira** ou não.* (simultâneo ao presente)
*Tomara que o filme **estreie** logo!* (posterior ao presente)

- ***Pretérito imperfeito*:** expressa um fato incerto e o situa em um intervalo de tempo simultâneo ou posterior ao passado, ou ainda em um tempo indefinido, hipotético.

Exemplos:

*Histórias brotavam aonde quer que ele **fosse**.* (simultâneo ao passado)
*Não esperava que a semana **fosse** tão tumultuada.* (posterior ao passado)
*Se eu **fosse** milionário, daria a volta ao mundo.* (tempo indefinido)

- **Futuro:** expressa um fato incerto e o situa em um intervalo de tempo simultâneo ou posterior ao presente (momento da fala).

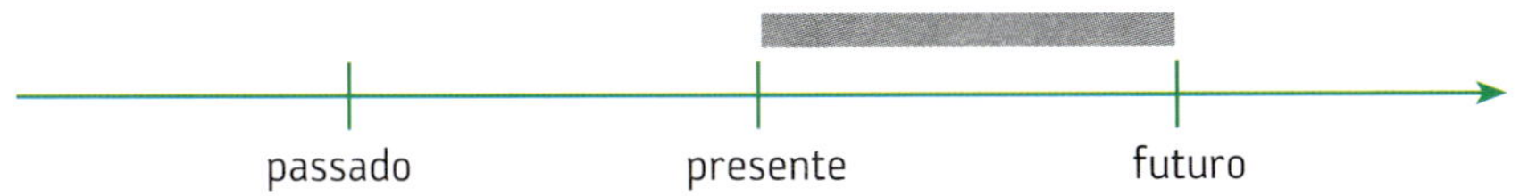

Exemplos:

*Quem **souber** o caminho pode ir sozinho.* (simultâneo ao presente)
*Quando eu **tiver** 16 anos, estudarei robótica.* (posterior ao presente)

A escolha entre um tempo e outro também está ligada à ***probabilidade*** de o fato acontecer. Compare:

*Se eu **tiver** dinheiro, irei à festa sábado.* (provável)
*Se eu **tivesse** dinheiro, iria à festa sábado.* (pouco provável)

Presente × futuro do subjuntivo

O presente do subjuntivo é usado com determinadas expressões, como *caso* e *que*: *Caso eu **saia**... Espero que você **venha**...*

Já o futuro do subjuntivo é usado principalmente com *quando*, *se* e *quem*: *Quando eu **estiver**... Se você **quiser**... Quem **vier**...*

A norma culta pressupõe coerência entre as formas verbais. No registro formal, portanto, procura-se obedecer às seguintes correspondências entre o subjuntivo e o verbo que o acompanha. Veja:

Indicativo	Subjuntivo	Exemplos
Presente	Presente	***Peço*** *que você* ***faça*** *os exercícios com atenção.*
Pretérito perfeito	Pretérito imperfeito	***Pedi*** *que ele* ***fizesse*** *os exercícios com atenção.*
Futuro do pretérito	Pretérito imperfeito	*Eu* ***iria*** *à Europa se* ***tivesse*** *oportunidade.*
Futuro do presente	Futuro	***Irei*** *à Europa quando* ***tiver*** *oportunidade.*

Além dos três tempos simples, o subjuntivo tem três tempos compostos:

- **pretérito perfeito composto** – *Espero que ele* ***tenha estudado.***
- **pretérito mais-que-perfeito composto** – *Se vocês* ***tivessem ouvido*** *as histórias sobre Gandalf, estariam ansiosos para conhecê-lo.*
- **futuro composto** – *Quando meu irmão* ***tiver terminado*** *o ensino médio, eu já estarei na faculdade.*

ACONTECE NA LÍNGUA

Na fala ou na escrita informal, são frequentes estas relações entre os tempos verbais.

Indicativo	Subjuntivo	Exemplos
Pretérito imperfeito	Pretérito imperfeito	*Eu* ***comprava*** *uma televisão nova se* ***tivesse*** *dinheiro.*
Presente	Futuro	***Telefono*** *para você se eu* ***tiver*** *tempo.*

Veja a tirinha da personagem Mafalda.

MAFALDA QUINO

© JOAQUIM S. LAVADO TEJÓN (QUINO), TODA MAFALDA/FOTOARENA/QUINO

No último quadrinho, Mafalda utiliza uma correspondência entre os verbos que é própria da linguagem falada: pretérito imperfeito do subjuntivo (***fosse***) mais pretérito imperfeito do indicativo (***saltava***, ***ia***).

A norma culta recomenda que, em situações formais, em frases como essa, seja empregado o pretérito imperfeito do subjuntivo (***fosse***) mais o futuro do pretérito do indicativo (***saltaria***, ***iria***).

ATIVIDADES

ATITUDES PARA A VIDA

Ao responder às questões, busque exatidão e precisão para garantir que você entendeu o que estudou.

1. Leia a tira.

CALVIN — BILL WATTERSON

a) Os três primeiros quadrinhos representam uma fantasia de Calvin, na qual ele aparece como personagem. Por que as formas dos verbos *ser* e *estar* não são de 1ª pessoa?

b) Qual é a relação entre os poderes que Calvin tem em sua fantasia e a situação que ele está vivendo na vida real?

c) O quadrinho final indica uma mudança no ponto de vista do menino, como se ele deixasse a fantasia e voltasse a ser o Calvin "de sempre". Que desinência verbal comprova isso?

d) Os elementos não verbais confirmam a mudança de ponto de vista? Explique.

2. No caderno, reescreva as frases substituindo o símbolo ✦ pelo verbo irregular entre parênteses flexionado no tempo indicado.

a) Quando os pais começaram a discutir, o menino ✦ . (*intervir*: pretérito perfeito do indicativo)

b) Faz tempo que meu irmão e eu ✦ conversando sobre isso. (*vir*: presente do indicativo)

c) As participantes do concurso de beleza se ✦ para impressionar os jurados. (*maquiar*: presente do indicativo)

d) Dos 50 estudantes que responderam à pesquisa, nada menos do que 45 ✦ em discos voadores. (*crer*: presente do indicativo)

e) Os moradores da vila não se ✦ ao fechamento da rua. (*opor*: pretérito perfeito do indicativo).

f) Você sabe se os alunos ✦ os recortes de jornais e revistas que o professor de Ciências pediu? (*trazer*: pretérito perfeito do indicativo)

g) Falarei com Áurea assim que a ✦. (*ver*: futuro do presente do indicativo)

"Interviu" × "interveio"?

Quando precisamos produzir um texto de acordo com a norma urbana de prestígio, a conjugação de certos verbos, principalmente os irregulares, pode provocar muitas dúvidas. Para não nos equivocarmos, é importante consultarmos sempre a conjugação verbal em dicionários ou *sites* especializados. Ao responder às questões da atividade 2, recorra a uma dessas fontes de consulta, se necessário.

3. Leia esta notícia.

NOVOS ÔNIBUS DE SÃO PAULO TÊM WI-FI GRÁTIS

Até o ano que vem, os veículos terão catracas com câmeras de reconhecimento facial

MARCELO D'SANTS/FRAME/FOLHAPRESS

Quem anda de ônibus nas zonas sul e oeste de São Paulo talvez se depare com um dos 20 superarticulados que começaram a circular nesta terça-feira na capital paulista. Os veículos de 23 metros de comprimento têm ar-condicionado e quatro deles já oferecem conexão Wi-Fi de graça. Até o ano que vem, os ônibus ganharão catracas equipadas com câmeras de reconhecimento facial para evitar fraudes no Bilhete Único.

[...]

Para acessar a internet, basta estar dentro de um ônibus que possua o adesivo indicador de Wi-Fi na frente; não é necessário digitar nenhuma senha.

Além da conexão grátis e do ar-condicionado, os ônibus possuirão, até o início do ano que vem, novas catracas equipadas com uma câmera que fotografa o passageiro que estiver passando o Bilhete Único. A ideia é evitar fraudes no uso dos benefícios de gratuidade (idosos e deficientes) e meia-tarifa (estudantes), que representam quase 20% dos passageiros.

[...]

A Prefeitura de São Paulo estuda a possibilidade de exigir que todos os ônibus comprados na próxima licitação, prevista para 2015, tenham ar-condicionado. É estranho que isso esteja sendo feito só agora, mas uma pesquisa da SPTrans, realizada em 2009, apontava que 86% dos passageiros eram contra o ar-condicionado nos ônibus.

PAULO HIGA. Disponível em: <http://mod.lk/zkysx>. Acesso em: 2 fev. 2018.

a) Qual é o objetivo da notícia?

b) Releia o primeiro parágrafo. Em seguida, encontre os verbos e indique o tempo e o modo verbal predominantes.

- Explique a predominância desse modo verbal.

c) No último parágrafo, qual é o único verbo que está no modo subjuntivo? Por que foi empregado o subjuntivo nesse caso?

4. Leia a tirinha.

MINDUIM — CHARLES SCHULZ

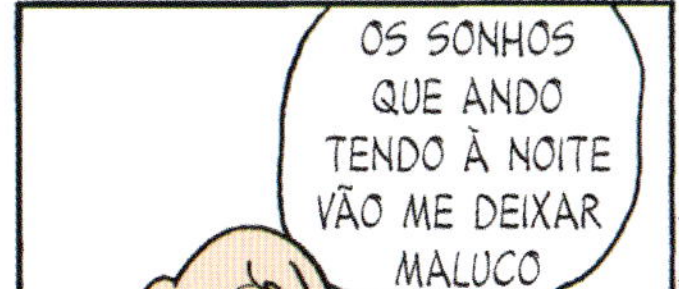

© 1970 PEANUTS WORLDWIDE LLC./DIST. BY ANDREWS MCMEEL SYNDICATION

a) Qual é o assunto da tirinha?

b) Em que tempo e modo estão os verbos do segundo quadrinho?

c) No terceiro quadrinho, há verbos no passado, no presente e no futuro. Quais são eles? Em que modo verbal estão?

d) No último quadrinho, há a locução verbal *pudessem chorar*. Em que tempo e modo ela está?

- O modo e o tempo verbal da locução estão diretamente relacionados à maneira como Charlie Brown foi orientado a demonstrar seus sentimentos e à construção de sentido do texto. Explique como isso acontece.

5. **Em uma campanha promovida por ONGs ambientais, artistas foram convidados a posar para fotos segurando o cartaz. Leia-o e responda às questões.**

a) Na época em que a campanha foi veiculada, estava sendo votado o Código Florestal Brasileiro, uma lei que regulamenta o uso e a preservação das florestas no país. Deduza: a quem se dirige o apelo "Ajude a escrever o novo Código Florestal Brasileiro" e como poderia ocorrer essa "ajuda"?

b) O redator do cartaz usou o modo subjuntivo para levar o leitor a pensar em uma hipótese. Que hipótese é essa e com que objetivo ela é levantada?

c) No cartaz, a correlação entre os verbos indica um uso formal ou informal da linguagem? Explique.

d) Esse uso da linguagem é adequado ao objetivo da campanha? Explique.

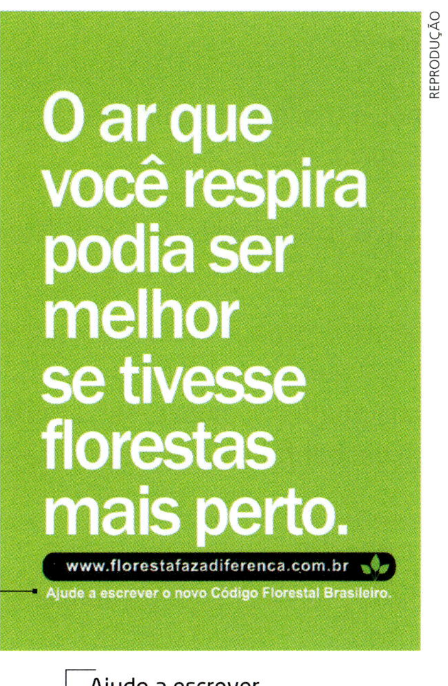

REPRODUÇÃO

Ajude a escrever o novo Código Florestal Brasileiro.

MODO IMPERATIVO

Verbo IV: tempos do subjuntivo e modo imperativo

Audiovisual apresenta os modos verbais subjuntivo e imperativo.

1. Com apenas 17 anos, a paquistanesa Malala Yousafzai recebeu o Prêmio Nobel da Paz, em 2014, por sua luta pelo direito das mulheres à educação em seu país e no mundo. Leia o final do discurso que ela fez na ocasião.

[...]

Que esta seja a última vez que se diga a uma menina que a educação é um crime e não um direito.

Que comecemos nós a encerrar essa situação.

Que sejamos nós a dar um fim a isto.

Que comecemos a construir um futuro melhor, aqui, agora.

Obrigada.

LUIZ RAMPELOTTO/PACIFIC PRESS/ALAMY LIVE NEWS/FOTOARENA

Foto de 2015.

MALALA YOUSAFZAI. *Blog da Companhia*. Disponível em: <http://mod.lk/hxa2q>. Acesso em: 15 fev. 2018. (Fragmento).

- Observe o verbo da oração em destaque. Ele expressa um convite ou uma ordem?

2. Destacamos o trecho a seguir do texto "A mensagem", da obra *A invenção de Hugo Cabret*, da unidade 2.

> "— **Dê o fora daqui!** — silvou Hugo, olhando para Isabelle. — Você está estragando tudo! **Me larga!**"

- As frases em destaque são ordens ou convites?

3. Leia agora o quadro "Lembre-se", abaixo, e responda: na frase de Malala, que tempo verbal foi empregado? E na de Hugo?

Lembre-se

Os modos verbais indicam a **atitude** de quem está falando diante dos fatos declarados:

- **indicativo** – certeza, convicção;
- **subjuntivo** – dúvida, desejo, hipótese;
- **imperativo** – ordem, pedido.

MODO IMPERATIVO

Além de expressar ordem, o **modo imperativo** pode indicar, conforme o contexto em que é empregado:

- convite: ***Apareça*** *lá em casa!*
- instrução: ***Abra*** *a embalagem pelo lado direito.*
- conselho: ***Dê*** *mais valor a si mesmo.*
- pedido: ***Façam*** *silêncio, por favor.*
- súplica: Socorro, ***ajudem****-me!*
- exortação: Ânimo! ***Erga*** *a cabeça e* ***siga*** *em frente!*

FORMAÇÃO DO IMPERATIVO

O imperativo tem duas formas:

- **imperativo afirmativo:** *Coma antes de sair de casa.*
- **imperativo negativo:** *Não pule refeições.*

O **imperativo negativo** provém do presente do subjuntivo antecedido de **não** (ou **nem**, **nunca**, **jamais**).

Presente do subjuntivo	Imperativo negativo
(que eu) cante	Não tem 1ª pessoa.
(que tu) cantes	não cantes (tu)
(que ele) cante	não cante (você)
(que nós) cantemos	não cantemos (nós)
(que vós) canteis	não canteis (vós)
(que eles) cantem	não cantem (vocês)

CARLOS CAMINHA

O **imperativo afirmativo** também provém do presente do subjuntivo, mas a 2ª pessoa do singular e a 2ª pessoa do plural têm flexão igual à do presente do indicativo sem a letra **s** final.

Presente do indicativo	Imperativo afirmativo	Presente do subjuntivo
(eu) canto	Não tem 1ª pessoa.	(que eu) cante
(tu) cantas	canta (tu)	(que tu) cantes
(ele) canta	cante (você)	(que ele) cante
(nós) cantamos	cantemos (nós)	(que nós) cantemos
(vós) cantais	cantai (vós)	(que vós) canteis
(eles) cantam	cantem (vocês)	(que eles) cantem

ACONTECE NA LÍNGUA

Em contextos formais, devemos empregar as formas da 3ª pessoa para dar ordens, conselhos, instruções à pessoa com quem falamos, a quem nos dirigimos por **você**. Por exemplo: *Você, por favor,* ***cante*** *comigo.*

Esse padrão, porém, nem sempre é empregado. Na tira a seguir, a andorinha Lola conversa com o computador. Os dois tratam um ao outro por **você**: "Pra ninguém poder mexer a não ser **você**", "**Você** olhou!". Logo, eles também deveriam utilizar formas do imperativo da 3ª pessoa para dar ordens ou instruções um ao outro. O computador de fato usa a forma da 3ª pessoa, mas Lola usa a que corresponde à 2ª pessoa (**olha** tu). Leia a tira.

LOLA LAERTE

Esse fato é extremamente comum na linguagem informal, sobretudo na oralidade. No entanto, em situações que exigem maior formalidade, é aconselhável manter a uniformidade das pessoas: *Olhe (você) para lá.*

ORGANIZAR O CONHECIMENTO

O QUE VOCÊ JÁ SABE?

Agora, você já é capaz de...	Sim	Não	Mais ou menos
... perceber que é o radical que traz o significado dos verbos?	☐	☐	☐
... diferenciar verbos regulares de verbos irregulares?	☐	☐	☐

Se você marcou **não** ou **mais ou menos**, retome a leitura de **Estrutura**.

Junte-se a um colega e, no caderno, copiem e completem o esquema com os exemplos solicitados.

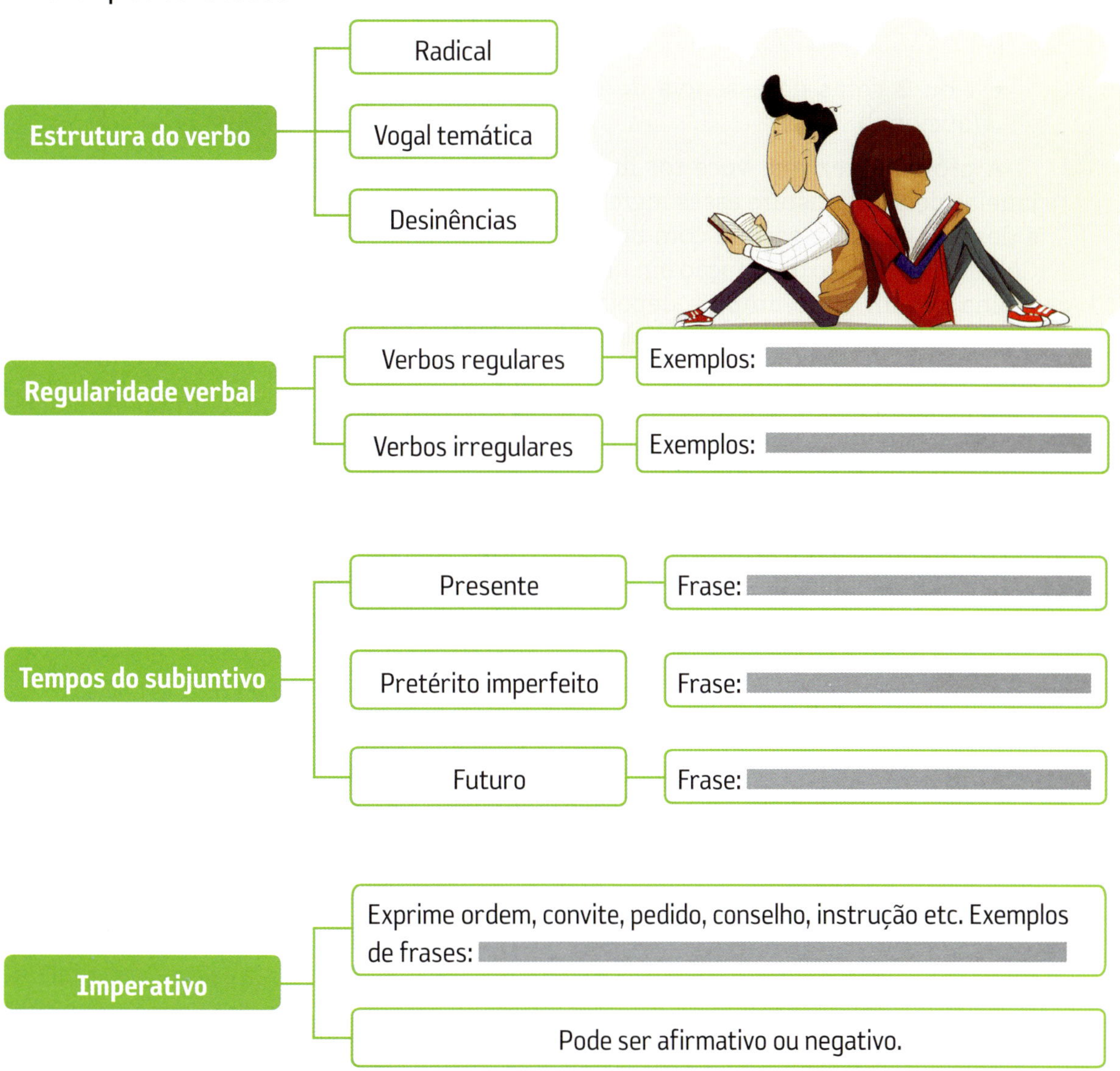

- **Estrutura do verbo**
  - Radical
  - Vogal temática
  - Desinências
- **Regularidade verbal**
  - Verbos regulares — Exemplos: ______
  - Verbos irregulares — Exemplos: ______
- **Tempos do subjuntivo**
  - Presente — Frase: ______
  - Pretérito imperfeito — Frase: ______
  - Futuro — Frase: ______
- **Imperativo**
  - Exprime ordem, convite, pedido, conselho, instrução etc. Exemplos de frases: ______
  - Pode ser afirmativo ou negativo.

RIDKOUS MYKHAILO/SHUTTERSTOCK

1. Leia o texto a seguir extraído de um *site* sobre assuntos relacionados a casa (decoração, arquitetura e cuidados em geral).

> Use os ingredientes que você tem na despensa para fazer produtos incríveis contra a sujeira
>
> [...]
>
> Para vidros:
>
> - 2 xícaras de água
> - ½ xícara de vinagre branco
>
> [...]
>
> - 1 ou 2 gotas de essência de laranja (opcional)
>
> A próxima vez que você for limpar as janelas de casa, misture esses ingredientes e despeje em uma garrafa com borrifador. Coloque um pouco da solução em um papel toalha ou um pano limpo e depois passe no vidro. Dica: lembre-se de não limpar as janelas em dias quentes e com muito sol, para evitar manchas no vidro. [...]

Marcela De Mingo. Disponível em: <http://mod.lk/ffvfl>. Acesso em: 16 fev. 2018. (Fragmento adaptado).

a) Qual é o objetivo desse texto?

b) O texto tem duas partes. Quais são elas?

c) Identifique as formas verbais que estão no imperativo.

d) Nesse texto, o imperativo foi usado para dar ordens? Explique.

e) Em quais dos gêneros textuais a seguir você esperaria encontrar o modo imperativo sendo usado com a mesma finalidade?

- receita culinária
- manual de instruções
- lenda
- autobiografia
- regras de jogo
- letra de canção

2. O título do livro cuja capa reproduzimos abaixo contém uma expressão popular. Em que contexto essa expressão poderia ser usada?

- Você já viu que muitas formas do português popular nascem da busca pela regularidade. Isso se aplica à forma "teje", que aparece no título do livro? Explique.

REPRODUÇÃO

Capa do livro de contos lançado pelo comediante Chico Anísio (1931-2012) nos anos 1970.

3. Leia este poema.

R-STUDIO/SHUTTERSTOCK

Coruja

Voo onde ninguém mais — vivo em luz
mínima
ouço o mínimo arfar — farejo o
sangue
e capturo
a presa
em pleno escuro.

Orides Fontela. *Poesia reunida*. Organização de Luis Dolhnikoff. São Paulo: Hedra, 2015.

a) Qual é, na sua opinião, o significado do título desse poema?

b) Dos cinco sentidos do corpo, quais parecem mais importantes para o eu lírico? Por quê?

c) A palavra arfar é usada no texto como substantivo ou como verbo no infinitivo? Justifique sua resposta.

d) No texto, a palavra presa foi usada como substantivo, mas ela se origina de um adjetivo. Dê exemplo de uso dessa palavra como adjetivo.

e) Qual a semelhança de sentido entre os dois usos da palavra presa, como substantivo e como adjetivo?

4. Leia esta tira.

NÍQUEL NÁUSEA FERNANDO GONSALES

© FERNANDO GONSALES

a) O humor da tira é construído por meio de uma quebra de expectativa. O que o leitor esperaria encontrar no último quadrinho?

b) Explique por que o uso do imperativo é responsável pelo humor da tira.

5. **O anúncio a seguir faz parte de uma campanha do Instituto Akatu direcionada aos moradores da cidade de São Paulo.**

INSTITUTO AKATU

Levar água tratada até sua casa custa caro. Se 10% das 3,2 milhões de casas conectadas à rede na cidade de São Paulo tiverem um vazamento da largura de um palito de dente, após 6 dias elas perderão o equivalente aos 6,2 bilhões de litros de água da Lagoa Rodrigo de Freitas localizada no Rio de Janeiro.
Para fornecer essa água que é jogada fora, o governo gasta o dinheiro que poderia ser aplicado em outras áreas, como educação, por exemplo.
Para construir um lugar melhor, o primeiro gesto está em suas mãos.

a) No caderno, copie do texto transcrito abaixo do anúncio um trecho em que se usou o modo subjuntivo para levantar uma hipótese.

b) A hipótese levantada nesse trecho é absurda, improvável, ou é possível, razoável? Por quê?

c) Qual seria a consequência se essa hipótese passasse a ser realidade ? Por que essa consequência causaria impacto no leitor?

d) Por que, segundo o texto, existe relação entre economia de água e melhoria da educação?

e) Identifique as formas verbais no imperativo usadas em "Ajude a melhorar a educação aprendendo uma simples lição: economize água". Transcreva-as e explique sua função no texto.

f) Qual é a sua opinião sobre essa propaganda?

Mais questões no livro digital

QUESTÕES DA LÍNGUA

ACENTUAÇÃO DAS PAROXÍTONAS

Um estudante australiano está fazendo um intercâmbio no Brasil e aprendendo português. Ele tem dúvidas com relação às convenções da escrita de nossa língua e, no momento, enfrenta problemas com a acentuação das paroxítonas.

a) Para entender melhor como funciona a acentuação dessas palavras, o garoto começou a anotar títulos de notícias de *sites* que ele viu na internet. Veja o material que ele encontrou:

ROBSON ARAÚJO

Ingestão exagerada de açúcar é uma questão cultural no Brasil

Disponível em: <http://mod.lk/f7t64>. Acesso em: 23 maio 2018.

Empresa japonesa cria robôs para monitorar pólen de flores

Disponível em: <http://mod.lk/zikaa>. Acesso em: 23 maio 2018.

Cyanogen quer tornar o Android mais adaptável e útil

Disponível em: <http://mod.lk/u1k1m>. Acesso em: 23 maio 2018.

Cão Átila é operado, mas bala fica alojada no tórax

Disponível em: <http://mod.lk/vjofl>. Acesso em: 23 maio 2018.

CNJ Serviço: entenda como funciona o Tribunal do Júri

Disponível em: <http://mod.lk/94hhlm>. Acesso em: 23 maio 2018.

Companhia anuncia caneta digital quase tão precisa quanto lápis e papel

Disponível em: <http://mod.lk/j6lbp>. Acesso em: 23 maio 2018.

Bônus para policiais divide opiniões

Disponível em: <http://mod.lk/mykxj>. Acesso em: 23 maio 2018.

O grande ímã da Via Láctea

Disponível em: <http://mod.lk/hqli1>. Acesso em: 23 maio 2018.

Americano usa a própria barba para aquecer patinho órfão

Disponível em: <http://mod.lk/p4udq>. Acesso em: 23 maio 2018.

Dona tosa pônei como zebra e confunde funcionários de fazenda na Escócia

Disponível em: <http://mod.lk/zwjgq>. Acesso em: 23 maio 2018.

Decreto tem "caráter permanente", diz governo

Disponível em: <http://mod.lk/mwpgj>. Acesso em: 23 maio 2018.

Novo álbum de Cher Lloyd deve ser lançado em março

Disponível em: <http://mod.lk/bs0eb>. Acesso em: 23 maio 2018.

3 movimentos para tonificar o bíceps

Disponível em: <http://mod.lk/fnp6m>. Acesso em: 23 maio 2018.

Lembre-se

- Quando a sílaba tônica de uma palavra é a última, essa palavra é chamada **oxítona**; se for a penúltima, **paroxítona**; se for a antepenúltima, **proparoxítona**.
- Recebem acento gráfico as **oxítonas** terminadas em **a(s)**, **e(s)**, **o(s)** e **em(ns)**: *cajá, marajás, bufê, cafés, pivôs, cipó, porém, reféns.*
- Levam acento gráfico todas as **proparoxítonas** e também as palavras de mais de duas sílabas terminadas em ditongo crescente que admite ser pronunciado como hiato: *câ-ma-ra, ím-pe-to, pês-se-go, ar-má-ri-o, á-re-a, es-pé-ci-e.*
- **Monossílabos tônicos** são os pronunciados com mais intensidade: *bom, dó, é, fé, meu, som, trem.*
- **Monossílabos átonos** são os pronunciados com menos intensidade: *a, de, em, lhe, me, o, que, se, o.*

CARLOS CAMINHA

b) Ajude o estudante australiano a listar as palavras paroxítonas que aparecem nos títulos. Use o caderno para essa tarefa.

c) Agora, circule na lista as palavras paroxítonas acentuadas.

d) O estudante australiano percebeu semelhanças entre as palavras *açúcar* e *caráter* e entre as palavras *adaptável* e *útil*. Quais são elas?

e) O intercambista resolveu checar se isso acontece com as outras palavras paroxítonas também. E montou uma tabela como esta:

açúcar	caráter
adaptável	útil
pólen	
tórax	
júri	
lápis	
bônus	
órfão	
pônei	
ímã	
álbum	
bíceps	

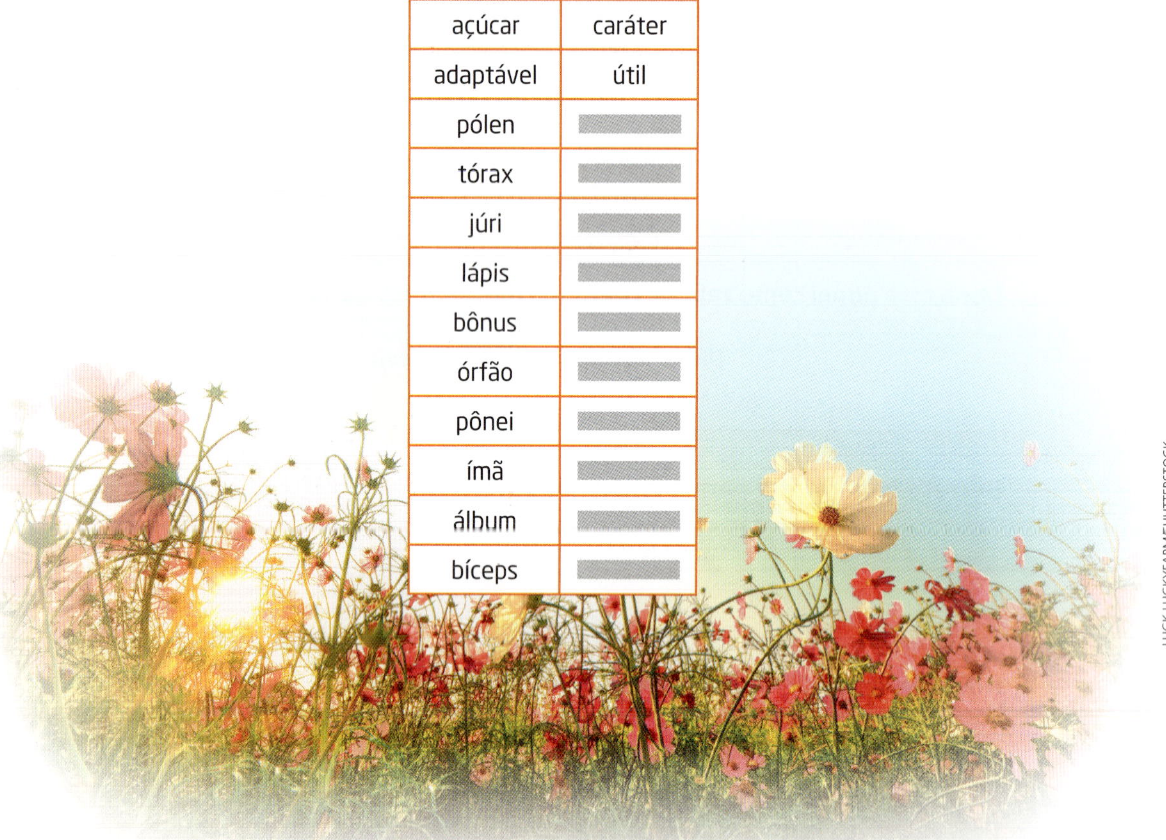

LUCK LUCKYFARM/SHUTTERSTOCK

Complete a tabela. Para isso, encontre mais uma ou duas palavras paroxítonas com terminações semelhantes às daquelas da coluna à esquerda.

f) Todas essas palavras são acentuadas?

g) Essas palavras, no plural, também recebem acento?

h) A que conclusão você e o estudante australiano podem chegar?

São acentuadas as palavras paroxítonas terminadas em:

- **-r**, **-ps**, **-n**, **-l** e **-x**: *fêmur*, *fórceps*, *hífen*, *túnel*, *códex*.
- **-i**, **-is**, **-us**: *beribéri(s)*, *tênis*, *ônus*.
- **-ã(s)**, **-ão(s)**: *ímã(s)*, *bênção(s)*.
- **-ei(s)**: *vôlei(s)*, *pônei(s)*.
- **-um(ns)**: *fórum(ns)*, *álbum(ns)*.

ROBSON ARAÚJO

ATIVIDADES

1. Copie e, quando necessário, acentue as palavras.

infalivel	simples	hoje	automovel	eter
fenix	homem	onix	guerras	ferteis

2. Leia e compare estes pares de palavras. O que o acento gráfico provoca em relação ao significado delas?

revólver	revolver
cáqui	caqui

3. Flexione as paroxítonas abaixo no plural, observando os acentos. Em seguida, classifique as palavras flexionadas quanto à sílaba tônica.

repórter	fêmur	mártir	líder	açúcar

4. Leia a tira abaixo.

OZZY E TIREX — ANGELI

a) Encontre no texto uma palavra paroxítona acentuada.

b) Explique por que, no plural, essa palavra deixa de ser paroxítona.

c) Essa palavra é importante na construção do humor da tira. Por quê?

5. **Transcreva as palavras paroxítonas acentuadas. Justifique.**

R-STUDIO/SHUTTERSTOCK

Existe gente-casa e gente-apartamento. Não tem nada a ver com o tamanho: há pessoas pequenas que você sabe, só de olhar, que têm dois pisos e escadaria, e pessoas grandes com um interior apertado, sala e quitinete. Também não tem nada a ver com caráter. Gente-casa não é necessariamente melhor do que gente-apartamento. A casa que alguns têm por dentro pode estar abandonada, a pessoa pode ser apenas uma fachada [...]. Já uma pessoa-apartamento pode ter um interior simples mas bem ajeitado e agradável. É muito melhor conviver com um dois quartos, sala, cozinha e dependências do que com um labirinto. [...]

Luis Fernando Verissimo. *O melhor das comédias da vida privada.* Rio de Janeiro: Objetiva, 2004. p. 292. (Fragmento). © by Luis Fernando Verissimo.

6. **Releia o texto da questão anterior e veja a contagem de palavras.**

"Existe gente-casa e gente-apartamento. Não tem nada a ver com o tamanho: há pessoas pequenas que você sabe, só de olhar, que têm dois pisos e escadaria, e pessoas grandes com um interior apertado, sala e quitinete. Também não tem nada a ver com caráter. Gente-casa não é necessariamente melhor do que gente-apartamento. A casa que alguns têm por dentro pode estar abandonada, a pessoa pode ser apenas uma fachada [...]. Já uma pessoa-apartamento pode ter um interior simples mas bem ajeitado e agradável. É muito melhor conviver com um dois quartos, sala, cozinha e dependências do que com um labirinto. [...]"

Legenda:
Oxítonas
Paroxítonas
Proparoxítona
Total de palavras no texto sem contar os monossílabos: 56.
Palavras oxítonas: 10.
Palavras paroxítonas: 45.
Palavra proparoxítona: 1.

a) Faça a mesma classificação e a mesma contagem no texto abaixo.

Não se sabe quem fez a lista das sete maravilhas do mundo, que foram grandes obras da Antiguidade. Das sete maravilhas da lista, seis não existem mais: os Jardins Suspensos da Babilônia (que estariam localizados onde hoje é o Iraque), o Farol de Alexandria (no Egito), a Estátua de Zeus (que estaria na Grécia), o Colosso de Rodes (na Grécia), o Mausoléu de Halicarnasso e o Templo de Ártemis (que ficavam na região onde se localiza a Turquia). A única das maravilhas que resistiu à ação do tempo e das guerras é o conjunto de pirâmides de Gizé, no Egito. Ao todo, são três pirâmides: Quéops, Quéfren e Miquerinos.

Recreio, São Paulo, ano 7, n. 362, p. 4, 15 fev. 2007.

ALEXANDRE DUBIELA

b) O que a contagem de palavras revela nos dois textos? O que isso sugere?

c) Sabendo que o acento gráfico serve para marcar exceções, o que você conclui em relação às regras para acentuação das proparoxítonas e das paroxítonas?

LEITURA E PRODUÇÃO DE TEXTO

A PRODUÇÃO EM FOCO

- Nesta unidade, você vai produzir um poema de amor. Durante a leitura do texto, fique atento:
  - **a)** à intenção comunicativa do texto;
  - b) às características e aos sentimentos do eu lírico e, se houver, de seu interlocutor;
  - c) aos aspectos formais do poema (divisão em estrofes, métrica, rimas, sonoridade, repetições etc.).

ALEXANDRE DUBIELA

CONTEXTO

A percepção do tempo é a mesma para quem está ou não está amando? Quando se está apaixonado, as horas passam vagarosa ou apressadamente? O tempo faz com que os casais se aproximem ou se distanciem? O tempo e o amor, em suas múltiplas dimensões, são temas presentes em poemas de várias épocas e línguas. E é sobre isso que trata o poema a seguir, escrito por Carlos Drummond de Andrade, um dos mais importantes poetas brasileiros.

O tempo passa? Não passa

O tempo passa? Não passa
no abismo do coração.
Lá dentro, perdura a graça
do amor, florindo em canção.

O tempo nos aproxima
cada vez mais, nos reduz
a um só verso e uma rima
de mãos e olhos, na luz.

Não há tempo consumido
nem tempo a economizar.
O tempo é todo vestido
de amor e tempo de amar.

O meu tempo e o teu, amada,
transcendem qualquer medida.
Além do amor, não há nada,
amar é o sumo da vida.

São mitos de calendário
tanto o ontem como o agora,
e o teu aniversário
é um nascer a toda hora.

E nosso amor, que brotou
do tempo, não tem idade,
pois só quem ama escutou
o apelo da eternidade.

R-STUDIO/SHUTTERSTOCK

CARLOS DRUMMOND DE ANDRADE. *Amar se aprende amando.* Rio de Janeiro: Record, 1985. p. 17.

Biografia

Nascido na cidade mineira de Itabira, em 1902, **Carlos Drummond de Andrade** é considerado um dos mais importantes poetas do Brasil, além de ter se dedicado à produção de contos e crônicas. Sua obra é marcada por temas como a família, as lembranças da infância e da terra natal, o amor, os conflitos sociais e as inquietações a respeito da vida. Morreu no Rio de Janeiro, em 1987.

ARQUIVO AGÊNCIA ESTADO/ ESTADÃO CONTEÚDO

O poeta em 1985.

ESTUDO DO TEXTO

ANTES DO ESTUDO DO TEXTO

1. Se não tem certeza de ter compreendido bem o texto, leia-o novamente.
2. Ao responder às questões a seguir, procure empregar o que já aprendeu ao ler outros textos e seja preciso em suas respostas.

DE OLHO NAS CARACTERÍSTICAS DO GÊNERO

1. **Caracterize o eu lírico de "O tempo passa? Não passa".**
2. **De acordo com as frases abaixo, associe como o eu lírico expressa seu sentimento em relação ao tempo e ao amor a cada estrofe do poema. Escreva no caderno.**
   - O tempo não é um problema para os amantes.
   - O tempo não passa para os que amam.
   - O tempo aproxima os amantes.
   - O tempo para os amantes supera tudo.
   - O tempo é eterno para quem encontrou o amor.
   - O tempo é uma criação humana; para quem ama, ele se renova a cada dia.

CARLOS CAMINHA

3. **Você já viu que é comum poetas empregarem palavras ou expressões em uma linguagem figurada em seus textos.**
   a) Esse recurso foi muito ou pouco utilizado nesse poema? Explique.
   b) Qual o significado da palavra "abismo" na primeira estrofe? Por que o eu lírico afirma que o tempo "não passa no abismo do coração"?
   c) Na segunda estrofe, o poeta descreve o amor como um sentimento que torna os amantes indivisíveis, inseparáveis. Que comparação ele utiliza para caracterizar o amor dessa maneira?

d) De acordo com a situação em que for usada, uma mesma palavra pode ter sentidos diferentes. A palavra "sumo" pode ter vários significados. Observe alguns retirados de um dicionário.

> **1.** suco ('caldo'); líquido nutritivo que se extrai de matéria animal ou vegetal (carne, legumes, frutas)
>
> **2.** Derivação: sentido figurado.
> o máximo atingível; o auge, o ápice
>
> **3.** extraordinário, excelso, excelente
>
> **4.** que já chegou ao limite; extremo, demasiado
>
> GRANDE DICIONÁRIO HOUAISS DA LÍNGUA PORTUGUESA. 2. ed. Rio de Janeiro: Instituto Antônio Houaiss, 2018.

ALEXANDRE DUBIELA

- **Que significado, ou significados, a palavra pode assumir no verso "amar é o sumo da vida"? Por quê?**

4. **Conforme você já estudou, os poemas costumam apresentar associações relacionadas a sentidos, ideias, imagens ou sensações.**

a) As palavras e expressões utilizadas pelo poeta permitem estabelecer relação entre as estrofes e os sentidos (olfato, visão, audição, tato ou paladar)?

b) Dê exemplos desse recurso com base no texto.

5. **Copie, no caderno, a quinta e a sexta estrofes do poema.**

a) Destaque as rimas correspondentes.

b) Como as rimas podem ser classificadas? Justifique.

c) Faça a divisão de sílabas poéticas dos versos dessas estrofes. Os versos são regulares ou irregulares? Justifique sua resposta.

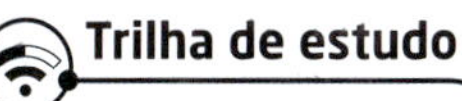

Trilha de estudo

Vai estudar? Stryx pode ajudar! <http://mod.lk/trilhas>

6. **E você? Como expressaria seu sentimento em relação ao tempo e ao amor por meio de versos? Converse com os colegas.**

PRODUÇÃO DE TEXTO

POEMA DE AMOR

O que você vai produzir

Você vai escrever um poema de amor que será recitado em sala de aula e exposto no mural da escola.

NA HORA DE PRODUZIR

1. Siga as orientações apresentadas nesta seção.
2. Lembre-se de que você já leu e analisou textos do gênero que vai produzir. Se for o caso, retome o **Estudo do texto**.
3. Diante da folha em branco, persista. Nenhum texto fica pronto na primeira versão.

PLANEJE E DESENVOLVA SEU TEXTO

1. Considere inicialmente os seguintes aspectos.
   a) Imagine um amor que você tenha vivido ou esteja vivendo ou, ainda, que tenha desejo de viver.
   b) Defina o eu lírico do poema: como ele é, o que está sentindo.
   c) Defina para quem você vai dirigir seu poema.
2. Solte a imaginação e escreva seu texto.
   a) A princípio, escreva livremente, sem se preocupar com a forma definitiva do poema.
   b) Sinta-se à vontade para expressar seus sentimentos, reais ou imaginados. A inspiração e a emoção são também seus elementos essenciais.
   c) Escolha as frases que mais lhe agradaram, agrupe-as e, agora sim, tente compor o poema.
   d) Organize a divisão em versos e estrofes.
3. Considere as orientações a seguir.
   a) Reescreva o poema quantas vezes achar necessário.
   b) Se possível, utilize os recursos da linguagem poética que você estudou nesta unidade: ritmo, rima, associações etc.
   c) Procure cortar palavras desnecessárias.
   d) Dê um título ao seu poema.

AVALIE SEU POEMA

Revise seu poema de acordo com o quadro a seguir. Depois, passe o texto a limpo.

Aspectos importantes em relação à proposta e ao sentido do texto
Poema
1. Expressa sensações e sentimentos?
2. Está organizado em versos?
3. Apresenta linguagem poética, com uso de recursos como rima, associações etc.?
4. O eu lírico está claro? E o interlocutor (se houver)?
Aspectos importantes em relação à ortografia, à pontuação e às demais normas gramaticais
1. Está livre de problemas de ortografia e acentuação?
2. Os verbos estão empregados adequadamente?

DECLAME E EXPONHA SEU POEMA

1. Você poderá decorar seu poema ou lê-lo para os colegas. É importante que sua interpretação tenha emoção e expressividade.
2. Marque os termos que deverão ser recitados com mais força (como as repetições e as rimas) e em que momentos deverão ser feitas as pausas. Em seguida, ensaie a leitura várias vezes em voz alta.
3. Combine com o professor e os colegas o dia da declamação.
4. Na apresentação observe quais sílabas das palavras merecem entonação mais forte e empregue as pausas e pontuações adequadamente.
5. Após a apresentação, exponha sua produção no mural da escola.

ATITUDES PARA A VIDA

CONTROLAR A IMPULSIVIDADE

Você costuma agir sem pensar? Ou respira fundo e pensa melhor antes de tomar uma decisão?

Agir sem pensar e apressadamente pode resultar em confusão e problemas. Quem controla os impulsos, por outro lado, age com tranquilidade e cautela, reservando um tempo para assimilar uma nova informação para só depois, com os pensamentos organizados, agir.

Para que o poema que você criou ficasse do jeito que queria, deve ter sido importante agir com calma e controlar seus impulsos para não escrevê-lo de qualquer maneira, não é mesmo? Tendo isso em conta, leia a tira a seguir.

OBJETOS INANIMADOS — GUILHERME BANDEIRA

FACEBOOK.COM/OBJETOSINANIMADOSCARTOON @GUILHERME_BANDEIRA

1. Como você interpreta a tira? Compartilhe suas ideias com os colegas e o professor.

2. A frase "Vou me lançar para um novo amor!" revela que tipo de atitude? Você acha que ela pode ser positiva em todas as situações?

3. Ao realizar uma tarefa, escolher um caminho ou tomar uma decisão você considera mais importante *pensar antes de agir* ou *agir antes de pensar*? Converse sobre isso com os colegas e o professor.

A reflexão precede a ação. É importante se dar um tempo para entender as orientações de uma tarefa antes de realizá-la. É preciso pensar, avaliar e analisar com cuidado o desafio que temos pela frente para só então agir, fazer, produzir!

4. Você já passou por alguma situação em que agiu por impulsividade? Como você se sentiu? Compartilhe essa experiência com os colegas e o professor.

5. Você acha que seus colegas conseguiram controlar a impulsividade no momento em que declamaram seus poemas?

6. Você soube controlar sua impulsividade no momento de criar seu poema e quando o declamou?

Embora seja importante, durante o processo de criação, deixar-se levar pela emoção, para que a ideia se realize é fundamental buscar equilíbrio entre emoção e razão.

7. É importante controlar a impulsividade também fora do âmbito escolar? Em que situações e por quê?

AUTOAVALIAÇÃO

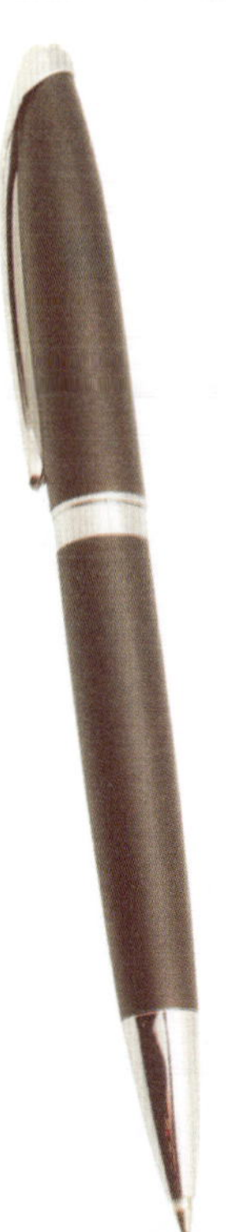

PAKHNYUSHCHY/SHUTTERSTOCK

Atitudes para a vida	Sim	Não	O que melhorar
1. Você **organizou seu pensamento** e **expressou-se com clareza** por meio do poema que produziu?			
2. Você utilizou sua **imaginação** e foi **criativo** ao produzir seu poema?			
3. Seu poema foi escrito com **exatidão** e **precisão**?			
4. **Pensar de maneira interdependente** foi importante na produção de seu poema?			
5. Você soube **controlar a impulsividade** na criação e declamação do seu poema?			

"Amar!" O título do poema expressa o tema do texto, e as estrofes revelam a maneira particular de o eu poético vivenciar o amor, de sua visão do que é esse sentimento e de como ele se realiza. O texto é de autoria da poeta portuguesa Florbela Espanca (1894-1930).

ALEXANDRE DUBIELA

Amar!

Eu quero amar, amar perdidamente!
Amar só por amar: Aqui... além...
Mais Este e Aquele, o Outro e toda a gente...
Amar! Amar! E não amar ninguém!

Recordar? Esquecer? Indiferente!...
Prender ou desprender? É mal? É bem?
Quem disser que se pode amar alguém
Durante a vida inteira é porque mente!

Há uma primavera em cada vida:
É preciso cantá-la assim florida,
Pois se Deus nos deu voz, foi pra cantar!

E se um dia hei de ser pó, cinza e nada,
Que seja a minha noite uma alvorada,
Que me saiba perder... pra me encontrar...

FLORBELA ESPANCA. Amar! In: DOUGLAS TUFANO (Org.). *Antologia de poesia portuguesa*: de Camões a Pessoa. 2. ed. São Paulo: Moderna, 2005. p. 102.

Versão poética da peça teatral *Romeu e Julieta*, do escritor inglês William Shakespeare, o fragmento de narrativa em forma de cordel que você vai ler a seguir conta a história de amor entre esses dois jovens, membros de famílias inimigas entre si (as famílias Montéquio e Capuleto). O fragmento apresenta o diálogo entre eles, ocorrido após o baile de máscaras em que se conheceram e se apaixonaram, sem nenhum dos dois saber a que família o outro pertencia.

Romeu e Julieta em cordel

Romeu naquele castelo
Acabara de chegar,
Após cruzar a muralha
Que dava acesso ao pomar,
Apareceu Julieta
Na janela do solar.

Na hora em que Julieta
Apareceu na janela,
Romeu achou ser cupido
Dirigindo os passos dela,
Por ele nunca ter visto
Coincidência daquela.

Contemplando-a na janela,
Romeu teve a certeza
Que jamais outra mulher
Teria tanta beleza.
Parecia um arcanjo
No nicho da natureza.

As estrelas peregrinas
Desciam a céu aberto
Até a sua janela,
Denunciando por certo
À jovem que seu amado
Estaria ali bem perto.

Sua beleza infinita
Obrigava no nascente
A lua pálida e enferma
Aparecer debilmente,
Depois de sumir com inveja
Na janela do poente.

No seu busto escultural
As salientes molduras
De duas pérolas intactas
De extremidades escuras
Pareciam duas réplicas
De mangas rosas maduras.

ALEXANDRE DUBIELA

ALEXANDRE DUBIELA

Ela pôs a mão no rosto,
Romeu, na ocasião,
Disse: — Quero ser a luva
Naquela divina mão
Para tocar sua face
E sentir seu coração.

Julgando-se ali sozinha,
Suspirou profundamente,
Exclamando: — Ai de mim!
Chamou repetidamente
Pelo nome do amado,
Que ela supunha ausente.

— Ah, meu Romeu onde estás? —
Repetiu ela outra vez. —
Anjo, renega teu nome
Pelo meu amor, talvez...
Ele sentiu-se tentado
De falar, mas não o fez.

Julieta exprobrou
Ao Montéquio duramente,
Desejou que ele tivesse
Outro nome diferente,
Desfazendo-se daquele
Pra ser sua eternamente.

Romeu não mais se conteve,
Mesmo com certo temor.
E do jardim onde estava
Falou chamando-a de flor
E pediu-lhe que apenas
O chamasse de amor.

Alarmada por ouvir
Voz de homem no jardim,
Reconheceu ser Romeu,
Censurou-o mesmo assim,
Temendo sua família
Descobrir e dar-lhe fim.

Romeu disse: — Há mais perigo
Nos teus olhos, minha flor,
Do que em vinte espadas
Nas mãos do vil opressor.
Prefiro morrer lutando
Do que perder teu amor!

— Como chegaste aqui? —
Julieta perguntou. —
Por indicação de quem?
Romeu não titubeou:
— Foi teu amor, minha santa,
Que até aqui me guiou.

Se estivesse mais longe
De mim, para teu conforto,
Em uma longínqua praia
Banhada pelo mar Morto,
Eu me aventuraria
A encontrar o teu porto.

Ela procurou manter
Romeu longe do solar,
Simulando indiferença,
Temendo ele a julgar
Como moça leviana
E fácil de conquistar.

E naquela madrugada
Chegaram à conclusão
Que na união dos dois
Estaria a solução
Para fazer das famílias
A reconciliação.

Sebastião Marinho. *Romeu e Julieta em cordel*. Adaptação da obra de William Shakespeare. São Paulo: Nova Alexandria, 2011. p. 21-23.

ALEXANDRE DUBIELA

PARA SE PREPARAR PARA A PRÓXIMA UNIDADE

Pow! Poft! Arrá! Na próxima unidade vamos aprender um pouco mais sobre a estrutura, os temas e os recursos de linguagem das HQs e das tiras.

Pesquise o universo das histórias em quadrinhos na internet ou em revistas disponíveis na biblioteca da escola ou em sua casa. Depois, troque ideias com os colegas sobre o que você achou mais divertido ou curioso.

1

ARQUIVO PESSOAL

Neste vídeo, o escritor Felipe Sali apresenta uma lista com dicas de HQs imperdíveis! Confira: <http://mod.lk/nqued>.

2

REPRODUÇÃO

Assista a uma emocionante e premiada animação inspirada em uma tira do quadrinista brasileiro Fabio Coala, que você vai conhecer na próxima unidade.

Veja aqui a animação: <http://mod.lk/azflf>.

E, aqui, a tira que deu origem à animação: <http://mod.lk/dxcul>.

3

BULENTGULTEK/GETTY IMAGES

Sabia que você pode fazer sua própria história em quadrinhos em *sites* que oferecem, gratuitamente, ferramentas para desenvolver sua narrativa? Confira algumas sugestões neste *link*: <http://mod.lk/blsbe>.

4

Morfologia e sintaxe. Frase e oração. Período simples e composto

Este objeto digital apresenta os conceitos de morfologia, sintaxe, frase, oração e período. Acesse: <http://mod.lk/fpzpw>.

O QUE VOCÊ JÁ SABE?

Até este momento, você seria capaz de...	Sim	Não	Mais ou menos
... reconhecer que as HQs são narrativas em quadros sequenciais, com espaço, tempo e personagens, mas construídas com imagens e textos?			
... perceber que as HQs usam recursos visuais, e não apenas o texto verbal, para expressar os pensamentos e as emoções das personagens?			
... identificar algum recurso de linguagem que é tipicamente usado nos quadrinhos?			

De acordo com o conteúdo do objeto digital *Morfologia e sintaxe. Frase e oração. Período simples e composto*, você seria capaz de...	Sim	Não	Mais ou menos
... diferenciar frase e oração?			
... perceber que diferentes palavras exercem diferentes funções nas frases e orações?			
... distinguir período simples de período composto?			

AS HISTÓRIAS EM QUADRINHOS

QUANDO SE FALA DE HISTÓRIAS EM QUADRINHOS, LOGO SE PENSA EM QUADROS EM SEQUÊNCIA COM TEXTOS, IMAGENS E PERSONAGENS QUE SE EXPRESSAM POR BALÕES – COMO EU!

ISSO PODE PARECER MUITO MODERNO, MAS PESSOAS INVENTAM JEITOS PARECIDOS DE CONTAR HISTÓRIAS HÁ MILHARES DE ANOS.

CAÇADAS E OUTROS EVENTOS JÁ ERAM DESENHADOS HÁ 20 MIL ANOS POR POVOS DA PRÉ-HISTÓRIA.

HÁ 5 MIL ANOS, NO TEMPO DOS FARAÓS, OS EGÍPCIOS PINTAVAM MURAIS COMBINANDO SEQUÊNCIAS DE DESENHO E TEXTO EM HIERÓGLIFO.
O QUE ESTE MURAL CONTA?
ESSE ERA UM COLETOR DE IMPOSTOS BEM SEVERO...
... E QUEM FOSSE PEGO TENTANDO ENGANÁ-LO SOFRIA CASTIGOS TERRÍVEIS.

NO ANTIGO MÉXICO, HÁ MAIS DE MIL ANOS, OS MAIAS DESENHAVAM FIOS COM FALAS ESCRITAS EM HIERÓGLIFO SAINDO DA BOCA DAS PERSONAGENS.

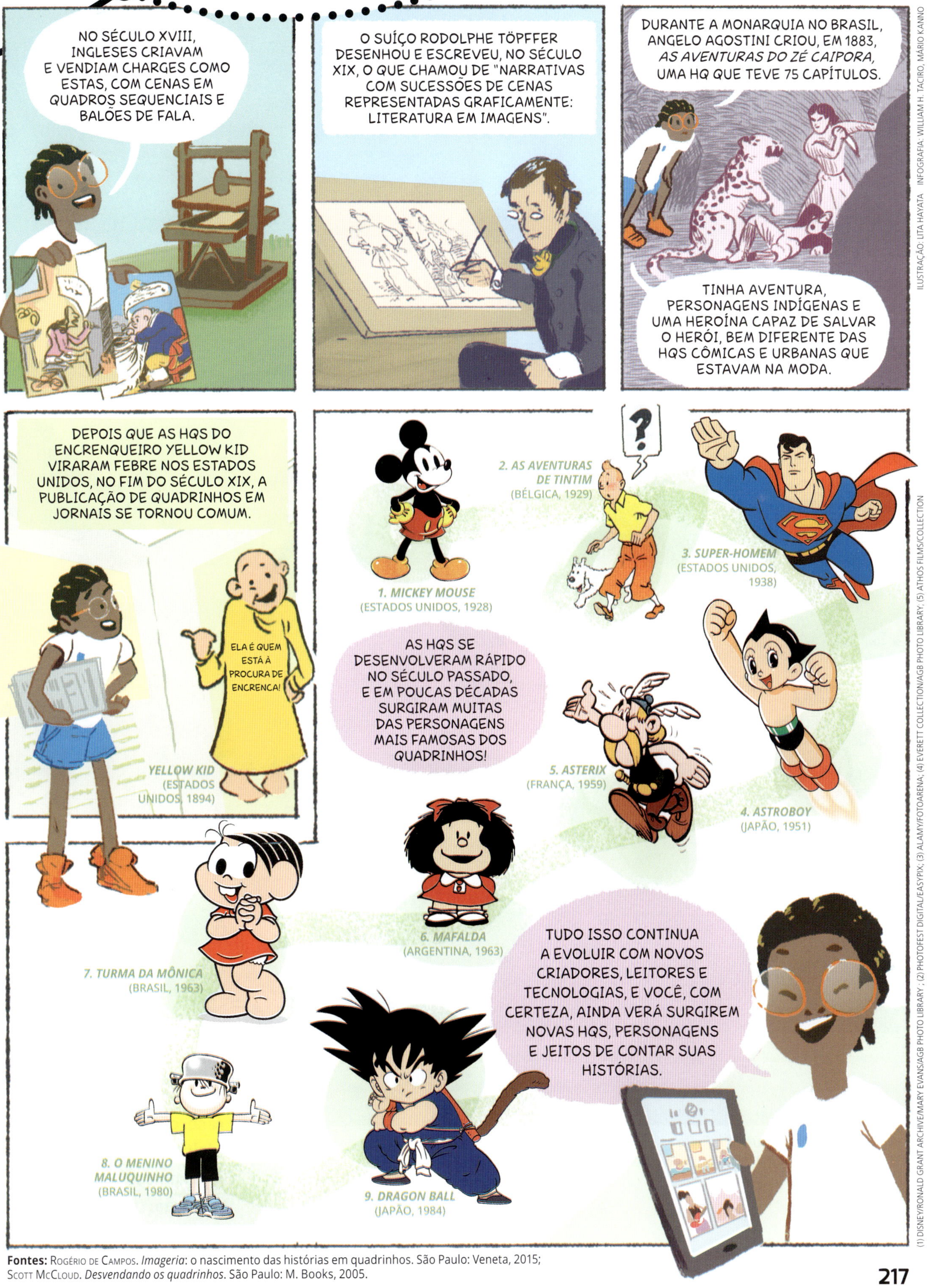

DEPOIS QUE AS HQS DO ENCRENQUEIRO YELLOW KID VIRARAM FEBRE NOS ESTADOS UNIDOS, NO FIM DO SÉCULO XIX, A PUBLICAÇÃO DE QUADRINHOS EM JORNAIS SE TORNOU COMUM.

ELA É QUEM ESTÁ À PROCURA DE ENCRENCA!

YELLOW KID (ESTADOS UNIDOS, 1894)

1. MICKEY MOUSE (ESTADOS UNIDOS, 1928)

2. AS AVENTURAS DE TINTIM (BÉLGICA, 1929)

?

3. SUPER-HOMEM (ESTADOS UNIDOS, 1938)

AS HQS SE DESENVOLVERAM RÁPIDO NO SÉCULO PASSADO, E EM POUCAS DÉCADAS SURGIRAM MUITAS DAS PERSONAGENS MAIS FAMOSAS DOS QUADRINHOS!

4. ASTROBOY (JAPÃO, 1951)

5. ASTERIX (FRANÇA, 1959)

6. MAFALDA (ARGENTINA, 1963)

7. TURMA DA MÔNICA (BRASIL, 1963)

8. O MENINO MALUQUINHO (BRASIL, 1980)

9. DRAGON BALL (JAPÃO, 1984)

TUDO ISSO CONTINUA A EVOLUIR COM NOVOS CRIADORES, LEITORES E TECNOLOGIAS, E VOCÊ, COM CERTEZA, AINDA VERÁ SURGIREM NOVAS HQS, PERSONAGENS E JEITOS DE CONTAR SUAS HISTÓRIAS.

Fontes: Rogério de Campos. *Imageria*: o nascimento das histórias em quadrinhos. São Paulo: Veneta, 2015;
Scott McCloud. *Desvendando os quadrinhos*. São Paulo: M. Books, 2005.

Pôster do filme *Vingadores: guerra infinita* (EUA, 2018). Direção: Anthony Russo e Joe Russo.

EM FOCO NESTA UNIDADE

- A história em quadrinhos
- Frase, oração e período
- Sujeito e predicado
- Emprego de X e CH
- Produção: tira

ESTUDO DA IMAGEM

1. Provavelmente você conhece as personagens que aparecem nessa imagem.
   - Converse com um colega: quais são os nomes e as características dessas personagens?
2. Embora esses heróis estejam hoje nas telas do cinema, todos possuem uma característica comum relacionada a sua origem. Que característica é essa?
3. O próximo texto é uma história em quadrinhos. De acordo com o infográfico analisado, que elementos você imagina encontrar nesse texto?
4. Considerando as HQs que você já leu, responda: que assuntos podem aparecer nesse tipo de história, além da disputa entre heróis e vilões?

LEITURA

CONTEXTO

Como você pôde conferir no infográfico da abertura da unidade, a primeira HQ moderna, no formato que conhecemos hoje, foi *Yellow Kid* (em português, "Menino Amarelo"), criada em 1895 pelo estadunidense Richard Outcault. De lá para cá, muitas outras personagens surgiram, como Batman e Mulher-Maravilha, da DC Comics; Homem de Ferro e Pantera Negra, da Marvel; Mickey, de Walt Disney; Calvin, de Bill Watterson; Garfield, de Jim Davis; Mônica, de Mauricio de Sousa; Suriá, de Laerte, entre outras.

Leia a seguir duas histórias em quadrinhos.

ANTES DE LER

1. Você vai ler a seguir duas histórias em quadrinhos. A primeira chama-se "... Democracia!", e a segunda, "Circenses".
   a) Pelo título, é possível imaginar qual é o enredo das histórias?
   b) Que elementos são comuns nas histórias em que as crianças são personagens principais?
2. Uma das HQs não possui palavras. Em sua opinião, qual delas exige do leitor mais criatividade para a compreensão do texto? Por quê?

Texto A

© LAERTE

Glossário

Democracia: sistema de governo em que o poder é exercido pelo povo.

Renuncio: desisto da posse por vontade própria.

Texto B

CIRCENSES

Fábio Coala

Você gostou dessa HQ?

Essa HQ está disponível em <http://mentirinhas.com.br/circenses/>. Você pode entrar no *site* e deixar seu comentário a respeito da história.

ESTUDO DOS TEXTOS

ANTES DO ESTUDO DOS TEXTOS

1. Se não tem certeza de ter compreendido bem os textos, leia-os novamente.
2. Ao responder às questões a seguir, procure empregar o que já aprendeu ao ler outros textos e seja preciso em suas respostas.

COMPREENSÃO DOS TEXTOS

SOBRE O TEXTO A

1. As histórias em quadrinhos são narrativas que se desenvolvem em quadros dispostos em sequência. Identifique no texto os elementos da narrativa indicados abaixo.

a) Personagens da história.

b) Lugar em que a história acontece.

c) Momento do dia em que se passa a história. Justifique indicando que elementos do texto permitem essa identificação.

2. Nos primeiros quadrinhos, os balões de fala indicam que há uma discussão do lado de fora da casa. Por que o homem deduz que são crianças "brincando de eleição"?

3. Observe que, no terceiro quadrinho, há uma mudança significativa na expressão de seu Jaime.

a) Nesse momento, a conversa dos garotos causa nele que tipo de emoção?

b) Um dos argumentos apresentados pelas crianças acaba chamando a atenção de seu Jaime. Que argumento é esse e como seu Jaime reage a ele?

4. O humor pretendido na HQ se deve à quebra de expectativa apresentada no último quadrinho.

- Qual elemento (fala, personagem ou algo novo no cenário) surpreende o leitor e produz efeito de humor? Por quê?

5. Explique o que a posição de goleiro parece representar para as crianças.

6. Observe o título e o enredo da história em quadrinhos.

a) Na sua opinião, o título "... Democracia!" é adequado para essa história? Por quê?

b) A última fala da HQ é engraçada, porque contém uma palavra que não faz parte do universo infantil, mas é coerente com o enredo da história apresentada. Qual é essa palavra e o que ela significa nesse contexto?

FOURLEAFLOVER/SHUTTERSTOCK

Biografia

Uma das mais conhecidas chargistas e cartunistas do Brasil, **Laerte** nasceu em São Paulo, em 1951. Publicou tiras nas revistas *Chiclete com banana*, *Geraldão*, *Circo* e *Piratas do Tietê*. Escreve também para televisão, cinema e teatro.

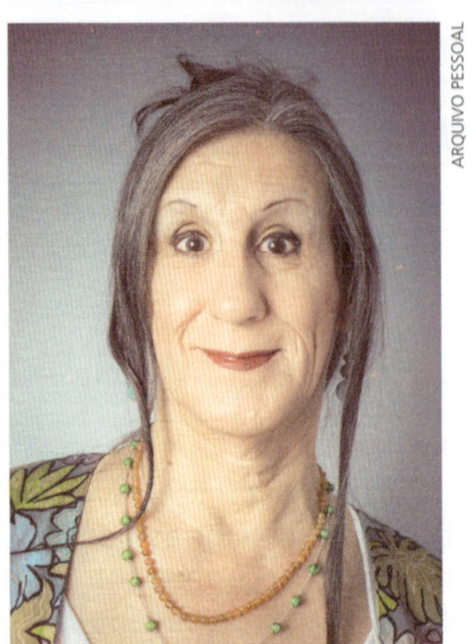

ARQUIVO PESSOAL

A cartunista em 2013.

7. **No segundo quadrinho, o argumento apresentado para que Carol assuma o gol é o fato de ela ser mulher.**

a) A criança que sugere que Carol vá para o gol acha que as mulheres jogam bem ou jogam mal?

b) Ao escolher incluir essa fala em sua HQ, o autor optou por expressar uma ideia preconceituosa: mulheres não sabem jogar futebol. Copie no caderno a alternativa que lhe parecer correta.

- A maior parte das crianças prefere que Carol não fique no gol, pois a consideram boa jogadora, e essa postura das crianças sugere que o autor deseja reforçar e não criticar o preconceito.
- A maior parte das crianças prefere que Carol não fique no gol, pois a consideram boa jogadora, e essa postura das crianças sugere que o autor deseja criticar e não reforçar o preconceito.
- A maior parte das crianças prefere que Carol fique no gol, pois a consideram boa jogadora, e essa postura das crianças sugere que o autor deseja criticar e não reforçar o preconceito.

FOURLEAFLOVER/SHUTTERSTOCK

SOBRE O TEXTO B

1. **Por que o primeiro e o último quadrinhos têm um tratamento gráfico diferente do restante da história?**

2. **O protagonista dessa HQ possui características bem marcantes.**

a) Descreva-o.

b) Levando em conta todos os quadrinhos, o protagonista da história pode ser considerado uma criança alegre ou triste? Explique.

3. **O doce que o menino compra no sexto quadrinho parece ser um sonho — confeito de massa frita recheado com creme.**

a) Que importância tem o doce para o menino?

b) Que importância tem a ideia de sonho na história?

4. **Como nessa HQ não há linguagem verbal, os recursos visuais e as expressões faciais e corporais das personagens tornam-se ainda mais importantes.**

- Apesar de não haver palavras, você conseguiu compreender a narrativa? Justifique sua resposta.

5. **Nas grandes cidades, é comum ver crianças carentes fazendo malabarismos nos semáforos para conseguir algum dinheiro.**

a) Isso acontece onde você mora?

b) Quais seriam as causas dessa situação?

c) O que seria possível fazer para que ocorrências como essa diminuíssem?

Converse com os colegas a respeito dessas questões.

Biografia

Fábio Coala Cavalcanti é quadrinista e costuma dizer que largou tudo para se tornar super-herói. Nasceu em Santos, em 1978, e, antes de começar a desenhar profissionalmente, trabalhou durante cinco anos como bombeiro. Essa experiência o inspirou na construção de personagens que ilustram tirinhas diárias em seu *site* www.mentirinhas.com.br.

ARQUIVO PESSOAL

O quadrinista em foto de 2012.

SOBRE OS TEXTOS A E B

1. **Considerando as duas histórias em quadrinhos que você leu nesta unidade, responda às questões a seguir.**

a) O que revelam as expressões faciais e corporais das personagens?

b) Essas expressões das personagens aparecem de forma explícita no texto verbal?

c) Só é possível entender completamente uma história em quadrinhos se houver apenas a linguagem verbal ou apenas a linguagem visual?

2. **No início da unidade, você respondeu a algumas questões a respeito das histórias em quadrinhos. Depois de analisar os textos A e B, você confirmou o que já sabia? Aprendeu algo novo? Troque ideias com seus colegas.**

DE OLHO NA CONSTRUÇÃO DOS SENTIDOS

1. **As falas, as emoções e os pensamentos nas HQs em geral são apresentados em balões. Observe ao lado que o segundo quadrinho da HQ "... Democracia!" apresenta dois tipos diferentes de balões. O que cada tipo representa?**

2. **Observe agora os balões que aparecem nos quadrinhos a seguir e relacione cada um deles à sua definição.**

I. Balões encadeados: quando a mesma personagem diz várias coisas, fazendo uma pausa entre uma fala e outra.

II. Balão com rabicho em forma de raio: quando a voz é transmitida por uma máquina (tevê, rádio, telefone, computador etc.).

III. Balão com múltiplos rabichos: quando várias personagens falam juntas a mesma coisa.

a) GATOS — LAERTE

c) FALA, MENINO! — LUIS AUGUSTO

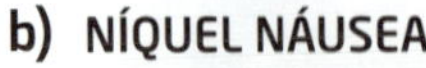

b) NÍQUEL NÁUSEA — FERNANDO GONSALES

3. Nas histórias em quadrinhos, geralmente são usadas letras maiúsculas e de fôrma, mas é possível explorar diferentes formatos e tamanhos de letras para produzir efeitos de sentido.

a) Na HQ "... Democracia!", as palavras *pior*, *muito*, *melhor* e *gol* estão escritas de maneira diferente das outras. Que recursos gráficos foram utilizados para destacá-las?

b) Qual é o efeito produzido pelo destaque nesses casos?

4. Que sinal de pontuação predomina nessa HQ? Por quê? Para responder, você deve considerar o contexto da conversa.

5. A linguagem utilizada em uma história pode ser mais ou menos formal.

a) Na HQ "... Democracia!", a linguagem é formal ou informal? Justifique sua resposta.

b) Considere as histórias em quadrinhos deste livro e as que você já leu até hoje e responda: em geral, a linguagem nos quadrinhos é formal ou informal? Por quê?

HIHACKER/SHUTTERSTOCK

Os animes são um tipo de animação japonesa. Alguns deles são originalmente produzidos para mangás, histórias em quadrinhos produzidas no estilo tradicional japonês, como *Naruto*. As personagens acima são características dessas produções.

A HISTÓRIA EM QUADRINHOS

1. Compare as duas histórias em quadrinhos lidas na unidade.

a) Se em "... Democracia!" não houvesse as falas, seria possível compreender completamente o enredo dessa HQ, como acontece em "Circenses"? Por quê?

b) As cores e os recursos visuais empregados possuem a mesma importância nas duas histórias? Justifique sua resposta.

2. Como você já viu, a história em quadrinhos é uma sequência narrativa. Quais são os elementos da ação (situação inicial, conflito, clímax e desfecho) na primeira HQ que você leu nesta unidade?

3. Ao longo do livro, você viu textos de outros gêneros em que também havia sequências narrativas, como o conto. Qual é a diferença mais marcante entre esses gêneros e a história em quadrinhos?

As **histórias em quadrinhos** são narrativas visuais, publicadas em jornais, revistas ou outros veículos impressos e virtuais, que se desenvolvem de forma sequencial em torno de um fato e apresentam tempo, espaço e personagens. São compostas de quadros, também chamados quadrinhos. A sequência desses quadros compõe a ação da história.

Tira é uma história em quadrinhos, geralmente com três ou quatro quadros, veiculada em jornais e revistas. Nas tiras, as narrativas frequentemente são mais breves, com enredos simples, em que um fato inesperado, um elemento surpresa, muda o curso dos acontecimentos.

Há casos em que a ação não apresenta uma estrutura rígida ou os momentos da narrativa se relacionam de diferentes maneiras entre si. No texto B no início desta unidade, por exemplo, o autor Fábio Coala "brinca" com essa estrutura.

Como você viu nessa história, a situação inicial e o desfecho são marcados por situações imaginárias que se repetem, sugerindo que há uma continuidade da narrativa, como um ciclo. Os recursos gráficos utilizados nos quadrinhos inicial e final confirmam essa ideia, como você já estudou. É o quadrinho final, o do desfecho, que nos ajuda a entender o conflito entre realidade e fantasia.

Outro elemento dos textos narrativos que possui características marcantes nas histórias em quadrinhos são as personagens, que têm sua personalidade definida a partir de suas ações. A Carol, personagem do texto A no início desta unidade, é uma menina divertida e cativante. Veja o que Laerte, que criou essa HQ, disse sobre sua personagem:

O que mais te encanta na Carol?

Laerte – O fato de ela ser uma menina que vive tudo com intensidade: seus desejos, suas alegrias, seus medos, suas tristezas.

UOL. Disponível em: <http://mod.lk/yqxfk>. Acesso em: 11 jan. 2018. (Fragmento).

Calvin, criado por Bill Watterson.

Assim como a Carol, as personagens do universo dos quadrinhos possuem características conhecidas pelos leitores. Garfield, por exemplo, é um gato preguiçoso, sarcástico, que adora lasanha. Calvin é um menino genioso e criativo que tem como melhor amigo um tigre de pelúcia. Conhecer essas características faz toda a diferença para interpretar as tiras e HQs.

O **protagonista** de uma HQ é a personagem principal da narrativa; seu nome pode até mesmo ser o título da própria história. As demais personagens, que desempenham um papel secundário ou auxiliar, são chamadas **secundárias** ou **coadjuvantes**.

Geralmente, as histórias em quadrinhos e tiras combinam palavras e imagens. Além dos balões, o texto verbal das HQs é apresentado em letreiros, palavras inscritas em objetos do cenário; soltas no quadrinho, como **onomatopeias**, representando sons, como *crash* (algo quebrando), *bum* (explosão); em **legendas**, que correspondem à fala do narrador; e nas **interjeições**, expressando emoções, como *Viva!* ou *Ai!*. Observe:

NÍQUEL NÁUSEA FERNANDO GONSALES

Outro recurso para expressar as intenções e os sentimentos de uma personagem é a variação no tamanho e no destaque das letras, como você pôde conferir na HQ "... Democracia!". Além disso, a pontuação também é importante para conferir expressividade ao texto. Por isso, é frequente o emprego de exclamação, interrogação e reticências.

Há casos em que o texto verbal é substituído por figuras, símbolos ou sinais, como acontece na tira a seguir.

BICHINHOS DE JARDIM CLARA GOMES

Os recursos gráficos também são ferramentas importantes na construção de sentido dos quadrinhos. Traços, nuvenzinhas, corações, linhas, entre outros, garantem a intenção do autor em representar movimento ou alguma condição das personagens.

No texto B, por exemplo, Fábio Coala utiliza traços para indicar o movimento das bolinhas nos primeiros quadrinhos. Laerte, no texto A, também reforça uma expressão de espanto por meio de tracinhos em torno dos olhos do homem no terceiro quadrinho.

Histórias em quadrinhos

Conheça um pouco da história por trás das histórias em quadrinhos neste audiovisual.

E POR FALAR NISSO...

Os ilustradores André Toma e Greg Tocchini criaram versões da personagem Mônica, mantendo os elementos que dão identidade a ela. Converse com seus amigos de classe.

a) Que características da personagem são comuns às duas versões?

b) Além da personagem principal, que outras personagens da Turma da Mônica podemos reconhecer nas versões?

c) Você viu que os artistas recriaram a Mônica considerando suas características, mas seguiram um estilo próprio. É por isso que podemos dizer que não há uma cópia, mas uma recriação da personagem de Mauricio de Sousa. Que diferenças você reconhece entre essas versões e a original?

d) Qual recriação você achou mais interessante? Por quê?

Mônica redesenhada por André Toma.

Mônica redesenhada por Greg Tocchini.

Galeria de imagens

Turma da Mônica

SAIBA +

Você sabia que, originalmente, Mônica era uma personagem coadjuvante em tirinhas do Cebolinha? A personagem foi criada em 1963, três anos após a criação de Cebolinha, e ao longo dos anos acabou se tornando a protagonista de uma das turmas criadas por Mauricio de Sousa. No começo, os traços que compunham a Mônica indicavam uma personagem mais mal-humorada. Aos poucos, porém, os traços foram ficando mais delicados, até chegar ao desenho que conhecemos hoje. Veja a evolução da personagem:

1963

1966

1967

1970

1985

2013

ORGANIZAR O CONHECIMENTO

O QUE VOCÊ JÁ SABE?

Agora, você já é capaz de...	Sim	Não	Mais ou menos
... reconhecer que as HQs são narrativas em quadros sequenciais, com espaço, tempo e personagens, mas construídas com imagens e textos?	☐	☐	☐
... perceber que as HQs usam recursos visuais, e não apenas o texto verbal, para expressar os pensamentos e emoções das personagens?	☐	☐	☐
... identificar algum recurso de linguagem que é tipicamente usado nos quadrinhos?	☐	☐	☐

Se você marcou **não ou mais ou menos** em algum caso, retome a leitura do boxe **O gênero em foco: história em quadrinhos.**

Junte-se a um colega e copiem o esquema a seguir, substituindo as perguntas pelas respectivas respostas. Ao final, vocês terão um resumo esquemático com as principais características da história em quadrinhos. As questões apresentadas servem para orientar a elaboração do esquema, mas vocês podem incluir outras características.

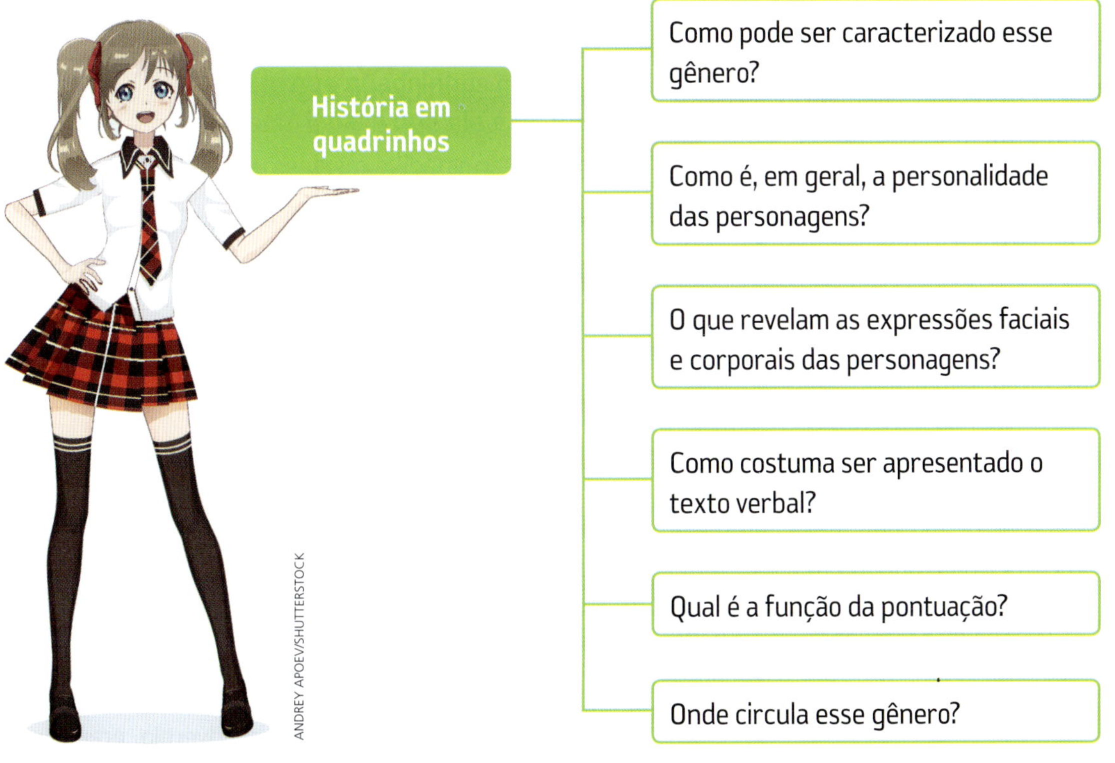

História em quadrinhos
Como pode ser caracterizado esse gênero?
Como é, em geral, a personalidade das personagens?
O que revelam as expressões faciais e corporais das personagens?
Como costuma ser apresentado o texto verbal?
Qual é a função da pontuação?
Onde circula esse gênero?

ANDREY APOEV/SHUTTERSTOCK

ESTUDO DA LÍNGUA: ANÁLISE E REFLEXÃO

COMO VOCÊ PODE ESTUDAR

1. **Estudo da língua** não é uma seção para decorar, mas para questionar e levantar problemas.
2. O trabalho com os conhecimentos linguísticos requer persistência. Leia e releia os textos e exemplos, discuta, converse.

MORFOLOGIA E SINTAXE. FRASE, ORAÇÃO E PERÍODO. SUJEITO E PREDICADO

MORFOLOGIA E SINTAXE

Leia a tira a seguir.

NÍQUEL NÁUSEA — FERNANDO GONSALEZ

a) Quantos verbos existem em cada uma das legendas da tira? Quais são eles?

b) Qual é a classe gramatical da única palavra que se repete na tira? Em sua opinião, por que ela aparece mais de uma vez na tira?

c) O emprego de um adjetivo foi fundamental para conferir humor ao texto Com os colegas, identifiquem esse adjetivo e discutam: seria possível substituí-lo por outra classe de palavra? Por quê?

d) No caderno, copie o quadro a seguir. Para completá-lo, retire as informações que estão nas legendas de cada quadrinho.

	Pessoa ou coisa sobre a qual se declara algo	O que é declarado sobre essa pessoa ou coisa
1º quadrinho		
2º quadrinho		

Lembre-se

Na língua portuguesa, há dez classes gramaticais. Variáveis: substantivo, adjetivo, numeral, artigo, pronome e verbo. Invariáveis: advérbio, preposição, conjunção e interjeição.

Pelo que você estudou até aqui, sabe que *Waldir* é uma palavra masculina que nomeia um ser específico – um substantivo próprio. Esse conhecimento é estudado por uma parte da gramática chamada **morfologia**.

A **morfologia** estuda as palavras quanto a sua classe gramatical e a suas formas, analisando, por exemplo, as partes que as compõem e o modo como elas se flexionam (em número, gênero, pessoa etc.).

A mesma palavra, *Waldir*, exerce uma função nas duas orações em que aparece. *Waldir* é o sujeito sobre o qual se declara algo: "não usa xampu para pelos oleosos" e "é sábio". Essa é uma outra maneira possível para analisarmos o termo *Waldir*. Esses saberes encontram-se em outra grande divisão da gramática, denominada **sintaxe**.

A combinação dos termos que compõem uma frase e as regras que a organizam chama-se **sintaxe**.

As palavras são organizadas em frases de diferentes maneiras, conforme a intenção de quem fala ou escreve. De acordo com essa organização, uma mesma palavra ou expressão da língua pode exercer funções distintas nas frases. A cada uma dessas funções dá-se o nome de **função sintática**.

Percebemos, dessa maneira, que uma palavra pode ser analisada segundo dois critérios: **morfologicamente**, isto é, de acordo com sua classe gramatical, ou **sintaticamente**, isto é, conforme sua função na frase.

Por dentro das palavras

A palavra **morfologia** tem origem nos termos gregos *morfo*, que significa "forma", e *logia*, "ciência, estudo sistemático". E, de fato, a morfologia estuda a relação entre a forma e o sentido das palavras. Já **sintaxe** vem do termo grego *sýntaksis*, que quer dizer "organização, construção gramatical". Trata-se, portanto, do estudo da combinação das palavras, de como elas se organizam para formar os enunciados da língua.

FRASE, ORAÇÃO E PERÍODO

Conforme a intenção do enunciador em cada contexto, as frases podem ser construídas com uma ou mais palavras, com ou sem verbo. Observe o exemplo de um diálogo entre dois jovens.

FOURLEAFLOVER/SHUTTERSTOCK

Lembre-se

Frase é uma palavra ou um conjunto de palavras que, em determinado contexto, tem sentido completo. Na fala, ela é marcada por uma entonação característica, que pode ser de afirmação, pergunta, ordem etc. Na escrita, geralmente começa com letra maiúscula e termina com ponto final. Conforme o tom que se queira dar à frase, esse ponto final pode ser substituído por ponto de exclamação ou de interrogação, reticências ou mesmo dois-pontos.

Observe:

- "Waldir **é** sábio."

  um verbo = uma oração

- *Waldir **é** sábio,* *não **usa** xampu* *e **foge** das pessoas.*

  um verbo = 1ª oração um verbo = 2ª oração um verbo = 3ª oração

Na primeira frase, "Waldir é sábio", temos apenas um verbo (*ser*) e, portanto, uma só oração. Na outra, temos três verbos (*ser*, *usar*, *fugir*) e, portanto, três orações, já que há partes da frase organizadas em torno desses verbos. Nesse caso, trata-se de um período formado por mais de uma oração.

Logo, "Waldir é sábio" é um **período simples**, enquanto "Waldir é sábio, não usa xampu e foge das pessoas" é um **período composto**.

© FERNANDO GONSALES

Atenção às locuções verbais!

Lembre-se de que cada oração se organiza em torno de **um** verbo ou **uma** locução verbal.

Observe um exemplo de período simples, em que a única oração está organizada em torno de uma locução verbal.

*Em breve, o uso da tecnologia **vai revolucionar** o ensino.*

SUJEITO E PREDICADO

Em geral, uma oração é formada por dois termos principais:

- aquele (coisa ou pessoa) sobre o qual se declara algo — a esse termo chamamos **sujeito**;
- aquilo que é declarado sobre o sujeito — a esse termo chamamos **predicado**.

 **Sujeito e predicado**

Audiovisual apresenta os termos principais de uma oração: sujeito e predicado.

Em sua origem, a palavra *predicado* quer dizer "o que se diz de".

Na maioria das frases em português, o predicado vem depois do sujeito, mas há construções em que o sujeito aparece depois do predicado.

Quando o sujeito vem antes do predicado, a oração está na **ordem direta**, a mais comum na língua portuguesa. Veja:

- *Muita gente da minha idade* (sujeito) *se interessa por tecnologia.* (predicado)

Quando o sujeito vem depois do predicado ou intercalado nele, a oração está na **ordem indireta**:

- *Tem ocorrido* (predicado) *uma preocupação crescente sobre a tecnologia nas escolas.* (sujeito)

A frase construída sem verbo é chamada **frase nominal**.

A frase ou parte dela que se organiza em torno de um verbo ou locução verbal, de forma expressa ou implícita, chama-se **oração**.

A frase organizada em torno de um ou mais verbos ou locuções verbais também é chamada de **período**.

O período formado por apenas uma oração chama-se **período simples**. Aquele formado por mais de uma oração é o **período composto**.

ACONTECE NA LÍNGUA

No português brasileiro, é bastante comum os falantes trazerem para o início da oração o elemento ao qual se quer dar mais destaque e eliminarem termos da sentença, como as preposições. A esse fenômeno damos o nome de **topicalização**. Observe, por exemplo, essa reclamação feita por um consumidor:

> "Há menos de um mês o **meu celular acabou a bateria** e quando fui colocar pra carregar ele não ligou mais. Fui até a assistência técnica para entender o porquê dele ter parado de funcionar e pedi o reparo apenas do que tinha parado de funcionar."

Reclame aqui. Disponível em: <http://mod.lk/yvdlj>. Acesso em: 15 mar. 2018. (Fragmento).

Em vez de "A bateria do meu celular acabou", foi empregado "Meu celular acabou a bateria", garantindo mais ênfase a *celular* do que a *bateria*.

ANDREW RYBALKO/ SHUTTERSTOCK

OS SINTAGMAS DA ORAÇÃO

Como você estudou aqui, tradicionalmente a gramática reconhece dois termos como sendo os principais da oração: o **sujeito** e o **predicado**.

Além dessa, há uma outra forma de estudar os termos da oração. Antes de conhecê-la, leia a tira a seguir.

NÍQUEL NÁUSEA **FERNANDO GONSALES**

MORCEGOS DORMEM DE CABEÇA PRA BAIXO

O autor da tirinha é biólogo. Com os conhecimentos que tem sobre os seres vivos, ele cria tirinhas como essa. Aqui ele apresenta uma situação inicial (primeiro quadrinho) que realmente ocorre com os morcegos: dormem de cabeça para baixo. Entretanto, a história termina em uma situação inusitada e surpreendente (terceiro quadrinho), dando um duplo sentido para a expressão "sono pesado".

Releia a oração do primeiro quadrinho:

Morcegos dormem de cabeça pra baixo.

Essa oração pode ser separada em duas partes:

– uma parte relacionada ao nome (representado na oração por um substantivo);

– uma parte relacionada ao verbo (*dormir*).

Morcegos dormem *de cabeça pra baixo.*

Na oração analisada, a parte referente ao nome é formada por apenas um termo, o substantivo. Essa parte poderia ser mais extensa, formada por um grupo de palavras, como em:

*Todos os **morcegos** conhecidos **dormem** de cabeça pra baixo.*

Cada um desses grupos de palavra é chamado de **sintagma**. Desse modo, uma oração apresenta dois sintagmas principais:

a) o **sintagma nominal**, que tem como palavra mais significativa um nome;

b) o **sintagma verbal**, que tem como palavra mais significativa um verbo.

Esquematicamente, a oração pode ser assim representada:

Oração

*Todos os **morcegos** conhecidos* | ***dormem** de cabeça pra baixo.*

Sintagma nominal | Sintagma verbal

Os termos do sintagma mantêm uma relação de dependência e de ordem entre si. Note que, se dispostos em outra ordem, os termos de cada sintagma comprometem a compreensão do sentido da oração:

__Morcegos__ conhecidos os todos *pra baixo de cabeça __dormem__*.

Todos conhecidos __morcegos__ os *baixo pra __dormem__ de cabeça*.

Conhecidos os __morcegos__ todos *cabeça __dormem__ baixo pra de*.

Você consegue identificar os sintagmas da oração do último quadrinho?

Tenho o sono pesado!

A parte referente ao **verbo** (sintagma verbal) é facilmente identificável. Mas parece faltar a parte referente ao **nome**, não?

Note que, pela forma verbal (*tenho*), identificamos tratar-se da 1ª pessoa do presente (*eu*). Então, embora não apareça explicitamente na oração, podemos deduzir qual o sintagma nominal dela e esquematizá-la:

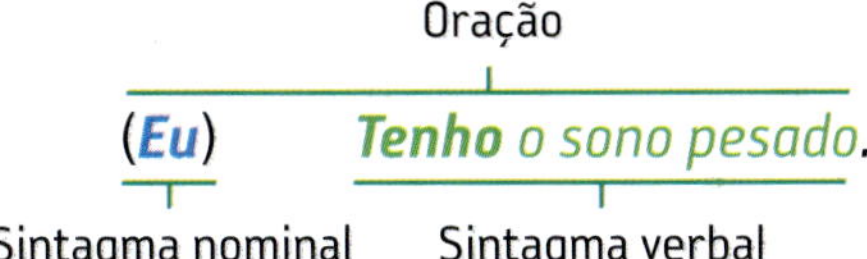

Garfield, criado por Jim Davis.

Concluímos, com esse exemplo, que há dois termos principais nessa oração: um nome (o pronome *eu*, que está subentendido) e um verbo (*ter*).

ORGANIZAR O CONHECIMENTO

O QUE VOCÊ JÁ SABE?

Agora, você já é capaz de...	Sim	Não	Mais ou menos	
... diferenciar frase e oração?	☐	☐	☐	Se você marcou não ou mais ou menos, retome a leitura de Frase, oração e período.
... distinguir período simples de período composto?	☐	☐	☐	
... perceber que diferentes palavras exercem diferentes funções nas frases e orações?	☐	☐	☐	Se você marcou não ou mais ou menos, retome a leitura de Morfologia e sintaxe.
... reconhecer o sujeito e o predicado nas orações?	☐	☐	☐	Se você marcou não ou mais ou menos, retome a leitura de Sujeito e predicado.

Junte-se a um colega e, no caderno, completem o esquema com os exemplos solicitados.

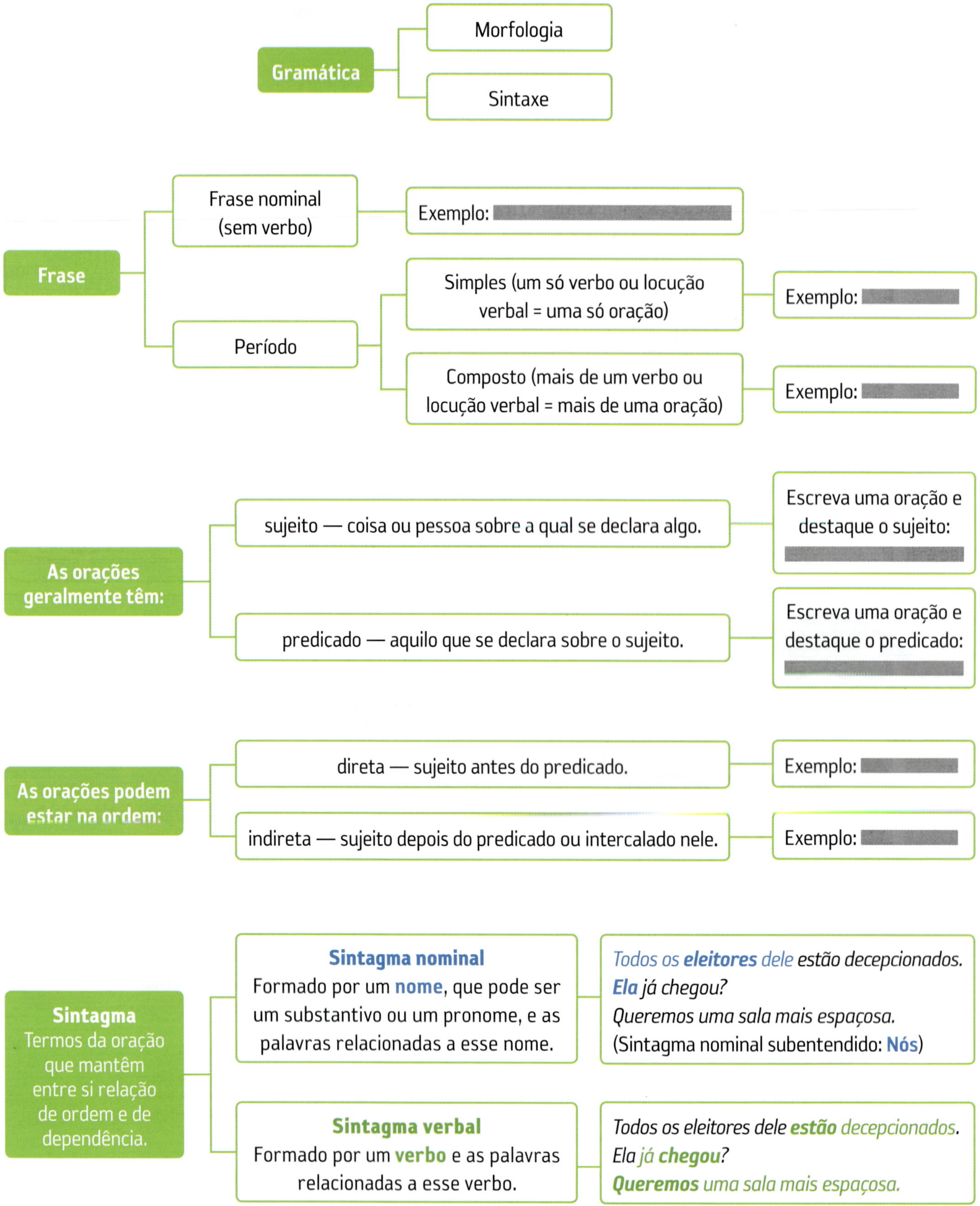

Gramática
Morfologia
Sintaxe
Frase
Frase nominal (sem verbo)
Exemplo:
Período
Simples (um só verbo ou locução verbal = uma só oração)
Exemplo:
Composto (mais de um verbo ou locução verbal = mais de uma oração)
Exemplo:
As orações geralmente têm:
sujeito — coisa ou pessoa sobre a qual se declara algo.
Escreva uma oração e destaque o sujeito:
predicado — aquilo que se declara sobre o sujeito.
Escreva uma oração e destaque o predicado:
As orações podem estar na ordem:
direta — sujeito antes do predicado.
Exemplo:
indireta — sujeito depois do predicado ou intercalado nele.
Exemplo:
Sintagma
Termos da oração que mantêm entre si relação de ordem e de dependência.
Sintagma nominal
Formado por um nome, que pode ser um substantivo ou um pronome, e as palavras relacionadas a esse nome.
Todos os eleitores dele estão decepcionados.
Ela já chegou?
Queremos uma sala mais espaçosa.
(Sintagma nominal subentendido: Nós)
Sintagma verbal
Formado por um verbo e as palavras relacionadas a esse verbo.
Todos os eleitores dele estão decepcionados.
Ela já chegou?
Queremos uma sala mais espaçosa.

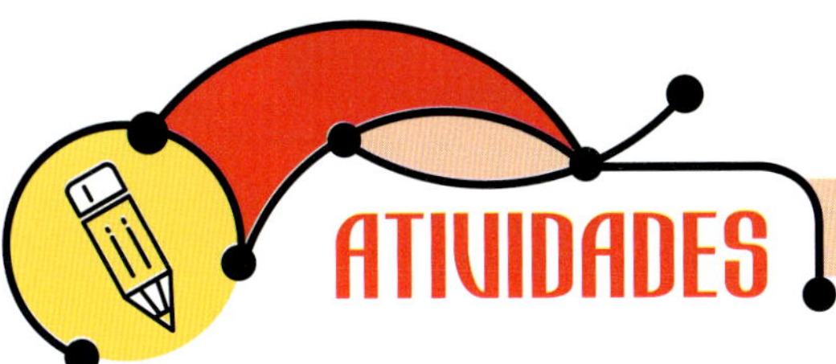

1. Leia a tira a seguir.

WILL TIRANDO

a) O que o rapaz retratado na tira está fazendo?

b) Cada uma das quatro falas dele é formada por uma única oração. Escreva no caderno o sujeito e o predicado de cada uma.

c) As orações estão na ordem direta ou indireta? Justifique sua resposta.

d) Por que a moça acusa o rapaz de "falta de objetividade"?

e) As inversões sintáticas (mudanças entre ordem direta e indireta) foram importantes para a construção do humor dessa tira? Por quê?

2. **Leia este poema de Adélia Prado para responder aos itens seguintes.**

A DIVA

Vamos ao teatro, Maria José?
Quem me dera,
desmanchei em rosca quinze quilos de farinha,
tou podre. Outro dia a gente vamos.
Falou meio triste, culpada,
e um pouco alegre por recusar com orgulho.
TEATRO! Disse no espelho.
TEATRO! Mais alto, **desgrenhada**.
TEATRO! E os cacos voaram
sem nenhum aplauso.
Perfeita.

R-STUDIO/SHUTTERSTOCK

CARLOS CAMINHA

ADÉLIA PRADO. *Oráculos de maio*. São Paulo: Siciliano, 1999.

Diva: atriz de teatro ou cinema famosa por seu talento e beleza.

Desgrenhada: desalinhada, despenteada.

a) Quais elementos do texto nos permitem identificar a presença de um diálogo?

b) Com base no motivo que Maria José apresenta para recusar o convite, o que podemos deduzir sobre ela, uma das participantes do diálogo?

c) Compare as atitudes de Maria José descritas a partir do sétimo verso com aquelas que você acha que uma diva do teatro teria. O que é semelhante e o que é diferente?

d) Às vezes, especialmente em situações informais, a concordância verbal não é feita de acordo com os termos gramaticais, mas com a ideia que eles expressam. É esse o caso na frase "Outro dia a gente vamos"? Por quê?

e) No último verso, temos uma única palavra: "Perfeita". A quem essa palavra se refere e quem a estaria falando?

f) Essa palavra, nesse contexto, é uma frase, pois apresenta um sentido completo. Que sentido é esse e como ele se relaciona com o título do texto?

g) Por que o último verso pode ser considerado uma frase se não contém nenhum verbo?

Concordância e formalidade

Em situações informais, sobretudo na oralidade, as regras de concordância verbal da gramática normativa são muitas vezes descumpridas. No entanto, em um contexto comunicativo formal, é necessário seguir essas regras.

3. **Leia a tira para responder às questões seguintes.**

ARMANDINHO — ALEXANDRE BECK

a) A tira reproduz o diálogo entre Armandinho e um adulto, provavelmente o pai do menino. O que faz com que essa tira seja engraçada?

b) Apesar de ser uma tira de humor, que sentimento em relação aos animais Armandinho demonstra em suas respostas?

c) Copie da tira:
- duas frases que não são orações;
- um exemplo de período simples;
- um exemplo de período composto.

d) Localize na tira uma oração que tenha locução verbal. Reescreva essa oração substituindo a locução por apenas um verbo, procurando manter o sentido original da oração.

e) Em uma das falas é empregada a ordem inversa. Como ficaria essa fala se fosse utilizada a ordem direta nela?

4. Leia o anúncio a seguir.

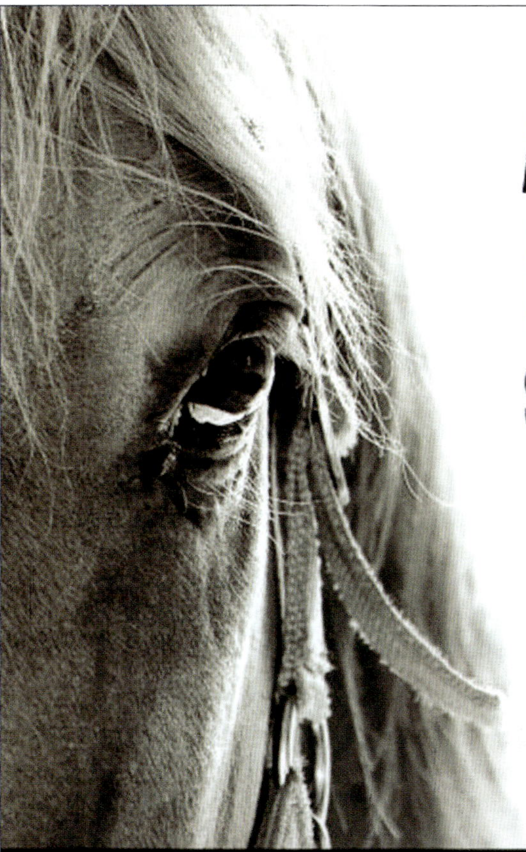

ANIMAL NÃO É BRINQUEDO
SENTE FOME, FRIO E MEDO

SEJA UM DONO OU UMA DONA RESPONSÁVEL

Antes de ter um animal, avalie se você tem condições de adotar. Você será responsável por ele, e ele dependente de você. Converse com a sua família, pois um animal muda a vida de todos.

A RUA NÃO É LUGAR DE DEIXAR SEU ANIMAL

Não abandone seus animais na rua. Eles passam fome, frio, sede, podem se acidentar e causar acidentes, além de correr o risco de serem maltratados. Por todos estes fatores, um animal abandonado causa risco para a comunidade. **O Decreto 115G de 2017 determina que os animais de grande porte abandonados sejam apreendidos.**

A SAÚDE DELES É SUA RESPONSABILIDADE

Todo animal pode ter doenças e precisa ser vacinado, assim como nós. Por isso, procure sempre um veterinário e não abandone o animal caso alguma doença seja descoberta, procure ajuda.

DÊ ATENÇÃO A ELE E NÃO O MALTRATE

Maus tratos a animais é crime federal. Lei 9605 de 98. A posse responsável de animais traduz o exercício consciente da cidadania.

Prefeitura de Francisco Morato. Coordenadoria de Relações Públicas. Disponível em: <http://mod.lk/qqwad>. Acesso em: 6 fev. 2018.

a) Lendo os títulos e observando a imagem, sobre o que você imagina que seja essa propaganda?

b) Na sua opinião, por que foi utilizada a imagem de um cavalo, e não a de um cão ou gato?

c) Releia a frase de maior destaque na propaganda: “Animal não é brinquedo”.

- Essa frase é um período simples ou composto?
- A ordem é direta ou indireta?
- Justifique as suas respostas.

d) Se considerarmos que “Sente fome, frio e medo” é uma frase, essa frase também pode ser considerada uma oração? Por quê?

e) Transforme as três primeiras linhas, que estão em letras maiores na propaganda, em um só período. Use adequadamente inicial maiúscula e sinais de pontuação para isso.

5. Leia a tira a seguir e responda ao que se pede.

NÍQUEL NÁUSEA **FERNANDO GONSALES**

© FERNANDO GONSALES

a) O emprego do verbo *engolir* é fundamental para o humor da tira. Na primeira cena, com qual sentido esse verbo é empregado?

b) Na segunda cena, mesmo não sendo mencionado, o verbo *engolir* adquire outro sentido. Que sentido é esse? Como você o compreendeu?

c) Há três balões de fala na tirinha. As palavras do primeiro balão chegam a formar frases? Formam orações? Explique suas respostas.

d) Qual o sujeito e qual o predicado na fala do segundo balão? E do terceiro?

6. **Depois de cruzar o mundo sozinho em um pequeno barco a remo, o navegador brasileiro Amyr Klink escreveu um livro relatando sua façanha. Leia um trecho desse livro:**

[...]

Já noite, gaivotas pescando, peixes saltando no ar, diante de tanta calma estiquei a jornada de trabalho até meia-noite, quando fui traído pelo silêncio. Um longo suspiro à **proa**. Golfinhos, pensei. Larguei os remos e virei-me (eu remava de costas). Iluminada pelo luar, a menos de vinte metros, estava uma baleia. Imensa, imóvel como uma laje. Tive que intervir vigorosamente nos remos, para não atropelá-la. Que fazia parada ali? Dormia, talvez.

Passei por ela remando quieto, com a ponta dos dedos, para não incomodá-la, até que sumiu para trás. Doce ilusão: subitamente ela se levantava à proa exatamente como a engraçada gaivota fizera durante o dia. Mas agora eu não achava graça nenhuma. Tentei de novo passar despercebido, sem sucesso. A brincadeira continuou por mais de uma hora, até que me rendi e fui dormir. Sem dúvida, eu estava sendo investigado por novos companheiros.

[...]

R-STUDIO/SHUTTERSTOCK

AMYR KLINK. *Cem dias entre o céu e o mar*. São Paulo: Companhia das Letras, 2005. p. 40. (Fragmento).

Glossário

Proa: a parte dianteira de uma embarcação.

a) Qual o principal acontecimento da viagem narrado nesse trecho?

b) Que sentimentos o navegador transmite diante desse acontecimento?

c) Imagine que fosse você quem estivesse na situação descrita. Qual seria a sua reação?

d) Assinale, das frases a seguir, qual delas é oração.

- "Um longo suspiro à proa."
- "Imensa, imóvel como uma laje."
- "Que fazia parada ali?"

e) Como você conseguiu identificar a oração?

f) Releia os períodos a seguir e faça o que se pede.

I. "Larguei os remos e virei-me [...]"

II. "Mas agora eu não achava graça nenhuma."

III. "A brincadeira continuou por mais de uma hora, até que me rendi e fui dormir."

- Classifique cada período em simples ou composto.
- Se for simples, identifique o sujeito e o predicado.
- Se for composto, separe as orações e identifique o sujeito e o predicado de cada oração.

7. **Leia a tira para responder às questões a seguir.**

SOFIA E OTTO

PEDRO LEITE

PEDRO LEITE

a) O que Otto está fazendo?

b) A forma como Otto está vestido parece ser adequada para essa atividade? O que isso sugere?

c) Copie separadamente cada oração da tirinha. Em seguida, identifique os sintagmas das orações usando **SN** (sintagma nominal) e **SV** (sintagma verbal).

QUESTÕES DA LÍNGUA

EMPREGO DE *X* OU *CH*

Leia este texto de uma revista dirigida a cabeleireiros.

> **MEXA NA MECHA!**
>
> Discretas ou mais marcadas, sem dúvida, as mechas garantem um visual moderno e mais bonito. Confira quais as técnicas que vão invadir os salões de beleza e atualize seu conhecimento agora mesmo! Suas clientes vão amar!

Cabelos & Cosméticos, ed. 80, jun. 2012.

Caucho: árvore usada como matéria-prima para a produção de borracha de qualidade inferior.

a) Sobre o que vai tratar a reportagem que se inicia nessa página da revista?

b) Na sua opinião, por que as palavras *mexa* e *mecha* foram escolhidas para compor o título da reportagem?

As palavras *mexa* e *mecha* contêm o mesmo fonema, /ʃ/, mas, enquanto na primeira ele é representado pela letra *x*, na segunda é representado pelo dígrafo *ch*. A possibilidade de esse fonema ser representado por *x* ou *ch* causa dúvidas na hora de escrever. Para saber qual letra empregar, temos de nos valer da regra geral.

AVA BITTER/SHUTTERSTOCK

Palavras da mesma família mantêm a mesma grafia:

bruxa → *bruxaria, bruxo*
peixe → *peixaria, peixinho*
caixa → *caixote, encaixotar*
cheiro → *cheiroso, cheiro-verde*
choro → *chorar, chorosa*
cacho → *cacheado, cachinhos*

Quando se desconhece a origem da palavra ou não se sabe como associá-la a outra da mesma família, pode-se recorrer a algumas regras:

Usa-se sempre X	Exemplos	Exceções
Depois de ditongo.	*eixo, feixe, baixa, frouxo, seixo*	***Caucho*** e derivados (*recauchutagem, recauchutar*) escrevem-se com *ch*.
Depois da sílaba inicial *me-*.	*mexer, mexerica, mexido, mexilhão*	*Mecha* e derivados (*mechado* etc.) escrevem-se com *ch*.
Depois da sílaba inicial *en-*.	*enxame, enxada, enxurrada, enxugar, enxerido, enxoval*	*Encher* e derivados (*enchente, preencher, enchimento* etc.) escrevem-se com *ch*. A palavra *enchova* (variante de *anchova*) também é escrita com **ch**.
Em palavras de origem indígena, africana, árabe ou vindas diretamente do inglês (originalmente escritas com *sh*).	*xangô, xelim, ximbica, xingar, xerém, xique-xique, xarope, xeique, xampu*	

Algumas palavras homófonas (de mesmo som) diferenciam-se na escrita pelo uso do *x* ou do *ch*:

bu**ch**o → estômago	bu**x**o → arbusto
co**ch**o → comedouro para animais	co**x**o → manco, capenga
chá → bebida	**x**á → título para monarcas iranianos
cheque → ordem de pagamento	**x**eque → xeique; jogada do xadrez
ta**ch**a → tipo de prego	ta**x**a → imposto

1. No caderno, escreva palavras derivadas dos vocábulos do quadro.

baixo	colchão	lixo
chamar	luxo	puxar
xingar	choque	chá
roxo	fechar	chifre

2. Copie e complete as palavras, separando-as em dois grupos: com *x* e com *ch*. Dica: os dois grupos têm a mesma quantidade de palavras.

frou✦o	reme✦er	pei✦ada	relin✦ar
✦iado	pena✦o	✦iqueiro	quei✦o
en✦ame	apetre✦o	✦iclete	pe✦in✦a
tre✦o	trou✦a	en✦ergar	✦in✦im
✦icote	carrapi✦o	me✦er	en✦oval

3. Copie e complete as frases com uma das formas entre parênteses.

a) Avestruz tem estômago de ferro: tudo vai para o ✦! (bucho, buxo)

b) A prefeitura não deveria criar novas ✦. (tachas, taxas)

c) Por causa do acidente, ele agora está ✦. (cocho, coxo)

d) Utilize as ✦ para pendurar os panfletos no quadro. (tachas, taxas)

MANEKINA SERAFIMA/ SHUTTERSTOCK

4. Em cada grupo de palavras, encontre e corrija no caderno aquela com grafia incorreta.

a) enxarcar, enxugar, queixo, mexicano

b) puxar, muxoxo, rouxinol, enxer

c) xabu, charme, chegar, inxar

5. Monte famílias de palavras conforme o modelo.

caixa: caixote, caixeta, encaixe, encaixar

LOOPALL/SHUTTERSTOCK

a) fecho

b) enxugar

c) enxaguar

d) racha

6. No caderno, liste 10 palavras com *x* e 10 com *ch* que representem o mesmo som. Depois, proponha um ditado aos colegas, desafiando-os a acertar a ortografia de cada uma delas.

LEITURA E PRODUÇÃO DE TEXTO

A PRODUÇÃO EM FOCO

- Nesta unidade, você vai criar uma tira. Durante a leitura do texto, fique atento:
  a) ao tema explorado nas tiras;
  b) à construção do humor;
  c) à maneira como as personagens estão caracterizadas.

CONTEXTO

Nas histórias em quadrinhos, as personagens podem ser super-heróis ou tipos divertidos como Mafalda, de Quino; Snoopy, de Charles Schulz; Vó, de Jean, e tantos outros.

Você vai ler a seguir, por exemplo, duas tiras em que aparece Armandinho, ou apenas Dinho, um menino divertido e sensível. Apesar da pouca idade, a personagem faz os leitores, inclusive adultos, refletirem sobre muitos aspectos importantes da vida.

Texto A

ARMANDINHO — Alexandre Beck

Texto B

ARMANDINHO — Alexandre Beck

ANTES DO ESTUDO DOS TEXTOS

1. Se não tem certeza de ter compreendido bem os textos, leia-os novamente.
2. Ao responder às questões a seguir, procure empregar o que já aprendeu ao ler outros textos e seja preciso em suas respostas.

ESTUDO DOS TEXTOS

DE OLHO NAS CARACTERÍSTICAS DO GÊNERO

SOBRE O TEXTO A

1. É possível saber o que as personagens estão fazendo nos dois quadrinhos pelas expressões faciais e corporais? Justifique sua resposta com exemplos tirados da tirinha.
2. Armandinho convida os amigos para brincarem de telefone sem fio. Você sabe o que é isso? Explique como se brinca.
3. O humor no último quadrinho está relacionado com a maneira como os amigos de Armandinho entendem, nesse contexto, o que seria "brincar de telefone sem fio". Você concorda com essa afirmação? Por quê?
4. O tempo da narrativa é indicado pelas expressões faciais e corporais das personagens ou pelo cenário? Por quê?
5. Em que quadrinhos há texto verbal? E para que ele é usado?
6. A linguagem da tira é formal ou informal? Qual é a palavra que mais demonstra isso?
7. Agora, conte com suas palavras a história apresentada nessa tira.

SOBRE O TEXTO B

1. Quem são as personagens da história?
2. A posição em que o menino e o adulto foram desenhados parece enfatizar a posição do menino. Você concorda com essa afirmação? Por quê?
3. Nessa tira, há apenas a sombra embaixo de cada personagem, sem elementos de cenário. O fato de não ter cenário prejudica a compreensão da história? Por quê?
4. No primeiro quadrinho, o autor usa uma palavra que poderia ser substituída por *animal*. Qual é ela? No segundo quadrinho, qual é a palavra usada com esse mesmo significado?
5. No último quadrinho, estabelece-se uma oposição com esses termos que você encontrou na questão 4. Qual é essa palavra? Explique essa oposição.
6. Que fala inesperada torna a tira divertida?

Biografia

FERNANDO EVANGELISTA/BARCA DOS LIVROS

Beck em foto de 2016.

O agrônomo, publicitário e ilustrador **Alexandre Beck** começou a produzir tiras por *hobby*, mas sempre teve paixão por desenhar. Em 2009, criou um menino de cabelos azuis, o Armandinho, e suas tiras passaram a ser publicadas em vários jornais brasileiros. Esse personagem também é bastante conhecido na internet, onde atrai um grande público juvenil e adulto.

Trilha de estudo

Vai estudar? Stryx pode ajudar! <http://mod.lk/trilhas>

PRODUÇÃO DE TEXTO

TIRA

O que você vai produzir

Você vai elaborar uma tira para um livro de história em quadrinhos chamado *Cotidiano*. Seu público-alvo será a comunidade escolar.

NA HORA DE PRODUZIR

1. Siga as orientações apresentadas nesta seção.
2. Lembre-se de que você já leu e analisou textos do gênero que vai produzir. Se for o caso, retome o **Estudo do texto**.
3. Diante da folha em branco, persista. Nenhum texto fica pronto na primeira versão.

PLANEJE SUA TIRA

1. Escolha uma situação do cotidiano que pareça divertida.
2. Defina as cenas necessárias. Determine quais elementos deverão fazer parte de cada uma dessas cenas.
3. Decida que personagens devem participar das cenas. Escreva as falas de cada personagem. Fique atento à pontuação.
4. Verifique se o formato dos balões corresponde ao que se quer representar: pensamento, fala ou outra situação.
5. Selecione onomatopeias, letreiros, legendas ou outros recursos verbais e não verbais de história em quadrinhos que você pode usar para demonstrar melhor as intenções e os sentimentos das personagens.

DESENVOLVA SUA TIRA

1. Agora elabore a tira, fazendo um rascunho dos desenhos e dos recursos que você pensou.
2. Encaixe o texto nos balões. Neles você também pode incluir figuras, símbolos ou sinais.
3. Depois, passe os desenhos e o texto a limpo.

AVALIE E APRESENTE

1. Troque sua tira com um colega. Verifique se ele cumpriu ou não cada um dos aspectos mencionados a seguir.

Aspectos importantes em relação à proposta e ao sentido do texto
Tira
1. Apresenta uma situação divertida?
2. O cenário ajuda o leitor a entender o contexto da história?
3. A sequência está bem desenvolvida para que o leitor entenda o tempo e o espaço da narrativa?
4. O enredo está breve e simples?
5. Há um elemento surpresa, inesperado?
6. Balões e outros recursos foram usados de forma adequada?
7. O texto tem frases curtas?
Aspectos importantes em relação à ortografia, à pontuação e às demais normas gramaticais
1. Está livre de problemas de ortografia e acentuação?
2. A pontuação está correta, ajuda a dar mais expressividade ao texto?

2. Destroquem os textos e façam as alterações necessárias.
3. Montem o livro reunindo todas as tiras, organizando-as de acordo com os critérios escolhidos por vocês (assunto, nomes dos autores etc). O livro poderá ficar à disposição dos alunos na biblioteca da escola.

ATITUDES PARA A VIDA

PERSISTIR

Diante de uma tarefa difícil ou de um problema aparentemente sem solução, você costuma persistir ou desistir?

Persistir é buscar diferentes formas para resolver uma situação. É ter forças para não desistir diante de um obstáculo, de uma situação incerta ou mesmo do cansaço. Persistir é ser perseverante em nossos objetivos, é criar diferentes estratégias para contornar uma situação, ter foco e determinação na busca da resolução de um problema.

Possivelmente foi importante persistir para criar a sua tira, não é mesmo? Pensando nisso, leia a HQ a seguir.

Fábio Coala

© FÁBIO COALA

Fábio Coala

© FÁBIO COALA
POF
JOGA
JOGA
SAI DAQUI COM ESSA BOLA! VOCÊ NÃO É IGUAL AOS OUTROS CÃES... VOCÊ NÃO PODE BRINCAR. SÓ SERVE PARA AS PESSOAS SENTIREM PENA. NÃO FINJA QUE É FELIZ...
www.mentirinhas.com.br
DÁ ISSO AQUI. VAI PEGAR... E DESAPAREÇA!
POF
NÃO FALEI!? VOCÊ NÃO É IGUAL AOS OUTROS...
NÃO ADIANTA, NÉ?! VOCÊ NÃO TÁ NEM AÍ PRA SUA PERNA... VOCÊ É PERFEITO MESMO ASSIM.
OK, VAMOS BRINCAR LÁ FORA.
AU
AU
AU
Coala

1. Sobre o que fala esta HQ? Compartilhe suas impressões com os colegas e o professor.

2. Você acha que diante de um problema as pessoas costumam agir como o menino no início da HQ ou como o cachorrinho ao longo da história? Você acha que é mais comum insistir ou persistir diante de uma situação difícil?

Persistir não é o mesmo que insistir. Insistir é fazer algo da mesma maneira repetidas vezes, enquanto persistir é buscar diferentes caminhos para chegar a uma solução. Insistir é repetir; persistir é empenhar-se de diferentes maneiras para alcançar algo.

3. Você já esteve em uma situação em que precisou persistir para resolver um problema? O que aconteceu? Como você se sentiu? Compartilhe essa experiência com os colegas e o professor.

4. Na atividade de produção de uma tira, você percebeu se algum colega apresentou dificuldade na realização da tarefa e, em vez de persistir, pensou em desistir?

5. Quando estava produzindo a sua tira, você foi persistente o suficiente para chegar a um bom resultado?

Quando somos persistentes diante de uma tarefa, ficamos mais concentrados, nos esforçamos mais, nos tornamos mais flexíveis na resolução de problemas e superamos melhor as adversidades. Persistir em algo exige disposição para mudanças e determinação na busca de melhores resultados.

6. Você já vivenciou uma situação, fora da escola, em que precisou agir com persistência? Compartilhe sua experiência com os colegas.

AUTOAVALIAÇÃO

Atitudes para a vida	Sim	Não	O que melhorar
1. Você **organizou seu pensamento** e **expressou-se com clareza** durante a produção da tira?			
2. Você acha que ao produzir sua tira precisou utilizar a **imaginação** e a **criatividade**?			
3. Você escreveu a sua tira com **exatidão e precisão**?			
4. **Pensar de maneira interdependente** foi importante na produção de sua tira?			
5. Você soube **controlar a impulsividade** na produção da sua tira?			
6. Você soube **persistir** durante a produção da tira?			

LEITURA DA HORA

Você já leu ou ouviu falar em **mangás**? São histórias em quadrinhos feitas no estilo japonês: personagens com olhos grandes, arredondados ou em outros formatos; nariz e boca pouco definidos; corpos esguios e figurinos bem elaborados.

Pois então, *Bakuman* é o título de uma série de mangás criados por Tsugumi Ohba e Takeshi Obata. Os vinte volumes que formam a série narram a história de um estudante que gosta muito de desenhar: Moritaka Mashiro. Akito Takagi, um colega de classe de Moritaka Mashiro que deseja intensamente ser escritor, descobre o seu talento artístico e lhe pede que se junte a ele para formarem uma dupla criadora de mangás.

A história tem início quando Moritaka Mashiro esquece na sala de aula o seu caderno de anotações com um desenho de Miho Azuki, uma garota da escola por quem está secretamente apaixonado. Após sair do colégio, percebe que esqueceu o caderno e volta para buscá-lo. Na sala de aula encontra Akito Takagi, com o caderno dele em mãos. Takagi insinua que contará a Miho Azuki, caso ele não aceite formar a dupla. O trecho que você vai ler narra um encontro de Moritaka Mashiro com Miho Azuki.

Ei, espere!
Não leia ainda!

FOURLEAFLOVER/SHUTTERSTOCK

A maneira de ler um mangá é diferente daquela a que estamos acostumados. O livro deve ser aberto do lado contrário ao de costume, isto é, a leitura deve ser feita de trás para a frente. Dessa forma, o que para nós seria o fim da história, para os japoneses é o começo. Isso acontece porque os mangás são publicados seguindo as normas de leitura oriental, ou seja, da direita para a esquerda.

Ordem de leitura dos quadrinhos de um mangá

Outra coisa importante: a ordem de leitura dos balões também é diferente. Você deve sempre ler de cima para baixo e da direita para a esquerda. Veja o exemplo abaixo:

DENIS CRISTO/SHUTTERSTOCK

Agora, inicie a leitura do mangá pela página 254 deste livro.

TSUGUMI OHBA E TAKESHI OBATA, BAKUMAN, VOLUME 01 - EDITORA JBC

TSUGUMI OHBA E TAKESHI OBATA, BAKUMAN, VOLUME 01 - EDITORA JBC

TSUGUMI OHBA E TAKESHI OBATA, BAKUMAN, VOLUME 01 - EDITORA JBC

TSUGUMI OHBA E TAKESHI OBATA, BAKUMAN, VOLUME 01 - EDITORA JBC

Tsugumi Ohba e Takeshi Obata. *Bakuman*, vol. 1. São Paulo: JBC, 2011. p. 177-174.

PROJETO EM EQUIPE

AS HQS NO BRASIL

O que você vai aplicar:

- alguns procedimentos de pesquisa
- organização de informações
- organização de uma exposição oral
- escolhas entre o uso das linguagens formal e informal
- informações a respeito da história das HQs

O que você vai aprender:

- como organizar um friso como apoio para uma exposição oral

VISÃO GERAL — O QUE VAMOS FAZER

Você e seus colegas vão planejar uma apresentação oral a respeito da evolução da arte dos quadrinhos no Brasil a partir da década de 1960 e montar um friso como apoio para essa apresentação.

VAMOS ORGANIZAR O TRABALHO

Reúna-se em grupo com os colegas. Juntos, decidam qual será o foco da pesquisa: uma época, um autor ou uma personagem das histórias em quadrinhos. Depois de definirem esse foco, conversem com as outras equipes para que não haja repetição de época, autor ou personagem e para garantir que o friso abrangerá o período que vai de 1960 até os dias atuais. Se quiserem, façam um roteiro de perguntas que devem nortear a pesquisa. Lembrem-se de também pesquisar imagens.

Os membros da equipe devem trocar informações. Vocês também podem consultar familiares, professores ou amigos fãs de HQs.

Consultem ainda o infográfico analisado na abertura da unidade. Ele apresenta uma breve história das HQs. Observem como ele foi organizado e de que maneira apresenta os diferentes períodos dessa história.

ROGÉRIO COELHO

Para que a pesquisa seja mais produtiva, definam as fontes de informação. Se forem utilizar uma ferramenta de busca para pesquisar na internet, é bom decidir antes quais palavras-chave usarão. Lembrem-se:

- Usar palavras-chave específicas. Por exemplo, em vez de apenas *Homem-Aranha*, é melhor *como* + *surgiu* + *Homem-Aranha*.
- Após cada busca, vários resultados surgirão. Observem em que tipo de *site* a informação está publicada, ou seja, qual é a fonte, para saber se é confiável.
- Quando encontrarem um *site* interessante, leiam o texto inteiro e anotem os pontos mais importantes.
- Anotem o endereço do *site* consultado, porque ele deverá ser indicado como uma referência.

Resumam as informações encontradas, concentrando-se nos pontos principais, que ajudarão a responder às questões que vocês fizeram no início do trabalho.

VAMOS UTILIZAR AS INFORMAÇÕES PESQUISADAS

Cada integrante da equipe fornecerá ao grupo as informações pesquisadas. Você e seus colegas devem preparar então o texto da apresentação, organizando os dados no formato de um texto expositivo. Decidam se vocês vão usar linguagem formal ou informal. Cada equipe terá 15 minutos para a apresentação.

VAMOS PREPARAR O FRISO

Neste projeto, a equipe usará um friso para ilustrar a apresentação e servir de referência para os expositores. Cada célula do friso deve apresentar um texto que resuma informações importantes que possam ser aproveitadas pelo expositor para se orientar, além de uma imagem relacionada a esse texto. O friso deve ter um número de células adequado ao espaço determinado pelo professor para afixá-lo.

Veja a seguir um exemplo de como seria um texto em um pedaço de friso a respeito da história das HQs a partir da década de 1930.

Década de 1930	Década de 1940	Década de 1950	Década de 1960
Surgem personagens como Betty Boop, Flash Gordon, Fantasma, Mandrake e Super-Homem.	Aparecem nessa ocasião, por influência da Segunda Guerra Mundial, personagens como Capitão Marvel e Tocha Humana, em histórias que envolvem conflitos e violência.	O caráter violento das histórias e o aumento da popularidade das HQs levaram muitos a julgá-las nocivas para o desenvolvimento das crianças. Elas passaram a ser censuradas pela Comic Code Authority. É nessa época que surgem Asterix e Obelix.	A saída foi criar personagens que faziam justiça sem causar mal a ninguém, como o Homem-Aranha e o Quarteto Fantástico. Essas novas personagens foram aceitas pela Comic Code Authority e logo ganharam popularidade.

VAMOS MONTAR O FRISO

O friso deve ser montado horizontalmente e ocupar a largura de uma parede. A altura pode variar entre 20 e 40 cm.

O ideal é usar pedaços de papel *kraft* unidos com fita adesiva. O espaço disponível no papel deve ser dividido de acordo com o número de equipes.

Cada equipe deve usar seus textos e imagens considerando que é importante:

a) escrever os textos em tamanho legível;
b) destacar bem os títulos e subtítulos;
c) distribuir harmoniosamente os blocos de texto e imagem;
d) elaborar um painel atraente e divertido.

VAMOS APRESENTAR A PESQUISA

Feito o friso e prontas as informações, é hora de ensaiar e preparar a apresentação. Usem o relógio durante os ensaios para garantir que não ultrapassem os 15 minutos estabelecidos para a atividade. Combinem quem vai falar cada parte.

Antes de falar, cada participante deve explicar o que vai dizer (Exemplo: "Vou falar a respeito da origem das histórias em quadrinhos"). Antes de passar a palavra ao colega, cada um deve informar que encerrou sua parte (Exemplo: "Agora passo a palavra para o colega A").

PARA SE PREPARAR PARA A PRÓXIMA UNIDADE

Você busca informações em *sites*, *blogs*, jornais e revistas? Na próxima unidade você vai ler textos que circulam no campo jornalístico ou na mídia e refletir sobre as transformações ocorridas na imprensa nos últimos anos, após o avanço das tecnologias digitais. Dê uma olhada nestes *links* que selecionamos para você "se aquecer" sobre esse assunto.

1

PAULA GIOLITO/AGÊNCIA O GLOBO

Em sua opinião, o uso do celular atrapalha a concentração durante a explicação do professor? Neste vídeo, alguns estudantes apresentam argumentos contra e a favor do uso dos aparelhos nas aulas. Confira: <http://mod.lk/ewovw>.

2

NIELS ANDREAS/ACERVO PARTICULAR

Em 2017, o governo do Estado de São Paulo sancionou uma lei que permite o uso de celular para fins didáticos em sala de aula. Nesta entrevista, a educadora Tania Fontolan fala dos prós e contras das tecnologias digitais na educação. Acesse: <http://mod.lk/wfdki>.

3

PSEUDODAEMON/GETTY IMAGES

A área jornalística está em constante renovação. Com os avanços tecnológicos, a maneira como as pessoas consomem notícias também mudou. Saiba mais sobre jornalismo digital assistindo a esta reportagem do programa *Metrópolis*: <http://mod.lk/1dff4>.

4

Conjunções coordenativas

Este objeto digital trata das conjunções coordenativas e das orações coordenadas. Acesse: <http://mod.lk/fflga>.

O QUE VOCÊ JÁ SABE?

Até esse momento, você seria capaz de...	Sim	Não	Mais ou menos
... identificar a intenção com que um texto jornalístico é produzido e o papel que ele cumpre na sociedade?	☐	☐	☐
... comparar informações sobre um mesmo fato divulgadas em diferentes veículos, analisando as diferenças no tratamento dado ao que está sendo noticiado?	☐	☐	☐
... perceber que uma das principais características dos meios jornalísticos digitais é a interação com o leitor?	☐	☐	☐

De acordo com o conteúdo do objeto digital *Conjunções coordenativas*, você seria capaz de...	Sim	Não	Mais ou menos
... entender que as conjunções são palavras que unem termos ou orações e estabelece relação entre eles?	☐	☐	☐
... perceber que as conjunções coordenativas classificam-se de acordo com a relação de sentido que estabelecem entre as orações?	☐	☐	☐

Procure, em diferentes meios (*sites*, *blogs*, jornais e revistas) por notícias, reportagens ou artigos de opinião que tratem de um mesmo assunto. É possível apontar diferenças entre os textos? Compartilhe o resultado de sua pesquisa com os colegas.

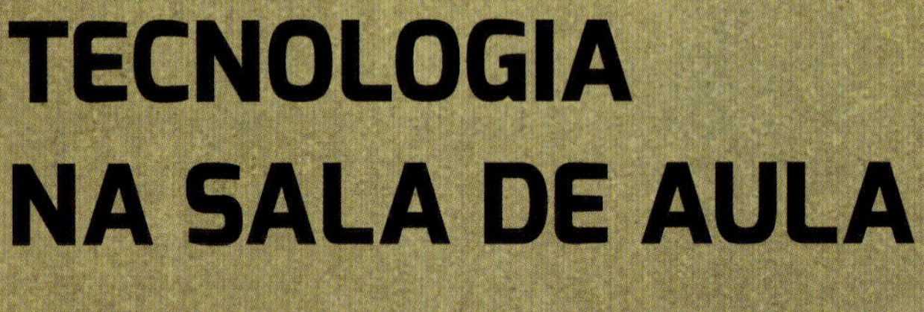

TECNOLOGIA NA SALA DE AULA

EM FOCO NESTA UNIDADE

- Os gêneros jornalísticos
- Jornalismo digital
- Conjunções coordenativas e orações coordenadas
- A notícia
- Produção: notícia para *podcast*

ESTUDO DA IMAGEM

Em 2016, o jogo eletrônico *Pokémon Go* chegou ao Brasil e tornou-se uma verdadeira febre mundial. Nesse contexto, o artista polonês Pawel Kuczynski produziu uma ilustração carregada de crítica ao comportamento dos jovens que se divertiam com Pikachu e sua turma.

1. Que crítica é essa? Você se identifica com o rapaz reproduzido na imagem? Por quê?
2. Em que momentos o celular atrapalha o seu dia a dia? E em que momentos ele realmente é importante?
3. Troque ideias com os colegas: em sua opinião, é necessário estipular um limite e um espaço para a utilização do celular? Como seria o ideal? Por quê?

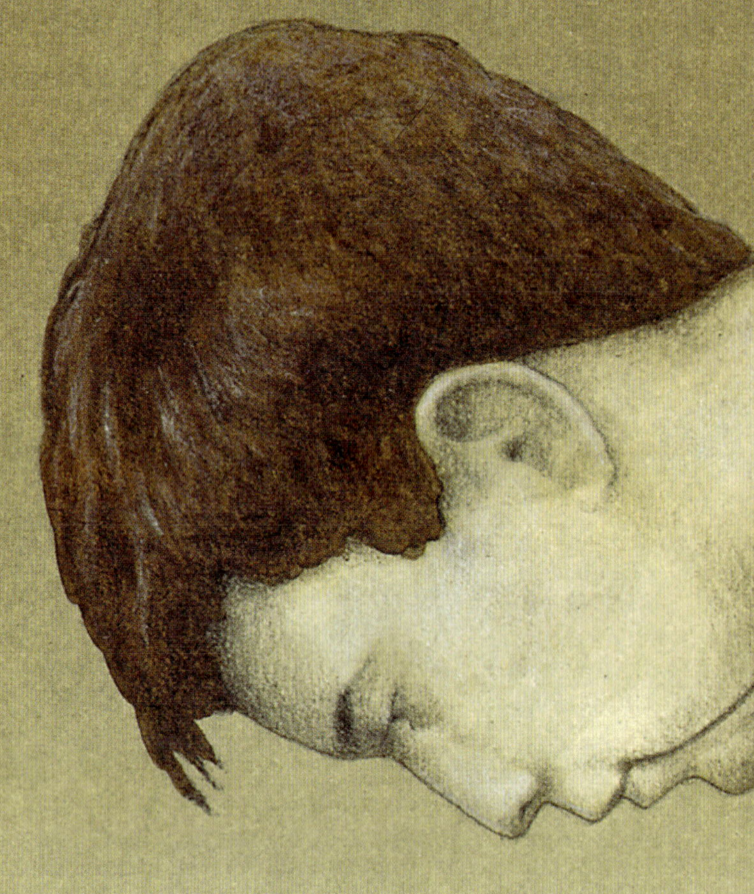

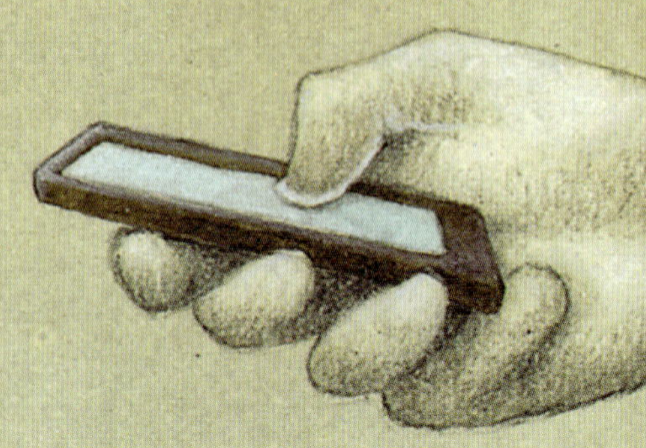

LEITURA

CONTEXTO

Você vai encontrar a seguir cinco textos que foram divulgados em diferentes veículos da imprensa. Embora tratem do mesmo assunto – o uso do celular em sala de aula –, eles foram publicados em datas diferentes e têm, também, enfoques e objetivos distintos, como você poderá comprovar durante a leitura.

ANTES DE LER

1. Leia o título e a referência bibliográfica de cada um dos textos, observe as imagens e identifique qual deles foi divulgado:
   a) por uma emissora de rádio;
   b) por um portal de notícias na internet;
   c) por um *site* de notícias econômicas.
2. Faça uma lista das possíveis vantagens e desvantagens do uso do celular na sala de aula. Depois, ao longo da leitura, verifique se os itens que você listou são mencionados.

Texto A

POR JÚLIA MIOZZO EM CARREIRA / EDUCACAO 08 NOV, 2017 09H51

Governo de SP sanciona lei que libera uso de celular em salas de aula

Encaminhado à Assembleia Legislativa de São Paulo no ano passado, o projeto de lei (nº 860/2016) altera a lei 12.730/2007

SÃO PAULO – O governo de São Paulo sancionou nesta segunda-feira (6) a lei que libera o uso de telefone celular na sala de aula, contanto que voltado somente para fins **pedagógicos**. Ela vale tanto para alunos do ensino fundamental quanto do ensino médio. A ideia é que eles funcionem como "auxiliadores em atividades pedagógicas", de acordo com o governo.

Encaminhado à Assembleia Legislativa de São Paulo no ano passado, o projeto de lei (nº 860/2016) altera a lei 12.730/2007, que proibia o uso dos dispositivos celulares, em quaisquer circunstâncias, nas aulas das escolas estaduais. A proposta foi aprovada na **Alesp** no dia 11 de outubro e depois foi encaminhada para **sanção** do governador.

O novo artigo que libera o uso dos celulares durante as aulas não especifica, entretanto, quais seriam as atividades pedagógicas e se os alunos devem ter a autorização dos professores para usá-los.

[...]

JÚLIA MIOZZO. *InfoMoney*. Disponível em: <http://mod.lk/7ifkb>. (Fragmento). Acesso em: 5 fev. 2018.

Glossário

Sanciona: aprova.
Pedagógicos: educacionais.
Alesp: sigla para Assembleia Legislativa do Estado de São Paulo.
Sanção: aprovação.

CORUND/SHUTTERSTOCK

Texto B

MENU
AO VIVO
CBN
QUINTA, 09/11/2017, 10:29
Escola da Vida - Antônio Gois
Celular na sala de aula é uma coisa na teoria e outra na prática
Na teoria, o uso da tecnologia vai revolucionar o ensino. Na prática, é o professor tentando dar aula e os alunos no WhatsApp e no Facebook.
DURAÇÃO: 00:06:42
Competir com celular em sala de aula é desafio para os professores. Foto: Reprodução/Wikimedia Commons

IMAGEM CBN/CC0/PEXELS

TRANSCRIÇÃO DO ÁUDIO:

[Bianca Santos:] Bom dia, Góis, tudo bem?

[Antônio Góis:] Tudo bem, Bianca? Bom dia aos ouvintes.

[Bianca Santos:] Góis, tem ocorrido uma preocupação crescente a respeito da entrada da tecnologia nas salas de aula. Recentemente até as escolas públicas de São Paulo começaram a liberar os celulares, né? E isso sempre gera uma discussão porque tem os benefícios, mas também tem os malefícios. E o que que você acha disso, hein, Góis?

[Antônio Góis:] Essa é uma discussão mundial, né? Tem uma... E não é de hoje, né? A discussão sobre o impacto da tecnologia, como que... Esse... Esse discurso de que a tecnologia vai revolucionar o aprendizado, ele é feito... desde que a invenção do rádio que se fala que isso vai mudar por completo a maneira como os alunos aprendem. E o que a gente vê na prática é que essas coisas levam tempo e, muitas vezes, muitas das promessas tecnológicas se provaram ineficientes e às vezes até prejudiciais. Então essa questão, por exemplo, de uso do celular em sala de aula eh... é grande a chance dos alunos... Se os alunos se... eh... Você imagina a situação ideal é o professor, os alunos altamente engajados numa aula, e o professor debatendo um assunto, e os alunos podendo inclusive pesquisar no... no celular deles o que que mais... eh... coisas relevantes pra esse assunto. Essa é a situação ideal. E a situação muitas vezes na prática é o professor tentando ali dar a sua aula e o aluno no WhatsApp, no Facebook. Então, isso, para usar um exemplo bem simples, a maneira como a tecnologia aterrissa em sala de aula ela é mais importante do que a tecnologia em si [...].

ANTÔNIO GÓIS. Escola da Vida. *Rádio CBN Rio*, 9 nov. 2017.
Disponível em: <http://mod.lk/pv0sa>. Acesso em: 9 fev. 2018.

Texto C

Celular em sala de aula: proibir ou usar como ferramenta?

Leis estaduais proíbem aparelhos no Brasil e um estudo britânico diz que proibição aumenta desempenho, mas tem professor que pensa diferente

15 JUL 2015 09h05

No final de maio, Pernambuco se tornou o mais novo Estado brasileiro a proibir o uso de telefones celulares nas salas de aula. A lei sancionada no estado nordestino vai ao encontro de normas semelhantes adotadas no Rio de Janeiro, Goiás, São Paulo, entre outros. Também em maio, uma pesquisa publicada pela London School of Economics and Political Science (LSE) revelou que as escolas britânicas que baniram os celulares registraram um aumento de 6% no desempenho de seus alunos. Segundo o estudo, os aparelhos seriam uma causa de distração dos estudantes.

No entanto, professores e pesquisadores acreditam que, em vez de proibir, as escolas deveriam usar os dispositivos móveis como ferramenta pedagógica. É o caso do professor de física de Minas Gerais André Parreira. Mestre em tecnologia educacional, ele trabalha na capacitação de professores para o uso da tecnologia em sala de aula. "É preciso reconhecer o celular como parte da vida do aluno, e não pode haver um abismo entre a vida e a escola. A questão é ter um projeto pedagógico."

Além da questão utilitária, o aparelho também pode ser um fator de motivação dos estudantes, defende o psicopedagogo Eugênio Cunha, professor da Faculdade Cenecista de Itaboraí e da Universidade Federal Fluminense. Para ele, a questão é saber motivar a turma. "Posso até proibir o celular, mas será que eu vou propor uma aula mais atraente? Acredito que disciplinar seja mais eficiente do que proibir." Segundo Cunha, o professor deve "ocupar" o aparelho, propondo atividades e fazendo com que os estudantes saibam que, em outros momentos, o aparelho precisará ser guardado.

Na mesma linha, o especialista em administração escolar e orientação escolar Hamilton Werneck é contrário à proibição. [...]

Entre as vantagens do aparelho, Werneck salienta a capacidade de pesquisa. "O professor pode pedir para a turma descobrir a cotação do petróleo, por exemplo. Além da discussão específica, os estudantes estão aprendendo a fazer pesquisa."

[...]

Proibição ou não de celulares em salas de aula tem dividido a opinião de professores no Brasil e no mundo.

DANIEL KRASON/SHUTTERSTOCK

Pais ligavam na hora da aula

O professor Sérgio Ribeiro, diretor do Colégio Motivo, de Pernambuco, acredita que o aparelho tira a atenção dos jovens. Ribeiro entende que, mesmo voltada a fins pedagógicos, a utilização dos celulares em aula seria convidativa para a dispersão. "A hiperatividade é muito grande, e é difícil para o professor ter controle se os alunos estão desenvolvendo a atividade proposta ou interagindo em redes sociais." O professor pondera que a tecnologia pode ser um acréscimo, mas não deve substituir a aula tradicional

Às vezes, os próprios pais e mães não seguem as recomendações das escolas e costumam ligar para os filhos inclusive no horário das aulas.

LESZEK GLASNER/ SHUTTERSTOCK

Antes mesmo da lei estadual, a escola pernambucana já possuía regras rígidas quanto ao uso do telefone por parte dos alunos. Os aparelhos não são proibidos, mas durante as aulas devem permanecer guardados e no modo silencioso. Ribeiro salienta que é importante que os jovens aprendam, na escola, a lidar com os dispositivos também em outros ambientes, como no cinema ou em futuras reuniões profissionais.

O professor comenta ainda que a lei deu um respaldo maior à postura do colégio e ajudou na conscientização, não apenas dos alunos, mas também dos pais. Segundo ele, muitos pais aproveitavam a facilidade do celular para fazer contato direto com seus filhos, inclusive em horário de aula, mesmo com a escola tendo dado outra orientação, disponibilizando números telefônicos da instituição para atender às famílias.

Portal Terra. Disponível em: <http://mod.lk/6jsx7>. (Fragmento). Acesso em: 9 fev. 2018.

Texto D

CAZO

PESQUISA: CELULAR FORA DA SALA DE AULA AUMENTA O DESEMPENHO DOS ALUNOS...

A PARTIR DE HOJE VAMOS TENTAR DESCONECTAR E DESLIGAR ESSE APARELHO...

...E TENTAR LIGAR E CONECTAR ESTE APARELHO AQUI!
CAZO

© CAZO

Cazo. *Folha da Manhã*, 13 jun. 2015. Disponível em: <http://mod.lk/wexhg>. Acesso em: 9 fev. 2018.

Texto E

O USO DAS TECNOLOGIAS MÓVEIS EM SALA
Unesco lança guia com 13 bons motivos para usar tecnologias móveis na escola e 10 recomendações para governos
O ACESSO NÃO É MAIS O PRINCIPAL DESAFIO...
Bons motivos
Recomendações
1 Amplia o alcance e a equidade da educação
Criar ou atualizar políticas ligadas ao aprendizado móvel 1
2 Melhora a educação em áreas de conflito ou que sofreram desastres naturais
Conscientizar sobre sua importância 2
3 Assiste alunos com deficiência
Expandir e melhorar opções de conexão 3
4 Otimiza o tempo na sala de aula
Ter acesso igualitário 4
5 Permite que se aprenda em qualquer hora e lugar
Garantir equidade de gênero 5
6 Constrói novas comunidades de aprendizado
"Hoje as tecnologias móveis são muito mais comuns, mesmo em áreas onde escolas, livros e computadores são raros"
7 Dá suporte à aprendizagem in loco
...MAS SIM SOFISTICAR O USO PEDAGÓGICO DAS TECNOLOGIAS
8 Aproxima o aprendizado formal do informal
Criar e otimizar conteúdo educational 6
9 Provê avaliação e feedback imediatos
10 Facilita o aprendizado personalizado
Treinar professores 7
11 Melhora a aprendizagem contínua
Capacitá-los usando tecnologias móveis 8
12 Melhora a comunicação
Promover o uso seguro, responsável e saudável das tecnologias 9
13 Maximiza a relação custo-benefício da educação
"Não usar tecnologias móveis é perder oportunidades educacionais muito ricas"
Rebeca Otero, Unesco
Usá-las para melhorar a comunicação e a gestão da educação 10
TECNOLOGIAS MÓVEIS SÃO APARELHOS DIGITAIS, FACILMENTE PORTÁTEIS, USADOS E CONTROLADOS POR UM INDIVÍDUO — E NÃO POR UMA INSTITUIÇÃO —, TEM ACESSO À INTERNET E PERMITE UM AMPLO NÚMERO DE AÇÕES, INCLUSIVE MULTIMÍDIAS
crédito: Regiany Silva / Porvir

REGIANY SILVA/POVIR

Glossário

Unesco: sigla em inglês para Organização das Nações Unidas para a Educação, a Ciência e a Cultura.

Equidade: igualdade.

***In loco*:** expressão latina que significa "no próprio local". A aprendizagem *in loco* é, portanto, aquela em que o aluno aprende vivenciando situações práticas.

Provê: fornece.

***Feedback*:** retorno; resposta.

Maximiza: eleva ao grau máximo.

Gestão: administração.

REGIANY SILVA. 10 dicas e 13 motivos para usar celular na aula. *Porvir*, 25 fev. 2013. Disponível em: <http://mod.lk/djhqd>. Acesso em: 9 fev. 2018.

Fonte: Diretrizes de políticas da Unesco para a aprendizagem móvel.

ESTUDO DOS TEXTOS

ANTES DO ESTUDO DOS TEXTOS

1. Se não tem certeza de ter compreendido bem algum texto, leia-o novamente.
2. Procure identificar as ideias apresentadas nos textos e reflita: você concorda com elas? Por quê?
3. Ao responder às questões a seguir, procure empregar o que já aprendeu ao ler outros textos e seja preciso em suas respostas.

COMPREENSÃO DOS TEXTOS

SOBRE OS TEXTOS A E B

1. Qual é a diferença entre os textos A e B? Para responder, pense no conteúdo dos textos e observe a data em que foram produzidos.
2. Qual é a opinião de Antônio Góis, no texto B, sobre o uso do celular em sala de aula?

SOBRE OS TEXTOS C E D

1. Embora o texto C não tenha como objetivo noticiar um fato específico, percebe-se que ele foi produzido a partir de dois acontecimentos ocorridos pouco tempo antes. Que acontecimentos são esses?
2. Quais foram as fontes (pessoas entrevistadas, documentos consultados) do texto C?
3. As fontes consultadas pelos jornalistas têm a mesma opinião sobre o uso do celular em sala de aula? Explique sua resposta.
4. Qual dos dois acontecimentos que você identificou na questão 1 deu origem ao texto D? Justifique sua resposta.

SOBRE O TEXTO E

1. Os dados a seguir estão com destaque colorido na lateral do texto. Releia-os:

   > Regiany Silva.
   >
   > Fonte: Diretrizes de políticas da Unesco para a aprendizagem móvel.

   a) Qual desses dados registra de onde foram tiradas as informações? E qual deles indica quem elaborou o texto?

   b) Como você chegou a essa conclusão?

2. No texto há duas frases entre aspas. Qual seria o papel dessas aspas?

MATHEUS COSTA

DE OLHO NA CONSTRUÇÃO DOS SENTIDOS

1. **Releia estas frases extraídas do texto B, prestando atenção aos adjetivos destacados.**

> "[...] as escolas **públicas** de São Paulo começaram a liberar os celulares [...]."
>
> "[...] muitas das promessas **tecnológicas** se provaram **ineficientes** e às vezes até **prejudiciais**."
>
> "Então, isso, para usar um exemplo bem simples, a maneira como a tecnologia aterrissa em sala de aula ela é mais **importante** do que a tecnologia em si [...]."

- Reúna os cinco adjetivos destacados em dois grupos:
  - **a)** grupo 1: adjetivos que descrevem objetivamente o substantivo;
  - **b)** grupo 2: adjetivos que expressam uma avaliação ou opinião sobre o substantivo.

2. **No texto A existem adjetivos do grupo 1, isto é, adjetivos que expressam opiniões? Explique por que isso ocorre.**

3. **Releia abaixo o último parágrafo do texto A. Em seguida, copie as afirmações mais adequadas sobre ele.**

> "O novo artigo que libera o uso dos celulares durante a aula não especifica, entretanto, quais seriam as atividades pedagógicas e se os alunos devem ter a autorização dos professores para usá-los."

a) Esse trecho:
- critica a lei, sugerindo que ela é incompleta.
- elogia a lei, sugerindo que ela dá liberdade aos professores.
- descreve objetivamente a lei.

b) A palavra responsável pelo efeito de sentido que você identificou na questão anterior é:
- novo
- entretanto
- autorização

4. **Observe novamente o texto E e explique a função das cores vermelha e lilás.**

5. **Releia o texto C e faça o que se pede.**

a) Copie três trechos que descrevem a formação profissional e o trabalho realizado pelas pessoas entrevistadas.

b) Por que essas informações são importantes para o leitor?

6. **Releia o texto D e depois escolha a opção que preenche adequadamente as lacunas da afirmação a seguir.**

A charge ✦ o uso do celular em sala de aula, pois sugere que existe uma relação de ✦ entre o uso do aparelho e o raciocínio dos estudantes: quando um está ligado, o outro necessariamente está desligado.

a) apoia – proximidade

b) critica – oposição

7. **Explique como os gestos da professora reforçam o que ela está dizendo ao aluno.**

OS GÊNEROS JORNALÍSTICOS

1. **A qual ou a quais dos textos cada afirmação se refere?**

a) O texto usa mais de uma linguagem (por exemplo, palavras e figuras).

b) O texto foi produzido por escrito.

c) O texto circulou exclusivamente *on-line*.

BO1982/SHUTTERSTOCK

2. **Pense agora na finalidade de cada texto. Com qual dos objetivos a seguir cada texto foi produzido?**
   a) Divulgar a opinião de um especialista sobre um tema ou fato da atualidade.
   b) Usar o humor para opinar criticamente sobre um tema ou fato da atualidade.
   c) Relatar um acontecimento recente.
   d) Informar sobre determinado assunto em profundidade, apresentando vários lados da questão.
   e) Representar informações visualmente, de modo a facilitar a compreensão por parte do leitor.

3. **Cada texto representa, também, determinado gênero textual. Identifique qual dos textos é:**
   a) um infográfico.
   b) uma notícia.
   c) uma entrevista.
   d) uma reportagem.
   e) uma charge.

OS GÊNEROS EM FOCO: GÊNEROS JORNALÍSTICOS

Os textos que você leu no painel circulam no **campo jornalístico** ou na **imprensa**, isto é, em jornais e revistas (impressos ou digitais), em *sites* e *blogs* noticiosos e em programas de TV e rádio dedicados ao jornalismo. Você observou que eles têm algo em comum: a intenção de oferecer ao público informações ou análises sobre fatos e temas atuais.

Você notou também que cada um dos textos tem características particulares, já que eles pertencem a gêneros textuais diferentes. Existem, de fato, inúmeros **gêneros jornalísticos**, cada qual com uma intenção comunicativa específica. Por exemplo:

- uma **notícia**, como o texto A, busca relatar um fato recente da forma mais objetiva possível;
- uma **entrevista**, como o texto B, geralmente busca apresentar as opiniões de um especialista sobre certo tema ou fato atual;
- uma **reportagem**, como o texto C, busca informar sobre um tema em profundidade, apresentando os diversos lados da questão por meio da citação de especialistas, de pesquisas etc.;
- uma **charge**, como o texto D, procura utilizar o humor para interpretar criticamente um fato recente;
- e, por fim, um **infográfico**, como o texto E , tem como objetivo representar as informações por meio de linguagem verbal (palavras) e visual (desenhos, formas, cores), a fim de facilitar a compreensão.

Esses são apenas alguns dos gêneros jornalísticos. Existem muitos outros, como a resenha crítica, o editorial, o artigo de opinião, a carta do leitor, alguns dos quais você vai conhecer em etapas posteriores de seu estudo.

Apesar de existirem vários gêneros jornalísticos, pode-se dizer que a notícia ocupa papel central nesse campo. Afinal, quando ligamos a TV para assistir a um telejornal ou quando acessamos um *site* jornalístico, nossa principal intenção é conhecer os últimos acontecimentos importantes no país e no mundo. Da mesma forma, são esses acontecimentos que estimulam a produção dos outros gêneros: você observou que a entrevista (texto B) foi motivada pela notícia do dia anterior, enquanto a motivação para a reportagem (texto C) e para a charge (texto D) foram fatos acontecidos pouco tempo antes.

JOZSEF BAGOTA/SHUTTERSTOCK

GRAUS DE PARCIALIDADE NO JORNALISMO

De todos os gêneros apresentados no início desta unidade, a charge é o único claramente opinativo: seu autor – o chargista – usa o humor para expressar um ponto de vista sobre um fato da atualidade. Nos demais gêneros que você leu, os trechos com opiniões claras, manifestadas por meio de adjetivos opinativos ou pelo uso da 1ª pessoa ("*eu acho* que", "na *minha* opinião"), geralmente aparecem na "voz" dos especialistas entrevistados:

"[...] muitas das promessas tecnológicas se provaram **ineficientes** e às vezes até **prejudiciais**."

Antônio Góis, texto B.

"**Acredito** que disciplinar seja mais **eficiente** do que proibir."

Eugênio Cunha, texto C.

Já a "voz" do jornalista deve soar neutra, imparcial. Você notou, por exemplo, que na notícia (texto A) não aparece nenhum adjetivo opinativo. Observe também que ela é inteiramente escrita na 3ª pessoa: "O governo de São Paulo **sancionou** [...]. A ideia **é** que eles **funcionem** [...]".

No entanto, apesar dessa aparência de neutralidade, nenhum texto jornalístico é totalmente imparcial. Desde a simples decisão sobre quais fatos serão noticiados até a escolha das palavras e a composição das frases para registrá-los, a atividade jornalística envolve uma série de decisões a serem tomadas pelo jornalista e pelo veículo de imprensa. E essas escolhas ou decisões acabam revelando indiretamente a opinião do jornalista ou do veículo para o qual ele trabalha.

Você pôde comprovar isso ao analisar a notícia do *site InfoMoney*. O último parágrafo foi incluído para mostrar que a lei não é tão completa quanto deveria ser, pois não especifica as atividades pedagógicas a serem desenvolvidas com o celular nem se os alunos precisarão de autorização dos professores para usar o aparelho. A notícia, portanto, não é absolutamente neutra, pois faz uma crítica implícita à nova lei.

ORGANIZAR O CONHECIMENTO

◉ **Sob orientação do professor, reúna-se com alguns colegas.**

a) Procurem em jornais, revistas, *sites* ou *blogs* outros exemplos dos cinco gêneros jornalísticos vistos no painel inicial: notícia, entrevista, infográfico, reportagem e charge. É importante que os exemplos sejam recentes. Anotem a fonte de onde retiraram cada texto e a data de publicação.

b) Analisem os exemplos e discutam entre si: eles têm a mesma intenção comunicativa que os exemplos vistos aqui? Apresentem seus resultados à classe. Contem, também, se houve alguma dificuldade na identificação dos gêneros.

JORNALISMO DIGITAL

1. Observe as três imagens a seguir e responda às perguntas.

Imagem A

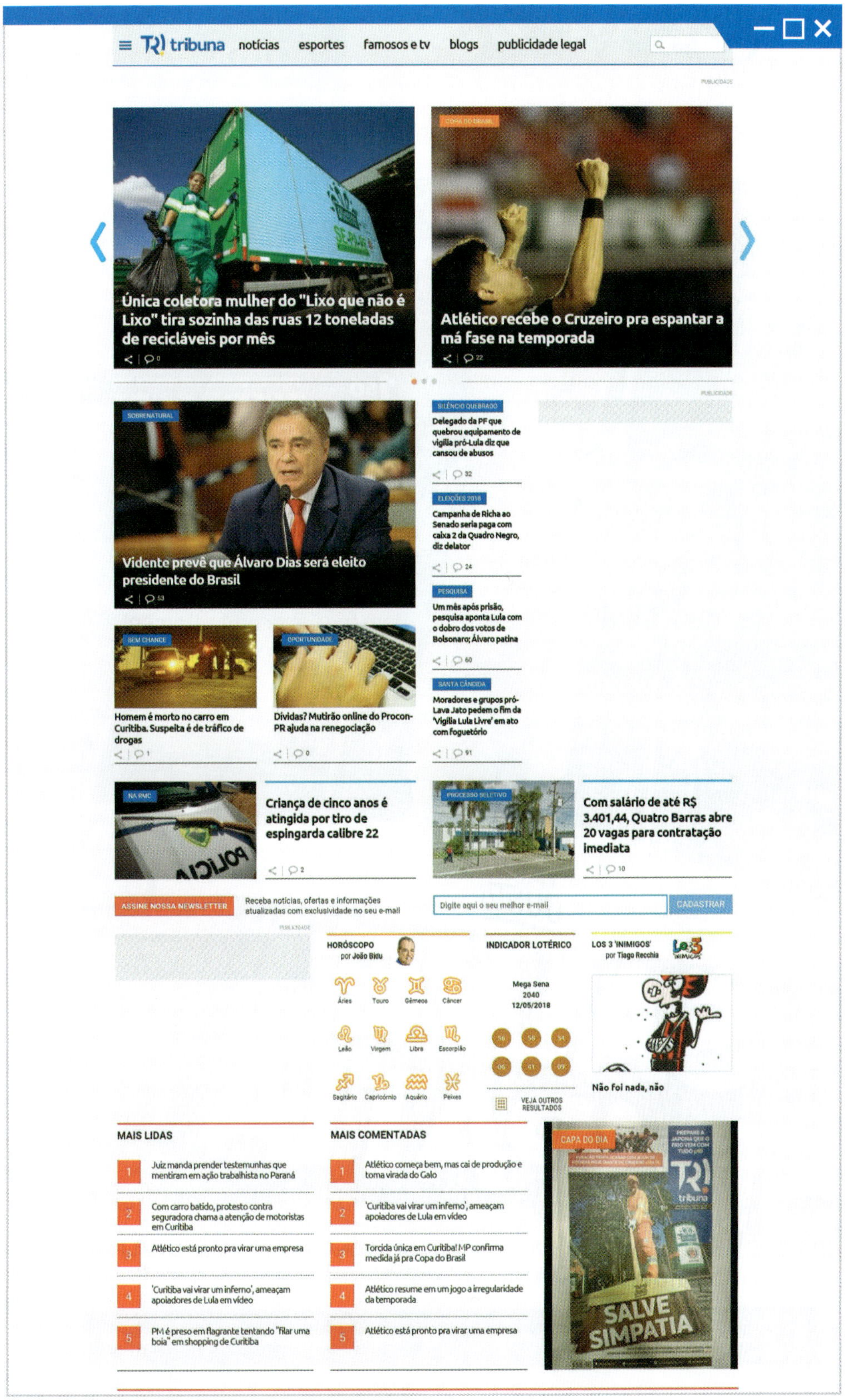

tribuna notícias esportes famosos e tv blogs publicidade legal

Única coletora mulher do "Lixo que não é Lixo" tira sozinha das ruas 12 toneladas de recicláveis por mês

Atlético recebe o Cruzeiro pra espantar a má fase na temporada

Vidente prevê que Álvaro Dias será eleito presidente do Brasil

Delegado da PF que quebrou equipamento de vigília pró-Lula diz que cansou de abusos

Campanha de Richa ao Senado seria paga com caixa 2 da Quadro Negro, diz delator

Um mês após prisão, pesquisa aponta Lula com o dobro dos votos de Bolsonaro; Álvaro patina

Moradores e grupos pró-Lava Jato pedem o fim da 'Vigília Lula Livre' em ato com foguetório

Homem é morto no carro em Curitiba. Suspeita é de tráfico de drogas

Dívidas? Mutirão online do Procon-PR ajuda na renegociação

Criança de cinco anos é atingida por tiro de espingarda calibre 22

Com salário de até R$ 3.401,44, Quatro Barras abre 20 vagas para contratação imediata

ASSINE NOSSA NEWSLETTER Receba notícias, ofertas e informações atualizadas com exclusividade no seu e-mail

Digite aqui o seu melhor e-mail CADASTRAR

HORÓSCOPO por João Bidu

Áries Touro Gêmeos Câncer Leão Virgem Libra Escorpião Sagitário Capricórnio Aquário Peixes

INDICADOR LOTÉRICO

Mega Sena 2040 12/05/2018

VEJA OUTROS RESULTADOS

LOS 3 'INIMIGOS' por Tiago Recchia

Não foi nada, não

MAIS LIDAS

1 Juiz manda prender testemunhas que mentiram em ação trabalhista no Paraná

2 Com carro batido, protesto contra seguradora chama a atenção de motoristas em Curitiba

3 Atlético está pronto pra virar uma empresa

4 'Curitiba vai virar um inferno', ameaçam apoiadores de Lula em vídeo

5 PM é preso em flagrante tentando "filar uma boia" em shopping de Curitiba

MAIS COMENTADAS

1 Atlético começa bem, mas cai de produção e toma virada do Galo

2 'Curitiba vai virar um inferno', ameaçam apoiadores de Lula em vídeo

3 Torcida única em Curitiba! MP confirma medida já pra Copa do Brasil

4 Atlético resume em um jogo a irregularidade da temporada

5 Atlético está pronto pra virar uma empresa

CAPA DO DIA

SALVE SIMPATIA

REPRODUÇÃO

Tribuna do Paraná. Disponível em: <http://mod.lk/tzq46>. Acesso em: 15 mar. 2018.

Imagem B

Tribuna do Paraná. Paraná, 15 jan. 2018.

ZEYNEP DEMIR/SHUTTERSTOCK

FOLHAPRESS; ZANONE FRAISSAT/FOLHAPRESS; UOL; ATTILA CSE/REUTERS/FOTOARENA; EBC (EMPRESA BRASIL COMUNICAÇÃO); CESAR DINIZ/PULSAR IMAGENS; FOLHAPRESS; ZÔ GUIMARÃES/FOLHAPRESS

a) Cada uma dessas imagens corresponde a uma forma de ter contato com notícias e outros gêneros jornalísticos. O que cada imagem representa?

b) Qual dessas formas você costuma usar para acompanhar as notícias? Por quê? Se não usa nenhuma delas, qual você preferiria utilizar? Por quê?

2. **Nas três formas de acessar conteúdo jornalístico, existem chamadas, isto é, títulos ou pequenos textos que apresentam resumidamente o texto jornalístico que poderá interessar o leitor. Observe as chamadas nas imagens A, B e C e responda às questões.**

a) Explique: como o leitor de um jornal digital, depois de ler a chamada, pode chegar ao texto que lhe interessa?

b) E se esse leitor estiver com um jornal impresso?

3. **Observe, neste detalhe da imagem A, que, logo depois do nome do jornal, aparece o das abas (seções) que dividem o conteúdo da publicação por assuntos.**

REPRODUÇÃO

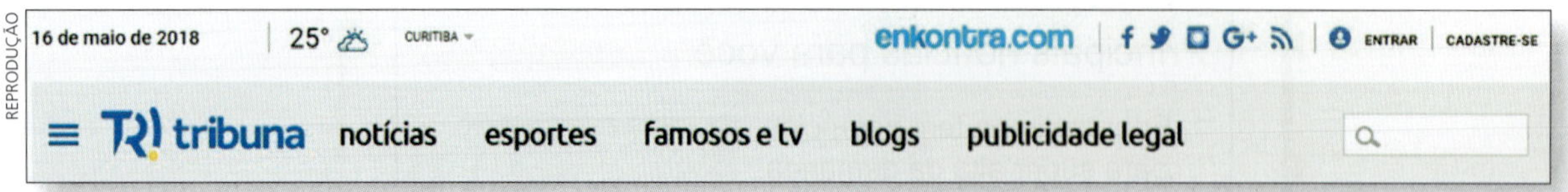

a) O que você espera encontrar ao clicar em "notícias", "esportes", "famosos e tv", "blogs" e "publicidade legal"?

b) Você esperaria encontrar uma divisão semelhante no jornal impresso? Por quê?

c) Uma das abas desse *website* só existe *on-line*, ou seja, não pode ser encontrada na versão impressa do jornal. Qual é ela? Justifique sua resposta.

d) Em sua opinião, por que os jornais incluem o conteúdo dessa aba na versão *on-line*? Troque ideias com os colegas para responder.

4. **Compare as duas formas de acessar conteúdo jornalístico representadas pelas imagens A e B.**

a) Em qual delas você esperaria encontrar notícias sobre fatos que acabaram de ocorrer? Justifique sua resposta.

b) Em qual delas você esperaria encontrar matérias mais completas sobre esses fatos? Por quê?

5. **Na imagem C, há matérias de diferentes *sites*. Como essas matérias são selecionadas para serem exibidas nessa forma de acesso? Para responder, observe todos os detalhes da imagem C e troque ideias com os colegas.**

A maioria dos jornais, revistas e emissoras de TV e rádio mantêm uma versão *on-line*, na qual geralmente publicam boa parte do conteúdo veiculado nos meios tradicionais e, ainda, alguns extras – como os *blogs* de colaboradores independentes. Além disso, existem muitos veículos de imprensa que circulam exclusivamente *on-line*.

Por fim, além de acessar diretamente esses *sites* e *blogs* jornalísticos, muitas pessoas hoje em dia utilizam aplicativos de notícias, como o exemplificado na imagem C. Esses aplicativos reúnem matérias jornalísticas de vários veículos, de acordo com as preferências e os hábitos de leitura do usuário.

ORGANIZAR O CONHECIMENTO

Junte-se a um colega para analisar e produzir comentários em textos jornalísticos *on-line*.

Uma das principais características dos meios jornalísticos digitais é que eles permitem uma participação mais direta do leitor, que dispõe de um espaço para postar comentários ou mesmo enviar suas próprias notícias, vídeos etc.

Leiam ao lado alguns dos comentários que foram feitos na reportagem "Celular em sala de aula: proibir ou usar como ferramenta?". Depois, respondam às perguntas.

a) Copiem dos comentários três palavras ou expressões que servem para expressar pontos de vista (adjetivos opinativos, expressões como "na minha opinião" etc.).

b) Você e seu colega também vão escrever um comentário para postar nessa matéria sobre uso do celular (ou em outra indicada pelo professor). Porém, diferentemente do que ocorre nos exemplos vistos, vocês devem deixar claro que estão dando sua opinião como estudantes. Portanto, no comentário, vocês devem argumentar por que, na opinião de estudantes do 6º ano, o celular deve ser permitido ou proibido em sala de aula. Façam um esboço do comentário, avaliem se está claro e coerente e, depois, publiquem-no na matéria escolhida.

8 comentários

DRUMCHEG/SHUTTERSTOCK

M. Q.

Minha posição em relação ao uso do telefone celular fecha com o pensamento de A. C. M. S. É útil em sala de aula, mas o aluno precisa ter limites.

Curtir · Responder · 26 sem

DRUMCHEG/SHUTTERSTOCK

M. M. · São Paulo

Para mim o celular não é nenhum problema para as aulas, pelo muito contrário, é uma ferramenta para as aulas.

Curtir · Responder · 20 sem

DRUMCHEG/SHUTTERSTOCK

A. C. M. S.

Matéria interessante, uso do celular na escola não deve ser proibido e sim trabalhado com pais e alunos o uso consciente.

Curtir · Responder · 26 sem

O QUE VOCÊ JÁ SABE?

Agora, você já é capaz de...	Sim	Não	Mais ou menos
... identificar a intenção com que um texto jornalístico é produzido e o papel que ele cumpre na sociedade?	☐	☐	☐
... comparar informações sobre um mesmo fato divulgadas em diferentes veículos, analisando as diferenças no tratamento dado ao que está sendo noticiado?	☐	☐	☐
... perceber que uma das principais características dos meios jornalísticos digitais é a interação com o leitor?	☐	☐	☐

Se você marcou **não** ou **mais ou menos**, retome a leitura de **Os gêneros em foco: gêneros jornalísticos**.

Se você marcou **não** ou **mais ou menos**, retome a leitura de **Jornalismo digital**.

ESTUDO DA LÍNGUA: ANÁLISE E REFLEXÃO

CONJUNÇÕES COORDENATIVAS E ORAÇÕES COORDENADAS

COMO VOCÊ PODE ESTUDAR

1. **Estudo da língua** não é uma seção para decorar, mas para questionar e levantar problemas.
2. O trabalho com os conhecimentos linguísticos requer persistência. Leia e releia os textos e exemplos, discuta, converse.

Leia a tira a seguir.

ALLAN SIEBER

a) Considerando a frase do primeiro quadrinho, é possível dizer que a tira exporá uma visão otimista ou pessimista do cotidiano? Por quê?

b) Cada uma das legendas no alto dos quadrinhos é composta de um único período simples. Por que foi escolhido esse tipo de período para compô-las?

c) Releia o balão de fala do último quadrinho.

I. Que ideia a conjunção *mas* estabelece na oração: adição, oposição, alternância, conclusão ou explicação? Explique.

II. A oração "respondeu a velha!" relaciona-se à oração anterior? Há alguma conjunção unindo essas duas orações?

Lembre-se

- **Conjunção** é a palavra invariável que une termos ou orações e estabelece relação entre eles.
- **Locução conjuntiva** é o conjunto de duas ou mais palavras com valor de conjunção.

CONJUNÇÕES COORDENATIVAS E ORAÇÕES COORDENADAS

Em um período, as conjunções, como *mas* que você leu na tira, podem ligar orações com a mesma função sintática ou com funções sintáticas diferentes. As que pertencem ao primeiro grupo são chamadas de **conjunções coordenativas**, e as orações ligadas por elas são denominadas **orações independentes** ou **coordenadas**.

Se todas as frases das legendas do quadrinho que você acabou de ler não estivessem separadas em períodos simples, mas unidas em um mesmo período, teríamos um período composto por coordenação. Assim:

O ovo queimou, o ônibus atrasou e um piadista sentou ao meu lado.

Nesse caso, as três orações não apresentam dependência sintática entre elas; são independentes.

WHITEVECTOR/SHUTTERSTOCK

Orações coordenadas são aquelas que se ligam entre si em um período composto, mas apresentam independência sintática. O período composto por orações desse tipo é chamado de **período composto por coordenação**.

As conjunções coordenativas são classificadas de acordo com a relação que estabelecem entre as orações ou entre os termos das orações.

Veja a seguir a classificação das **conjunções** e **locuções conjuntivas coordenativas**.

- **Aditivas** (adição, soma) – e, nem, não só (somente)... mas também, não só (somente)... como, além disso:
  *O político **não só** ganhou a eleição, **mas também** foi o mais votado.*
- **Adversativas** (oposição, contraste) – mas, porém, contudo, todavia, entretanto, no entanto, não obstante:
  *Os viajantes se sentiram perdidos, **no entanto** mantiveram a calma.*
- **Alternativas** (alternância ou exclusão) – ou, ou... ou, ora... ora, seja... seja:
  ***Seja** trabalhando com seu pai, **seja** cuidando do seu próprio negócio, você precisa guardar dinheiro.*
- **Conclusivas** (coclusão ou consequência) – logo, portanto, por conseguinte, pois, por isso, de modo que:

  *A viagem foi muito demorada, **por isso** estavam muito cansados.*
- **Explicativas** (explicação) – pois, que, porque, porquanto:

  *Ande devagar, **pois** está chovendo.*

  Observação: se a conjunção *pois* vem antes do verbo, ela é explicativa; quando usada após o verbo, é conclusiva:

  *Nunca tinha visto o mar; não sabia, **pois**, o que estava perdendo.*

ORAÇÕES COORDENADAS

As orações coordenadas podem ou não vir iniciadas por conjunções coordenativas.

Desse modo, há dois tipos de orações coordenadas:

- **assindéticas**, as que não são introduzidas por conjunção;
- **sindéticas**, as que são introduzidas por conjunção coordenativa.

As orações coordenadas sindéticas classificam-se de acordo com a relação que estabelecem com a oração à qual se ligam e recebem o nome das conjunções ou locuções conjuntivas que as introduzem.

Classificam-se, portanto em: **aditivas**, **adversativas**, **alternativas**, **conclusivas** e **explicativas**.

Síndeto

Trata-se de outro nome para *conjunção*.

As orações sindéticas são aquelas iniciadas por conjunção coordenativa, o que não ocorre com as assindéticas (o prefixo *a-* indica ausência).

As conjunções coordenativas e as relações de sentido

A conjunção *e* também pode estabelecer relação de **oposição** entre duas sequências, funcionando, nesse caso, como **conjunção adversativa**. Veja:

O homem estava visivelmente cansado ***e*** *ninguém ofereceu um lugar para que ele sentasse.*

As conjunções coordenativas podem ainda relacionar ideias de períodos diferentes daqueles nos quais elas aparecem. Observe:

O viajante estava visivelmente cansado e faminto. ***Mas*** *ele ainda tinha forças para caminhar.*

ANDREW RYBALKO/SHUTTERSTOCK

ACONTECE NA LÍNGUA

Você já deve ter percebido que muitas dificuldades relacionadas à ortografia podem estar relacionadas à forma como pronunciamos determinados termos. É muito comum, por exemplo, que a conjunção adversativa **mas** seja confundida com a grafia do advérbio **mais**.

Esse caso é interessante porque a confusão entre as grafias pode ser explicada também pela etimologia (o estudo da origem e da evolução das palavras). Tanto **mas** quanto **mais** nasceram da palavra latina *magis* (que significa "mais, antes, de preferência"). No português medieval, ambas eram escritas desta forma: **mais**. Porém, no decorrer da história da língua portuguesa surgiu a necessidade de se diferenciar o advérbio da conjunção. Por isso, foram fixadas as grafias **mais** e **mas**. Ainda que esta última não seja grafada com a letra **i**, um ouvido atento à língua falada em diversas regiões vai detectar a semelhança de pronúncia das duas palavras.

Na hora da escrita, para não se confundir, lembre-se das diferenças entre as duas classes gramaticais.

ORGANIZAR O CONHECIMENTO

O QUE VOCÊ JÁ SABE?

Agora, você já é capaz de...	Sim	Não	Mais ou menos
... compreender que as conjunções são palavras que unem termos ou orações e estabelecem relação entre eles?			
... concluir que as conjunções coordenativas classificam-se de acordo com a relação de sentido que estabelecem entre as orações?			
... perceber que as orações coordenadas apresentam independência sintática entre si?			
... notar que existe uma diferença entre orações coordenadas sindéticas e assindéticas?			

Se você marcou **não** ou **mais ou menos**, retome a leitura de **Conjunções coordenativas e orações coordenadas.**

Junte-se a um colega e, no caderno, completem o gráfico com exemplos relacionados aos quadros.

Relacionam termos com mesma função sintática.

Conjunções coordenativas

Relacionam orações no mesmo plano sintático.

- aditivas — ▬▬▬
- adversativas — ▬▬▬
- alternativas — ▬▬▬
- conclusivas — ▬▬▬
- explicativas — ▬▬▬

Conjunções coordenadas

- Integram período composto por coordenação.
- Apresentam independência sintática.

- assindéticas
- sindéticas
  - ▬▬▬ | ▬▬▬ | ▬▬▬ | ▬▬▬ | ▬▬▬

ICONIC BESTIARY/SHUTTERSTOCK

ATIVIDADES

1. **Na tira abaixo, Helga (mulher de Hagar) e a filha consultam uma vidente.**

HAGAR — CHRIS BROWNE

a) O que se pode deduzir das características de Hagar, com base na fala de Helga, no último quadrinho?

b) Quais são as conjunções coordenativas presentes na fala da vidente, no primeiro quadrinho?

c) Que função essas conjunções apresentam na fala da vidente? Classifique-as com base nessa função.

2. **Leia o trecho abaixo, extraído do conto *Noite de Almirante*, de Machado de Assis.**

Genoveva acendeu uma vela. Depois foi sentar-se na soleira da porta e pediu-lhe que contasse alguma coisa das terras por onde andara. Deolindo recusou a princípio; disse que se ia embora, levantou-se e deu alguns passos na sala. Mas o demônio da esperança mordia e babujava o coração do pobre diabo, e ele voltou a sentar-se, para dizer duas ou três anedotas de bordo. Genoveva escutava com atenção. Interrompidos por uma mulher da vizinhança, que ali veio, Genoveva fê-la sentar-se também para ouvir "as bonitas histórias que o Sr. Deolindo estava contando". [...]

R-STUDIO/SHUTTERSTOCK

MACHADO DE ASSIS. Noite de Almirante. *Histórias sem data*. São Paulo: Ibep Nacional, 2011.

a) Quais conjunções poderiam substituir *mas* em "Mas o demônio da esperança mordia [...]" sem prejuízo de sentido?

b) Observe novamente o trecho:

> "Deolindo recusou a princípio; disse que se ia embora, levantou-se e deu alguns passos na sala. Mas o demônio da esperança mordia e babujava o coração do pobre diabo, e ele voltou a sentar-se [...]"

A conjunção *e* foi repetida três vezes no trecho acima. Qual relação a conjunção estabelece nas três ocorrências? O que essa repetição demonstra sobre o personagem Deolindo?

c) A conjunção *e* liga as orações em todas as suas ocorrências. O mesmo acontece com a conjunção *ou*? Justifique sua resposta.

3. **Leia as frases a seguir e indique se a conjunção coordenativa *pois* estabelece relação de conclusão ou explicação.**

a) Não se demore, pois partiremos bem cedo amanhã.

b) O metal do relógio é nobre, não oferece nenhum tipo de risco alérgico, pois.

c) O protesto das operárias foi bem-sucedido, pois teve repercussão internacional.

d) A maioria dos senadores será denunciada; faltam a eles, pois, provas que os inocentem.

4. **Reescreva as frases no caderno, substituindo o símbolo ✦ por uma das seguintes conjunções: *ou*, *pois*, *porque*, *todavia*, *nem*.**

a) As provas da semana que vem não serão nada fáceis; convém, ✦, estudar bastante.

b) O jornal não pode deixar de noticiar o crescimento da população, ✦ é um assunto que interessa a todo o país.

c) As lontras são animais aquáticos; ✦ são mamíferos.

d) A cabeleireira não soube cortar ✦ pintar meus cabelos.

5. **Observe as capas dos livros ao lado e leia a sinopse (resumo) de cada um deles.**

Penso, logo existo

Por que estamos aqui? De onde veio o mundo? Deus existe? O que é bom e o que é ruim? Temos livre-arbítrio? Quem pode dizer o que é a beleza? Qual é o sentido da vida? Quebre a cabeça para responder às questões que estão no âmago da filosofia e descubra como algumas pessoas passam a vida tentando encontrar as respostas. Este livro é uma divertida viagem através dos mais de dois mil e quinhentos anos da filosofia ocidental.

Filosofia para jovens. Disponível em: <http://mod.lk/frhyr>. Acesso em: 28 mar. 2018. (Fragmento).

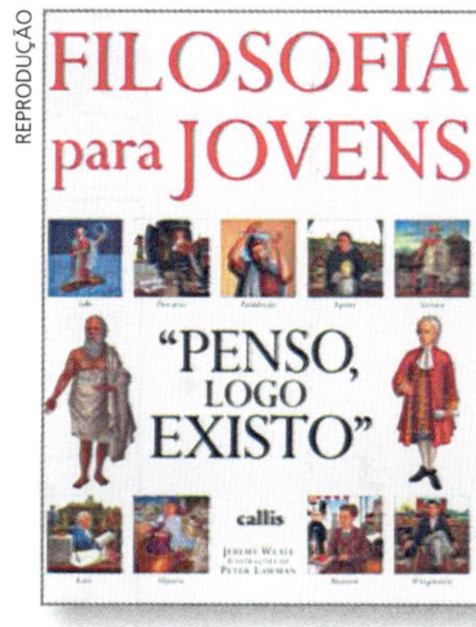

REPRODUÇÃO

O céu é logo ali

O céu é logo ali se desenvolve em um turbilhão de sentimentos, em facetas representadas por duas personagens e o que as cerca, com desejos, sonhos, lembranças, descobertas e inquietações marcando um encontro em que histórias paralelas se unem pelo mesmo ideal — liberdade! [...]

O céu é logo ali. Disponível em: <http://mod.lk/b8ohp>. Acesso em: 28 mar. 2018. (Fragmento).

REPRODUÇÃO

a) No subtítulo da primeira capa, a frase "Penso, logo existo" está entre aspas porque foi dita por um dos filósofos mencionados no livro, o iluminista francês René Descartes (1596-1650). Que sentido a palavra *logo* estabelece entre as ideias nessa frase? Como esse termo se classifica, então? Explique sua resposta.

b) A palavra *logo* do segundo título tem o mesmo sentido? Por quê? Qual é sua classificação morfológica nesse caso?

6. **Reescreva as orações no caderno, unindo-as em um só período por meio de uma conjunção coordenativa. Depois, classifique as orações coordenadas que você formou.**

a) Gosto de lasanha. Não gosto de macarrão.

b) A menina adora sorvete. Ela também adora frutas.

c) Estava frio na floresta. Os andarilhos acenderam uma fogueira.

7. **Leia esta tira de Calvin.**

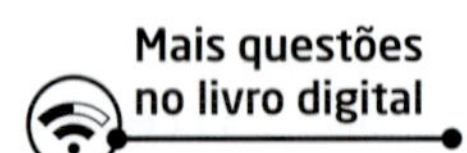

a) Explique como a fala de Haroldo no último quadrinho contribui para a construção do efeito de humor na tira.

b) Que conjunção poderia substituir a conjunção e na oração "E dá pra você voar neles!" para que a oração dita por Calvin seja conclusiva?

c) Que conjunção(ões) poderia(m) introduzir a fala "Este não é o tapete do corredor?", uma vez que esta se opõe à fala de Calvin no quadrinho anterior?

d) Como a oração se classificaria com a presença da conjunção?

QUESTÕES DA LÍNGUA

GRAFIA DE PALAVRAS: *MAS* OU *MAIS*

Responda no caderno.

a) No último quadrinho da tira abaixo, a frase da ratinha (personagem que está no lado direito) é introduzida por uma palavra que indica acréscimo ou por uma palavra que indica contraposição, isto é, um argumento em oposição ao que foi dito antes?

NÍQUEL NÁUSEA FERNANDO GONSALES

© FERNANDO GONSALES

b) E, nesta outra tira, a frase da ratinha no último quadrinho é introduzida por uma palavra que indica acréscimo ou contraposição?

NÍQUEL NÁUSEA FERNANDO GONSALES

© FERNANDO GONSALES

GRAFIA DE PALAVRAS

Mas – é conjunção adversativa, que, como vimos, introduz oração expressando ideia de oposição ao que se afirmou anteriormente:

"E o problema dos estereótipos não é o fato de eles serem falsos, ***mas*** *o fato de serem incompletos."* (Chimamanda Ngozi Adichie, escritora nigeriana, em sua paletra na série de conferências TED).

Mais – indica intensidade ou quantidade; como conjunção, expressa acréscimo:

Hoje está ***mais*** *quente que ontem.* (intensidade)

A comida servida foi ***mais*** *do que suficiente para mim.* (quantidade)

Comprei uma saia, uma blusa ***mais*** *um cinto.* (acréscimo)

ATIVIDADES

No caderno, complete as frases da crítica com *mas* ou *mais*.

Crítica: Com cenas antológicas, filme "Timbuktu" é daqueles raros de se ver

Não se vê com frequência um filme como "Timbuktu". Na verdade, vimos algo semelhante há oito anos: "Bamako", o longa anterior de Abderrahmane Sissako.

Diretor de apenas quatro longas, Sissako, nascido na Mauritânia, tem uma das carreiras ✦ sólidas do cinema contemporâneo. É um artista que tem o que dizer, que possui o desejo de investigar seu papel no mundo, seus sentimentos. Um cineasta de verdade, em suma.

"Timbuktu" mostra uma tragédia. Uma família afetada pelo radicalismo de rebeldes islâmicos que tomaram o poder da cidade histórica do Mali (país vizinho da Mauritânia), tornada Patrimônio Mundial pela Unesco.

Grupos fundamentalistas islâmicos se apoderaram da cidade por oito meses, proibindo, entre outras coisas, qualquer tipo de música, além de terem destruído monumentos e instaurado o medo nos habitantes.

Eles tomaram conta do local impondo leis extremistas. Sua presença provocou fugas, intolerância e apreensão. E foi esse o momento retratado por Sissako em seu filme.

"Timbuktu" tem cenas antológicas. Sissako filma muito bem, entre o rigor de Béla Tarr e a fluidez de Raymond Depardon, com um trabalho fotográfico que destaca a cor desértica do local.

Podemos destacar o assédio de um dos líderes rebeldes a Satima, esposa de Kidane, um pacato dono de oito vacas; o momento em que o líder religioso conversa com outro dos líderes rebeldes; o pequeno sarau musical, temperado com lágrimas; a fuga após o assassinato acidental de um pescador, entre muitos outros.

O diretor tem um domínio raro do tempo. Os cortes são precisos, as cenas duram o que devem durar, as emoções surgem naturalmente, sem a habitual chantagem dos filmes que tocam em temas políticos.

O espectador terá a oportunidade rara de ver em ação um dos poucos autores a terem se formado nos últimos 20 anos. ✦: um autor que não se rende a modismos.

"Timbuktu" está entre os indicados para o Oscar de melhor filme estrangeiro. É quase impossível que vença, ✦ o que importa?

Folha de S.Paulo. Disponível em: <http://mod.lk/qedaa>. Acesso em: 30 maio 2018.

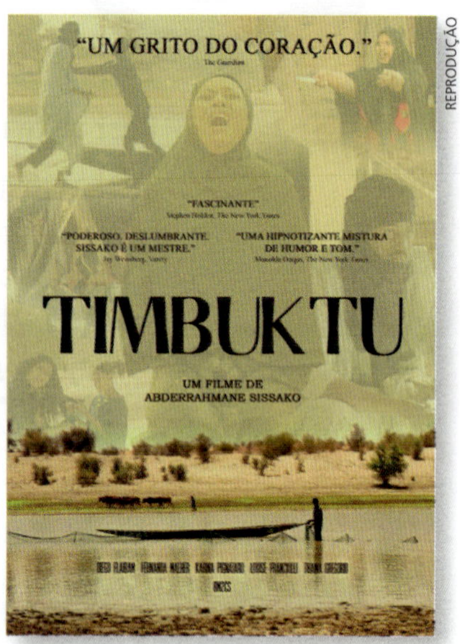

REPRODUÇÃO

a) Escreva no caderno o que as palavras *mas* ou *mais* indicam no contexto em que foram empregadas.

b) O autor da crítica não deixa clara a razão de afirmar que seria quase impossível o filme ganhar o Oscar. Que motivos o leitor poderia imaginar para essa afirmação?

LEITURA E PRODUÇÃO DE TEXTO

A PRODUÇÃO EM FOCO

- No final da unidade, você vai elaborar uma notícia. Durante a leitura do texto a seguir, fique atento:
  - **a)** às informações que a jornalista teve de pesquisar para escrever a notícia;
  - **b)** à estrutura do texto;
  - **c)** aos tempos verbais utilizados.

CONTEXTO

No início desta unidade, você conheceu alguns gêneros jornalísticos, como a notícia. Agora vai estudar mais de perto esse gênero textual e, ao final da unidade, produzi-lo com os colegas.

Para começar, você analisará uma notícia que aborda questões mais amplas sobre a relação dos jovens com a tecnologia.

1 em cada 3 jovens no mundo não tem acesso à internet, diz Unicef

Exclusão on-line *dos mais jovens* **exacerba** *diferenças e reduz possibilidade de participação em uma 'economia cada vez mais digital', concluiu um relatório divulgado pela entidade.*

Por Taís Laporta, G1

10/12/2017 22h02 Atualizado 11/12/2017 21h34

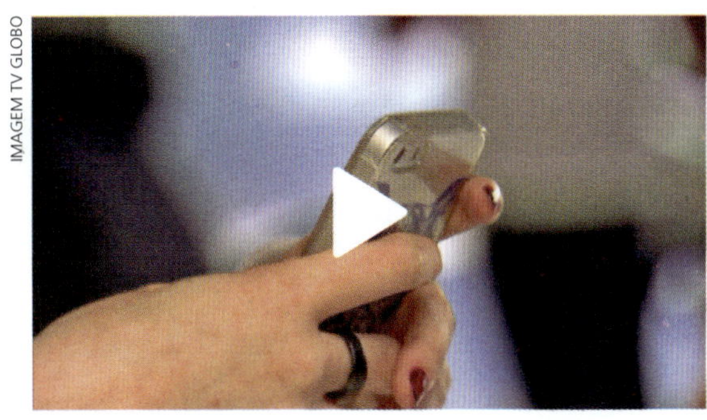

IMAGEM TV GLOBO

Unicef diz que 70% dos jovens do mundo têm acesso à internet.

Um relatório do Fundo das Nações Unidas para a Infância (Unicef) divulgado neste domingo (10) mostra que cerca de um terço dos jovens de até 18 anos em todo o mundo — o equivalente a 346 milhões de pessoas — não tem acesso à internet.

O documento "Situação Mundial da Infância 2017: Crianças e adolescentes em um mundo digital" conclui que a exclusão *on-line* dos mais jovens "exacerba as **iniquidades**" e reduz a capacidade de crianças e adolescentes de participar de uma "economia cada vez mais digital".

Por outro lado, o relatório aponta que os jovens compõem o grupo etário mais conectado do planeta, com 71% do público com acesso à internet, contra apenas 48% da população total do mundo.

Glossário

Exacerba: aumenta; intensifica.

Iniquidades: diferenças.

Segundo a Unicef, as desigualdades regionais chamam a atenção. Enquanto a juventude africana é a menos conectada, com cerca de três em cada cinco jovens *off-line*, apenas um em cada 25 jovens na Europa está na mesma situação.

A língua é outra barreira ao acesso digital, mostra o relatório. Cerca de 56% de todos os *websites* estão em inglês. Para a Unicef, isso faz com que muitos meninos e meninas não consigam "encontrar conteúdo que eles entendam ou que seja culturalmente **relevante**".

O relatório também aponta preocupação com os conteúdos de abuso sexual infantil. De acordo com a entidade, mais de 90% dos *sites* desta natureza estão hospedados em cinco países: Canadá, Estados Unidos, França, Holanda e Rússia.

"A internet foi concebida para adultos, mas é cada vez mais usada por crianças, adolescentes e jovens — e a tecnologia digital afeta cada vez mais a vida e o futuro deles. Sendo assim, as políticas, práticas e produtos digitais devem refletir melhor as necessidades, as perspectivas e as vozes das crianças e dos adolescentes", afirma no relatório o diretor executivo do Unicef, Anthony Lake.

Para corrigir estes problemas, a entidade divulgou uma série de recomendações para a criação de políticas e práticas comerciais em benefício dos mais jovens. Entre elas, o documento diz que é preciso **salvaguardar** a privacidade e a identidade das crianças e dos adolescentes *on-line*.

Outra medida é capacitar digitalmente a juventude para mantê-la informada, **engajada** e segura na internet, recomenda a Unicef.

Taís Laporta. *G1*. Disponível em: <http://mod.lk/p4jri>. Acesso em: 9 fev. 2018.

Glossário

Relevante: importante.
Salvaguardar: proteger.
Engajada: empenhada, comprometida.

Crianças e adolescentes em um mundo digital

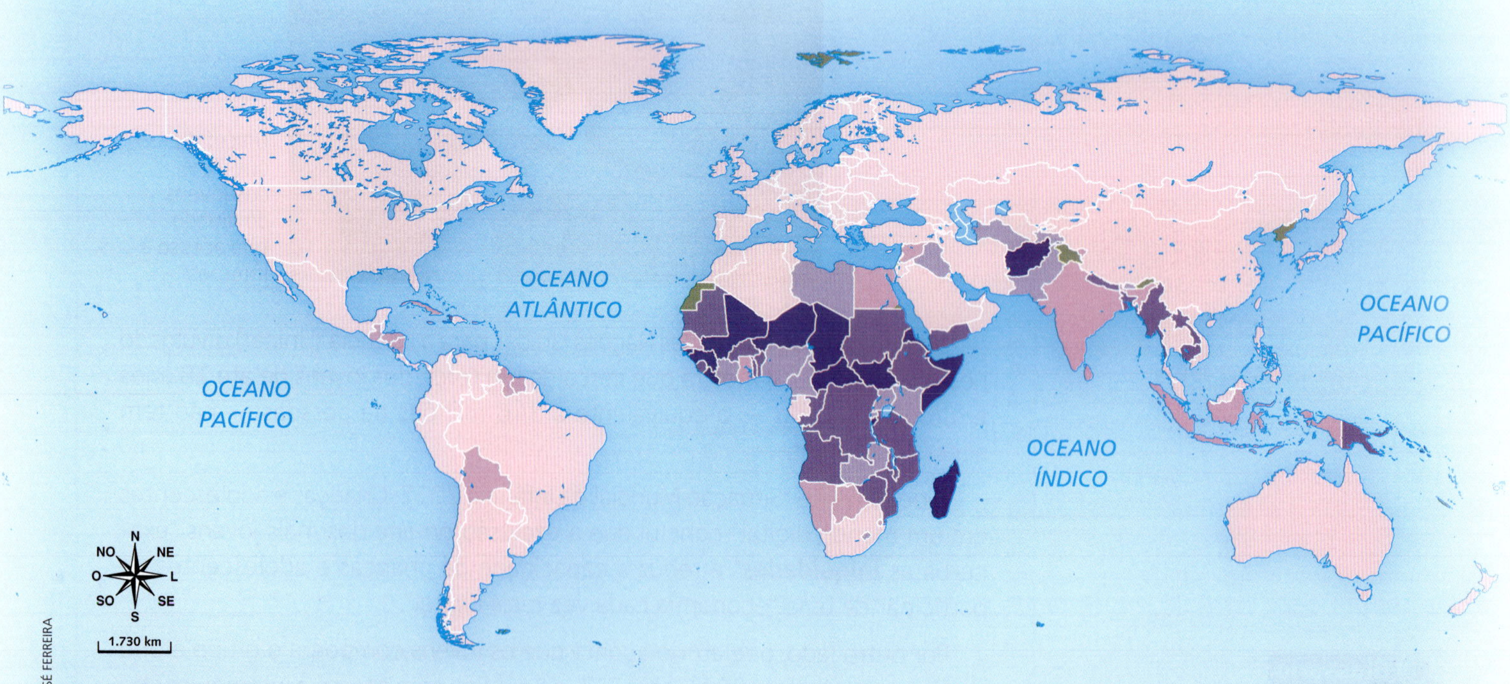

Unicef. *The state of the world's children 2017*: children in a digital world (Situação mundial da infância 2017: crianças e adolescentes em um mundo digital). p. 46. Disponível em: <http://mod.lk/2jfwv>. Acesso em: 9 fev. 2018.

ESTUDO DO TEXTO

DE OLHO NAS CARACTERÍSTICAS DO GÊNERO

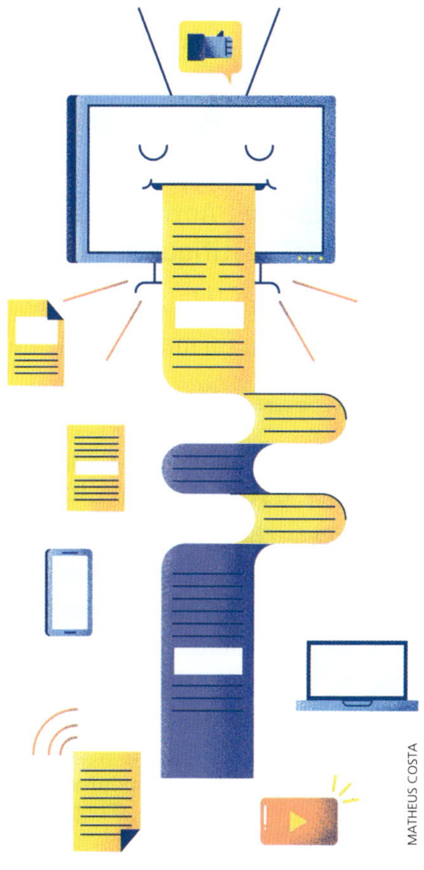
MATHEUS COSTA

1. Uma notícia costuma relatar **o que** ocorreu, **quem** (pessoa ou entidade) desencadeou o fato e **quando** o fato ocorreu. Localize essas informações na notícia lida.

2. Em que parágrafo(s) da notícia esses dados são apresentados?
   - Formule uma hipótese: por que esses dados são apresentados nesse(s) parágrafo(s) do texto e não em outros?

3. Algumas notícias também indicam **onde** o fato ocorreu. Nesse caso, qual é o motivo mais provável para essa informação não ter sido incluída?

4. Observe a imagem clicável no início da notícia e sua legenda. Se o leitor clicar nessa imagem, a qual conteúdo ele provavelmente terá acesso?

5. Indique a alternativa que resume as principais preocupações expressas no relatório da Unicef, de acordo com a notícia.
   a) 71% dos jovens no mundo todo estão conectados e, em consequência, podem estar expostos a conteúdo impróprio.
   b) Como a maioria do conteúdo *on-line* está em inglês, muitos jovens não têm acesso aos benefícios da internet.
   c) Um terço dos jovens ainda está *off-line*, e, para os que têm acesso, existem riscos relacionados à privacidade e à segurança.

6. O mapa que você observou no final da página anterior foi extraído do relatório da Unicef. Com as informações da notícia, podemos deduzir que a escala de cores na parte inferior do mapa indica a porcentagem:
   a) de crianças e jovens em cada país que acessam a internet.
   b) de crianças e jovens em cada país que leem *sites* em inglês.
   c) de *sites* com conteúdo impróprio hospedados em cada país.

7. Releia: "Exclusão *on-line* dos mais jovens exacerba diferenças e reduz possibilidade de participação em uma 'economia cada vez mais digital', concluiu um relatório divulgado pela entidade".
   - Com base nas informações da notícia e em seus conhecimentos de mundo, responda: por que a exclusão *on-line* intensifica diferenças?

8. **Segundo os dois primeiros parágrafos do texto, um terço dos jovens de até 18 anos em todo o mundo está *off-line*. Já o terceiro parágrafo afirma que "os jovens compõem o grupo etário mais conectado do planeta, com 71% do público com acesso à internet".**

- Qual é a relação entre esses dados?

9. **Reveja agora como começa o quinto parágrafo: "A língua é outra barreira ao acesso digital, mostra o relatório". Por que se usou o pronome *outra*?**

10. **Releia o sétimo parágrafo e responda: a jornalista entrevistou Anthony Lake para preparar essa notícia? Justifique sua resposta.**

11. **Leia o início de uma outra notícia, prestando atenção às formas verbais destacadas.**

Vendaval e chuva causam estragos em cidades de SC

A forte chuva que **atingiu** diversas regiões de Santa Catarina no fim da tarde do último sábado, dia 23, **causou** estragos em residências, igrejas e quiosques de praias. A Defesa Civil **registrou** ocorrências em Balneário Camboriú, Florianópolis, São José, Cocal do Sul e Imbituba. [...]

Diário Catarinense. Disponível em: <http://mod.lk/mfnm2>. (Fragmento). Acesso em: 9 fev. 2018.

a) As formas verbais destacadas nesse trecho de notícia do *Diário Catarinense* estão no passado, enquanto a maioria das formas verbais na notícia do *Portal G1* está no presente (*mostra*, *conclui*, *reduz*). Por que ocorre essa diferença?

b) Já no título, ambas usam o presente do indicativo. Por que o título das notícias quase sempre traz o verbo no presente, mesmo que o fato já tenha ocorrido?

12. **Releia: "Um relatório [...] mostra que cerca de um terço dos jovens [...]. Segundo a Unicef, as desigualdades regionais chamam a atenção".**

a) Copie do texto mais cinco expressões que cumpram a mesma função que as destacadas, ou seja, que sirvam para atribuir declarações ao relatório da Unicef.

b) Levando em conta o que você já estudou sobre gêneros jornalísticos em geral, responda: por que a autora da notícia faz questão de atribuir ao relatório da Unicef cada afirmação feita e cada dado apresentado?

IN-FINITY/ SHUTTERSTOCK

O GÊNERO EM FOCO: NOTÍCIA

A notícia é, como dissemos, um gênero central no campo jornalístico.

A **notícia** é um gênero textual produzido quando se deseja relatar, em um veículo da imprensa, um acontecimento recente de interesse público. Tem por objetivo informar os leitores, espectadores ou ouvintes sobre o que aconteceu, onde, quando, por que, como e com quem. Pode circular em diferentes mídias: jornais e revistas impressos ou eletrônicos, programas de TV ou de rádio, *sites* e *blogs* da internet etc.

A notícia é formada por título, linha fina (opcional), lide e corpo do texto.

O **título** tem a função de apresentar o fato e de chamar a atenção do leitor.

O subtítulo que pode aparecer entre o título e o corpo do texto é a **linha fina**. Sua função é detalhar o título e antecipar para o leitor, resumidamente, as informações relacionadas ao fato noticiado. Observe, na página seguinte, como a linha fina da notícia lida cumpre esse papel.

> "Exclusão *on-line* dos mais jovens exacerba diferenças e reduz possibilidade de participação em uma 'economia cada vez mais digital', concluiu um relatório divulgado pela entidade."

O ***lead*** ou **lide** é o início do texto, em geral o primeiro parágrafo, cuja função é informar o que aconteceu, com quem, quando, onde, como e por que, embora nem sempre as notícias forneçam todos esses dados. O lide da notícia "1 em cada 3 jovens no mundo não tem acesso à internet, diz Unicef" traz as seguintes informações:

- o que: foi divulgado o relatório "Situação Mundial da Infância 2017: Crianças e adolescentes em um mundo digital";
- por quem: pelo Fundo das Nações Unidas para a Infância (Unicef);
- quando: no domingo (10 de dezembro de 2017).

No **corpo** da notícia, as informações do lide são detalhadas e ampliadas, em ordem cronológica ou de importância.

A estrutura da notícia é denominada de **pirâmide invertida**, porque as informações mais importantes (a base) vêm primeiro, e os detalhes vêm depois.

IN-FINITY/SHUTTERSTOCK

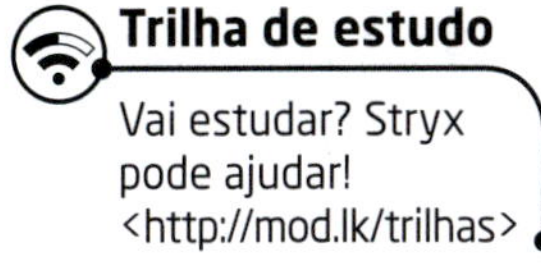

Trilha de estudo

Vai estudar? Stryx pode ajudar! <http://mod.lk/trilhas>

As formas verbais que aparecem nos títulos geralmente estão no tempo presente para reforçar a ideia de que o fato é recente. Já os verbos usados no corpo da notícia podem aparecer no passado, quando o texto se refere a fatos já ocorridos; no presente, quando o texto se refere a fatos permanentes, que se estendem no tempo; ou mesmo no futuro, em notícias sobre eventos com data marcada que ainda não aconteceram, por exemplo.

Em geral, o texto da notícia é impessoal e objetivo; apresenta frases curtas, termos conhecidos e poucos adjetivos ou advérbios opinativos. Normalmente é escrito de acordo com as normas urbanas de prestígio, ainda que notícias sobre temas leves ou publicadas em veículos específicos possam usar linguagem mais informal.

A notícia geralmente apresenta depoimentos de pessoas envolvidas nos fatos ou, então, dados estatísticos e declarações extraídos de documentos, como ocorre na notícia "1 em cada 3 jovens no mundo não tem acesso à internet, diz Unicef" (por exemplo: "**afirma** no relatório o diretor executivo", "**Segundo** a Unicef" etc.). Usando esses recursos, o jornalista deixa claro para o leitor que ele apenas está transmitindo as declarações ou os dados de outras fontes.

Apesar disso, a notícia não é um texto totalmente neutro, conforme já observamos. Na própria escolha do fato a noticiar ou de qual aspecto desse fato destacar está presente o ponto de vista do jornalista e o do veículo para o qual ele trabalha.

Observe como o *blog* "Pai pra toda obra", ligado ao jornal *O Globo*, noticiou o mesmo relatório da Unicef:

Um em cada três internautas é criança, mas mundo digital ainda é pouco seguro

POR CLAUDIO NOGUEIRA
11/12/2017 17:21

Pai pra toda obra. Disponível em: <http://mod.lk/trarb>. Acesso em: 15 mar. 2018.

IN-FINITY/SHUTTERSTOCK

A informação de que "um em cada três internautas é criança" constava, de fato, do relatório da Unicef, mas nem era citada na notícia do *G1*, que destacava outros aspectos da pesquisa. Já no *blog* "Pai pra toda obra", que se define como "um espaço para dividir as dores e delícias da paternidade", essa informação foi enfatizada, provavelmente porque interessa mais aos leitores desse *blog* (pais preocupados com a segurança dos filhos *on-line*).

Vemos, portanto, que o mesmo fato pode receber diferentes enfoques e ser apresentado sob diferentes ângulos, conforme o veículo que o noticia e o perfil de seu público-alvo.

ORGANIZAR O CONHECIMENTO

Sob orientação do professor, reúna-se com alguns colegas.

a) Procurem notícias em jornais impressos ou virtuais. Pesquisem a notícia de um determinado acontecimento em mais de um jornal.

b) Comparem as notícias. Verifiquem a estrutura de cada uma delas, as informações apresentadas, os depoimentos, a linguagem etc. Depois, comparem os adjetivos empregados, as manchetes, os lides e procurem determinar o posicionamento do jornal em relação aos fatos noticiados.

O QUE VOCÊ JÁ SABE?

Agora, você já é capaz de...	Sim	Não	Mais ou menos
... reconhecer a notícia como o gênero mais importante no campo jornalístico?	☐	☐	☐
... identificar os elementos estruturais da notícia?	☐	☐	☐
... caracterizar a linguagem desse gênero textual?	☐	☐	☐

Se você marcou não ou mais ou menos, retome a leitura de O gênero em foco: notícia.

Junte-se a um colega e montem o esquema, respondendo às questões. Ao final, vocês terão um resumo com as principais características da notícia.

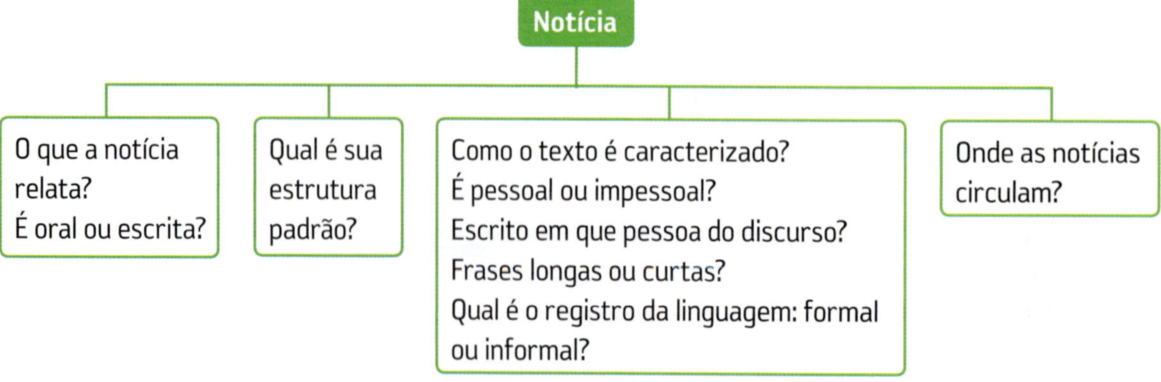

E POR FALAR NISSO...

Em 2014, o jornalista holandês Gijsbert van der Wal fotografou adolescentes e a obra de arte *Ronda noturna*, de Rembrandt, no Museu Nacional da Holanda, em Amsterdã. Essa imagem viralizou nas redes sociais. Veja:

GIJSBERT VAN DER WAL

1. **Descreva a imagem. O que provavelmente os jovens estão fazendo?**
2. **Qual seria a legenda dessa foto se você fosse compartilhá-la em sua rede social?**
3. **O Museu Nacional da Holanda é reconhecido por ser inovador. Ele oferece acesso à internet e aplicativos para que os visitantes interajam com as obras de arte. Além disso, estimula o compartilhamento de imagens e permite fotografias e filmagens. Sabendo disso, responda:**
   - Suas impressões a respeito da imagem permaneceram as mesmas?
4. **Você costuma frequentar museus? Por quê?**
   - A tecnologia aliada às exposições é um atrativo para que os jovens frequentem mais esses espaços? Explique.
5. **Em sua opinião, por que a foto causou indignação e comentários negativos na internet?**
6. **Releia a legenda que você elaborou na questão 2 e a resposta dada na questão 5. Converse com os colegas: o que a atitude dos que criticaram a imagem na internet revela sobre o comportamento de grande parte das pessoas nas redes sociais?**

O que você vai produzir

Em duplas, você e seus colegas vão escrever uma notícia sobre um fato recente que possa ser relevante para a comunidade escolar.

Se vocês tiverem os recursos apropriados disponíveis, poderão, ainda, divulgar as notícias em um *podcast* (programa de rádio digital) para colegas de todas as turmas, professores e funcionários da escola, podendo também ser compartilhado com amigos, familiares etc.

NA HORA DE PRODUZIR

1. Siga as orientações apresentadas nesta seção.
2. Lembre-se de que você já leu e analisou textos do gênero que vai produzir. Se for o caso, retome o **Estudo do texto**.
3. Diante da folha em branco, persista. Nenhum texto fica pronto na primeira versão.

PLANEJEM A NOTÍCIA E REÚNAM INFORMAÇÕES

1. Pensem em um fato que tenha acontecido (ou ainda vá acontecer) no bairro ou na escola. Por exemplo: a inauguração de uma praça, um cinema ou outro espaço público, a chegada de um estudante de outro país ou outra cidade, uma premiação ou competição vencida por um colega etc.
2. Quando tiverem definido o fato que vão noticiar, façam uma ficha como esta, para terem ideia de quais informações terão de levantar a respeito dele:

O que ocorreu	
Quem esteve envolvido	
Quando o fato ocorreu	
Onde o fato ocorreu	
Por que o fato ocorreu	
Como o fato ocorreu	

3. Preencham a ficha com as informações que vocês já têm sobre o fato. Em seguida, com a orientação do professor, definam como poderiam obter as outras informações; pode ser útil entrevistar as pessoas envolvidas ou, então, pesquisar na biblioteca ou na internet, consultar documentos, visitar locais etc.
4. Façam as entrevistas ou as pesquisas planejadas e registrem todos os dados. Ao entrevistar os envolvidos, não se esqueçam de explicar a finalidade do trabalho e de gravar as declarações deles, deixando claro que elas provavelmente serão reproduzidas no *podcast* da turma.

ESCREVAM A NOTÍCIA

1. Quando tiverem terminado a etapa de levantamento de dados, comecem a escrever a notícia.
2. Escrevam um título com verbo no presente, e uma linha fina que amplie o título e atraia a atenção do leitor.
3. Lembrem que o lide (ou seja, o início do texto) deve conter as principais informações do fato, listadas na ficha acima. Nos parágrafos seguintes vocês devem apresentar os detalhes ou as consequências do fato.

MATHEUS COSTA

DE OLHO NA TEXTUALIDADE

Para que um texto fique claro e fácil de ler, é importante garantir a **coesão**, isto é, a passagem (ou encadeamento) das ideias de uma frase para a outra e de um parágrafo para o outro. Uma das formas de fazer isso é retomar constantemente os elementos mencionados. Aos recursos que promovem essa retomada, damos o nome de recursos de **coesão referencial**. Veja alguns deles:

- **pronomes**:
  "É o caso do professor de física de Minas Gerais **André Parreira**. Mestre em tecnologia educacional, **ele** trabalha na capacitação de professores para o uso da tecnologia em sala de aula".

Retoma o nome do professor.

- **sinônimos**:
  "O professor Sérgio Ribeiro, diretor do **Colégio** Motivo, de Pernambuco [...]. Antes mesmo da lei estadual, a **escola** pernambucana já possuía regras rígidas."

Retoma palavra de sentido semelhante (*colégio*).

- **palavras de sentido mais genérico:**
  "[...] uma pesquisa publicada pela London School of Economics and Political Science (LSE) revelou que as escolas britânicas que baniram os **celulares** registraram um aumento de 6% no desempenho de seus alunos. Segundo o estudo, os **aparelhos** seriam uma causa de distração dos estudantes".

O substantivo *aparelho* tem sentido mais genérico do que *celular*, portanto é um **hiperônimo** em relação a ele. Hiperônimos podem ser usados para retomar termos de sentido mais restrito.

AVALIEM E APRESENTEM A NOTÍCIA PARA A TURMA

1. Revisem o texto, seguindo os critérios deste quadro.

Aspectos importantes em relação à proposta e ao sentido do texto
Notícia
1. O título usa verbo no presente e deixa evidente qual é o fato noticiado?
2. Há uma linha fina após o título? Ela detalha o título e desperta o interesse do leitor para ler a notícia?
3. O lide apresenta os principais dados relacionados ao fato (o que ocorreu, com quem, onde, quando, por que e como)?
4. As declarações de pessoas entrevistadas ou os dados recolhidos em pesquisas e outras fontes foram devidamente atribuídos aos responsáveis por eles? Foram usados os mecanismos de representação das diferentes vozes?
5. Caso tenha se utilizado o discurso direto (reprodução literal das palavras do entrevistado), as aspas foram empregadas adequadamente, marcando o início e o fim da fala?
6. A linguagem é impessoal, objetiva, e está de acordo com as normas urbanas de prestígio?
7. Foram usados mecanismos de coesão para garantir a retomada das ideias?
Aspectos importantes em relação à ortografia, à pontuação e às demais normas gramaticais
1. Está livre de problemas de ortografia relacionados a regras já estudadas?
2. Aspas e demais sinais de pontuação foram empregados corretamente?
3. Está livre de problemas de concordância entre as palavras?
4. As conjunções foram empregadas adequadamente?

MATHEUS COSTA

2. Passem a notícia a limpo e compartilhem-na com os colegas. Combinem com o professor se isso será feito digitalmente ou em folhas impressas.

GRAVEM E DIVULGUEM O *PODCAST* DE NOTÍCIAS

1. Chegou a hora de reunir todas as notícias produzidas pela turma em um *podcast* noticioso! Um *podcast* é um arquivo de áudio digital que pode ser baixado pela internet e ouvido em computadores, celulares e outros aparelhos. Funciona como um "programa de rádio na internet", que pode ser ouvido pelos interessados na hora em que eles quiserem.
2. O *podcast* da turma será direcionado primeiramente à comunidade escolar (colegas de outras turmas, professores e funcionários), mas também poderá ser divulgado para amigos e familiares, se vocês quiserem.
3. Para entender melhor como funciona um *podcast* de notícias, procurem alguns na internet ou ouçam os indicados pelo professor.
4. Vocês notarão que a maioria dos *podcasts* aborda notícias de um campo específico (por exemplo, economia, política, ciência etc.) ou de uma determinada região. O de vocês vai abordar notícias regionais, que possam interessar à comunidade escolar. Entre as notícias produzidas pela turma, descartem as repetidas ou aquelas com menos interesse para o público-alvo.
5. Quando tiverem chegado à seleção final, adaptem os textos para essa nova mídia: eles precisam ficar mais curtos e informais. Leiam as notícias em voz alta e alterem a redação até que fique natural para um programa de rádio.
6. Escolham um nome atraente para o *podcast* da turma e elejam três ou quatro colegas para serem os locutores. Definam também quem vai cuidar da trilha sonora e da gravação e edição do áudio.
7. Façam um ensaio geral. No início da gravação, os locutores se apresentam e cumprimentam os ouvintes. Em seguida, anunciam as chamadas do programa, com base nos títulos e nas linhas-finas das notícias. Por exemplo:

Nesta edição do podcast *Notícias do Colégio Limoeiro*, você vai ficar sabendo que uma aluna do 7º ano está na semifinal da Olimpíada Nacional de Matemática. Também conhecerá a história de Lucíola, a cadelinha que foi adotada pelos funcionários do refeitório e já ganhou até casinha.

E não é só: você vai ficar por dentro do festival de teatro que vai acontecer em dezembro no colégio e também vai saber do curso de artesanato que a professora Ludmila está preparando. Fique com a gente que vem muita novidade por aí!

8. Depois das chamadas, os locutores apresentam as notícias, lendo os textos previamente adaptados. Procurem falar com fluência e naturalidade.
9. Para deixar o programa mais dinâmico, os depoimentos das pessoas entrevistadas podem ser reproduzidos durante a leitura das notícias.
10. Quando estiverem satisfeitos com o resultado dos ensaios, gravem e editem o *podcast*. Vocês podem hospedá-lo no *site* ou *blog* da escola, ou então em uma plataforma para compartilhamento de arquivos de áudio. Depois é só fazer uma boa divulgação na escola, por meio de cartazes ou faixas.

PENSAR COM FLEXIBILIDADE

Você já pensou o que aconteceria se não pudéssemos mudar de opinião? Poder mudar de opinião é pensar com flexibilidade, é ter liberdade de pensamento. Quando pensamos com flexibilidade, desenvolvemos as habilidades de ouvir e respeitar diferentes pontos de vista e refletir sobre eles.

Certamente, foi importante pensar com flexibilidade durante o processo de produção do *podcast* de notícias com seu colega, não é mesmo? Levando isso em conta, leia o diálogo a seguir, extraído de uma cena do filme *Ender's game – O jogo do exterminador*.

> **Ender** – Não selecionei esse exército, Bernardi. Mas pretendo torná-lo o melhor dessa escola. Você pode ajudar a fazer isso acontecer. Estou errado?
>
> **Bernardi** – Não, senhor.
>
> **Ender** – Vocês se respeitarão mutuamente. Se alguém tiver uma ideia diferente da minha, quero ouvi-la. Não podem esperar que eu pense em tudo, podem, Bean?
>
> **Bean** – Não, senhor!
>
> **Ender** – Então vistam os uniformes. O treinamento começa agora!
>
> *Ender's game – O jogo do exterminador* (Estados Unidos, 2013). Direção: Gavin Hood.

REPRODUÇÃO

1. Descreva a cena que você acaba de ler. O que parece estar acontecendo? Compartilhe suas ideias com os colegas e o professor.
2. Você acha que as pessoas costumam agir como Ender? Que característica chama a atenção no modo como ele pensa?
3. Você já passou por situações em que alguém desrespeitou a sua forma de pensar e não quis ouvir sua opinião? Como você se sentiu com isso e como reagiu? Compartilhe essa experiência com os colegas e o professor.

Você pode assistir ao *trailer* oficial do filme neste *link*: <http://mod.lk/yhf6v>.

O contrário de pensar com flexibilidade é ser inflexível, ser irredutível no modo de pensar e agir. Inflexibilidade é a rigidez de pensamento e raciocínio, que leva à crença errônea de que apenas a nossa visão é a correta, o que causa problemas de relacionamento com os outros.

4. **Durante a produção do *podcast* de notícias com seu colega, alguma opinião ou maneira de pensar lhe chamou a atenção? Qual?**

Pensar com flexibilidade é estar aberto ao novo, ao diferente, às novas ideias, o que nos dá a chance de fazer novas descobertas, de conhecer diferentes estratégias para resolver um problema.

MATHEUS COSTA

5. **Durante a produção em duplas do *podcast* de notícias, você acha que poderia ter sido mais flexível na sua maneira de pensar? Por quê?**

Ao pensarmos com flexibilidade nos abrimos para novas experiências. Se formos inflexíveis em nosso no modo de pensar, ficaremos presos em nosso próprio mundo.

6. **Você acha importante pensar com flexibilidade também em situações fora do âmbito escolar? Se sim, em quais? Se não, por quê?**

AUTOAVALIAÇÃO

Atitudes para a vida	Sim	Não	O que melhorar
1. Você organizou seu pensamento e **expressou-se com clareza** por meio do *podcast* de notícias que produziu com seu companheiro de dupla?			
2. Você acha que ao produzir o *podcast* de notícias precisou utilizar sua **imaginação** e **criatividade**?			
3. O *podcast* de notícias foi desenvolvido com **exatidão** e **precisão**?			
4. Pensar de maneira interdependente foi importante na produção do *podcast* de notícias?			
5. Você conseguiu **gerenciar sua impulsividade** durante a produção?			
6. Ao produzir o *podcast* foi importante **persistir**?			
7. Você conseguiu **pensar com flexibilidade** ao longo do processo de produção do *podcast* com seu companheiro de dupla?			

PARA SE PREPARAR PARA A PRÓXIMA UNIDADE

Assistir ou não àquele filme que acabou de estrear no cinema? Vale a pena comprar aquele livro que apareceu na lista dos mais vendidos? São perguntas como essas que nos motivam a procurar por resenhas na internet ou fora dela. É justamente esse gênero que você vai analisar e produzir na próxima unidade. Dê uma olhada nos *links* que selecionamos para você se familiarizar com esse assunto.

Procure em *sites*, vídeos, *vlogs*, *podcasts*, jornais e revistas exemplos de textos, orais ou verbais, em que são apresentados comentários, informações e avaliações sobre algum produto cultural (pode ser um filme, um livro, um *game* etc.). Depois, apresente o texto aos colegas e discutam: o texto despertou seu interesse para assistir ou adquirir o produto cultural? Por quê?

1

REPRODUÇÃO

Você vai ler na próxima unidade uma resenha sobre o livro *Antes da liberdade*, de Julia Alvarez. Nele, uma garota de doze anos narra seus conflitos durante a adolescência. O *link* apresenta um trecho da obra; leia-o e compare a sua opinião com a da autora da resenha. Acesse: <http://mod.lk/vxsqc>.

2

REPRODUÇÃO

O portal de notícias *Jovem Nerd* abriga textos, *podcasts* e *videocasts* com avaliações e comentários sobre diversos produtos culturais. Confira neste *link* uma crítica de *Star Wars: os últimos jedi* feita por fãs que conhecem a saga como ninguém: <http://mod.lk/coanj>.

3

GABI XAVIER/ ACERVO PESSOAL

Nesta unidade, você vai analisar um trecho de um *vlog* da Gabi Xavier. Nele, ela dá sete dicas sobre *animes*. Veja aqui o vídeo completo, prestando atenção nos argumentos apresentados para justificar cada recomendação: <http://mod.lk/uywnz>.

4

Concordância nominal

Este objeto digital apresenta conteúdo sobre concordância nominal. Acesse: <http://mod.lk/b20md>.

O QUE VOCÊ JÁ SABE?

Até esse momento, você seria capaz de...	Sim	Não	Mais ou menos
... reconhecer a opinião do autor, por exemplo, em um vídeo que se destina a avaliar um filme?	☐	☐	☐
... identificar os recursos de linguagem usados pelo autor para reforçar uma opinião?	☐	☐	☐
... produzir um texto, oral ou verbal, que apresente a sua opinião, com o uso de argumentos, sobre um produto cultural (um livro, um filme, um *game* etc.)?	☐	☐	☐

De acordo com o conteúdo do objeto digital *Concordância nominal*, você seria capaz de...	Sim	Não	Mais ou menos
... perceber se a concordância nominal está aplicada corretamente em um enunciado?	☐	☐	☐
... reconhecer que há regras específicas para o emprego da concordância nominal? Quais?	☐	☐	☐

UNIDADE 8

SOB OS OLHOS DE UMA CRIANÇA

EM FOCO NESTA UNIDADE

- **A resenha crítica**
- **Concordância nominal e concordância verbal**
- **Emprego de S, Z e X**
- **Produção: resenha crítica para *vlog***

SAIBA +

A viagem de Chihiro conta a história de Chihiro, uma garota que se vê em uma situação desagradável quando seus pais decidem se mudar para o interior. Durante o trajeto, eles pegam um atalho que os leva a um lugar misterioso, cheio de restaurantes. A menina resolve explorar o local sozinha e, ao retornar, depara-se com dois porcos. Nesse momento, ela percebe que aquele é um mundo estranho, que seus pais se transformaram nesses animais e que ela terá de salvá-los.

ALBUM/FOTOARENA

Cena da animação *A viagem de Chihiro* (Japão, 2003). Direção: Hayao Miyazaki.

4 comentários

F. R. R.

Melhor filme ever!

Curtir (8) · Responder ·

M. A.

Amo!

Curtir (2) · Responder ·

V. D.

Todos nós sabemos que este filme é incrível!

Curtir · Responder

J. S.

Esse filme é um máximo, recomendo, um dos mais criativos, misteriosos, com o melhor enredo da história da animação japonesa!

Curtir · Responder

Studio Ghibli. Disponível em: <http://mod.lk.0n940>. Acesso em: 6 abr. 2018.

DRUMCHEG/SHUTTERSTOCK

ESTUDO DA IMAGEM

1. A cena de *A viagem de Chihiro* mostra a menina explorando um lugar desconhecido e o momento em que ela reencontra os pais no restaurante. Observe a imagem principal e o detalhe ao lado, leia o boxe "Saiba mais" e responda:

ALAMY/FOTOAREANA

a) O que você acha que Chihiro sentiu ao chegar a um lugar misterioso e encontrar os pais transformados em porcos?

b) Em sua opinião, que tipo de pessoa se interessaria em assistir à animação? Qual seria a idade e as preferências dessa pessoa?

2. Leia o boxe acima, com alguns comentários que foram feitos em uma página dedicada à animação.

a) Você já publicou comentários como esses na internet? Compartilhe sua experiência.

b) De acordo com os comentários, quais são as impressões que a animação causou nas pessoas?

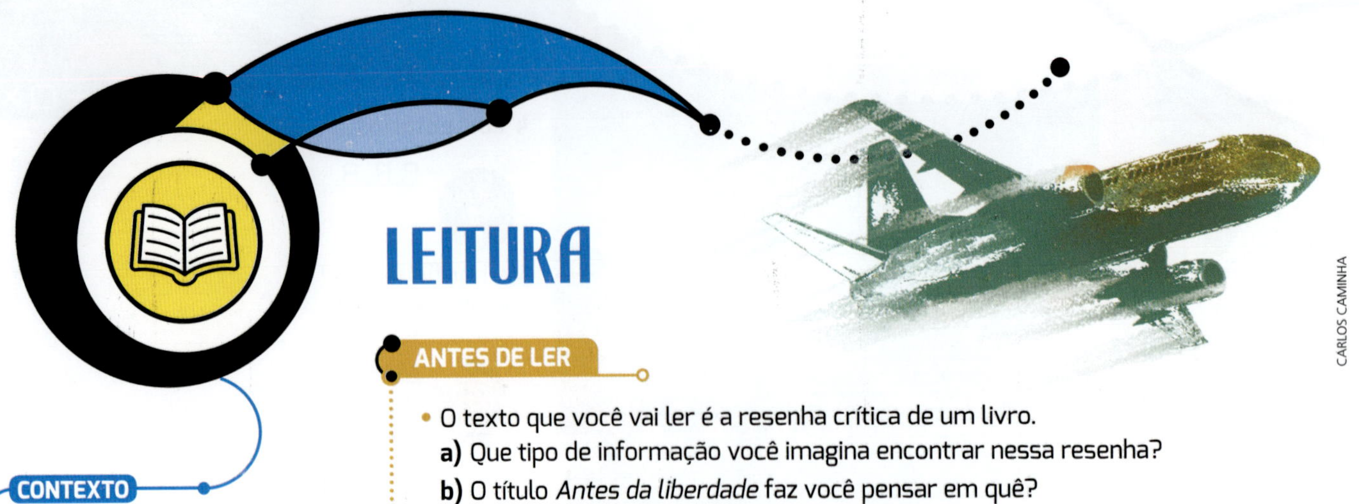

LEITURA

ANTES DE LER

- O texto que você vai ler é a resenha crítica de um livro.
  a) Que tipo de informação você imagina encontrar nessa resenha?
  b) O título *Antes da liberdade* faz você pensar em quê?

CONTEXTO

O texto a seguir é uma resenha crítica, gênero textual que descreve e avalia produtos culturais (como livros, filmes, exposições etc.) para os leitores.

Antes da liberdade

Menina de doze anos dá testemunho da ditadura

Antes da liberdade é um testemunho literário sensível, escrito sob o ponto de vista da menina Anita. A história se passa na **República Dominicana** e abrange os anos de 1960 e 1961. Anita, a narradora, nasceu e vive sob o **jugo** do ditador **Rafael Trujillo**. Estuda na escola americana e convive com filhos de diplomatas e de altos funcionários do corpo diplomático. É uma menina cheia de alegria e curiosidade. Seu pai sempre diz que a "curiosidade é sinal de inteligência". No entanto, em tempos sombrios, fazer perguntas pode se tornar uma grande armadilha.

A **opressão** se **acirra** e sabe-se que há um grupo lutando pelo fim da ditadura. A família de Anita está envolvida de corpo e alma nesta questão. Seus tios acabam partindo para os Estados Unidos. Será esta a única solução? Seus pais acreditam que é preciso resistir e assistir às mudanças políticas em seu próprio país; consideram os que partem covardes e alienados.

Em meio a tanto tumulto de ordem social e política, como ficam os sonhos de uma menina de doze anos? Como reage Anita, que de um momento para o outro se vê às voltas com a violência e o clima de conspiração? São questões que a autora desse romance desenvolve com habilidade e talento.

Antes da liberdade é uma narrativa marcante e uma leitura envolvente. Seu estilo literário muito bem delineado revela a maturidade da autora ao lidar com um tema tão complexo e delicado. Julia Alvarez nasceu na República Dominicana e realmente viveu sob o regime do ditador Rafael Trujillo. Atualmente vive como escritora nos Estados Unidos.

Indicação

Este livro pode ser indicado aos alunos dos dois últimos anos do ensino fundamental, especificamente para as aulas de português, história e geografia.

Fonte: Ana Lúcia Brandão é doutora em Comunicação e Semiótica pela PUC/SP, analista e consultora na área de literatura infantojuvenil e autora do livro infantil *A lenda do Amaru* (Paulinas).

Ana Lúcia Brandão. Disponível em: <http://mod.lk/u4uc1>. Acesso em: 1º mar. 2018.

Glossário

República Dominicana: país que ocupa dois terços da ilha de São Domingos, no Caribe.

Jugo: tirania, dominação.

Rafael Trujillo (1891-1961): militar e ditador que controlou a República Dominicana de 1930 a 1961, com o uso da força e reprimindo os que se opunham a seu governo.

Opressão: o mesmo que *jugo*.

Acirra: agrava, intensifica.

ESTUDO DO TEXTO

ANTES DO ESTUDO DO TEXTO

1. Se você não tem certeza de ter compreendido bem o texto, leia-o novamente.
2. Ao responder às questões a seguir, procure empregar o que já aprendeu ao ler outros textos e seja preciso em suas respostas.

COMPREENSÃO DO TEXTO

1. A resenha que você leu comenta o livro *Antes da liberdade*, de Julia Alvarez. Qual é a história narrada nesse livro?

2. De acordo com o texto, qual é a postura da família de Anita em relação à ditadura e à opressão?

a) Nesse contexto, por que os tios de Anita teriam viajado para os Estados Unidos?

b) Os pais de Anita seguem um caminho diferente. De que maneira essa decisão pode influenciar o cotidiano de Anita?

c) Anita é uma menina de doze anos. Se estivesse no lugar dela, o que você acharia melhor: continuar no país, apesar da violência, ou viajar para outro lugar, como os tios da menina fizeram? Justifique sua escolha.

3. A autora da resenha comenta que, em tempos sombrios, fazer perguntas pode tornar-se uma grande armadilha.

a) Por que aqueles eram tempos sombrios? Consulte o texto, se necessário.

b) Por que, nesse contexto, fazer perguntas podia tornar-se uma grande armadilha?

4. A autora fez o comentário mencionado na questão anterior logo após afirmar que Anita era curiosa e inteligente, estabelecendo, assim, uma *relação* entre o temperamento da menina e o contexto em que ela vivia. Responda:

a) Que relação pode haver entre uma menina perguntadeira e um mundo onde é perigoso fazer perguntas? Escolha uma das alternativas e justifique sua resposta.

- De igualdade.
- De oposição.

b) Copie do texto a locução conjuntiva que expressa essa relação.

CARLOS CAMINHA

5. Julia Alvarez, a autora do livro resenhado, viveu sob o regime do ditador Rafael Trujillo. Isso significa que a história narrada é verídica? Justifique sua resposta.

6. O que o título *Antes da liberdade* sugere a respeito do final da história? Troque ideias com os colegas.

DE OLHO NA CONSTRUÇÃO DOS SENTIDOS

◉ **No caderno, copie do texto os sintagmas nominais empregados pela autora para se referir à obra *Antes da liberdade*. Circule o substantivo que ocupa o núcleo em cada um desses sintagmas.**

a) O emprego dos substantivos que você circulou pode ser considerado um recurso de coesão referencial, pois promove a constante retomada das ideias. Explique essa afirmação.

b) Além de retomar a ideia central do texto, esses substantivos servem para fornecer ao leitor informações sobre a obra resenhada. Explique como isso ocorre.

A RESENHA CRÍTICA

1. Copie da resenha as seguintes informações sobre a obra *Antes da liberdade*.

a) Onde e quando se passa a história?

b) Quais são as personagens dessa história?

2. Copie do segundo parágrafo do texto o verbo que indica uma mudança no rumo da história, ou seja, o surgimento de um conflito.

3. Os elementos que você identificou nas questões acima são normalmente encontrados em narrativas ficcionais, como os contos e trechos de romance que você analisou nas unidades 1 e 2. Pense com que objetivos a resenha é produzida e responda:

- Por que esses elementos (lugar, tempo, personagens e conflito) foram incluídos no texto da resenha?

4. Quatro frases do texto definem e avaliam a obra de Julia Alvarez.

a) Copie essas frases no caderno.

b) Agora, copie dessas frases substantivos e adjetivos que expressam uma avaliação positiva da obra e do estilo de Julia Alvarez.

DANIELA BARRETO/SHUTTERSTOCK

5. Copie a frase abaixo, completando-a com uma das alternativas.
Essas quatro frases da resenha representam sequências

a) narrativas, pois também contam uma série de ações vividas por personagens.

b) argumentativas, pois defendem um ponto de vista favorável em relação à obra.

c) expositivas, pois explicam a importância histórica e literária de *Antes da liberdade*.

6. Em que tempo e modo estão os verbos dessas quatro frases?

- O emprego desse tempo verbal pode estar relacionado à intenção com que foram escritas essas frases? Explique sua resposta.

7. No segundo e terceiro parágrafo, a autora da resenha faz algumas perguntas.

a) Transcreva essas perguntas.

b) Indique quais delas ficam sem resposta no texto.

c) Na sua opinião, por que a autora não deu a resposta a essas perguntas?

d) Você acha uma boa ideia deixar algumas perguntas sem resposta, como fez a autora da resenha? Por quê?

8. Qual é o público-alvo dessa resenha: os adolescentes ou os professores desses adolescentes? Explique como você chegou a essa resposta.

9. Na resenha foi empregada a linguagem formal ou informal?

- Você acha que a linguagem usada no texto está adequada ao público-alvo? Por quê?

10. Na sua opinião, qual a intenção da autora ao afirmar no início da resenha que *Antes da liberdade* tem o ponto de vista de uma adolescente?

11. No final da resenha, são apresentadas informações a respeito de sua autora, Ana Lúcia Brandão. De que forma elas contribuem para estimular a indicação do livro?

12. Essa resenha despertou seu interesse em ler a obra *Antes da liberdade*? Por quê?

- Transcreva o trecho do texto que, na sua opinião, é o melhor para convencer o leitor a ler o livro ou a indicá-lo a alguém.

O GÊNERO EM FOCO: RESENHA CRÍTICA

Observe que, na resenha que você analisou, a autora emprega várias estratégias argumentativas, como informar que a protagonista da obra é uma adolescente e que é ela quem narra os acontecimentos; deixar perguntas em aberto para despertar a curiosidade do leitor; e destacar qualidades do texto e da autora do livro.

DANIELA BARRETO/SHUTTERSTOCK

A resenha crítica é um texto argumentativo que apresenta informações e comentários sobre produtos culturais, como livros, CDs, peças teatrais, filmes, exposições, entre outros. Assim como os demais textos argumentativos, a resenha crítica contém uma opinião, uma avaliação do objeto resenhado, que é sustentada por meio de argumentos. As resenhas costumam circular em jornais, revistas, *sites*, guias culturais e programas de TV e rádio, assim como em *podcasts* e canais de vídeo da internet.

Geralmente, resenhas críticas de livros, filmes e outras produções de cunho narrativo apresentam, além da avaliação da obra, uma **sinopse**, isto é, um resumo do enredo, com a indicação do lugar e do espaço em que a história se passa, das principais personagens e das ações mais relevantes. É importante que essa sinopse não apresente todos os detalhes, muito menos o final da história, pois isso poderia diminuir o interesse do leitor em conhecer a obra comentada.

Essa parte da resenha em que se resume a obra geralmente emprega verbos no presente do indicativo, que dão maior vivacidade à história: "Anita [...] **vive** sob o jugo do ditador Rafael Trujillo. **Estuda** na escola americana e **convive** com filhos de diplomatas [...]". O presente do indicativo também é usado na parte argumentativa da resenha, ou seja, nos trechos em que o autor apresenta seu ponto de vista sobre a produção cultural e o sustenta com argumentos: "*Antes da liberdade* **é** um testemunho literário sensível. [...] Seu estilo literário [...] **revela** a maturidade da autora [...]".

A parte argumentativa caracteriza-se, ainda, pela presença de adjetivos e substantivos que indicam características (boas ou ruins) da obra ou de seu autor: *habilidade*, *talento*, *sensível*, *marcante*, *envolvente*. Para reforçar sua argumentação, o autor da resenha pode apresentar citações de especialistas, dados estatísticos, referências históricas etc.

Um recurso interessante, presente em algumas resenhas e em outros textos argumentativos, são as **perguntas retóricas**, isto é, perguntas para as quais não se espera uma resposta; em vez disso, elas podem ser respondidas pelo próprio autor ou mesmo ficar sem resposta. Essas perguntas têm a função de despertar o interesse do leitor e/ou aguçar sua curiosidade para conhecer a obra.

Resenhas críticas podem ser produzidas por especialistas em determinada área (como Ana Lúcia Brandão, consultora na área de literatura infantojuvenil) ou por jornalistas especializados no campo cultural. Atualmente, é muito frequente que pessoas comuns, sem uma formação específica, porém com interesse em literatura, cinema, *games*, quadrinhos etc., produzam resenhas veiculadas em *podcasts*, *blogs* ou *vlogs*. Na próxima leitura você analisará um exemplo dessas novas produções.

Sinopse ou resenha?

Sinopses também podem circular separadamente, aparecendo, por exemplo, em guias de programação cultural, catálogos de editoras ou nas contracapas dos livros.

Nesse caso, o objetivo é dar ao interlocutor uma ideia geral da obra, sem avaliações críticas como as da resenha.

ORGANIZAR O CONHECIMENTO

- Reúna-se com alguns colegas. Cada grupo deverá procurar a resenha de um livro, de um CD, de uma peça de teatro, de um filme ou de outro produto cultural e identificar as características principais e os argumentos empregados para recomendar ou não o produto resenhado. Depois, os grupos podem trocar as resenhas e a relação das características.

O QUE VOCÊ JÁ SABE?

Agora, você já é capaz de...	Sim	Não	Mais ou menos	
... reconhecer a opinião do autor em um texto que se destina a avaliar um livro ou um filme?	☐	☐	☐	Se você marcou não ou mais ou menos, retome a leitura de **A resenha crítica**.
... identificar os recursos de linguagem usados pelo autor para reforçar uma opinião?	☐	☐	☐	Se você marcou não ou mais ou menos, retome a leitura de **De olho na construção dos sentidos**.
... produzir um texto, oral ou verbal, que apresente sua opinião, com o uso de argumentos, sobre um produto cultural (um livro, um filme, um *game* etc.)?	☐	☐	☐	Se você marcou não ou mais ou menos, retome a leitura do boxe **O gênero em foco: resenha crítica**.

- Junte-se a um colega e montem o esquema a seguir, respondendo às questões. Ao final, vocês terão um resumo com as principais características da resenha. Se quiserem, incluam outras características ao resumo esquemático.

Resenha crítica
- Como a resenha crítica é caracterizada?
- A opinião sobre o objeto avaliado se sustenta em quê?
- Além da avaliação de uma obra, o que a resenha crítica pode apresentar?
- Em que meios de comunicação a resenha pode circular?

DRUMCHEG/SHUTTERSTOCK

E POR FALAR NISSO...

O ato de ler foi retratado na pintura, em diferentes épocas e lugares. Observe a seguir a reprodução de duas obras que tematizam a experiência da leitura.

PINACOTECA DO ESTADO DE SÃO PAULO, SÃO PAULO

ALMEIDA JÚNIOR, José Ferraz de. *Leitura*. 1892. Óleo sobre tela, 95 cm × 141 cm.

Galeria de imagens
Retratações da leitura

1. Embora pertençam a contextos diferentes, as duas pinturas apresentam aspectos em comum. Junte-se a um colega e observem quem e como são retratadas as pessoas, em que lugares estão e como estão lendo. Depois disso, apresentem as semelhanças e as diferenças entre as obras.

2. Nas duas obras, as mulheres aparecem em locais tranquilos e estão dedicadas à leitura. Você acha que essa prática hoje em dia ocorre da mesma maneira? Discuta com seus colegas: como vocês representariam o ato de ler nos tempos atuais?

GALERIA NACIONAL DE ARTE, WASHINGTON DC

FRAGONARD, Jean Honoré. *A leitora*. c. 1770. Óleo sobre tela, 81,1 cm × 64,8 cm.

ESTUDO DA LÍNGUA: ANÁLISE E REFLEXÃO

COMO VOCÊ PODE ESTUDAR

1. **Estudo da língua** não é uma seção para decorar, mas para questionar e levantar problemas.
2. O trabalho com os conhecimentos linguísticos requer persistência. Leia e releia os textos e exemplos, discuta, converse.

CONCORDÂNCIA NOMINAL E CONCORDÂNCIA VERBAL

CONCORDÂNCIA NOMINAL

1. No trecho da resenha crítica reproduzido a seguir, as palavras destacadas são substantivos e aparecem acompanhadas por determinantes (artigo, adjetivo, pronome, numeral). No caderno, copie esses determinantes e identifique a classe gramatical a que cada um pertence.

> "Anita, a **narradora**, nasceu e vive sob o jugo do ditador Rafael Trujillo. [...] É uma menina cheia de alegria e curiosidade. Seu **pai** sempre diz que a 'curiosidade é sinal de inteligência'. No entanto, em tempos sombrios, fazer perguntas pode se tornar uma grande **armadilha**. [...]
>
> Em meio a tanto tumulto de **ordem** social e política, como ficam os sonhos de uma menina de doze **anos**?"

2. Releia a primeira frase da resenha crítica.

> "*Antes da liberdade* é um testemunho literário sensível, escrito sob o ponto de vista da menina Anita."

a) Reescreva a frase no caderno trocando "é um testemunho" por "são narrativas".

b) Que palavras sofreram alterações?

c) Houve mudança de gênero? E de número? Por quê?

CONCORDÂNCIA NOMINAL

A conformidade de gênero (masculino e feminino) e número (singular e plural) que se estabelece entre o substantivo e seus determinantes chama-se **concordância nominal**.

A regra geral, portanto, é que os determinantes devem concordar em gênero e número com o substantivo correspondente.

Lembre-se

Os **determinantes** caracterizam, especificam e quantificam o substantivo. Podem ser artigos, numerais, pronomes, adjetivos (ou locuções adjetivas) e particípio.

CONCORDÂNCIA DO ADJETIVO COM MAIS DE UM SUBSTANTIVO

Veja a seguir algumas particularidades da concordância nominal.

- Adjetivo posposto a dois ou mais substantivos – concorda com o mais próximo ou vai para o plural:

  Ofereceram-me duas frutas e uma ***torta gelada****.*

  Ofereceram-me duas ***frutas*** *e uma* ***torta geladas****.*

  Observação

  Na oração *Ofereceram-me duas frutas e uma torta gelada*, o adjetivo **gelada** pode ser entendido como atributo exclusivo de **torta**. Por isso, é preciso sempre ficar atento à intenção e ao sentido que se pretende dar à frase.

- Adjetivo anteposto a dois ou mais substantivos – geralmente a concordância é feita com o mais próximo:

  Sentia ***imensa alegria*** *e prazer em lutar contra a injustiça.*

- Adjetivos que se referem a substantivos de gêneros diferentes – em geral a concordância se faz no masculino:

  O ***treinador*** *e as* ***atletas*** *se mostraram* ***animados****.*

  Observação

  Quando os substantivos são sinônimos ou estão em gradação, o adjetivo pode concordar com o mais próximo:

  Naquele momento, sentiu um pesar e uma ***melancolia intensa****.*

  Recebeu um olhar, um abraço, um ***carícia afetuosa****.*

OUTROS CASOS DE CONCORDÂNCIA NOMINAL

Veja mais algumas particularidades da concordância nominal.

- **Obrigado**, adjetivo sinônimo de **grato** – concorda com o substantivo ou com a pessoa a que se refere:

  Ela sempre diz "muito ***obrigada****" com um sorriso sincero.*

- **Anexo, incluso** – adjetivos que concordam com o substantivo a que se referem:

  As fotografias ***anexas*** *vão testemunhar o que ele disse.*

  Seguem ***inclusos*** *os documentos pedidos.*

- **Mesmo, próprio** – pronomes de reforço que variam de acordo com a pessoa a que se referem:

  As orientadoras ***mesmas*** *aplicarão os testes.*

  O ***próprio*** *morador do prédio se desculpou pelo barulho que causou.*

- **Bastante, muito, tanto, meio, só** – quando têm valor de adjetivo, concordam com o substantivo a que se referem:

  Assistimos a ***bastantes*** *filmes sobre a guerra.*

  Ele desistiu a ***meia*** *hora da chegada.*

CARLOS CAMINHA

Observação

Com valor de advérbio, **bastante** e **meio** são invariáveis:

*Ficamos **bastante** insatisfeitos.*

*A comissão julgadora ficou **meio** aflita com o atraso.*

- **Verbos no particípio** – quando não são empregados na formação dos tempos compostos, flexionam-se como adjetivos:

***Restituídos** os documentos, ele sentiu-se aliviado.*

***Feitas** as provas, os alunos foram dispensados.*

ACONTECE NA LÍNGUA

Bom dia!
Duas dúzia,
por favor.
R$ 6 A DÚZIA
R$ 8 A DÚZIA
Bom dia!
Das banana pequena
ou das grande?

MATHEUS COSTA

Nesta unidade você estudou uma importante regra da concordância nominal: *os determinantes seguem a variação do substantivo*. Mas, na cena ilustrada acima, essa regra não foi observada. Por quê?

Em muitas situações de uso de uma linguagem oral informal, a concordância nominal apresenta algumas diferenças em relação à norma culta. Veja que, na conversa retratada, apenas o determinante que antecede o substantivo se flexiona em número; o substantivo permanece no singular:

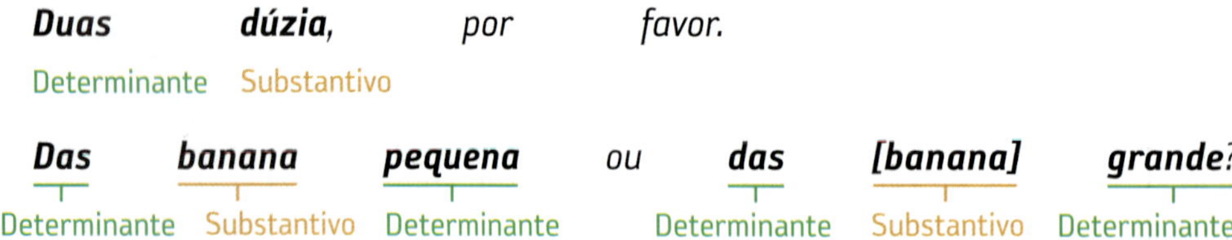
Duas dúzia, por favor.
Determinante
Substantivo
Das banana pequena ou das [banana] grande?
Determinante
Substantivo
Determinante
Determinante
Substantivo
Determinante

Na segunda fala, há dois determinantes, mas também apenas o determinante anterior ao substantivo se flexionou para marcar a ideia de plural.

Como você pôde observar, mesmo sendo em uma situação informal, a concordância segue uma regra, ainda que ela seja diferente das regras de uma linguagem mais formal. E, para a situação, a linguagem empregada é adequada, pois funciona na comunicação entre as pessoas.

ATIVIDADES

1. Reescreva e complete as frases com a palavra **anexo** flexionada de maneira adequada.
   a) Segue ✦ a planilha atualizada.
   b) Os documentos ✦ foram enviados pela chefe da seção.
   c) ✦ ao *e-mail* estão as requisições feitas pela diretoria.
   d) O manual ✦ refere-se à conduta adequada na empresa.

2. Reescreva as frases, substituindo **mesmo** por **próprio** e fazendo as adaptações necessárias.
   a) Ele mesmo não entendeu o que quis dizer.
   b) Os ministros, eles mesmos, reconheceram o erro.
   c) Elas mesmas decidiram viajar.
   d) Ela mesma explicou para a mãe o que havia acontecido.

3. Reescreva as frases a seguir e complete-as com as palavras indicadas entre parênteses. Atenção à concordância.
   a) A mãe pediu ✦ verduras para seus filhos. (bastante)
   b) Era ✦ a sua presença nesse momento triste. (necessário)
   c) Estavam todas ✦ agitadas com a grande notícia. (meio)

4. Leia a tirinha para responder às questões a seguir.

BICHINHOS DE JARDIM — CLARA GOMES

   a) No primeiro quadrinho é mencionado que a personagem Mãe Joana faz “previsões pessimistas”. A previsão que ela faz nessa tirinha é realmente pessimista? Explique.
   b) Na sua opinião, por que Mãe Joana está oferecendo “20% de desconto” nas previsões dela?
   c) Por que, no segundo quadrinho, o adjetivo *cheia* está no feminino? Se estivesse no masculino, a qual substantivo ele se referiria?
   d) Explique por que as palavras *só* e *mesmo*, no quarto quadrinho, não estão flexionadas no plural.

CONCORDÂNCIA VERBAL

1. **Copie no caderno o núcleo do sujeito (se houver) dos verbos destacados nestas frases da resenha que você leu no início da unidade.**

> "Em meio a tanto tumulto de ordem social e política, como **ficam** os sonhos de uma menina de doze anos?"

> "Seu estilo literário muito bem delineado **revela** a maturidade da autora ao lidar com um tema tão complexo e delicado."

> "A opressão se acirra e **sabe**-se que **há** um grupo lutando pelo fim da ditadura."

2. **Em que frase o sujeito aparece posposto ao verbo?**

CONCORDÂNCIA VERBAL

A concordância do verbo com seu sujeito é chamada concordância verbal.

Em geral, o verbo concorda em pessoa e número com o sujeito que o acompanha.

- Se a oração apresenta sujeito composto e **anteposto** ao verbo, este vai para o plural: *Paus e pedras **podem** quebrar meus ossos.*
- Se o sujeito composto aparece **posposto** ao verbo, este pode ir para o plural ou concordar com o núcleo mais próximo:

  ***Rimos** mamãe e eu das gracinhas do papai.* (Nesse caso, um dos núcleos do sujeito é a 1ª pessoa, o que leva o verbo para a 1ª pessoa do plural.)

  ***Acirrou**-se a opressão e a violência.*

Lembre-se

Chama-se **sujeito** a pessoa ou coisa sobre a qual se declara algo.

CASOS ESPECÍFICOS

- Se o sujeito composto é **resumido por um pronome** do tipo *tudo, nada, ninguém, isso* etc., o verbo concorda com o pronome e fica no singular:

  *Palavras, ofensas, nada o **atingia**.*

- Se os núcleos do sujeito composto são **sinônimos** (ou quase), ou constituem uma **gradação**, o verbo pode concordar com o mais próximo:

  *Delicadeza, gentileza, doçura **acalma** o coração da menina.*

- Se os núcleos do sujeito composto estão **ligados por *ou* ou *nem***, o verbo geralmente vai para o plural quando o fato expresso por ele se refere a todos os sujeitos; ou fica no singular quando se refere a apenas um deles:

  *Nem Amanda nem Débora **consolaram** a amiga.*
  nenhuma das duas consolou

  *No aniversário de Joana, o pai ou a mãe **ganhará** o primeiro pedaço de bolo.*
  apenas um deles ganhará

GRIMGRAM/ SHUTTERSTOCK

- Se os núcleos do sujeito composto são **verbos no infinitivo**, o verbo geralmente fica no singular:

Ler e memorizar informações **era** *uma tarefa fácil para ele.*

- Quando o sujeito é formado por expressões partitivas seguidas de um determinante no plural, o verbo pode ficar no singular ou no plural:

Grande parte dos pais de alunos **compareceu** *à reunião.*

Grande parte dos pais de alunos **compareceram** *à reunião.*

No primeiro caso, a ênfase é dada ao conjunto; no segundo, aos indivíduos que o compõem.

- Com sujeito simples formado pela expressão **mais de um**, o verbo fica no singular:

Mais de uma pessoa **elogiou** *o livro.*

Observação

Quando o sujeito do verbo **ser** é um dos pronomes (**isto**, **isso**, **aquilo**, **tudo** ou **o**) e o predicativo vem expresso por um substantivo no plural, algumas vezes o verbo vai para o plural para realçar o sentido do predicativo. Veja um exemplo:

Nem tudo são flores.

sujeito (tudo) — predicativo (flores)

LAURA_VN/SHUTTERSTOCK

ORGANIZAR O CONHECIMENTO

O QUE VOCÊ JÁ SABE?

Agora, você já é capaz de...	Sim	Não	Mais ou menos
... compreender que a regra geral da concordância nominal é a de que os determinantes devem concordar em gênero e número com o substantivo correspondente?	☐	☐	☐
... perceber se a concordância nominal está aplicada corretamente em um enunciado?	☐	☐	☐
... reconhecer que há regras específicas para o emprego da concordância nominal? Quais?	☐	☐	☐
... concluir que a regra geral da concordância verbal é a de que o verbo concorda em pessoa e número com o sujeito que o acompanha?	☐	☐	☐
... perceber se a concordância verbal está aplicada corretamente em um enunciado?	☐	☐	☐
... reconhecer que há regras específicas para o emprego da concordância verbal? Quais?	☐	☐	☐

Se você marcou **não** ou **mais ou menos**, retome a leitura de **Concordância nominal**.

Se você marcou **não** ou **mais ou menos**, retome a leitura de **Concordância verbal**.

Concordância nominal

Determinantes concordam em gênero e número com o substantivo que acompanham.

Casos particulares

- Dois ou mais substantivos + adjetivo: concorda com o mais próximo ou vai para o plural.
- Adjetivo + dois ou mais substantivos: concorda com o mais próximo.

Concordância verbal

- O verbo geralmente concorda em número e pessoa com o sujeito da oração.
- Sujeito composto anteposto ao verbo: o verbo vai necessariamente para o plural.
- Sujeito composto posposto ao verbo: o verbo vai para o plural ou concorda com o sujeito mais próximo (no singular ou no plural).

Casos especiais com sujeito composto

- Sujeito composto resumido pelos pronomes *tudo*, *nada*, *isso* etc.: o verbo fica no singular.
- Núcleos do sujeito composto são sinônimos (ou quase) ou constituem gradação: o verbo pode concordar com o núcleo mais próximo.
- Núcleos do sujeito composto ligados por *ou* ou *nem*: o verbo fica no singular (caso se refira a só um deles) ou no plural (caso se refira a todos).
- Verbos no infinitivo como núcleos do sujeito composto: verbo geralmente no singular.

TYNYUK/SHUTTERSTOCK

ATIVIDADES

1. **Observe estas frases.**

Contrata-se administradores e advogados experientes.

Contratam-se administradores e advogados experientes.

a) Copie a frase que está de acordo com a gramática normativa. Justifique sua escolha.

b) Reescreva a mesma frase, desta vez com o verbo **precisar**, e explique as alterações feitas.

2. **Copie as frases, completando-as com os verbos entre parênteses flexionados no presente do indicativo. Estabeleça a concordância adequada.**

a) Na escola ✦ duas professoras novas. (existir)

b) Na escola ✦ duas professoras novas. (haver)

c) Hoje, 15,6% da população brasileira ✦ em áreas rurais. (morar)

d) Hoje, 15,6% ✦ em áreas rurais. (morar)

e) Os Estados Unidos ✦ na América do Norte. (localizar-se)

f) Perto de 700 pessoas ✦ sem teto por causa dos terremotos. (estar)

3. **Transcreva as frases a seguir, corrigindo a concordância verbal, se necessário. Justifique todos os casos, mesmo os que não precisarem de correção.**

a) Ontem, tu e eu fostes encontrados por vizinhos enquanto conversávamos.

b) Mais de um aluno apresentaram nota baixa no último bimestre.

c) A avó com a neta compareceram à missa de domingo.

d) Fiquem bonzinhos, pois do contrário nem um nem outro ganhará sobremesa.

4. **O cartaz abaixo foi veiculado por um órgão do Ministério da Saúde.**

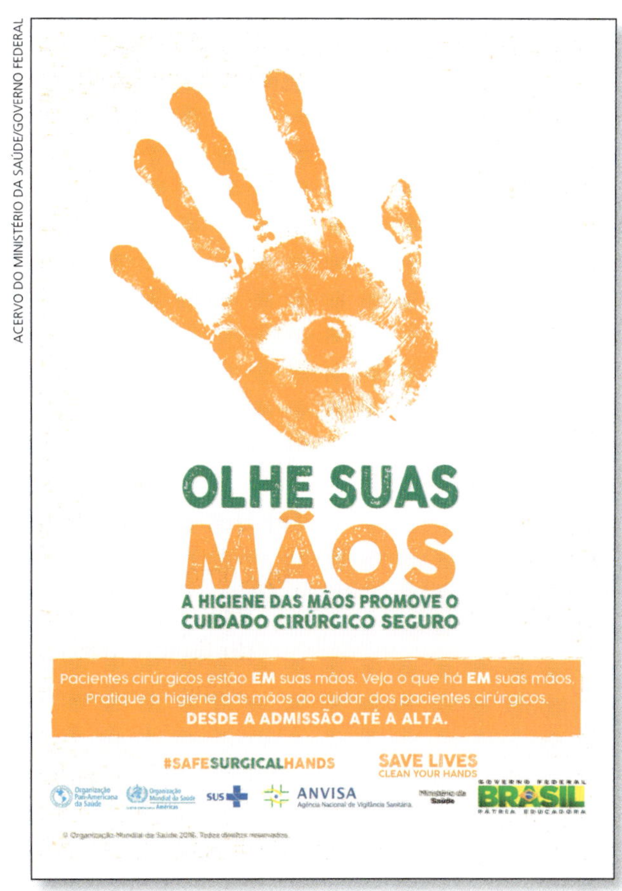

ACERVO DO MINISTÉRIO DA SAÚDE/GOVERNO FEDERAL

BRASIL. Anvisa, Ministério da Saúde. Disponível em: <http://mod.lk/ol492>. Acesso em: 9 mar. 2018.

a) A quem esse cartaz é destinado? Que informações do cartaz permitem saber isso?

b) Qual o objetivo desse cartaz?

c) A frase principal estaria correta se, em vez de "Olhe suas mãos", estivesse escrito "Olhem suas mãos"? Explique.

d) Releia e responda:

> *A higiene das mãos promove o cuidado cirúrgico seguro.*

A concordância verbal dessa frase foi feita corretamente? Explique sua resposta.

Mais questões no livro digital

QUESTÕES DA LÍNGUA

EMPREGO DE S, Z E X

Leia as palavras do quadro, prestando atenção às letras destacadas.

coi**s**a	pu**s**esse	anali**s**ar	france**s**a	agoni**z**ar	avi**s**ar
hipno**s**e	mão**z**inha	sabor**o**so	fortale**z**a	náu**s**ea	cafe**z**al
guri**z**ada	duque**s**a	romã**z**eira	burgue**s**a	e**x**ílio	bati**z**ar
e**x**ame	qui**s**éramos	so**z**inho	bolonhe**s**a	paráfra**s**e	
próc**lis**e	gêne**s**e	lou**s**a	magre**z**a	horror**os**o	

a) Que fonemas as letras destacadas representam?

b) Como saber quando usar **s**, **z** ou **x**? A tabela a seguir apresenta as principais regras. No caderno, exemplifique cada situação de uso com palavras do quadro acima. Siga o modelo abaixo, que já apresenta exemplos da primeira situação.

Depois de ditongo: **coisa**, **náusea**, **lousa**.

Letra	Situações de uso
s	Depois de ditongo.
	Em substantivos terminados em **-ase**, **-ese**, **-ise**, **-ose**.
	Nas flexões dos verbos **querer** e **pôr**.
	Nos adjetivos pátrios (que indicam origem).
	Em títulos de nobreza.
	Nos adjetivos terminados em **-oso** ou **-osa** formados a partir de substantivos. Ex.: amor → amoroso.
	Nos verbos terminados em **-isar** derivados de substantivos terminados em **s** + **vogal**. Ex.: paralisia → paralisar.
z	Substantivos formados pelo sufixo **-eza** derivados de adjetivos. Ex.: belo → beleza.
	Nos verbos formados pelo sufixo **-izar** derivados de substantivos terminados com quaisquer letras, **menos s** + **vogal**. Ex.: final → finalizar.
	Como consoante de ligação, antecedendo os sufixos **-ada**, **-al**, **-eira**, **-inho**.
	No diminutivo (**-zinho** ou **-zinha**).
x	Quando o fonema /z/ é o segundo de uma palavra iniciada por **e** (exceções: *esôfago* e *esotérico*).

ROBSON ARAÚJO

c) Além dessas regras, existe uma que você já conhece e que também pode ajudá-lo a decidir entre as letras **s**, **z** e **x** na representação do fonema /z/. Veja os casos abaixo e informe a regra que determina o uso de **s**, **z** e **x** em cada palavra.

casa	casebre	casinha
azul	azulado	azulão
exame	examinar	examinador

Palavras homófonas

Algumas palavras homófonas (mesmo som, mas sentidos diferentes) diferenciam-se na escrita pelo emprego de **s**, **z** ou **x**. Exemplos: *co**s**er* (costurar), *co**z**er* (cozinhar); *trá**s*** (atrás), *tra**z*** (presente do verbo *trazer*) etc.

1. Nas palavras abaixo, as letras **s**, **z** e **x** representam o fonema /z/. Encontre, na lista B, palavras da mesma família das palavras da lista A.

Lista A	aviso	buzina	existir
	improviso	prazer	azedo
	exato	dez	horizonte

Lista B	a✦edar	de✦essete	bu✦inar
	e✦atidão	a✦edou	a✦edume
	hori✦ontal	apra✦ível	ine✦istente
	ine✦ato	avi✦ado	de✦enove
	pra✦ero✦o	avi✦ar	improvi✦ado
	de✦embro	e✦atamente	bu✦inada

GUSAK OLENA/SHUTTERSTOCK

2. No caderno, copie e complete as palavras do quadro abaixo. Em seguida, destaque a palavra que deve ser completada com **s**.

e✦alar	e✦altado	e✦austão	e✦ôfago
ine✦orável	e✦uberante	e✦orbitante	e✦ercer

3. Copie as palavras e complete-as com **s**, **z** ou **x**, de acordo com as regras aprendidas.

e✦emplo	conscienti✦ar	neuro✦e
baixe✦a	pu✦estes	irmão✦inho
ê✦ito	frie✦a	qui✦éramos
cau✦a	anali✦ar	portugue✦a
japone✦a	e✦istir	rocho✦o
ine✦aurível	cristali✦ar	oleo✦o

ATIVIDADES

4. Leia a tira.

GARFIELD **Jim Davis**

a) No caderno, reescreva e complete a palavra do segundo quadrinho com **s**, **z** ou **x**. Justifique sua resposta de acordo com as regras que aprendeu.

b) Explique por que a maneira como Garfield completa seu pensamento, no último quadrinho, produz o efeito humorístico da tira.

5. **Copie as frases no caderno, completando as palavras com as letras *s*, *z* ou *x*. Fique atento ao contexto e, se tiver dúvidas, consulte um dicionário.**

a) O menino curioso e✦piava o movimento das aves e registrava-o em um caderno.

b) Foi condenado a e✦piar seus crimes na prisão.

c) Eu e meu pai contratamos um e✦perto para cuidar de nosso aquário de água salgada.

d) Seu irmão é muito e✦perto, mas não me engana mais.

e) A pequena costureira guarda cuidadosamente, na caixinha, seus instrumentos de co✦er.

f) Durante a semana, não consumimos alimentos fritos, só co✦idos.

g) Ganhei um cachorro pequinê✦.

h) Teve uma atitude reprovada, agiu mal, com pequene✦.

i) Ela teve ê✦ito na prova de Matemática.

j) Não he✦ito diante de novas oportunidades.

k) A Á✦ia já foi considerada uma terra e✦ótica.

l) Consumir comida gordurosa ou apimentada pode dar a✦ia.

m) Comprei e✦trato de tomate para fazer o molho do macarrão.

n) E✦tratos enfeitavam o céu de vários tons acinzentados.

LEITURA E PRODUÇÃO DE TEXTO

CONTEXTO

Os canais de vídeos da internet são hoje muito populares entre crianças e adolescentes. Esses canais são às vezes chamados de *vlogs* – uma junção das palavras *vídeo* e *blog* –, pois, assim como ocorre nos *blogs*, seus conteúdos são publicados de forma regular (por exemplo, diariamente ou semanalmente) e, em geral, focalizam um assunto específico.

A seguir, você lerá a transcrição de trechos de um vídeo divulgado em um *vlog* especializado em *animes* – animações de origem japonesa –, apresentado pela *youtuber* Gabi Xavier.

Para facilitar sua leitura, inserimos sinais de pontuação na transcrição; as palavras ou sílabas representadas com maiúsculas foram pronunciadas com maior ênfase.

A PRODUÇÃO EM FOCO

- Nesta unidade, você vai produzir uma resenha crítica para um *vlog*. Durante a leitura do texto, fique atento:
  a) à sinopse oferecida;
  b) aos argumentos usados pela autora para justificar a recomendação do filme;
  c) à presença de informações sobre o filme que podem ajudar o leitor a situá-lo no mundo dos *animes*;
  d) à forma como a vlogueira se expressa e aos convites que faz para que os espectadores participem.

ANDREY APOEV/SHUTTERSTOCK

7 filmes de *animes* para ver em uma semana

Oi! Eu sou a Gabi Xavier e hoje eu vou trazer aqui mais algumas recomendações de *animes* pra vocês, dessa vez de FILmes, alguns filmes que eu acho que podem preencher uma excelente semana pra você. Então são SEte títulos de épocas diferentes, alguns clássicos mais antigos, alguns mais novos, mais recentes...

[...]

A dica número três é um filme do Estúdio Ghibli e, se eu pudesse, eu traria uma lista ENORME, cheia de filmes do Estúdio Ghibli, mas aqui eu tive que escolher dois, este e mais um só, e você pode deixar aqui nos comentários também quais são os seus favoritos do Estúdio Ghibli. Mas a minha dica número três é um filme de 2001 do Estúdio Ghibli, dirigido por Hayao Miyazaki, chamado *Sen to Chihiro no Kamikakushi* ou *Spirited Away*. Esse filme só chegou no Ocidente, inclusive no Brasil, em 2003, mas fez MUITO sucesso, sendo considerado o filme japonês que MAIS fez sucesso no Ocidente até hoje, mais fez sucesso fora do Japão até hoje e inclusive ganhou um Oscar de melhor animação na época.

ANDREY APOEV/SHUTTERSTOCK

Esse filme começa contando a história de Chihiro, uma garota de dez anos que começa o filme já dentro do carro porque ela está se muDANdo para outra cidade junto com os pais. E ela 'tá ali muito chateada, inconformada porque 'tá longe dos amigos, indo pra um lugar que ela não gostaria de ir, o que é natural pra uma criança, até que eles então se percebem numa trilha esquisita, o pai acha que errou o caminho, e eles se deparam com a entrada de um túnel e logo os pais dela decidem ir investigar, ver o que tem do outro lado, eventualmente poderia ser o caminho pra casa deles, um atalho.

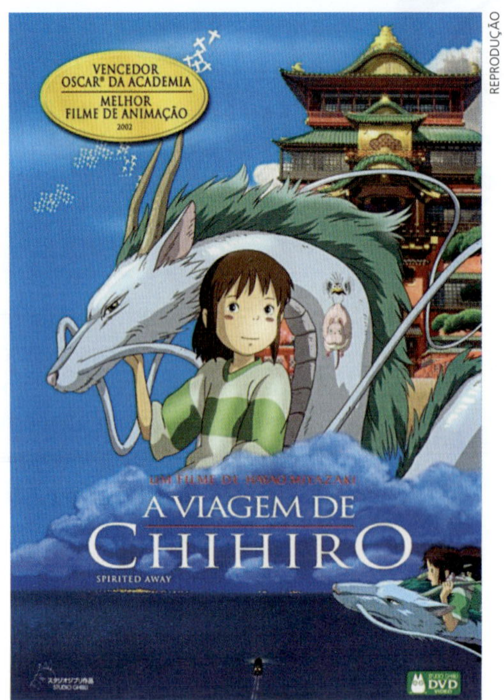

REPRODUÇÃO

Eles atravessam o túnel e chegam num lugar estranho, diferente, mas muito bonito, e os pais vão ver o que é, até que eles se deparam com um lugar cheio de comidas, eles acham que os donos 'tão lá dentro e começam a comer. A Chihiro não quer porque ela 'tá muito chateada de 'tar ali e aí ela dá uma andada lá pelo lugar, vê algumas coisas, conversa com um personagem que é muito importante pra história depois, e quando ela volta ela encontra os pais dela transformados em... porcos.

Já está escuro, surgem várias figuras estranhas naquele local, e essa é justamente a SINOPSE porque é só o comeCInho dessa história, porque a Chihiro agora tem que dar um jeito de resgatar os seus pais, tirar eles daquele estado e se virar naquele MUNdo que é diferente, uma mistura de um mundo espiritual com fantasias e alguns elementos que podem ser equiparados como um paralelo justamente do que a gente tem no mundo real. E além do MUNdo criado por Miyazaki nesse filme ser incrível, os personagens não são divididos numa linha exata entre quem é bom, quem é mau. Não!... Tem uma complexidade em cada um, SIM. A Chihiro tem sempre uma escolha, uma atitude diferente do que você espera que ela tenha e, apesar do começo você ver ela ali chateada, birrenta talvez, por não querer se mudar, ela tem uma inteligência, uma maturidade, uma coragem para exercer certas ações muito diferente do que você esperaria de uma garota de dez anos, inclusive. Então *A viagem de Chihiro* te faz pensar várias coisas, inclusive talvez, se você tiver interesse, eu posso fazer um vídeo aqui no canal comentando O QUE dizem que este filme traz de mensagem, porque é muita coisa e nada explícito, escancarado.

GABI XAVIER. Disponível em: <http://mod.lk/uywnz>. Acesso em: 6 abr. 2018. (Fragmento).

ESTUDO DO TEXTO

ANTES DO ESTUDO DO TEXTO

1. Se não tem certeza de ter compreendido bem o texto, leia-o novamente.
2. Procure identificar as ideias apresentadas no texto e reflita: você concorda com elas? Por quê?
3. Ao responder às questões a seguir, procure empregar o que já aprendeu ao ler outros textos e seja preciso em suas respostas.

DE OLHO NAS CARACTERÍSTICAS DO GÊNERO

1. Com que objetivo esse vídeo foi feito?

a) Quais trechos do vídeo foram transcritos?

b) Qual é a principal característica do público-alvo desse vídeo de Gabi Xavier?

2. Gabi Xavier comenta que no filme *A viagem de Chihiro* nada é "explícito, escancarado".

a) Sendo assim, poderíamos interpretar a mudança de Chihiro para outra cidade como a representação simbólica da mudança que todo ser humano enfrenta por volta dos 10 anos de idade. Que mudança seria essa?

b) Como Chihiro enfrenta essa mudança?

3. Em narrativas de fantasia, é comum que uma mudança de espaço corresponda à entrada de elementos mágicos no enredo. Explique como isso ocorre em *A viagem de Chihiro*.

4. Releia: "A Chihiro não quer porque ela 'tá muito chateada de 'tar ali e aí ela dá uma andada lá pelo lugar, vê algumas coisas, [...] e quando ela volta ela encontra os pais dela transformados em... porcos".

- Por que Gabi Xavier faz uma pausa (representada pelas reticências) antes de pronunciar a palavra *porcos*?

5. Releia o 2º parágrafo da transcrição e responda às perguntas.

a) Deduza: o Estúdio Ghibli é conhecido de pessoas interessadas em *anime*? Justifique sua resposta.

b) A menção ao Estúdio Ghibli pode ser considerada um argumento de Gabi Xavier para justificar a inclusão da animação *A viagem de Chihiro* na lista de recomendações. Explique por quê.

c) Quais outros argumentos são apresentados nesse parágrafo da transcrição para justificar a inclusão do filme na lista?

6. Após contar a sinopse do filme, Gabi Xavier apresenta mais alguns argumentos favoráveis à produção de Miyazaki. Identifique três desses argumentos.

7. De todos os argumentos apresentados por Gabi Xavier para ter incluído *A viagem de Chihiro* na sua lista de recomendações, qual ou quais você considera os melhores? Por quê?

ANDREY APOEV/SHUTTERSTOCK

8. **Observe as cenas do vídeo reproduzidas abaixo. De acordo com os gestos e a expressão facial da *youtuber*, deduza a qual das frases a seguir cada cena corresponde.**

a) "[...] até que eles então se percebem numa trilha esquisita [...]."

b) "[...] eles acham que os donos 'tão lá dentro e começam a comer."

c) "[...] os personagens não são divididos numa linha exata entre quem é bom, quem é mau."

I.

II.

III.

FOTOS: REPRODUÇÃO/GABI XAIVER/ IGOR KYRLYTSYA/SHUTTERSTOCK

- Em sua opinião, gestos e expressões faciais como esses ajudam a manter a atenção do espectador? Por quê?

9. **Releia estes trechos da transcrição.**

> "Esse filme só chegou no Ocidente, inclusive no Brasil, em 2003, mas fez MUITO sucesso, sendo considerado o filme japonês que MAIS fez sucesso no Ocidente até hoje".
>
> "E além do MUNdo criado por Miyazaki nesse filme ser incrível, os personagens não são divididos numa linha exata entre quem é bom, quem é mau. Não!... Tem uma complexidade em cada um, SIM."

- Copie todas as alternativas que indicam os possíveis motivos para que algumas sílabas e palavras (marcadas em maiúsculas) tenham sido pronunciadas com maior vigor.

a) Para criar suspense, pois a entonação mais forte sempre antecede revelações do enredo.

b) Para evitar que a fala se torne monocórdica (em um tom só) e, consequentemente, cansativa.

c) Para enfatizar determinadas ideias.

10. Copie da transcrição duas passagens em que Gabi Xavier estimula a participação dos espectadores no *vlog*.

- Por que tal estímulo é importante nessa mídia?

Trilha de estudo

Vai estudar? Stryx pode ajudar! <http://mod.lk/trilhas>

11. Diferentemente da autora da primeira resenha que você leu (sobre o livro *Antes da liberdade*), Gabi Xavier compõe seu texto na 1ª pessoa: "se *eu* pudesse, *eu* traria uma lista ENORME, cheia de filmes do Estúdio Ghibli".

- Na sua opinião, o uso da 1ª pessoa é adequado a essa mídia? Justifique sua resposta.

12. Releia: "a Chihiro agora tem que dar um jeito de resgatar os seus pais, *tirar eles* daquele estado e se virar naquele MUNdo que é diferente".

- Você acha que, no lugar de *tirar eles*, Gabi Xavier deveria ter empregado a forma *tirá-los*, que está de acordo com a norma-padrão do português brasileiro? Justifique sua resposta.

A linguagem dos *vlogs*

Vlogs que trazem resenhas e dicas culturais como o de Gabi Xavier podem ter diferentes níveis de formalidade. Gabi não inclui construções tão formais quanto **tirá-los** ou **vê-la**, porém utiliza um vocabulário preciso e variado (*eventualmente, equiparados, se deparam*) e obedece às principais regras da norma-padrão, como a de concordância verbal: "*surgem* várias figuras estranhas naquele local". Em outros *vlogs*, a linguagem pode ser mais informal, com muitos termos coloquiais e gírias. Veja, por exemplo, como o *youtuber* Gabriel Dearo começa sua resenha crítica sobre o filme *Piratas do Caribe 5 - a Vingança de Salazar* usando um estilo bem mais informal que o de Gabi Xavier:

Olá! Tudo bem com você? Eu sou o Gabriel Dearo e esse é o *Operação Cinema*. Hoje vamos falar sobre piratas! Tãdãrãdã... tãrãdãdã *[cantarola música típica de filmes de pirata]*. Neste momento eu queria ter um tapa-olho. Seria muito louco! Este vídeo não vai ter *spoiler*, então pode assistir de boa. E aí, Dearo? *Piratas do Caribe 5 – a Vingança de Salazar*: este filme presta? Este filme não presta? Vamos falar sobre essa parada. [...]

REPRODUÇÃO

Operação cinema. Disponível em: <http://mod.lk/wg7x4>. Acesso em: 6 abr. 2018.

IGOR KYRLYTSYA/SHUTTERSTOCK

PRODUÇÃO DE TEXTO

RESENHA CRÍTICA PARA *VLOG*

O que você vai produzir

Você vai produzir uma resenha crítica para ser divulgada no *vlog* da turma, que será criado sob a coordenação do professor. O produto cultural analisado pode ser um livro, como no primeiro texto lido, ou um filme, como no vídeo de Gabi Xavier.

O *vlog* será divulgado na comunidade escolar e, se vocês quiserem, pode ficar disponível ao público em geral. Portanto, capriche no vídeo para atrair muitos espectadores.

NA HORA DE PRODUZIR

1. Siga as orientações apresentadas nesta seção.
2. Lembre-se de que você já leu e analisou textos do gênero que vai produzir. Se for o caso, retome o **Estudo do texto**.
3. Diante da folha em branco, persista. Nenhum texto fica pronto na primeira versão.

PLANEJE E DESENVOLVA O ROTEIRO DE SEU VÍDEO

1. Lembre-se de um livro que tenha lido ou um filme a que tenha assistido. Ele pode ter sido marcante por você ter gostado muito ou, pelo contrário, por não ter gostado nem um pouco. Fica a seu critério resenhar sobre a obra escolhida de forma positiva, negativa ou, ainda, ponderando seus pontos fortes e fracos.
2. Quando tiver definido o livro ou o filme que vai analisar, faça uma lista com estes dados:
   - título da obra;
   - nome e nacionalidade do autor ou do diretor;
   - data de lançamento;
   - outras informações que podem ser interessantes para o público (prêmios que a obra ganhou, se fez sucesso ou não etc.).
3. Anote também os dados que vão compor a sinopse: lugar e época em que a história se passa, principais personagens, situação inicial em que se encontram e principal conflito que enfrentam.
4. Por fim, anote os pontos positivos da obra, ou seja, os argumentos que você vai utilizar para recomendá-la ao público. Se em sua opinião a obra tem defeitos, anote-os também; você pode usar esses pontos fracos para argumentar que não vale a pena conhecer a obra, ou para defender a opinião de que ela é boa, mas também tem algumas limitações.
5. Com base em suas anotações, prepare o roteiro de seu vídeo. Não é necessário escrever frases completas, mas apenas uma lista de tópicos, na ordem em que vai apresentá-los.
6. Você deve começar o vídeo cumprimentando o público e falando seu nome, como faz Gabi Xavier. Em seguida, deve apresentar o tema geral (a obra que será resenhada) e dar ao espectador algum motivo para ver o vídeo. Por exemplo:

Olá! Tudo bem? Meu nome é Bruno e eu vou falar de um filme que pode ser uma boa pedida para quem gosta de histórias de aventura. É o filme *Doutor estranho*, de Scott Derrickson.

TYNYUK/SHUTTERSTOCK

Oi! Meu nome é Carla e eu vou falar sobre um livro que a gente precisou ler no semestre passado para as aulas de língua portuguesa: *A bolsa amarela*, de Lygia Bojunga. Eu gostei de algumas coisas nesse livro, mas não de todas. Vou explicar minha opinião e gostaria que você também colocasse a sua nos comentários. Vamos lá?!

7. Depois dessa introdução, você pode apresentar a sinopse da obra e, por fim, sua avaliação sobre ela, destacando os pontos positivos e, se for o caso, os negativos. Encerre o vídeo agradecendo ao público por tê-lo visto até o fim e estimulando a participação de todos por meio dos comentários.

GRAVE E AVALIE O VÍDEO

1. Grave uma primeira versão do vídeo utilizando um celular ou uma câmera. Procure um lugar sem ruídos e que não exponha sua privacidade.
2. Durante a gravação, siga o roteiro e fale com naturalidade, usando os gestos, as expressões faciais e a entonação para realçar suas ideias e proporcionar expressividade à fala. Também pode ser interessante fazer uma pausa maior antes de determinada palavra, a fim de enfatizá-la, como fez Gabi Xavier com a palavra *porcos*.

TYNYUK/SHUTTERSTOCK

De olho na textualidade

A retomada das ideias é tão importante em um texto oral como nos escritos. Mas existe uma diferença: na língua falada, os mecanismos de **coesão referencial** geralmente são mais simples que os usados na escrita. Na fala, o principal recurso de retomada é a mera repetição das palavras. Veja como Gabi Xavier faz isso neste trecho:

> "A dica número três é um filme do Estúdio Ghibli e, se eu pudesse, eu traria uma lista ENORME, cheia de filmes do Estúdio Ghibli, mas aqui eu tive que escolher dois, este e mais um só, e você pode deixar aqui nos comentários também quais são os seus favoritos do Estúdio Ghibli. [...]."

Desde que feita com naturalidade, a repetição é bem-vinda na oralidade, pois ajuda o interlocutor a acompanhar a linha de pensamento de quem fala. Recursos de coesão sequencial, como as conjunções e os articuladores textuais, também são importantes, pois estabelecem a sequência do raciocínio no texto, mostrando diversos tipos de relação entre as ideias (acréscimo, concessão etc.). Veja como Gabi Xavier usou esses recursos para articular seus argumentos:

> "E, **além do** MUNdo criado por Miyazaki nesse filme ser incrível, os personagens não são divididos numa linha exata entre quem é bom, quem é mau. [...] A Chihiro tem sempre uma escolha, uma atitude diferente do que você espera que ela tenha e, **apesar do** começo você ver ela ali chateada, birrenta talvez, por não querer se mudar, ela tem uma inteligência, uma maturidade, uma coragem para exercer certas ações muito diferente do que você esperaria de uma garota de dez anos, inclusive."

indica **acréscimo**: um argumeto se soma ao outro.

indica **concessão**: um fato se opõe ao outro, mas não chega a impedi-lo.

3. Quando tiver terminado a primeira versão de seu vídeo, mostre-a a um colega e peça que a avalie segundo os critérios a seguir.

Aspectos importantes em relação à proposta e ao sentido do texto
Resenha crítica
1. A introdução do vídeo está informativa e cativante?
2. São apresentadas informações suficientes sobre a obra resenhada?
3. Há uma sinopse que resume a história do livro ou do filme?
4. A opinião apresentada a respeito da obra está clara e é sustentada por argumentos coerentes?
5. No fim do vídeo, o vlogueiro se despede com educação e incentiva a participação dos espectadores?
Aspectos importantes em relação à linguagem
1. Ao longo da gravação, a fala está audível?
2. O vlogueiro expressa-se de forma natural e expressiva, acompanhando a fala com gestos e expressões faciais?
3. O texto oral está bem articulado, com uma constante retomada das ideias e um emprego adequado de conjunções e de outros recursos coesivos?
4. A linguagem está informal e natural, mas sem grandes desvios em relação à norma-padrão?
5. As concordâncias nominal e verbal foram empregadas adequadamente?

4. Após receber a avaliação de seu colega, faça uma nova gravação corrigindo os problemas. Se quiser, use um *software* de edição de vídeos para eliminar as hesitações de sua fala e, assim, deixar a apresentação ainda mais fluente.

SYDA PRODUCTIONS/SHUTTERSTOCK

CRIEM E DIVULGUEM O *VLOG* DA TURMA

1. Sob a coordenação do professor, a turma vai criar um *vlog*, ou seja, um canal em um *site* de compartilhamento de vídeos. Escolham um nome criativo para o *vlog* e preencham a página de descrição com o nome da escola, o número da turma, a cidade onde vocês moram, o assunto dos vídeos (dicas culturais) e outras informações que julgarem pertinentes.

2. Divulguem o *vlog* na escola e também entre amigos e familiares. Depois, não deixem de ler os comentários dos espectadores. Se quiserem, vocês podem dar continuidade ao *vlog* publicando vídeos com regularidade.

ATITUDES PARA A VIDA

APLICAR CONHECIMENTOS PRÉVIOS A NOVAS SITUAÇÕES

Você já percebeu que, no dia a dia, o tempo todo, aplicamos conhecimentos que já temos a novas situações de forma bastante natural? Sempre estamos aprendendo e aplicando o que já sabemos para resolver diferentes desafios.

Pensando nisso, leia a tirinha do Calvin a seguir.

CALVIN — BILL WATTERSON

1. A professora faz uma pergunta a Calvin e a resposta dele é completamente insatisfatória. Compartilhe suas impressões sobre essa afirmativa com os colegas e o professor.
2. No último quadro, Calvin diz que o conhecimento que ele domina não tem utilização na prática. O que você acha que ele quis dizer com isso?
   - Que tipo de conhecimento Calvin precisa ter para poder responder à pergunta feita pela professora?
3. Já aconteceu de você aplicar algum conteúdo em uma situação diferente daquela em que ele foi aprendido?

> Aprender é transformar conhecimentos já adquiridos e aplicá-los em novas situações e contextos, estabelecendo por meio deles novas relações.

4. Durante a produção do *vlog*, você percebeu se foi possível aplicar conhecimentos adquiridos em outras produções desenvolvidas por você, como a do *podcast* de notícias, por exemplo?
5. Ao produzir seu *vlog*, você achou que poderia ter se utilizado de mais conhecimentos adquiridos ou de experiências vividas em outra situação? Por quê?

Aplicar conhecimentos prévios a novas situações é recuperar informações antigas e transformá-las para utilizá-las em diferentes contextos; é transpor um conhecimento que você adquiriu de uma situação antiga para uma nova.

6. Tudo que você aprende na escola pode ser aplicado em outros lugares. E o contrário? Você acha que na escola você pode aplicar conhecimentos que aprendeu em outros lugares?

AUTOAVALIAÇÃO

Atitudes para a vida	Sim	Não	O que melhorar
1. Você **organizou seu pensamento** e **expressou-se com clareza** por meio do *vlog* que produziu?			
2. Você acha que ao produzir o *vlog* precisou utilizar a **imaginação** e a **criatividade**?			
3. Exatidão e **precisão** foram importantes no processo de produção de seu *vlog*?			
4. Pensar de maneira interdependente foi importante na produção de seu *vlog*?			
5. Você conseguiu **controlar sua impulsividade** no processo de produção de seu *vlog*?			
6. Ao produzir seu *vlog* foi importante **persistir**?			
7. Você conseguiu **pensar com flexibilidade** ao longo do processo de produção?			
8. Ao produzir seu *vlog*, você conseguiu **aplicar conhecimentos** que obteve por meio de outras situações?			

LIGHTFIELD STUDIOS/SHUTTERSTOCK

ANEXO

MODELOS DE CONJUGAÇÃO

Modo indicativo					
Falar					
Presente	Pretérito			Futuro	
	perfeito	imperfeito	mais-que-perfeito	do presente	do pretérito
falo	falei	falava	falara	falarei	falaria
falas	falaste	falavas	falaras	falarás	falarias
fala	falou	falava	falara	falará	falaria
falamos	falamos	falávamos	faláramos	falaremos	falaríamos
falais	falastes	faláveis	faláreis	falareis	falaríeis
falam	falaram	falavam	falaram	falarão	falariam

Modo indicativo					
Viver					
Presente	Pretérito			Futuro	
	perfeito	imperfeito	mais-que-perfeito	do presente	do pretérito
vivo	vivi	vivia	vivera	viverei	viveria
vives	viveste	vivias	viveras	viverás	viverias
vive	viveu	vivia	vivera	viverá	viveria
vivemos	vivemos	vivíamos	vivêramos	viveremos	viveríamos
viveis	vivestes	vivíeis	vivêreis	vivereis	viveríeis
vivem	viveram	viviam	viveram	viverão	viveriam

Modo indicativo					
Dividir					
Presente	Pretérito			Futuro	
	perfeito	imperfeito	mais-que-perfeito	do presente	do pretérito
divido	dividi	dividia	dividira	dividirei	dividiria
divides	dividiste	dividias	dividiras	dividirás	dividirias
divide	dividiu	dividia	dividira	dividirá	dividiria
dividimos	dividimos	dividíamos	dividíramos	dividiremos	dividiríamos
dividis	dividistes	dividíeis	dividíreis	dividireis	dividiríeis
dividem	dividiram	dividiam	dividiram	dividirão	dividiriam

CARLOS CAMINHA

Modo subjuntivo		
Falar		
Presente	Pretérito imperfeito	Futuro
fal**e** fal**es** fal**e** fal**emos** fal**eis** fal**em**	fal**asse** fal**asses** fal**asse** fal**ássemos** fal**ásseis** fal**assem**	fal**ar** fal**ares** fal**ar** fal**armos** fal**ardes** fal**arem**

Modo imperativo	
Falar	
Imperativo afirmativo	Imperativo negativo
– fal**a** fal**e** fal**emos** fal**ai** fal**em**	– não fal**es** não fal**e** não fal**emos** não fal**eis** não fal**em**

Formas nominais	
Falar	
Infinitivo pessoal	Gerúndio
fal**ar** fal**ares** fal**ar** fal**armos** fal**ardes** fal**arem**	fal**ando** **Particípio** fal**ado**

Modo subjuntivo		
Viver		
Presente	Pretérito imperfeito	Futuro
viv**a** viv**as** viv**a** viv**amos** viv**ais** viv**am**	viv**esse** viv**esses** viv**esse** viv**êssemos** viv**êsseis** viv**essem**	viv**er** viv**eres** viv**er** viv**ermos** viv**erdes** viv**erem**

Modo imperativo	
Viver	
Imperativo afirmativo	**Imperativo negativo**
–	–
viv**e**	não viv**as**
viv**a**	não viv**a**
viv**amos**	não viv**amos**
viv**ei**	não viv**ais**
viv**am**	não viv**am**

Formas nominais	
Viver	
Infinitivo pessoal	**Gerúndio**
viv**er**	viv**endo**
viv**eres**	
viv**er**	**Particípio**
viv**ermos**	
viv**erdes**	viv**ido**
viv**erem**	

Modo subjuntivo		
Dividir		
Presente	**Pretérito imperfeito**	**Futuro**
div**ida**	divid**isse**	divid**ir**
div**idas**	divid**isses**	divid**ires**
div**ida**	divid**isse**	divid**ir**
divid**amos**	dividíssemos	divid**irmos**
divid**ais**	dividísseis	divid**irdes**
divid**am**	divid**issem**	divid**irem**

Modo imperativo	
Dividir	
Imperativo afirmativo	**Imperativo negativo**
–	–
divid**e**	não divid**as**
divid**a**	não divid**a**
divid**amos**	não divid**amos**
divid**i**	não divid**ais**
divid**am**	não divid**am**

Formas nominais	
Dividir	
Infinitivo pessoal	**Gerúndio**
divid**ir**	divid**indo**
divid**ires**	
divid**ir**	**Particípio**
divid**irmos**	
divid**irdes**	divid**ido**
divid**irem**	

ATITUDES
PARA A VIDA

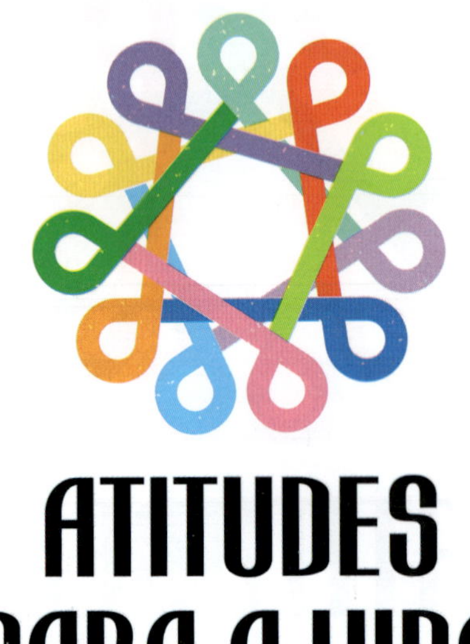

ATITUDES PARA A VIDA

As *Atitudes para a vida* são comportamentos que nos ajudam a resolver as tarefas que surgem todos os dias, desde as mais simples até as mais desafiadoras. São comportamentos de pessoas capazes de resolver problemas, de tomar decisões conscientes, de fazer as perguntas certas, de se relacionar bem com os outros e de pensar de forma criativa e inovadora.

As atividades que apresentamos a seguir vão ajudá-lo a estudar os conteúdos e a resolver as atividades deste livro, incluindo as que parecem difíceis demais em um primeiro momento.

Toda tarefa pode ser uma grande aventura!

PERSISTIR

Muitas pessoas confundem persistência com insistência, que significa ficar tentando e tentando e tentando, sem desistir. Mas persistência não é isso! Persistir significa buscar estratégias diferentes para conquistar um objetivo.

Antes de desistir por achar que não consegue completar uma tarefa, que tal tentar outra alternativa?

Algumas pessoas acham que atletas, estudantes e profissionais bem-sucedidos nasceram com um talento natural ou com a habilidade necessária para vencer. Ora, ninguém nasce um craque no futebol ou fazendo cálculos ou sabendo tomar todas as decisões certas. O sucesso muitas vezes só vem depois de muitos erros e muitas derrotas. A maioria dos casos de sucesso é resultado de foco e esforço.

Se uma forma não funcionar, busque outro caminho. Você vai perceber que desenvolver estratégias diferentes para resolver um desafio vai ajudá-lo a atingir os seus objetivos.

CONTROLAR A IMPULSIVIDADE

Quando nos fazem uma pergunta ou colocam um problema para resolver, é comum darmos a primeira resposta que vem à cabeça. Comum, mas imprudente.

Para diminuir a chance de erros e de frustrações, antes de agir devemos considerar as alternativas e as consequências das diferentes formas de chegar à resposta. Devemos coletar informações, refletir sobre a resposta que queremos dar, entender bem as indicações de uma atividade e ouvir pontos de vista diferentes dos nossos.

Essas atitudes também nos ajudarão a controlar aquele impulso de desistir ou de fazer qualquer outra coisa para não termos que resolver o problema naquele momento. Controlar a impulsividade nos permite formar uma ideia do todo antes de começar, diminuindo os resultados inesperados ao longo do caminho.

ESCUTAR OS OUTROS COM ATENÇÃO E EMPATIA

Você já percebeu o quanto pode aprender quando presta atenção ao que uma pessoa diz? Às vezes recebemos importantes dicas para resolver alguma questão. Outras vezes, temos grandes ideias quando ouvimos alguém ou notamos uma atitude ou um aspecto do seu comportamento que não teríamos percebido se não estivéssemos atentos.

Escutar os outros com atenção significa manter-nos atentos ao que a pessoa está falando, sem estar apenas esperando que pare de falar para que possamos dar a nossa opinião. E empatia significa perceber o outro, colocar-nos no seu lugar, procurando entender de verdade o que está sentindo ou por que pensa de determinada maneira.

Podemos aprender muito quando realmente escutamos uma pessoa. Além do mais, para nos relacionar bem com os outros – e sabemos o quanto isso é importante –, precisamos prestar atenção aos seus sentimentos e às suas opiniões, como gostamos que façam conosco.

PENSAR COM FLEXIBILIDADE

Você conhece alguém que tem dificuldade de considerar diferentes pontos de vista? Ou alguém que acha que a própria forma de pensar é a melhor ou a única que existe? Essas pessoas têm dificuldade de pensar de maneira flexível, de se adaptar a novas situações e de aprender com os outros.

Quanto maior for a sua capacidade de ajustar o seu pensamento e mudar de opinião à medida que recebe uma nova informação, mais facilidade você terá para lidar com situações inesperadas ou problemas que poderiam ser, de outra forma, difíceis de resolver.

Pensadores flexíveis têm a capacidade de enxergar o todo, ou seja, têm uma visão ampla da situação e, por isso, não precisam ter todas as informações para entender ou solucionar uma questão. Pessoas que pensam com flexibilidade conhecem muitas formas diferentes de resolver problemas.

ESFORÇAR-SE POR EXATIDÃO E PRECISÃO

Para que o nosso trabalho seja respeitado, é importante demonstrar compromisso com a qualidade do que fazemos. Isso significa conhecer os pontos que devemos seguir, coletar os dados necessários para oferecer a informação correta, revisar o que fazemos e cuidar da aparência do que apresentamos.

Não basta responder corretamente; é preciso comunicar essa resposta de forma que quem vai receber e até avaliar o nosso trabalho não apenas seja capaz de entendê-lo, mas também que se sinta interessado em saber o que temos a dizer.

Quanto mais estudamos um tema e nos dedicamos a superar as nossas capacidades, mais dominamos o assunto e, consequentemente, mais seguros nos sentimos em relação ao que produzimos.

QUESTIONAR E LEVANTAR PROBLEMAS

Não são as respostas que movem o mundo, são as perguntas.

Só podemos inovar ou mudar o rumo da nossa vida quando percebemos os padrões, as incongruências, os fenômenos ao nosso redor e buscamos os seus porquês.

E não precisa ser um gênio para isso, não! As pequenas conquistas que levaram a grandes avanços foram – e continuam sendo – feitas por pessoas de todas as épocas, todos os lugares, todas as crenças, os gêneros, as cores e as culturas. Pessoas como você, que olharam para o lado ou para o céu, ouviram uma história ou prestaram atenção em alguém, perceberam algo diferente, ou sempre igual, na sua vida e fizeram perguntas do tipo "Por que será?" ou "E se fosse diferente?".

Como a vida começou? E se a Terra não fosse o centro do universo? E se houvesse outras terras do outro lado do oceano? Por que as mulheres não podiam votar? E se o petróleo acabasse? E se as pessoas pudessem voar? Como será a Lua?

E se...? (Olhe ao seu redor e termine a pergunta!)

APLICAR CONHECIMENTOS PRÉVIOS A NOVAS SITUAÇÕES

Esta é a grande função do estudo e da aprendizagem: sermos capazes de aplicar o que sabemos fora da sala de aula. E isso não depende apenas do seu livro, da sua escola ou do seu professor; depende da sua atitude também!

Você deve buscar relacionar o que vê, lê e ouve aos conhecimentos que já tem. Todos nós aprendemos com a experiência, mas nem todos percebem isso com tanta facilidade.

Devemos usar os conhecimentos e as experiências que vamos adquirindo dentro e fora da escola como fontes de dados para apoiar as nossas ideias, para prever, entender e explicar teorias ou etapas para resolver cada novo desafio.

PENSAR E COMUNICAR-SE COM CLAREZA

Pensamento e comunicação são inseparáveis. Quando as ideias estão claras em nossa mente, podemos nos comunicar com clareza, ou seja, as pessoas nos entendem melhor.

Por isso, é importante empregar os termos corretos e mais adequados sobre um assunto, evitando generalizações, omissões ou distorções de informação. Também devemos reforçar o que afirmamos com explicações, comparações, analogias e dados.

A preocupação com a comunicação clara, que começa na organização do nosso pensamento, aumenta a nossa habilidade de fazer críticas tanto sobre o que lemos, vemos ou ouvimos quanto em relação às falhas na nossa própria compreensão, e poder, assim, corrigi-las. Esse conhecimento é a base para uma ação segura e consciente.

IMAGINAR, CRIAR E INOVAR

Tente de outra maneira! Construa ideias com fluência e originalidade!

Todos nós temos a capacidade de criar novas e engenhosas soluções, técnicas e produtos. Basta desenvolver nossa capacidade criativa.

Pessoas criativas procuram soluções de maneiras distintas. Examinam possibilidades alternativas por todos os diferentes ângulos. Usam analogias e metáforas, se colocam em papéis diferentes.

Ser criativo é não ser avesso a assumir riscos. É estar atento a desvios de rota, aberto a ouvir críticas. Mais do que isso, é buscar ativamente a opinião e o ponto de vista do outro. Pessoas criativas não aceitam o *status quo*, estão sempre buscando mais fluência, simplicidade, habilidade, perfeição, harmonia e equilíbrio.

ASSUMIR RISCOS COM RESPONSABILIDADE

Todos nós conhecemos pessoas que têm medo de tentar algo diferente. Às vezes, nós mesmos acabamos escolhendo a opção mais fácil por medo de errar ou de parecer tolos, não é mesmo? Sabe o que nos falta nesses momentos? Informação!

Tentar um caminho diferente pode ser muito enriquecedor. Para isso, é importante pesquisar sobre os resultados possíveis ou os mais prováveis de uma decisão e avaliar as suas consequências, ou seja, os seus impactos na nossa vida e na de outras pessoas.

Informar-nos sobre as possibilidades e as consequências de uma escolha reduz a chance do "inesperado" e nos deixa mais seguros e confiantes para fazer algo novo e, assim, explorar as nossas capacidades.

PENSAR DE MANEIRA INTERDEPENDENTE

Nós somos seres sociais. Formamos grupos e comunidades, gostamos de ouvir e ser ouvidos, buscamos reciprocidade em nossas relações. Pessoas mais abertas a se relacionar com os outros sabem que juntos somos mais fortes e capazes.

Estabelecer conexões com os colegas para debater ideias e resolver problemas em conjunto é muito importante, pois desenvolvemos a capacidade de escutar, empatizar, analisar ideias e chegar a um consenso. Ter compaixão, altruísmo e demonstrar apoio aos esforços do grupo são características de pessoas mais cooperativas e eficazes.

Estes são 11 dos 16 Hábitos da mente descritos pelos autores Arthur L. Costa e Bena Kallick em seu livro *Learning and leading with habits of mind*: 16 characteristics for success.

Acesse http://www.moderna.com.br/araribaplus para conhecer mais sobre as *Atitudes para a vida*.

CHECKLIST PARA MONITORAR O SEU DESEMPENHO

Reproduza para cada mês de estudo o quadro abaixo. Preencha-o ao final de cada mês para avaliar o seu desempenho na aplicação das *Atitudes para a vida*, para cumprir as suas tarefas nesta disciplina. Em *Observações pessoais*, faça anotações e sugestões de atitudes a serem tomadas para melhorar o seu desempenho no mês seguinte.

Classifique o seu desempenho de 1 a 10, sendo 1 o nível mais fraco de desempenho, e 10, o domínio das *Atitudes para a vida*.

Atitudes para a vida	Neste mês eu...	Desempenho	Observações pessoais
Persistir	Não desisti. Busquei alternativas para resolver as questões quando as tentativas anteriores não deram certo.		
Controlar a impulsividade	Pensei antes de dar uma resposta qualquer. Refleti sobre os caminhos a escolher para cumprir minhas tarefas.		
Escutar os outros com atenção e empatia	Levei em conta as opiniões e os sentimentos dos demais para resolver as tarefas.		
Pensar com flexibilidade	Considerei diferentes possibilidades para chegar às respostas.		
Esforçar-se por exatidão e precisão	Conferi os dados, revisei as informações e cuidei da apresentação estética dos meus trabalhos.		
Questionar e levantar problemas	Fiquei atento ao meu redor, de olhos e ouvidos abertos. Questionei o que não entendi e busquei problemas para resolver.		
Aplicar conhecimentos prévios a novas situações	Usei o que já sabia para me ajudar a resolver problemas novos. Associei as novas informações a conhecimentos que eu havia adquirido de situações anteriores.		
Pensar e comunicar-se com clareza	Organizei meus pensamentos e me comuniquei com clareza, usando os termos e os dados adequados. Procurei dar exemplos para facilitar as minhas explicações.		
Imaginar, criar e inovar	Pensei fora da caixa, assumi riscos, ouvi críticas e aprendi com elas. Tentei de outra maneira.		
Assumir riscos com responsabilidade	Quando tive de fazer algo novo, busquei informação sobre possíveis consequências para tomar decisões com mais segurança.		
Pensar de maneira interdependente	Trabalhei junto. Aprendi com ideias diferentes e participei de discussões.		